奉化年鉴

2023

《奉化年鉴》编纂委员会　编

方志出版社
Publishing House of Local Records

图书在版编目（CIP）数据

奉化年鉴. 2023 /《奉化年鉴》编纂委员会编
.—北京 : 方志出版社, 2023.12
ISBN 978-7-5144-5839-8

Ⅰ. ①奉… Ⅱ. ①奉… Ⅲ. ①奉化—2023—年鉴
Ⅳ. ①Z525.54

中国国家版本馆CIP数据核字（2023）第224487号

责任编辑：刘芳
责任校对：张玉霞
责任印制：梅中英
出 版 者：方志出版社
地 址：北京市朝阳区潘家园东里9号（国家方志馆4层）
邮 编：100021
网 址：http:// www.zgfzcb.cn
发 行：方志出版社图书营销中心（010-67110500）
印 刷：浙江全能工艺美术印刷有限公司
开 本：889毫米×1194毫米 1/16
印 张：23.25
字 数：657千字
版 次：2023年12月第1版
印 次：2023年12月第1次印刷
定 价：168.00元

《奉化年鉴（2023）》编纂委员会

主　任：魏建根

副主任：徐震宇　张　雄

委　员（按所属单位序列排序）：

王剑波　顾耀波　张亚君　王建明　何　晖

柳一兵　陈黎明　冯晓虹　胡玉珍　张　雷

《奉化年鉴（2023）》编辑部

主　编：陈黎明

副主编：高　强

编　辑：卢桂娟　林祖焕　胡信胜　蒋达定　李则琴

文　印：王　秋

编辑说明

一、《奉化年鉴（2023）》以马克思列宁主义、毛泽东思想、邓小平理论、“三个代表”重要思想、科学发展观、习近平新时代中国特色社会主义思想为指导，坚持辩证唯物主义和历史唯物主义的立场、观点和方法，全面客观记载2022年奉化区域范围内的新事物、新变化、新成就和新经验，为执政提供借鉴，为发展开创思路，为历史留存资料。

二、《奉化年鉴（2023）》旨在全面、系统地按年度记载奉化经济、政治、文化、社会和生态等方面发展情况，为各级党政机关和社会各界人士了解、研究、建设奉化提供丰富、翔实的资料。

三、《奉化年鉴（2023）》资料、图片由全区各部门、镇（街道）提供，稿件由各单位指定专人撰写，经编辑部编纂统稿，再经区委办公室、区政府办公室审核后定稿。

四、《奉化年鉴（2023）》由特载、专记、大事记、奉化概况、正文、附录、索引等类目组成，配以地图、图片、表格。记述以文字为主，采用分类编辑法编纂，分为栏目（类目）、分目、条目3个层次；各层次以不同的字号和字体表示。条目是年鉴的基本单元，其标题以“【 】”引出，以便查阅。

五、《奉化年鉴（2023）》记事时间为2022年1月1日至12月31日。

六、凡涉及奉化区国民经济和社会发展全局性的数据，以区统计局编纂的《2022年奉化区国民经济和社会发展统计公报》为准，其他数据由各部门、镇（街道）提供。

1月23—25日，宁波市奉化区第二届人民代表大会第一次会议召开（区人大办　供图）

1月22—24日，中国人民政治协商会议第二届宁波市奉化区委员会第一次会议召开（区政协办　供图）

4月2日，在浙江省建设平安浙江工作会议上，奉化区被授予“一星平安金鼎”（区委政法委　供图）

7月8日，在浙江省建设新时代美丽浙江推进大会暨生物多样性保护大会上，奉化区获得2021年度“五水共治”工作优秀市县“大禹鼎”银鼎（区五水共治办　供图）

奉化龙潭美丽田园示范区（获评浙江省“五水共治”实践窗口、宁波市“五水共治”示范基地）

4月，奉化区成功入选首批浙江省体育现代化区（区文广旅体局　供图）

1月中旬，区文化馆被评为国家“一级文化馆”（区文广旅体局　供图）

1月29日，奉化区江口街道矛调中心“共享法庭”入选全省首批示范“共享法庭”（区司法局　供图）

荣誉证书

授予崔译文同志：

全国三八红旗手称号

中华全国妇女联合会

2022年2月

3月上旬，崔译文获“全国三八红旗手”称号（区妇联　供图）

5月18日，在武汉“国际博物馆日”中国主会场活动上，由奉化博物馆选送的“山海交响——奉化历史文明展”获评第十九届（2021年度）全国博物馆十大陈列展览精品（区博物馆　供图）

9月2日，“心相系·情相融”2022海峡两岸（奉化）中秋联谊活动在同山书院举行（区文广旅体局　供图）

12月21日，2022雪窦山弥勒文化节开幕式暨“梦应雪窦山”禅乐音乐会在弥勒圣坛举行（区综创办　供图）

6月9日，2022海峡两岸婆媳文化节开幕式上，“益起创”海峡两岸姐妹创业行动启动（区妇联　供图）

7月20日，奉化区红“纽”乡愁——红帮文化两岸交流工作室揭牌仪式举行（区台办　供图）

7月3日，2022奉化水蜜桃文化节“桃源结谊在奉化”蜜桃集市在溪口拉开帷幕（区文广旅体局　供图）

7月31日，溪口应梦里景区正式开园迎客。景区首届以“玩夜古镇，野生赛博”为主题的赛博朋克节开幕（区文广旅体局　供图）

11月2日，“来未来 趣奉化”奉化区儿童友好多元实践基地建设启动仪式上，区慈善总会、区妇联联合成立“圆梦童心”儿童友好慈善公益基金（区妇联　供图）

3月4日，“奉邑十礼”发布暨创建全国文明典范城市十大志愿服务行动启动仪式举行（区委宣传部　供图）

6月16日，奉化—文成旅游直通车首发团启动仪式举行（区文广旅体局　供图）

7月9日，奉化蜜桃音乐节在城市文化中心开幕（区融媒体中心　供图）

7月9日，“村游盛夏·乡约宁波”2022宁波乡村旅游季暨云上大堰研学营活动启动仪式举行（大堰镇　供图）

11月10日，“最美空姐”公务机空乘大赛总决赛暨颁奖晚会在奉化举行（区融媒体中心　供图）

9月21日，浙江师范大学附属奉化实验学校初中部（锦屏中学）完成整体搬迁（区教育局　供图）

10月31日，溪口中心小学完成整体搬迁（区教育局　供图）

2月8日，奉化区举行2022年扩大有效投资推进重大项目现场会（区融媒体中心　供图）

2月16日，宁波市文化和旅游重大项目集中开工仪式在奉举行（区融媒体中心　供图）

2月下旬，浙江宁波湾省级旅游度假区获省政府批准设立（区文广旅体局　供图）

12月，东江（后张闸至三江口）、剡江（畸山至萧王庙）入选2022年度浙江省美丽河湖（区水利局　供图）

葛岙水库风光（尚田街道　供图）

6月30日，浙江省区域医疗中心宁波市第一医院方桥院区正式启用（区卫生健康局 供图）

7月1日，中国科学院大学附属肿瘤医院（浙江省肿瘤医院）宁波院区揭牌开诊仪式在凤山体育公园举行（区卫生健康局 供图）

12月5—6日，奉化区中医医院完成搬迁（区卫生健康局 供图）

6月18日凌晨2时，金甬铁路Ⅰ标奉化段鄞奉特大桥100米连续梁合龙（区融媒体中心　供图）

12月17日，金甬铁路溪口站站房主体结构封顶（区融媒体中心　供图）

4月20日，全国首家数字化“方舱”蔬菜批发市场在方桥街道建成；5月2日凌晨紧急启用，保障宁波“菜篮子”供应（方桥街道　供图）

8月，宁波卷烟厂二期工程竣工；11月，投入使用（区融媒体中心　供图）

6月，方门到梅山农村公路建成通车（区交通局　供图）

9月，沿海旅游观光线松岙段建成通车（区交通局　供图）

农旅融合

9月23日，“初心第一课”红色旅游线路发布暨2022松岙丰收节举行开镰仪式（松岙镇　供图）

西坞街道万亩稻田（西坞街道　供图）

总　目

General Table of Contents

目 录

中国共产党宁波市奉化区委员会

宁波市奉化区人民代表大会

宁波市奉化区人民政府

政协宁波市奉化区委员会

中国共产党宁波市奉化区纪律检查委员会 宁波市奉化区监察委员会

民主党派

群众团体

军　事

法　治

农　业

农村工作

自然资源管理

工　业

贸易合作

旅　游

城市建设与管理

交通运输

水利　水务

邮政　通信　信息

金　融

经济综合管理

生态环境保护

教育　科技　卫生

文化　体育

社会生活

社会保障服务

镇　街道

人 物

附 录

索 引

深入学习贯彻党的二十大精神
倍速推进“五大变革” 高标建设“六个之区”
奋力开创中国式现代化奉化实践的崭新局面

——在区委二届三次全体（扩大）会议暨区委经济工作会议上的报告（摘要）

区委书记　胡永光

（2022年12月30日）

这次全会的主要任务是：坚持以习近平新时代中国特色社会主义思想为指导，深入学习贯彻党的二十大、省委十五届二次全会、市委十四届三次全会精神，以及中央、省委、市委经济工作会议精神，回顾总结区委二届一次全会以来的工作，审议《中共宁波市奉化区委关于全面学习贯彻党的二十大精神，坚定捍卫“两个确立”，坚决做到“两个维护”，高质量推进现代化滨海大都市健康美丽新城区建设，奋力打造中国式现代化区域模范的决定》，研究部署下一阶段工作。

一、关于区委二届一次全会以来的工作

区委二届一次全会以来，区委常委会坚决贯彻落实中央和省委、市委决策部署，紧扣“疫情要防住、经济要稳住、发展要安全”总体要求，以“五大行动”为引领，一体推进稳进提质、除险保安、塑造变革等工作，推动经济社会保持稳健发展。全年预计地区生产总值增长3%，完成一般公共预算收入69亿元、同口径增长2%，居民人均可支配收入同比增长6.5%。着重抓了六方面工作。

（一）聚焦聚力党的二十大，推动政治建设落地落细。坚持把讲政治摆在第一位，以实际行动捍卫“两个确立”、践行“两个维护”，政治底色更加鲜明。一是自觉加强政治教育。严格落实“第一议题”制度，专题学习党的二十大和省、市党代会精神，开展区委常委会集体学习33次，区委理论学习中心组集体学习20次。创新推出区领导读书分享活动，组织参加周末知行学堂8次，理论武装更加丰富、更加扎实。二是坚决扛起政治担当。把平安护航党的二十大作为重大政治考验，组建成立百日攻坚工作专班，一级响应期间实行全员“禁酒令”，为大会胜利召

开营造了和谐稳定的社会环境。不折不扣执行上级部署，专题研究落实王浩省长、省委黄建发副书记、市委彭佳学书记来奉考察系列指示精神，顺利通过省委落实全面从严治党主体责任专项检查，“七张问题清单”整改预计完成95%，垃圾填埋场渗滤液问题整改工作列入示范榜，黄贤违建别墅经责处置进入收尾阶段。三是持续浓厚政治氛围。发挥区委总揽全局的核心领导作用，支持人大、政协、“一府一委两院”依法履行职能，推动群团组织有序完成换届工作。全力抓好意识形态工作，扎实推进“六学六进六争先”学习实践活动，守牢新闻舆论和互联网阵地，举办各类主题宣讲300余场次，受众1.2万余人，团结奋进的思想共识更加巩固。

（二）聚焦聚力服务业优先发展，推动产业经济提质提档。牢牢把握稳中求进总基调，积极推进服务业优先发展，大力实施稳进提质八大攻坚行动，产业转型升级迈出新步伐。一是不遗余力优结构。服务业发展势头明显，新增规上（限上）服务业企业37家，规上其他营利性服务业营业收入增长32%，宁南新城入选省现代服务业创新发展区。制造业转型速度加快，新增市级专精特新中小企业27家，前三季度制造业投资增速全市第一，经济开发区获全省年度“亩均效益领跑者”称号。农业基本盘持续稳固，粮食产量预计同比增加2400万斤，启动“万亩方”项目3个，“宁波市战略蔬菜保供基地”“长三角互联网水产商贸中心”等项目签约落户。二是驰而不息激活力。大手笔推出人才新政3.0版，新增各类人才2.1万人，其中博士64人、硕士551人，同比分别增长33.3%、11%，国家级引才工程、甬江人才工程入选数创历史新高。高规格成立创业创新赋能联盟，奉化创新中心初步建成，“风华聚”人才公寓竣工验收，新增省级科技型中小企业156家。稳步推进规上企业研发投入攻坚行动，规上企业研发经费支出预计同比增长15.3%。打响“招大引强”专项行动，大力实施重大项目“1244”“拿地即开工”等机制，创新开展“红旗榜”“蜗牛榜”项目评比活动，新引进亿元以上项目36个，固定资产投资增长10%以上。三是倾情服务稳主体。全面深化“六大员”制度，扎实开展“助企开门红”“企业服务季”“三稳三提”等活动，用足用好稳经济“30+21”条措施，1—11月落实各项税费退缓减40.5亿元。统筹安排5000万元财政贴息，撬动贷款20.4亿元、惠及小微企业1292家，制造业中长期贷款预计增长45%，相关工作得到省市领导高度肯定、周边地区学习借鉴。

（三）聚焦聚力全域空间系统重塑，推动城乡风貌常治常新。抢抓全域国土空间综合整治历史机遇，集中攻坚城乡建设薄弱环节，城市品质全方位蝶变。一是重塑功能布局。积极推动国土空间总体规划编制，“三区三线”划定成果获自然资源部批复，累计消化“批而未供”土地6650亩，盘活存量建设用地2388亩，宁南片区入选全市首批综合整治试点。编制完成《县乡路网专项规划》，南山路二期等城市道路改造完工，整治道路隐患586处、新改建农村公路11.7千米，获评“四好农村路”全国示范县称号。二是重塑城乡形态。稳步推进城市更新，签订房票安置协议1388户，4个老旧小区改造提升工程启动实施，涉重大工程项目补偿安置协议司法确认改革工作在全市推广。深入推进农村危旧房提升改造，完成拆旧283亩、建新179亩。启动实施城乡风貌整治提升行动，1—11月“精特亮”工程完成年度投资121%，“大美宁波”建设现场会在奉召开。三是重塑生态优势。一体推进扬尘、水环境、土固污染整治，环境空气质量优良率达93.5%，新增绿地32.6公顷，葛岙水库建成蓄水，蝉联省五水共治“大禹鼎”银鼎，获评三星级“无废城市”荣誉称号。深入实施“碳达峰碳中和”计划，完成低效高耗企业整治提升191家，腾出用能空间1.6万吨标煤。大力发展全域旅游，宁波湾省级旅游度假区获批，大堰入选“美丽浙江十大样板地”，成功创建明山剡水省级县域样板和首批长三角高铁旅游小城。

（四）聚焦聚力系统性除险

保安，推动社会环境有条有序。紧扣“六严防、六确保、六个零发生”目标，扎实推进除险保安专项行动，坚决维护社会大局和谐稳定。一是打赢疫情防控阻击战。认真落实第九版、20条、新10条等防疫新要求，逐步优化调整防控措施，不断强化医疗救治、核酸检测等能力建设，动态调整现场指挥体系，在全市率先组建数据专班，绘制镇村两级党组织“战疫导图”，快速稳妥处置“501”等本土疫情，圆满完成上海、台州及周边县、市、区的疫情防控支援任务。二是打好社会治安持久战。强势推进“大综合一体化”行政执法改革，推动屯警街面，全区刑事立案数、治安案件受理数、电信网络诈骗案件受理数分别下降14.5%、27.7%、28.4%，成功捧回“一星平安金鼎”，大桥派出所获全国优秀公安基层单位。安全生产综合治理三年行动圆满收官，1—11月事故起数、死亡人数同比分别下降40%、50%。妥善处置“7·17”翡翠湾渔船侧翻事件，成功应对“轩岚诺”“梅花”台风等自然灾害冲击，通过省食品安全示范区创建评审。三是打响基层治理提升战。积极开展“基层治理提升年”活动，迭代推出“周一夜访”2.0版，探索实施“1234”基层矛调模式，累计调处各类矛盾纠纷4.1万余件，万人成讼率下降至67.44件/万人，江口矛调中心“共享法庭”入选全省首批示范“共享法庭”。扎实推进城乡现代社区建设，滕头创成省首批未来乡村，蒋家池头村获评全国最美志愿服务社区。持续完善“1612”体系构架，区社会治理中心挂牌运行，数字门牌、护校安园等一批数改项目列入省级试点，“帮办一键通”入选全市最佳应用，改革工作获省市“双优秀”等次。

（五）聚焦聚力全民共富优享，推动民生服务走心走实。始终把人民对美好生活的向往作为奋斗目标，持续加大民生投入力度，加快展现共同富裕特色区的美好图景。一是大力发展公共事业。启动基础教育高质量发展三年行动计划，浙师大附属奉化实验学校正式揭牌，江口中学启动迁建，顺利通过全国义务教育优质均衡发展区省级评估。纵深推进健康奉化建设，市第一医院方桥院区正式启用，省肿瘤医院宁波院区揭牌开诊，区中医医院与省中医医院合作办医、新院区建成投用，连续4年获评健康浙江考评优秀。扎实做好“一老一小”服务，新增标准化老年食堂20家、婴幼儿托位568个、公办幼儿园学位630个。二是大力缩小收入差距。创新实施“群英绘共富”专项行动，成立2亿元规模“奉邑共富基金”，经营性收入30万元以下行政村全面清零，低保标准上调至1181元/月。探索“共富舱”增收新模式，高标准建成“共富工坊”55家，惠及农户3600余名、人均增收1.5万元。三是大力提升文明素养。深化开展“文明润万家”行动，推出共建“我们的家园”内外兼修2.0版，获评省持续深化婚丧改革重点推进区，4个集体被认定为“一星级全国青年文明号”，2个案例入选省域文明新实践案例汇编，“共享礼堂”入选全省宣传文化领域共富最佳案例。奉化博物馆荣膺全国博物馆十大陈列展览精品奖，联合出品电视剧《问天》获全国“五个一工程”奖，2022文化和自然遗产日浙江主场系列活动在奉启动。区第一届全民健身运动会开幕，获评省竞技体育突出贡献奖。

（六）聚焦聚力干部正风提能，推动管党治党见行见效。坚持把作风整治作为管党治党的起手式、杀手锏，对标开展“五问五破争一流、六比六严攀新高”活动，推动干部队伍建设取得新突破。一是加强生成性学习。创新开展“周二夜学”2.0版，推出“阅读越棒”品牌，打造星期六课堂金融赋能单元专题培训，举办领导干部大讲堂4期，推动党员干部在党性教育上深学一层、在前沿知识上先学一步、在专业政策上更胜一筹。二是激发干事精气神。建立“破难创新”履职承诺机制，推行“担当指数”考评办法，开办首期“青年竞坛”，选派210余名干部赴共同富裕、征地拆迁、项目建设等改革发展一线挂职锻炼，持续激发干部的斗争意识、创新精神。三是夯实基层压舱石。创新实施“奉楫硬核指数”，用足用好“导师帮带”“头雁竞比”等机制载体，高标推进模范机关创建，高质量承办全省深化党建联建机制现场推进会，“锋领红帮”36策助力小微企业稳进提质入选全国百个创新案例，基层战斗堡垒更加坚固。四是筑牢清廉高压线。深入推进反腐败斗争，规范领导干部近亲属经商办企业行为，全市年轻干部“青廉说”系列活动在奉启动，顺利完成二届区委第二轮巡察，常态化开展正风肃纪1295次，运用监督执纪“四种形态”处理857人次，查处群众身边腐败和不正之风问题39起。

在肯定成绩的同时，区委常委会清醒认识到，在推进工作中仍存在不少短板，比如指标任务落实得还不够到位，产业结构转型还不够完全，信访矛盾化解还不够彻底，特别是应对“黑天鹅”“灰犀牛”事件的防范意识有待进一步提升，在压实意识形态、作风建设主体责任上还有不足，等等。对于这些问题，我们必须高度重视、高度警觉，以更高站位、更实举措加以研究解决。

二、深学细悟笃行党的二十大精神，增强奋发进取、奋楫争先的思想自觉行动自觉

党的二十大是在全党全国各族人民迈上全面建设社会主义现代化国家新征程、向第二个百年奋斗目标进军的关键时刻召开的一次十分重要的大会。大会取得了一系列丰硕成果，其中最大的成果，就是通过了党的二十大报告，这是党和人民智慧的结晶，是新时代全面建设社会主义现代化国家的理论指南和行动纲领，指明了中国式现代化的前进方向。我们要学深悟透党的二十大报告，全面领会报告提出的新思路、新战略、新举措，对是什么、干什么、怎么干了然于胸，奋力以中国式现代化全面推进中华民族伟大复兴。具体要从五个维度来深化理解把握。一要从政治高度深刻把握“两个确立”的决定性意义。党的二十大最重要最根本的政治成果，是进一步宣示了“两个确立”的决定性意义。“两个确立”既是实现伟大变革的根本原因，也是彰显人民意志的历史必然，更是走稳走好新征程的根本保证。我们要更加自觉地忠诚拥护“两个确立”，坚决做到“两个维护”，确保始终在思想上政治上行动上同以习近平同志为核心的党中央保持高度一致。二要从思想深度深刻把握习近平新时代中国特色社会主义思想的世界观和方法论。党的二十大用“六个必须坚持”，深刻揭示了习近平新时代中国特色社会主义思想根本的政治立场、彻底的理论品格、独有的精神气质和科学的思想方法。我们要切实坚持好、运用好贯穿其中的立场观点方法，持续推进实践基础上的理论创新，更好地将其转化为广大党员干部的政治修养、理论素养、道德修养和履职尽责的本领。三要从全局广度深刻把握推进社会主义现代化国家建设的系统部署。党的二十大明确了全面建成社会主义现代化强国“两步走”的战略蓝图，部署了推动中国式现代化从理论转化为实践的“船”和“桥”，充分彰显了战略自信与战略主动的高度统一、系统思维与重点思维的高度统一、未来所向与人民所盼的高度统一。我们要围绕统筹推进“五位一体”总体布局、协调推进“四个全面”战略布局，立足新发展阶段，贯彻新发展理念，构建新发展格局，谋划实施创造性落实的具体举措和实际行动，确保党中央各项重大部署落到实处、见到实效。四要从实践角度深刻把握以自我革命引领社会革命的重要要求。党的二十大在总结“十年磨一剑”宝贵经验基础上，对党所处历史方位、面临形势任务、党情发展变化进行深刻分析研判，着重强调了要以党的自我革命引领社会革命。这是我们党在新时代全面从严治党的伟大实践中，找到的跳出治乱兴衰历史周期率第二个答案。我们要保持“永远在路上”的头脑清醒，把握“体系化推进”的部署要求，坚持严的基调不动摇，确保党不变质、不变色、不变向、不变味。五要从历史厚度深刻把握发扬斗争精神、坚持团结奋斗的时代要求。党的二十大站在新的历史起点，郑重告诫全党做到“三个务必”，强调要弘扬伟大建党精神，深刻揭示了以什

么样的精神状态奋进伟大征程、实现伟大梦想的根本问题。纵观历史，团结奋斗、顽强斗争是中华民族和中国共产党人鲜明的精神特质，也是中国人民创造历史伟业的必由之路。在新的征程上，我们要赓续党的优良传统，持续发扬斗争精神、增强斗争本领，团结一切可以团结的力量，齐心协力共同谱写强国复兴的绚丽华章。

面对以中国式现代化全面推进中华民族伟大复兴的时代重任，党的二十大特别赋予了“东部地区加快推进现代化”的重大使命。省委、市委第一时间对照落实，相继召开全会，分别提出了打造中国式现代化省域范例和市域样板的奋斗目标。区委坚持以党的二十大精神为统领，对标落实省委、市委决策部署，结合奉化发展实际、阶段任务，研究制定了《中共宁波市奉化区委关于全面学习贯彻党的二十大精神，坚定捍卫“两个确立”，坚决做到“两个维护”，高质量推进现代化滨海大都市健康美丽新城区建设，奋力打造中国式现代化区域模范的决定》，迭代完善了奋力推进“五大变革、五大跃迁”，加快打造“六个之区”的目标体系、工作体系，并以此作为奉化今后一段时期现代化建设的前进方向和实践路径，提交全会审议。

区委常委会认为，打造中国式现代化区域模范，是奉化服务“国之大者”的必然要求，是实现“跨越发展、二轮攀高”的必由之路，是满足人民群众对美好生活向往的必要举措，要求我们在中国式现代化实践探索中，既要有敢为人先的模范担当，又要有示范引领的模范标准。特别是今后几年，我们要围绕现代化滨海大都市健康美丽新城区建设目标，以“五大变革”的超常规举措，加快实现“五大跃迁”的超常规发展，推动中国式现代化奉化实践从宏观图景落地到微观场景、从长期愿景转化为现实风景，全面彰显奉化的模范风采、模范价值。

（一）倍速推进思想观念变革，加快实现发展思维迭代跃迁。坚持把党的二十大精神作为谋划一切工作的精神原点、思维基点，着力培养适应现代化发展的思维方式，全力给出成就事业的最优解。重点把握“三个方向”。一要坚持举旗定向。坚决把“两个确立”“两个维护”作为最高政治原则，完善贯彻总书记重要指示批示精神和中央、省市重大决策部署的量化闭环，做到“总书记有号令、上级有部署、奉化见行动”，确保各项事业发展方向正确、行稳致远。二要突出问题导向。聚焦发展中存在的最弱项、最短处，持续完善问题及时主动发现有效解决机制，以“万事有解”为导引，以“事要解决”为目标，摒弃破罐子破摔心态，提升破题破局能力，努力探索行之有效的新办法、新模式、新路径。三要契合现实取向。坚持一切从实际出发，常态化开展一线调研活动，动态研判分析奉化的发展阶段、发展环境、发展条件，更加注重主观与客观相结合、即期与远期相结合、扬长与补短相结合，做到因时而变、因势而谋、因地制宜。

（二）倍速推进发展动能变革，加快实现综合实力迭代跃迁。锚定“高质量”“上规模”发展方向，加速经济结构调整、动能转换、技术更迭，全力构建现代化的经济体系。重点做强“四个动能”。一要突出创新驱动。把人才作为第一资源，以超常规力度推进“凤麓英才”项目，高标准建设人才创新创业服务综合体，持续擦亮“最美桃花源、最好青创地”城市品牌。深入推进产业工人队伍建设改革提质扩面增效，加快培育一支知识型、技能型、创新型奉化工匠队伍。把创新作为第一动力，深度融入宁波国家自主创新示范区建设，深化创新主体育苗造林工程、创新平台扩容提质工程，持续推进规上企业研发投入攻坚行动，加快建设一批高质量的科技企业孵化器、企业研究院、研究中心，推动3号青创大走廊基本成型。二要突出项目带动。发挥投资对调结构、促增长的关键性作用，深化重大平台攻坚战，积极探索基础设施证券化等投融资新模式，持续加快城市更新、民生福祉等补短板项目建设，推动累计投资额实现翻番。持续打好招商选资攻坚战，深化拓展飞地招商渠道，全力招引一批“大优强”“高精尖”项目、链主型链核型企业，为经济高质量发展增肌活血、强筋健骨。三要突出产业联动。深化实施服务业优先发展计划，建立生产性服务业与先进制造业、都市农业互动发展的长效机制，着力培育一批科技及软件信息、商务服务、商贸交易、现代金融等领域的优势企业，促进生产制造与专业化服务深度融合，构建高质高效的都市型产业发展体系。四要突出主体推动。纵深推进“凤凰行动”，完善企业梯次培育和全链条培育机制，加强小微企业金融扶持力度，健全重点企业运行监测、专项扶持等政策，推动更多优质企业上市融资、出海拓市，打造层次分明、衔接有序、全面发展的企业梯队。

（三）倍速推进空间格局变革，加快实现城乡形象迭代跃迁。以全域国土空间综合整治为引领，系统推进城乡一体发展、内外一并提升，奋力打造整体大美、细节精致的现代化新城。一要推动“规建管”精准衔接。高站位编制国土空间总体规划，做强中心城区极核功能，推动东部滨海片区功能优化、西部名山片区特色转型，形成“核心引领、山海联动”的城市发展格局。抢抓宁波城市更新试点机遇，加强路网管网水网线网集成设计，注重地上地下空间协同开发，打造与现代化要求、新城区气质相匹配的城市形象。全面提升城市管理水平，加快闲置用地、低效用地的大腾挪、大整合、大重构，深化开展“两路两侧”“三化一平”专项整治，争创全省无违建创先争优示范区。二要推动“城镇村”统筹发展。强化城市整体形象设计，滚动实施“精特亮”工程，深入推进城乡风貌整治提升行动，打造宁波都市区产城融合新样板。大力实施“整镇重整”计划，支持空心村、山区村大搬快聚，因地制宜建设美丽乡村新标杆，全力推动镇区品质提升、风貌提级。三要推动“绿新美”全面彰显。以更大力度打好污染防治攻坚战，打响“环境议事厅”“大堰生态环境教育特色镇”等品牌，积极开展“低碳”试点示范建设，巩固“无废城市”创建成果，争创国家级生态文明建设示范区、“绿水青山就是金山银山”实践创新基地。优化全域旅游空间布局，高质量打造环山、滨海生态景观带，集中连片发展精品民宿，加快展现全域美丽的城乡风景线。

（四）倍速推进制度体系变革，加快实现治理效能迭代跃迁。围绕人的全生命周期服务改革，更加注重城市软环境改善，不断提升现代化治理能力，确保发展成果能让群众可知可感。重点突出“四个更”。一要让改革更有获得感。突出便民利民、实用适用导向，深化医疗、就业、婚丧等领域“一件事”改革，加快推进一体化智能化公共数据平台建设，以数字门牌为底座打造数字社会领域场景应用，全面推广“掌上办事”“掌上办公”，构筑优质便捷的普惠服务体系。二要让生活更有幸福感。持续打响“奉有”幸福民生品牌，加快推进宁大医学部新建、职业学校迁建扩容等重点项目，深化教育、医疗等领域合作办学办医模式，争创全国义务教育优质均衡区，高规格建设省级区域医疗中心。深入实施“扩中提低”改革，大力推进“群英绘共富”“两岸同心助共富”“强村富民”等行动，加快开辟“共富工坊”新场景，持续提升“乐业奉化”品牌成色。三要让社会更有安全感。聚焦更高水平的平安奉化，常态化开展扫黑除恶、养老诈骗专项行动及行业系列基层平安创建活动，纵深推进示范道德庭与特色共享法庭“两庭”建设，深化司法确认改革，迭代完善“周一夜访”、“家园理事”、“360”劳动争议多元化解等模式机制，全力攻坚“二星平安金鼎”，实现被动维稳向主动创稳、一时平安向长治久安转变。四要让百姓更有归属感。以共建“我们的家园”内外兼修2.0版为引领，积极开展全区性、群众性文明实践活动，加快成立志愿者服务联盟，持续擦亮“奉化十美”“奉邑十礼”等文明品牌，充分激发广大群众主人翁意识和集体荣誉感，推动形成共建共治共享的社会文明。

（五）倍速推进干部能力变革，加快实现工作质效迭代跃迁。始终保持刀刃向内、自我革命的勇气与决心，加快建设变革型组织，提高干部塑造变革能力，着力打造堪当现代化建设重任的干部队伍。重点提升“三个力”。一要提升干部队伍竞争力。深入实施年轻干部“优储计划”“青蓝成长工程”，定期开展“青年竞坛”活动，持续深化“双向交流、实战赋能”机制，拓展来源渠道，优化专业结构，不断做强高素质专业化干部蓄水池。加强干部全方位经常性监督管理，完善竞速履责“红黑榜”，不断健全能上能下、考核承诺的选人用人体系。二要提升基层党建组织力。坚持大抓基层鲜明导向，实施“基层组织建设五年规划”，加快构建“一核两片三圈四带多点”基层党建整体架构。深化责任“上压一级”模式，常态化推行村社干部“党性党风教育”，着重把好基层党员“入口关、日常关、出口关”。深入实施“奉楫硬核指数”，全面推行机关党员标线、锋线“双线”考评，加快推动机关党建“走在前、作表率”。制定实施党建联建标准化建设、规范化管理、多元化提升体系，全面建强滕头乡村振兴学院特色载体，深化推广常青树“共富八法”，推动奉化基层党建从聚合向融合、引领向统领、先试向先行转变。三要提升拒腐防变廉洁力。标本兼治深化反腐倡廉，强化清廉单元创建工作，突出抓好重点领域腐败问题专项整治，探索建立腐败预警惩治联动机制，确保政治生态海晏河清。纵深推进区委巡察工作，持续完善“智巡云察”服务平台。常态化推进“四风”纠治，保持正风肃纪高压态势，一年一主题推进干部作风整治，持续弘扬新风正气。

三、以知促行抓落实，真抓实干开新局，全力以赴抓好明年工作

学习贯彻党的二十大精神是当前及今后一段时期的重大政治任务，特别是明年作为开局之年，也是“八八战略”实施20周年，做好明年工作至关重要。

对于2023年工作，总体要求是：以习近平新时代中国特色社会主义思想为指导，全面贯彻落实党的二十大、中央经济工作会议以及省市全会和经济工作会议精神，坚持稳字当头、稳中求进总基调，奋力干好“一三五”，加速动能大变革，努力开创中国式现代化奉化实践的崭新局面。主要目标是：地区生产总值增长7.5%，一般公共预算收入增长6%，固定资产投资增长15%以上，居民人均可支配收入增长7.5%以上。

（一）做好全年工作，必须方向正确、主题鲜明，坚持“一条主线”贯穿始终。学习宣传贯彻党的二十大精神既是明年的首要政治任务，也是贯穿明年中心工作的主题主线。要紧紧围绕党的二十大精神，结合“八八战略”实施20周年，精心组织系列学习宣传贯彻活动。一是抓好全员培训，启动“新理念新思想新战略”政治训练计划，完善“五大课堂”体系，精心设计系列教育课程，综合运用集中轮训、理论研修、专题研讨等方式，推动党员干部加强党性修养、坚定理想信念。二是抓好全民宣讲，围绕“六学六进六争先”学习实践活动，大力培育青年骨干宣讲员，全面推广“周宣访”数字化平台定制宣讲机制，做精擦亮“周一夜访集中宣讲”“奉邑学堂走乡间”等特色品牌，推动党的创新理论飞入寻常百姓家。三是抓好全面贯彻，对标对表党的二十大战略部署，结合省市全会安排，分条线、分地区梳理年度重点任务清单，明确目标体系、抓手载体、时间节点、责任归属，条目式、项目化推动上级各项要求落地落实。

（二）做好全年工作，必须抓纲带目、靶向攻坚，聚力抓好“三件大事”。一是片区大协同。聚焦各镇街、各平台同质化竞争、割裂化发展，资源内耗、工作内卷等发展制约，实行大片区协同发展模式，以全域国土空间综合整治为牵引，加快编制镇级总体规划，启动跨乡镇全域土地综合整治试点工作。深化片区统筹谋划、联席会商机制，共同打造基础性、标志性、引领性的跨区域项目，加快实现片区内优势共享、基础共建、产业共兴、民生共富。二是项目大统筹。聚焦项目体量小、种类散、落地慢等现实困境，实行大项目统筹谋划机制，实体化组建大项目办，健

全“四大办”“拿地即开工”“赛马激励”闭环机制，定期分析研判、综合调度重大项目招引、布局、推进等工作，不断提升项目谋的能力、统的水平、建的效率，实现项目全域统筹、全盘跟踪、全程督进。探索实施项目建设“一张图”，根据土地指标、功能布局、产业生态等因素科学编制项目招引落地导图，建立头部企业招商名录，争取在链主型、旗舰型、百亿级重大项目上实现新突破。三是改革大集成。聚焦改革项目千篇一律、千头万绪，以及改革亮点“墙内开花墙外香”“起个大早赶个晚集”等工作短板，充分发挥数字化改革的牵引作用，持续完善数字门牌“数据底座”，探索提升跨层级、跨区域、跨系统的数据归集、回流、共享能力，强化改革项目的纵向联动和横向协同，构建形成综合集成、抓纲带目、量化闭环的改革工作新机制。同时，以“八八战略”实施20周年为契机，系统梳理奉化长期实践形成的特色经验、成功案例、创新举措，通过归纳整合、修正完善，形成一套富有奉化辨识度、全国影响力的改革体系。

（三）做好全年工作，必须求真务实、系统推进，全面开展“五个专项行动”。一是稳企助企专项服务行动。企业是经济发展的主力军、基本盘，也是推动动能变革的重要基石。要进一步整合驻企专员、公共服务平台、省“企业码”等企服资源，扎实推进企业“最多跑一地”综合服务中心建设，持续稳增长、稳就业、稳物价。要从企业切身需求出发完善惠企政策体系，重点深化政策性融资担保制度，鼓励金融机构推出更多信贷产品，持续开展政策线下宣讲和线上直播活动，帮助企业渡过难关、增强信心、敢闯敢干。二是都市经济专项提能行动。打造都市型经济业态、城市形态是新城区建设的重要内容，是动能变革的主战场、主阵地。要坚定不移推动服务业优先发展，组建服务业发展促进中心，加快大成东路、南山路等楼宇经济集聚区建设，集中打造一批业态鲜明的特色楼、主题楼、亿元楼。坚持内外贸一体发展，系统研究外向型经济发展规划，着力培育跨境电商、离岸贸易、大宗商品交易等新业态。按照国际化、都市化的发展要求，持续加大都市圈功能配套建设投入，加快宁大医学部、市公卫临床中心等市级综合性项目建设，全面提升新城区的承载力和软环境。三是交通路网专项提升行动。抢抓宁波西枢纽建设机遇，精准对接宁波都市交通建设规划，提前做好宁波大道、世纪大道南延等涉奉重大交通项目预留预设工作，全力保障奉化火车站、溪口火车站保通设施与金甬铁路同步建成投用。高起点谋划内环高架具体方案，加快启动金海路改造、锦屏中路北延、四明快速路等重大市政道路项目，全力推动滨海大道（奉化段）改扩建、连山快速路等重点工程建设，构建内联外畅的交通体系。四是风险隐患专项整治行动。紧扣全国两会、杭州亚运会等重要节点，纵深推进除险保安工作，深化大综合一体化行政执法改革，优化升级护校安园、浙里惠渔等特色应用，健全“1+1+12+N”应急处突机制，巩固平安奉化建设成果。强化社会治理中心、社会安保大队等载体作用发挥，完善“1234”基层矛调模式和“海上”枫桥经验，确保社会持续和谐稳定。五是干部效能专项比晒行动。结合“十四五”中期评估，搭建各领域工作“揭榜挂帅”、各层级干部“学做晒比”平台，实现实绩晾晒常态化。开展新一轮中层干部“大联评、大轮岗”活动，探索第三方沉浸式、暗访式服务质量与现实表现评估体系，实现服务评价公开化。建立公务员职级晋升模块化积分制度，完善干部能上能下机制，推动工作进位与干部进步相挂钩，实现绩效考核立体化。

同志们，目标在前、重任在肩，征途漫漫，唯有奋斗。全区各级党组织和广大党员干部，要更加紧密地团结在以习近平同志为核心的党中央周围，深入学习贯彻党的二十大精神，牢记“三个务必”，自信自强、苦干实干、创新创造，全面加快建设现代化滨海大都市健康美丽新城区，奋力开创中国式现代化奉化实践的崭新局面！

政府工作报告

——在宁波市奉化区第二届人民代表大会第二次会议上

区长 魏建根

（2023年2月8日）

各位代表：

现在，我代表区人民政府，向大会报告政府工作，请予审议，并请各位政协委员和其他列席人员提出意见。

一、2022年工作回顾

刚刚过去的2022年，是新一届区政府全面履职的开局之年，是奉化区“跨越发展、二轮攀高”的起步之年。一年来，区政府坚持以习近平新时代中国特色社会主义思想为指导，全面贯彻党的二十大精神，坚决贯彻习近平总书记“疫情要防住、经济要稳住、发展要安全”的重要指示，认真落实中央决策部署和省、市工作要求，在区委的坚强领导下，在区人大、区政协的监督支持下，紧紧围绕“竞跑竞绩、进位进阶”主线，牢牢把握“争速争进争一流”工作主基调，高效统筹发展和安全，攻坚克难、承压前行，奋力打赢了经济稳进提质攻坚战和除险保安大会战。全年实现地区生产总值907.3亿元、增长2.4%，完成一般公共预算收入69.3亿元、同口径增长2%，全国综合实力百强区排名上升至第70位，经济总量全省排名上升至第29位；疫情防控、应急处突和安全治理能力全面提升，以最快速度、最小代价高效精准处置“5·1”等疫情，夺得省“一星平安金鼎”。

一年来，区政府主要做了以下五方面工作：

（一）聚力抓产业、壮筋骨，实体经济夯基提质。工业经济稳中见韧。新一轮制造业“腾笼换鸟、凤凰涅槃”攻坚行动全面深化，实现规上工业增加值378.5亿元，电子信息、汽车零部件产业迈上百亿级，纺织服装、新能源产业产值分别增长17.4%和17.8%，新增亿元以上企业25家。罗蒙逆势高速增长，比亚迪换道转型，利安科技上市过会，亿太诺、百琪达获评国家级重点“小巨人”企业，力星金燕钢球、哈雷换热、南海化学、恒基永昕获评国家级专精特新“小巨人”企业，秉航科技、松科磁材等9家企业获评国家级知识产权优势企业，怡诺凤麓科创园获评省级数字化示范小微企业园。现代服务业稳步发展。服务业优先发展行动深入推进，实现服务业增加值323.9亿元、增长4.5%，规上其他营利性服务业营业收入增长32%，新增服务业规上（限上）企业50家，荣登省十周年文旅发展区总评榜。宁南新城入选省现代服务业创新发展区。宁波农副产品物流中心二期全面建成，入选国家骨干冷链物流基地建设名单。消费稳健恢复，发放九轮惠民消费券，社会消费品零售总额达到170.7亿元、增长5.3%，商品销售总额增长24.6%，批发业商品销售额增长32.4%、增速全市第一。外贸势头良好，外贸自营进出口总额达到286.7亿元、增长9%，其中对RCEP成员国进出口增长20.3%，跨境电商交易额增长23%。都市农业稳定增长。实现一产增加值36亿元、增长3.9%，粮食种植面积、产量分别达到18.3万亩和1.5亿斤，创成省渔业健康养殖示范区。数智农业产业园、星光现代农业园区“万亩方”项目启动实施，市战略性蔬菜保供基地签约落地，萧王庙获评省级林业特色产业强镇。

（二）聚力抓改革、促创新，内生动力全面激发。惠企政策发力显效。国家和省、市稳经济一揽子政策穿透直达、顶格兑现，区“30+21”条措施接续出台、落地见效，税费“退减免缓”43.8亿元、财政奖补资金8.9亿元惠企暖心。金融“活水”稳企纾困，率先投放5000万元贷款贴息，本外币贷款余额增长16.8%，普惠口径小微企业贷款增长32.6%，制造业中长期贷款增长63.8%，政策性融资担保余额突破16亿元。常态化实现企业开办登记“一窗受理”“一日办结”，新登记市场主体1.3万家。创新引领活力迸发。工信部关键零部件创新成果产业化服务平台落地运行，新增高新技术企业84家、省级科技型中小企业156家，规上工业企业研发投入增长11.5%。市知识产权交易服务中心揭牌成立，锋成、麦博韦尔研究院投入使用，瑞凌、海上鲜研究院相继建成，凤麓新材料加速器获评省级科技企业孵化器，力品格等3家企业获评省级企业研究院。人才强区亮点纷呈。两院院士领衔项目实现零的突破，国家级和省级引才工程、甬江人才工程入选数均创历年新高，新增院士工作站6家，超近五年总和。培育省、市新时代工匠74名，奉化工匠代言人蒋昕桦为国家夺得世界技能大赛金牌。人才新政3.0版发布实施，创业创新赋能联盟组建成立，新增博士、硕士人数分别增长33.3%和11%。重点改革集成赋能。改革工作获评省、市“双优”，浙址通享（数字门牌）、“农省心”获评省级数字化改革优秀应用，护校安园、文旅信用通、智慧步道、农房盘活等列入省级试点应用。入选农业标准地、强村富民乡村集成改革省级试点，“大综合一体化”行政执法改革全面落地，涉重大工程项目补偿安置协议司法确认改革在全市推广。国企改革攻坚、国资盘活整合行动深入实施，区属国企营业收入、资产总额分别增长86.4%和18.5%。

（三）聚力抓项目、扩投资，发展后劲持续增强。有效投资加力增效。创新重大项目“四大办”“拿地即开工”等机制，完成固定资产投资448.6亿元、增长13.7%，增速全市第三，其中工业投资增长30.8%、高新技术产业投资增长34.8%。葛岙水库建成蓄水，中烟二期、亚德客三期等竣工投产，宁波城市职业技术学院奉化校区一期全面完工，滨海大道奉化段改扩建、柏坑水库扩容、宁波南部交通枢纽一期等开工建设。平台建设加速见效。宁波湾省级旅游度假区正式获批，滨海再生水厂建成试运行，“欢乐滨海”综合体、宁波通源医院一期等有序推进，宁波湾文体中心、游客服务中心全面开建。宁南新城城市功能持续完善，方欣路（下王渡路至恒发路段）等建成通车，金茂商业综合体、中交壹里科创云廊一期等主体完工，市公共卫生临床中心、永耀智能电力产业园、珽琳站生活配套服务中心启动新建。开发区产业引擎作用加速凸显，竣盛电器、瑞峰智能、中坚塑胶等竣工投产，云科时尚、利安科技滨海基地等开工建设。“雪窦名山、溪口名镇”加快重塑，获评省首批“醉美景区”，应梦里、梦在武岭揭幕开业，今日生物科技健康产业园竣工试产。甬绍（奉新嵊）特别合作区专项协议正式签署。招商选资提升质效。产业地图、招商地图正式启用，新引进亿元以上项目36个、十亿元以上项目4个，达闼机器人、物产新能源汽车配件大宗贸易中心等一批优质项目签约落地。实到市外内资164.1亿元、增长17.2%，实际利用外资1.4亿美元。

（四）聚力抓更新、提能级，城乡面貌展露新颜。城市空间持续优化。全域空间系统重塑行动深入实施，“三区三线”划定成果正式启用，宁南田园城市综合整治示范片区入选市首批试点、率先启动实施，西坞—岳林跨乡镇全域土地综合整治入选省级首批试点，盘活存量建设用地2397亩。城区品质显著提升。新一轮房票政策落地实施，西岸村、民营科技园三期等22个区块实现签约清零，完成征收拆迁108.2万平方米。金钟、南溪创成省级未来社区，朝阳花园、新浦小区等老旧小区完成改造。圆峰路北延、锦屏南路南延等建成通车，南山路二期、东门路（锦屏南路至南山路段）等改造完工。“四季缤纷”“桃花盛开”入围省级精品线路，新增城市绿地

32.6公顷、景观绿道56千米，建成“席地而坐”城市客厅示范区域4个。镇村风貌加速蝶变。获评城乡风貌整治提升工作考核省级优秀，创成明山剡水省级县域样板，大堰获美丽浙江十大样板地，江口、裘村建成美丽城镇省级样板，松岙获评省级美丽乡村示范镇，莼湖、西坞、萧王庙、溪口上榜全省“我心中的最美小镇”50佳。首获乡村振兴战略实绩考核省级优秀，“大美宁波”建设现场会在奉召开。滕头、青云等4个村创成省级未来乡村，长岭、缪家等5个村入选省级美丽乡村特色精品村，鹊岙、东姜坑村获评省级美丽宜居示范优秀村庄，鸣雁、东岙、上白村获评省级“一村万树”示范村。生态治理成效显著。蝉联“大禹鼎”银鼎，获评省首批三星级“无废城市”，全年空气质量优良天数达到339天。“林长制”“田长制”全面实施，倪家碶河完成整治，甬江防洪工程东江剡江奉化段堤防整治二期顺利完工，海塘安澜农旅设施启动改造。

（五）聚力抓共享、绘共富，民生福祉不断增进。共富保障更加有为。新一轮高质量民生同城化行动全面启动，全体居民人均可支配收入增长5.6%、增速全市第一，其中城乡居民人均可支配收入分别达到67490元和41007元，低保、特困供养标准均增长17.5%，共享礼堂获评全省文化领域共富最佳案例，圆满承办全省深化党建联建机制暨党建引领“共富工坊”建设全面助力共同富裕现场推进会。稳就业系列行动深入实施，人力资源服务产业园正式启用，滨海、方桥、溪口零工市场成立运行，新增城镇就业1.9万人，城镇登记失业率保持1.84%低位。“扩中”“提低”改革扎实推进，全区集体经济总收入50万元以下、经营性收入30万元以下行政村实现清零，低收入农户收入增长15%。“一老一小”服务工作扎实推进，新增标准化老年食堂20家、婴幼儿托位568个、公办幼儿园学位630个。教育事业蓬勃发展。浙师大附属奉化实验学校正式揭牌，锦溪小学完成扩建，锦屏中学、溪口中心小学新址投用，江口中学迁建开工，义务段学生公办就读比例领跑全市，规范民办义务教育发展和“双减”工作稳步推进。健康奉化大步迈进。连续四年获评健康浙江考核优秀等次，市第一医院方桥院区全面启用，国科大附属肿瘤医院（省肿瘤医院）宁波院区揭牌开诊，区中医院与省中医院合作办医、新院区正式投用。因时因势迭代优化疫情防控措施，健康驿站完成改造升级，疫苗接种工作扎实推进，推动“防传染”向“保健康、防重症”平稳转变。文体惠民持续升温。区博物馆荣膺全国博物馆十大陈列展览精品奖，联合出品电视剧《问天》获全国“五个一工程”奖。入选省首批地名文化服务与文化建设试点区、省持续深化婚俗改革重点推进区，创成雪窦山省级文化传承生态保护区，斩获省新闻奖一等奖，文化和自然遗产日浙江主场系列活动在奉启动。以榜首成绩获评省竞技体育突出贡献奖，入选省首批体育现代化区，区首届全民健身运动会开幕。治理效能显著增强。区社会治理中心挂牌运行，通过省食品安全示范区创建评审，大桥派出所获全国优秀公安基层单位，金峨村获评全国民主法治示范村，蒋家池头村获评全国最美志愿服务社区。打赢社会治安持久战、基层治理提升战、安全生产综合治理三年行动收官战、“轩岚诺”“梅花”台风防御战，积极稳妥化解房地产领域风险，高质量完成平安护航党的二十大各项任务。

一年来，区政府深入贯彻落实党的二十大精神和习近平总书记重要讲话、重要指示批示精神，坚决拥护“两个确立”，做到“两个维护”。坚持区委统一领导，自觉接受区人大依法监督、区政协民主监督，高质量办理人大代表建议269件、政协委员提案180件。扎实推动现代政府体制改革，建立健全经济运行监测调度、向上对接、工作晾晒等机制，纵深推进政府系统作风建设专项行动，有力开展“助企开门红”“强链纾困助企”“三稳三提”等活动，有效解决基层、企业、群众反映问题2.7万余个。坚持节用裕民，民生支出增长13.6%，三公经费下降6.7%。

同时，区政府大力支持国

防和军队建设，军民融合扎实推进。民族宗教、退役军人事务、审计统计、人防海防打私、海关、哲学社会科学、史志档案、气象、外事侨务、港澳台、新奉化人服务、信访、保密等工作切实加强，工会、共青团、妇女儿童、老龄、慈善、红十字、文联、残疾人、关心下一代、经促、贸促等事业取得新成效。

成绩来之不易，奋斗历经艰辛。过去一年成绩的取得，是区委坚强领导、科学部署的结果，是区人大、区政协大力支持、有力监督的结果，是政府各级各部门凝心聚力、攻坚克难的结果，是全区人民众志成城、共克时艰、付出巨大努力的结果。在此，我代表区人民政府，向辛勤劳动的全区人民和外来建设者，向积极支持政府工作的人大代表、政协委员，向各民主党派、工商联、无党派人士、各人民团体，向各驻奉单位、驻奉部队和消防救援队伍，向所有参与、关心、支持奉化发展的社会各界人士和海内外朋友们，表示衷心的感谢！

各位代表，受“三重压力”和超预期因素影响，区二届人大一次会议确定的个别任务和指标未能完成。同时，我们也清醒地看到，在“后疫情时代”的前进道路上，还有不少困难和挑战：经济稳进提质的基础仍不稳固，产业发展困难不少，部分企业市场竞争力和抗风险能力偏弱；对标同城发展愿景和群众期待，城镇化率和城市能级仍需提升，高品质教育、医疗、养老、育幼等公共服务供给不足；少数干部应对复杂形势和多重考验反应不够快、能力不够强，缺乏“坐不住、等不得”的紧迫感。发现问题、分析问题，才能精准解决问题。我们将进一步加大力度，切实推进解决。

二、2023年主要工作安排

2023年是全面贯彻党的二十大精神的开局之年，是“八八战略”实施20周年，是“十四五”规划承上启下的重要一年，做好各项工作意义重大。今年政府工作的总体要求是：以习近平新时代中国特色社会主义思想为指导，全面贯彻落实党的二十大精神，按照中央决策、省市部署和区委要求，完整准确全面贯彻新发展理念、服务构建新发展格局、着力推动高质量发展，坚持稳字当头、稳中求进总基调，奋力干好区委“一三五”中心工作，加速动能大变革，加快经济实现质的有效提升和量的合理增长，推动现代化滨海大都市健康美丽新城区建设取得新突破，努力开创中国式现代化奉化实践的崭新局面。

今年，区政府继续把“争速争进争一流”作为工作主基调，争出加速度，争创好业绩，争当模范生。综合考虑各方面因素，建议今年经济社会发展的主要预期目标为：地区生产总值增长5.5%以上、冲刺千亿大关；一般公共预算收入、城乡居民人均可支配收入与经济增长基本同步，城乡居民收入倍差继续缩小；固定资产投资增长10%以上；社会消费品零售总额增长6%；外贸自营进出口总额占全国比重保持稳定；城镇新增就业1.2万人，城镇登记失业率控制在3.5%以内；能源和环境指标完成上级下达的计划目标。

要高质量决胜目标任务，必须重点把握好五个方面：一是牢牢把握实体经济这一坚实基础。锚定高质量发展这个首要任务，以实体经济为着力点建设现代化产业体系，推进服务业优先发展、制造业转型革新“双轮驱动”，持续提升产业强区发展质效，确保主要经济指标增速高于全市平均，经济总量全省排名、综合实力全国排名再有进位。二是牢牢把握现代服务业这一新增长点。以开阔的视野、开放的格局，大力开展现代服务业精准招商，推动产业集聚、资源集合、功能集成，加快构建“4+3+4”现代服务产业体系，提升服务业对地区生产总值的贡献率。强化服务业技术创新、业态创新、模式创新，推进现代服务业与先进制造业、现代农业深度融合。三是牢牢把握改革创新这一根本动力。加快推动发展动能大变革，推进创新制胜和塑造变革协同发力，谋好新办法、大胆创先例，用好新技能、万事找优解，不断开拓“奉”楫争先的新思路、新领域、新赛道，在国家级和省级改革试点上实现再突破。四是牢牢把握问题导向这一工作起点。以直面问题的勇气奔着问题去，以解决问题的决心追着问题走，紧盯不放、闭环处置、举一反三，扎实破解奉化前进道路上的发展难题和要素制约。五是牢牢把握统筹施策这一基本方法。高效统筹发展和安全，谋实找准“后疫情时代”高水平推进“二轮攀高”的“桥”和“船”，用系统性思维、集成性措施抓好大事要事、治理风险隐患，在高质量发展中实现多目标共赢、守住全方位安全。

各位代表，新的一年，区政府将以实干作答、以奋斗前行，从要事抓起、从难事做起，全力推进“八项攻坚”，奋力担起发展重任和人民期盼。

（一）全力攻坚营商环境争优。坚持向政策要活力、向改革要动力、向开放要潜力，创一流环境，兴一流动能，让各类市场主体在奉化如鱼得水。精准政策供给。全力挖掘政策空间，统筹落实减税降费、减租降本、减息增氧等惠企政策，变企业找政策为政策找企业，全年为市场主体减负26亿元以上，制造业贷款增长15%、普惠口径小微企业贷款增长33%。开展稳企助企专项服务行动，建设企业“最多跑一地”综合服务中心，推进企业和个人全生命周期“一件事一次办”，新登记市场主体增长8%。发挥行业协会作用，鼓励本地企业、落地企业共建产业链、共享大市场，尊重企业家意见，第一时间回应企业诉求，让企业家兴业更有信心、创业更有动力。深化改革赋能。坚定改革大集成，持续抓深抓实新时代文明实践中心、文旅市场信用经济发展等重大改革试点，加快建设一体化智能化公共数据平台。放大“亩均论英雄”、要素市场化配置改革成效，推广“地企双评”，腾挪用地用能空间，整治提升“低散乱污高危”企业300家，区属规上工业亩均增加值增长10%。推进能源领域改革，试点竹林碳汇交易，新增光伏装机容量5万千瓦。发挥国资支撑作用，加快国企市场化运营、差异化发展步伐，申报首张私募基金管理人牌照，新增国有控（参）股上市企业2家，国资证券化率达到20%，力争区属国企资产总额增长18%。扩大开放合作。大力发展外向型经济，培育外贸新业态新模式，鼓励企业推进内外销产品“同线同标同质”，参展拓市、跨境拓销、布局海外，外贸自营进出口总额增长10%，服务贸易额增长13%，跨境电商交易额增长25%。抢抓宁波列入QFLP和QDLP双试点城市契机，以制造业为重点招引外资项目，实际利用外资1.55亿美元。建成投用金甬铁路奉化段和奉化火车站、溪口火车站保通设施，全面接轨义甬舟开放大通道。加快打造甬绍（奉新嵊）特别合作区，谋划建设奉新嵊合作产业园，扎实做好东西部协作、山海协作、对口支援等工作。

（二）全力攻坚制造业跃升。深入推进产业链横向聚合、垂直整合、跨产融合，加速提升产业竞争力和抗风险能力，力争规上工业总产值迈上千亿台阶，规上工业增加值增长5.5%，规下工业增加值增长7.5%。加快工业集聚区扩容提质。启动全域工业空间治理，持续优化“2+7+N”集聚区布局，片区化推进白杜、费家塘头等10个工业区块专业化改造。鼓励园区“拼集聚度、拼贡献度”，建成投用岳林生命健康、信产云谷二期、滨海新区高端装备制造等专业园区，开工建设尚桥时尚科技、茗山医疗器械、西岭智造等产业园区，新建改建工业厂房70万平方米。加快主导产业扩规提档。实施“产业强链”计划，支持制造业主导产业精深加工、智能制造、整体成套，加速迈向价值链中高端，关键基础件、汽车零部件产业产值分别突破160亿元和115亿元。加快未来产业扩面提能。着眼发展需求和前沿先机建链补链，支持元宇宙、区块链、人工智能等新技术创新应用，推动新能源、新材料产业产值分别增长12%和10%，战略性新兴产业增加值增长5.5%以上。实施新一轮数字经济发展行动，率先在气动元件、时尚服装等细分行业开展数字化改造，培育智能工厂和数字化车间项目9个，数字经济核心产业制造业增加值增长

10%。加快骨干企业扩量提标。体系化培育“凤凰行动”“大优强”“小而美”企业梯队，新增上市企业1家、三十亿元以上企业2家、十亿元以上企业2家、规上企业100家以上，全力支持比亚迪、罗蒙、亚德客、麦博韦尔冲刺百亿级、五十亿级。引导企业在优势领域精耕细作、专注裂变，力争新增国家级制造业单项冠军企业2家、专精特新“小巨人”企业4家、“品字标”品牌企业4家。

（三）全力攻坚服务业提速。开展都市经济专项提能行动，组建服务业发展促进中心，新增规上（限上）服务业企业80家，服务业增加值增长8%。做大生命健康产业。锚定健康美丽新城区定位，拓展医疗康养、健康管理等蓝海领域，高标准建设宁南新城省级现代服务业创新发展区，高质量打造宁波“健康高地”、浙东药谷，力争生物医药产业产值增长30%。建成投用市康养疗护中心，加快建设市公共卫生临床中心、生命科学城健康医养中心、宁波通源医院一期，开工新建宁波大学医学部、四明生物医药产业园。做优生产性服务业。大力发展商务服务、现代物流、创意设计、平台经济等服务业业态，引育科技、金融、文化等高端服务业企业，生产性服务业增加值增长20%、占比提升至55%以上。做强楼宇经济。推行“楼长制”，“一楼一主题”“一楼一特色”构建产业链条、擦亮楼宇品牌，加快打造大成东路、南山路楼宇经济集聚区，税收亿元以上服务业楼宇达到5栋。做活都市商贸。引育一批大宗贸易、直播电商、智慧零售等现代商贸经济，打造一批特色街区、社区商业、镇村商贸设施，提质升级农贸市场11家。优化全周期、组合式促消费政策，营造放心消费环境，鼓励改善性住房、新能源汽车、智能家居、绿色家电等消费，在文化体育、医疗健康、养老托幼等方面创造新场景、培育新热点。做精文旅业态。丰富“高端+大众+特色”多元文旅供给，举办“三美四季六趣”文旅推广活动，提升溪口、滕头等景区能级，启动雪窦山风景名胜区总体规划修编，加快大堰生态环境教育特色镇建设，探索云游雪窦、元创裘村、博物馆AR体验等沉浸式文旅场景，实施旅游业“微改造、精提升”项目180个，旅游综合收入增长10%以上。

（四）全力攻坚大项目建设。坚持项目大统筹，实体化运行大项目办，健全“四大办”“拿地即开工”“赛马激励”闭环机制，新开工十亿元以上重大项目10个、五亿元以上重大产业项目4个，用大项目撬动大产业、布局大基建、推动大发展。抓好有效投资主引擎。加大“两新一重”、科技创新、民生保障领域投资力度，水利投资增长18%、交通投资增长15%、高新技术产业投资增长15%、公共服务投资增长10%。滚动充实“投产一批、开工一批、储备一批”产业投资项目库，开工建设中烟工程中心、隆源新能源、浙天万物互联等产业项目，制造业投资、技改投资均增长15%。激发各类民间主体投资活力，项目民间投资增长10%。打好项目招引主动仗。聚力招大选优招新引高，完善项目全生命周期服务体系，绘细重点产业链招商图谱，建立目标企业招商目录，深化招投联动、链式招引、以商引商，新引进十亿元以上产业项目3个、亿元以上产业项目35个，实到市外内资150亿元。加强链主型、旗舰型、基地型重大产业项目招引工作，以龙头项目引来产业集聚，力争五十亿级以上标志性项目落地。建好重大平台主阵地。扎实推进溪口、萧王庙组团联动发展，完成雪窦山游览设施、北环线景观改造，投用今日生物科技健康产业园二期。推动宁南新城深度融入宁波西枢纽，加快建设永耀智能电力产业园一期、金茂商业综合体、滨江生态公园二期等，投用宁南110千伏输变电工程。高水平建设都市滨海会客厅，确保“欢乐时光”文旅街区开门营业，宁波湾文体中心、度假酒店主体结顶，天妃大道桥梁段开工建设。加速开发区和莼湖产城融合发展，投产安佳智慧电器、坤昇新能源、奥莱尔液压等15个项目，加快建设比亚迪新能源零部件工厂、滨海大道以南基础设施二期。

（五）全力攻坚创新赋能。突出创新核心地位，着力提升科技含量、技术密度和人才增量，加快建设青年发展友好型城市，全社会研发投入增长15%。厚植创新生态。积极融入省、市创新大局，推动3号青创大走廊积极承接甬江科创区创新成果，依托市知识产权交易服务中心助力科技成果“一站式”转化，新增有效发明专利230件，技术交易额增长15%。完善区域创新体系，设立奉化创新中心，用好创新创业赋能联盟、奉麓青研院等平台，推广“知产贷”“英才贷”等科创金融产品，高新技术产业增加值增长7.5%。壮大科创主体。高水平打造茗山创新策源地，建成茗山科创中心、中交壹里科创云廊一期，加快建设“茗山智谷”创新综合体、宁波创新工业综合体等平台。健全“苗成树、树成林”培育机制，新增高新技术企业75家、省级科技型中小企业130家。支持企业提升研发能力，发布产业关键技术攻关清单，实施揭榜挂帅项目10个，新增省级以上企业研发机构6家。广聚青年人才。着眼全国引育人才雁阵，引进特优和领军人才10名、高端创新创业团队40个，新增高层次人才600名。持续擦亮“最美桃花源，最好青创地”城市品牌，提升“引育留用”全链条保障力，投用人才公寓，成立人才基金，开放青年人才驿站4家，让更多高层次人才、青年人才在奉化展才华、与奉化共成长。

（六）全力攻坚城市塑造。坚持现代化标准、特色化理念，全面提优城市空间、功能和品质，久久为功建设全域美丽大花园。深化空间重塑。抓好片区大协同，在市国土空间总体规划、宁波西枢纽等片区规划中精准定位施策，高质量编制完成区国土空间总体规划，加快编制镇级总体规划，塑造“一体两翼四廊”空间格局。深化全域国土空间综合整治，盘活存量建设用地1500亩以上，力促宁南田园城市综合整治示范片区再优形象、再增亮点，启动实施西坞—岳林省级跨乡镇全域土地综合整治试点，加快推进大堰整镇重整。织密交通网络。开展交通路网专项提升行动，构建全域一体、内联外畅的路网体系，建成贯通西环线北延（甬山隧道段），加快建设203省道奉化段二期、滨海大道奉化段改扩建、四明路东延等项目，重点新建四明快速路、连山快速路二期。深化奉莼二通道、秋实快速路南延、宝化快速路、西环线南延等前期工作。积极对接轨道交通3号线北延、9号线前期研究。打造“畅通城区”，贯通宝化路东延一期（金钟路至东环线）、中山东路东延，开工建设前方路、长汀路东延、锦屏中路北延等工程。彰显特质品质。片区化推进锦屏南山路中段及城里厢、岳林东部门户区等4个区块有机更新，优化尚田、溪口等整体布局，改造老旧小区3个、城中村17个，完成征收拆迁100万平方米以上。建设城乡现代社区，加快打造未来社区6个。改造提升“甬临新韵”等精品线路4条，新增城市绿地30公顷，新建智慧灯杆5千米。保护生态家园。持续打好蓝天、碧水、净土保卫战，力争夺得省“大禹鼎”金鼎，创成省四星级“无废城市”，空气质量优良率达93%。推进降碳、减污、扩绿协同增效，统筹保护四明山“绿底”、象山港“蓝湾”，提升森林质量7800亩，完成海塘安澜工程8.5千米，争创国家生态文明建设示范区、“绿水青山就是金山银山”实践创新基地。投用循环经济园区污水处理厂，完成亭下水库预泄能力提升、避风锚地南堤水闸工程，加快建设市水库群东西线联通工程，启动新建城市生态廊道（西坞茗山—奉化同山）。

（七）全力攻坚乡村振兴。坚持农业现代化和农村现代化一体设计、一并推进，加快城乡融合发展、要素畅通流动，一产增加值增长4%。转型提质强农业。以国家现代农业产业园创建为抓手，深化农业标准地、渔获物捕捞定点上岸等改革试点工作，大力推进特色农业规模化发展、优势农产品品牌化提升，加强“奉字号”种质资源保护利用，培育提升林下经济2000亩。加快建设“万亩方”项目，开建数字渔港经济区，实施水蜜桃全产业链提升项目。夯实粮食安全根基，新建市战略性蔬菜保供基地，建成高标准农田1.3万亩，粮食年产量达到1.3亿斤以上。塑造特色美农村。开展村庄规划优化提升，新创建省级未来乡村3个、艺术赋能村3个，串珠成链打造“欢乐桃马”“金溪五村”等共同富裕示范带、“蓝色海湾”“绿动锦西”等美丽乡村风景线。着力改善乡村基础设施和公共服务，优化城乡公交线网，加密提升农村公路31.8千米，新建改建农房1.5万平方米。增强活力富农民。实施强村富民乡村集成改革行动，探索强村公司助力村级集体经济的长效机制，盘活利用农村闲置资源，力争经营性收入50万元以上行政村占比达到60%。推进共富工坊等增收项目，新增来料加工点100个、共富舱200个，培育乡村产业振兴“领头雁”10人、农创客200人，低收入农户收入增长15%以上。

（八）全力攻坚民生优享。始终把人民对美好生活的向往作为奋斗目标，迭代实施“十大奉优”行动，最大限度释放民生红利、共享发展成果。持续提升民生保障。完善高质量就业创业扶持机制，优化高校毕业生、新奉化人等群体就业服务，力争创成省级示范零工市场1家，开展职业技能培训17000人次，引进高校毕业生10000人，新增高技能人才5000人。推进社保提质扩面，支持新业态从业、灵活就业人员按规定参保，推行长期护理保险，积极落实个人养老金试点工作，夯实“弱有众扶”兜底保障。实施群众安居工程，建设筹集保障性租赁住房1700套。系统优化公共服务。深入实施基础教育高质量发展行动和“奉中崛起”计划，加强师风师德建设，投用凤鸣未来学校，创成全国义务教育优质均衡发展区。强化职普融通、产教融合，启动新建宁波城市职业技术学院奉化校区二期，加快建设浙江药科职业大学公共实训基地。营造尊医重卫的社会氛围，推进医疗资源科学布局、扩容下沉，完成锦屏街道社区卫生服务中心改造提升，投用西坞街道社区卫生服务中心、松岙镇卫生院，加快区人民医院迁建，启动区妇幼保健院迁扩建工程和溪口医院迁建前期工作，争创省健康促进区。用心托起“朝夕美好”，开展公办园托幼服务6家，建成“15分钟为老助餐服务圈”。高标准深化全国文明典范城市创建和共建“我们的家园”，正式启用区体育中心，新建艺术教育基地，举办惠民文体活动500场，“15分钟品质文化圈”覆盖率达到80%。坚决维护平安稳定。开展风险隐患专项整治行动，统筹防范化解道路运输、消防、涉海涉渔、城镇燃气、建筑施工、危化品、食品药品等重点领域风险，提升极端天气防御能力。加强企业防护综合治理，稳妥处置企业流动性风险和房地产领域风险，维护金融安全生态。全面落实新冠病毒感染“乙类乙管”方案，保障医疗物资和药品供应，切实维护人民群众健康安全。深化“1234”基层矛盾调解模式，实施社区分类治理，加强社工、网格员和志愿者队伍建设，筑强基层治理“最小单元”和平安奉化“细胞工程”，持续开展重点领域扫黑除恶、涉企犯罪、养老诈骗、电信网络诈骗打击整治，守护一方平安。

各位代表，民之所望，政之所向。今年，区政府深度聚焦群众关切的热点问题，在前期广泛征求意见、充分研究论证的基础上，遴选了13项民生实事候选项目，正式提交大会，请各位代表审议并票决。下一步，区政府将和全区人民共同奋斗，把更多的民生实事办到百姓家门口、关键小事办到群众心坎上，让“民生答卷”更有厚度、更有温度。

三、加强政府自身建设

新的一年，区政府将致力中国式现代化的奉化实践，保持争拼抢创的劲头，干出先行示范的业绩，全面提升政府工作效率和治理效能，建设更高标准、更有作为的现代政府。

（一）忠诚忠实勇担当。坚持用习近平新时代中国特色社会主义思想统一意志、凝聚力量、指导实践，深刻领会“两个确立”的决定性意义，并转化为坚决做到“两个维护”的政治自觉，以忠实行动践行忠诚本色。坚持把党的二十大精神贯穿政府工作全过程各方面，以坚定立场、忠实品格压实政治责任，确保中央决策、省市部署和区委要求落地落实、见行见效，以过硬成绩展现过硬担当。

（二）为民惠民践初心。始终把人民立场作为根本政治立场，做到重大政策依民而定、工作措施应民而出、安危冷暖唯民而系，让发展成果更加惠及民生、温暖民心。深化“大走访大调研大服务大解题”活动，瞄准群众所急所需所盼下功夫、出实招，解好群众心头难，办好群众心头事，以“看得见的变化”回应群众期待，全力守好奉城百姓的心。

（三）公平公正强法治。坚持将政府工作全面纳入法治轨道，健全守信践诺机制，深化政务公开，更加自觉接受人大依法监督、政协民主监督和社会舆论监督，使党和人民赋予的权力始终用来为人民谋幸福。用法治给行政权力定规矩、划界限，持续深化“大综合一体化”行政执法改革，严格规范文明执法，彰显公平正义的价值追求。完善贴近基层、贴近群众的公共法律服务体系，加强法治宣传教育，使尊法学法守法用法在全社会蔚然成风。

（四）务实求实争效率。开展政府系统干部效能专项比晒行动，把“事不过夜、马上就办、办就办好”作为一种态度、一种习惯、一种能力，营造攀高比强、争先进位的浓厚氛围。坚持实干见真章、实绩论英雄，谋定议定的工作早做、快做、坚决做、做彻底，全力把发展抓在项目上、把项目落在实地上。充分发挥挂联服务、向上对接、闭环落实、晾晒赛马等机制作用，提升防风险、迎挑战、促发展的专业水平和实战能力，变“办不了”为“办得成”“办得快”“办得好”。深化数字政府建设，推进政府工作流程优化、机制创新。

（五）清明清廉扬新风。毫不动摇地坚持“严”的主基调，层层压实政府系统党风廉政建设主体责任，督促党员干部严于律己、严负其责、严抓执行，以清正廉洁的政府形象取信于民。一以贯之落实中央八项规定精神和省、市、区相关规定，巩固拓展作风建设、“四风”纠治成果，以优良党风政风带动社风民风向上向善。深化“绩效论事”“集中财力办大事”，用政府“更紧日子”换发展“更优环境”、百姓“更好日子”。

各位代表，使命重在担当，实干铸就辉煌。让我们更加紧密地团结在以习近平同志为核心的党中央周围，在区委的坚强领导下，坚定信心、开拓奋进，只争朝夕、勇毅前行，全力把现代化滨海大都市健康美丽新城区的宏伟蓝图，一笔一笔绘成美好现实，一起书写更加精彩、更加幸福、更加自豪的奉化篇章！

专 记

明山剡水风景带县域风貌样板区建设见成效

奉化明山剡水风景带县域风貌样板区地处奉化中心城区和四明山区域交会处，区内山水缥缈，人杰地灵，坐拥溪口—滕头国家AAAAA级旅游景区，有着生态名村、书香桃林、民国遗韵、弥勒圣境等多张金名片，是宁波文化旅游高质量发展的“重要窗口”。样板区总面积约40平方千米，依托四明路、弥勒大道及自西向东贯穿全域的九曲剡江，串联起“书香桃源、剡东古镇”萧王庙街道和“民国第一镇”溪口镇两个省级美丽城镇，以及“全球生态500佳”滕头、“中国传统村落”青云、“天下第一桃园”林家等多个美丽乡村，整体呈现出“山水交织，镇村共融，文化璀璨”的风貌特色。其中，溪口镇先后获国家级风景名胜区、首批“全国智慧旅游景区试点单位”、浙江省历史文化名镇等荣誉称号；萧王庙街道先后获中国水蜜桃之乡、中国芋艿头之乡、浙江省旅游和文化名镇等荣誉称号。

自全省第二批城乡风貌样板区创建验收工作开展以来，奉化牢牢把握城乡风貌整治提升工作的导向和要求，重点结合美丽城镇、未来社区、未来乡村及“精特亮”建设等一系列工作，因地制宜、精准施策，全力创建新时代“最美桃花源”富春山居图样板区，整体成效明显。样板区实施“优山水，城乡共融”“全设施、民生提质”“聚多韵，文化赋能”三大战略及六大提升行动，共建设实施项目20个，总投资约49.66亿元。2022年10月，顺利通过省第二批样板区验收；2023年6月，被评为浙江省2023年度第一批“新时代富春山居图样板区”。

（一）风情廊道特色串联，诗画山水全景互融。

完成剡江及支流河道生态化治理、夜景亮化提升等项目，打造生态宜人、形态优美、文态典雅的滨水空间，并结合全市首批“最美精品线路”名山风景线、明山剡水精品线的建设，在分段展现各风貌片区特色的同时，整体构建一条全域联动、全景互融、全民乐享的诗画风情廊道。

（二）田园生态格局优化，现代农业繁荣兴旺。

作为奉化全域国土空间综合整治示范样板，以萧王庙农旅融合整治区作为启动单元，结合滕头田园综合体和萧王庙美丽田园项目，已实施“剡水田园”万亩方整治及相关工程，完成投资6580万元。通过地类恢复、农田整治、村庄梳理及智慧农业发展，“城、产、村、园”全要素合理布局的大美形象初显。

（三）乡村社区活力营造，未来场景幸福美好。

滕头立足生态风貌与红绿产业基础，已入选“浙江省首批未来乡村”，在此基础上，加速推进未来社区创建，以“城乡共生·滕头常青”为总体定位，打造“城市近郊型未来社区试点标杆”和“引领城乡融合共同富裕的示范高地”。2022年，投资1720万元，成功建成共富文化长廊和文化礼堂，促进滕头乡村振兴提档升级；青云已被列入省第二批未来乡村、省第四批未来社区创建名单，依托“联步青云”文旅建设基础，大力弘扬中华优秀传统文化，重点聚焦“一老一少”需求，构建全龄友好未来场景，打造“书香古今”乡村新社区，百姓幸福感与满意度持续提升。

（四）城镇生活品质提升，民生福祉持续增进。

立足浙江药科职业大学、诺德安达学校、奉化中学等优质教育资源，投资6.5亿元新建宁波城市职业技术学院奉化校区、溪口中心小学，继续做深做透“教育与产业结合、与乡村振兴结合”的文章；建成超2万平方米的学林新天地商住街区，大幅提升周边市民配套服务质量，助力构建城乡一体化未来镇村生活圈。并通过四明路、奉溪线等道路提升，以及溪口老镇区排水改造项目的落地，全面实现交通网络互联互通，景观品质有效提升，基础设施优质完善。

（五）历史镇村整体保护，文旅运营活化利用。

出台《溪口镇文物保护工作实施方案》，编制《宁波市溪口历史文化名镇保护规划》，坚持“旅游主导，生活外迁”的总体思路，立足历史遗存整体性、原真性、活态性保护，重现溪口民国时期三里长街、阛门兴盛的历史原景，并植入特色文化业态，培育民国大戏院、民国画廊、民国博物馆等文化项目，不断提升溪口古镇游的吸引力；采用“修旧如旧，还原历史”的改造手法，因地制宜地针对青云村保存较为完好的古建筑群进行保护和修缮，传承浙东民居特色风貌，并结合“联步青云”文旅项目，通过开展国学“六艺”研学活动，打造宁波首个打卡式亲子IP游乡村，成功创建国家AAA级旅游景区，其村史馆也入选省级乡村博物馆。

（六）文化品牌创新赋能，旅游产业提质升级。

投资13.9亿元建成国内首个以遥感游乐体验模式建设的沉浸式、互动式民国主题景区应梦里，实现城市老旧工业区的腾退更新，并强化赛博朋克夜游潮流元素，深受广大年轻人追捧，双休日每天接待游客4000多人，推动溪口景区从传统观光式旅游转型成休闲度假型旅游；投资1.7亿元建成集娱乐、休闲、餐饮、购物、集散等功能于一体的蒋氏民国文化中心，有效弥补古镇旅游配套服务功能的短板，并与结合矿坑旧址修复重建而成的弥勒圣坛联动发展，全面擦亮“民国第一镇”“中国佛教五大名山”奉化两大金名片。

党的二十大代表傅平均、汪顺赴会履职

2022年9月25日，在以习近平同志为核心的党中央坚强领导下，全国各选举单位分别召开党代表大会或党代表会议，选举产生了2296名代表出席党的二十大。奉化萧王庙街道滕头村党委书记傅平均和奉籍游泳奥运冠军汪顺名列其中。

10月16日，中国共产党第二十次全国代表大会在北京人民大会堂开幕。习近平代表第十九届中央委员会向大会作报告。开幕会结束后，傅平均、汪顺第一时间以视频形式分享现场听取党的二十大报告的感受。傅平均表示，在会场聆听习近平总书记作报告，心潮澎湃，备受鼓舞。当报告中提到过去几年取得的成绩时，会场不时响起振奋人心的掌声。这种掌声发自内心、归于行动，必将转化为贯彻落实党的二十大精神的不竭动力。傅平均说：“报告中提到要‘扎实推进共同富裕’，我觉得共同富裕不单单是物质富裕，应该是物质富、精神富、生态富集于一身，并且要先富带后富、区域共同富。过去，滕头村在共同富裕建设上走在前列，今后，我们不仅要让本村村民富上加富，更要带动周边村和结对村共同富，一起奔向现代化。”汪顺说，能参加中国共产党第二十次全国代表大会感到非常自豪。在开幕会上，现场聆听习近平总书记全面讲述自党的十八大以来，我们国家取得的一些重大成果及对未来的展望时，汪顺难掩内心的激动。他表示，竞技体育就是他的战场，他将继续秉持不怕苦、不怕累的精神去面对接下来的训练和比赛，并将以最好的精神面貌、最饱满的热情参加杭州亚运会和巴黎奥运会，为加快建设体育强国贡献自己的力量。

党的二十大召开期间，傅平均、汪顺按照会议议程，忠实履行代表职责。

10月22日，党的二十大胜利闭幕。23日，傅平均、汪顺带着信心和责任顺利返程。返程时，傅平均表示，作为一名来自基层的代表，他将积极宣讲党的二十大精神，让党的二十大精神深入到广大党员干部和群众心中，以奋发图强的状态、鞠躬尽瘁的心态，以苦干、实干、加快干的行动贯彻落实大会精神。

10月25日，区委书记胡永光，区委副书记、区长魏建根会见奉化区出席党的二十大代表、滕头村党委书记傅平均。顾卫卫、陈红伟、徐震宇、唐军华、黄峻、李春泉、刘春萍、张义廉、屠雪松出席。胡永光代表区四套班子向傅平均圆满完成任务载誉归来表示祝贺和慰问。他表示，傅平均同志作为全区党员和基层一线的优秀代表，参加了具有里程碑意义的历史性盛会，充分展示了奉化党员的良好形象。同时，胡永光希望傅平均珍惜使命、不负重托，把出席大会的感受和收获，用朴素易懂的语言和群众喜闻乐见的方式讲清楚、讲明白，切实当好党的二十大精神的积极传播者和忠实践行者，以实际行动坚定拥护“两个确立”，坚决做到“两个维护”，以饱满的工作热情和昂扬的奋斗精神奋进新征程、建功新时代，为中国式现代化贡献力量。傅平均汇报了参加党的二十大履职情况，分享了自己的所学所获所感所想。他表示，能够出席党的二十大，亲身见证历史性盛会，感到非常激动、无比光荣。此次参会有三个收获：一是通过认真学习和领会习近平总书记所作的党的二十大报告，进一步明确了今后“干什么”“怎么干”；二是积极讲好奉化故事，让更多人知道奉化、了解奉化、向往奉化；三是虚心学习别人的故事，积极借鉴别人的成功经验。下阶段，一定倍加珍惜党代表荣誉，用心感悟党的二十大精神的丰富内涵，深入群众开展宣讲，把自己的亲身经历、现场感悟讲出来，当好党的二十大精神的基层宣讲员。

大事记

1月

3日 区政府《关于鼓励市外务工人员留奉过春节的若干意见》出台，通过四大“礼包”，鼓励外地务工人员留奉化过年，确保常态化疫情防控和社会生产形势持续稳定。

同日 区工商联被全国工商联评为“五好”县级工商联和全国民营企业调查工作先进单位；省体育局授予奉化区“浙江省运动休闲基地”称号；“海峡两岸桃花马拉松”成功入选浙江省重点培育品牌体育赛事名录库；由区农业农村局组织申报的“溪口花卉苗木产业强镇”被省林业局命名为省级林业特色产业强镇。

同日 区委党史研究室编写的《中国共产党奉化历史》第三卷（1978—2002）由浙江人民出版社出版。

6日 奉化区2019—2021年浙江省体育现代化区（第一批）创建工作通过考核验收，以高分值达到浙江省体育现代化区创建考核验收标准。

9日 奉化博物馆在2021年长三角及全国部分城市最美公共文化空间大赛中获评优秀公共文化空间案例。

同日 奉化区宁波豪兴水产养殖有限公司、宁波市奉化区勇敢水产养殖有限公司、宁波市奉化海盛育苗厂、宁波市奉化莼湖胡兴纪水产养殖场4家单位入选2021年度浙江省水产健康养殖示范场。

14日 在全省体育局局长视频工作会议上，奉化区获评“2021年度浙江省运动休闲基地”，区文广旅体局被评为“2021年度浙江省竞技体育突出贡献奖”。

16日 奉化海关签发首张至日本的RCEP（区域全面经济伙伴关系协定）原产地证书。

同日 区文化馆被评为国家“一级文化馆”；莼湖街道成为第二批美丽城镇省级样板。

18日 2021年奉化区人民政府质量奖获奖企业名单出炉，华润雪花啤酒（宁波）有限公司、宁波市哈雷换热设备有限公司、宁波吉田智能洁具科技有限公司3家企业获“2021年奉化区人民政府质量奖”。

同日 溪口镇人民调解委员会“华海工作室”入选浙江省金牌人民调解工作室。

22—24日 中国人民政治协商会议第二届宁波市奉化区委员会第一次会议举行。

23日 全区7家企业上榜省科技厅公布的2021年新认定省级企业研发机构名单；区人防办获评2021年度浙江省人民防空工作先进单位。

23—25日 宁波市奉化区第二届人民代表大会第一次会议举行。

28日 松岙供销社获评浙江省供销合作社联合社“2021年度全省百强基层社”。

2月

8日 区扩大有效投资推进

重大项目现场会举行。当天启动建设的项目共28项，总投资187.4亿元。

9日　莼湖街道缪家村、江口街道周村、大堰镇后畈村、溪口镇五林村、萧王庙街道林家村、岳林街道绿都社区6个村(社区)上榜2021年度省级“民主法治村(社区)”。

12日　“庆冬奥　同胞亲　共奔跑”2022年“两岸共跑212”线上、线下活动正式启动。

13日　交通运输部、财政部、农业农村部、国家乡村振兴局发布《关于命名“四好农村路”全国示范县的通知》，奉化区正式获评“四好农村路”全国示范县，为2021年度宁波唯一获此殊荣的区县(市)。

同日　由区文化馆选送的《幸福的地方》《奉陪》两首原创歌曲获得2021“诗画浙江”全省旅游歌曲大赛金奖。

16日　浙江省文化和旅游重大项目集中开工仪式(宁波分会场)及宁波市文化和旅游重大项目集中开工仪式在奉化滨海旅游度假区项目现场举行。

同日　宁波农副产品物流中心分布式光伏一期1.6兆瓦项目并网发电顺利启动。

21日　本区大堰镇万竹村入选浙江省“多规合一”实用性村庄规划编制试点；区检察院获评2016—2020年全省普法与依法治理工作先进集体；岳林街道建设办副主任卢鸿获评2021年度浙江省垃圾分类工作成绩突出个人奖，系全区唯一获此奖的个人。

24日　滕头学生社会实践基地被列入2021—2025年全国科普教育基地第一批认定名单。

同日　全区首个手按式红绿灯在四明路浙江药科职业大学门口路段正式启用。

26日　滨海实验幼儿园入选“2021年浙江省青少年校园足球特色幼儿园”名单。

3月

2日　奉化“挡刀女孩”崔译文获“全国三八红旗手”称号。

4日　区新时代文明实践中心、区委宣传部组织举办“奉邑十礼”发布暨创建全国文明典范城市十大志愿服务行动启动仪式，拉开2022年度学雷锋志愿服务主题月的帷幕。

7日　江口街道社区卫生服务中心上榜国家卫健委联合国家中医药管理局发布的《关于通报表扬2021年“优质服务基层行”活动中表现突出、服务优质机构的通知》。

8日　宁波市奉化区第一次妇女代表大会召开。

9日　宁波市奉化区工商业联合会(商会)第一次代表大会召开。

19日　奉化气动工业协会名誉会长、星宇电子(宁波)有限公司总裁曹建波应邀参加中央电视台财经频道《对话》节目“工业强基进行时”，与工业和信息化部原部长、中国工业经济联合会会长李毅中，中关村巨加值科技评价研究院理事长何小敏，赛迪研究院研究员秦海林等，围绕如何把中国工业基础做得更加强大，开展对话交流。

27日　新冠抗原自测产品在全区零售药店开售。

同日　前方路拓宽地块改造项目区块签约工作全面完成，其中居民住宅、企业提前3天完成签约，签约率双双达到100%。

28日　区市场监管局发布奉化首个气动产业标准化白皮书。

29日　“高速公路疫区来车预警系统”在溪口东、溪口西和西坞三个高速收费站启用。

30日　央视《远方的家》栏目走进大堰镇箭岭村，拍摄箭岭村“零污染村”的打造情况。

4月

2日　全省建设平安浙江工作会议上，奉化区被授予“一星平安金鼎”；浙江省妇联下发《浙江省妇联关于公布浙江省巾帼文明岗、巾帼建功标兵的通知》，奉化区有6个岗位(集体)获评浙江省巾帼文明岗，1人获浙江省巾帼建功标兵称号；大堰镇获评“美丽浙江十大样板地”。

4日　奉化区入选首批省体育现代化县(市、区)名单。

19日　葛岙水库主体工程大坝19号坝段完成结顶。

20日　全国首家数字化“方舱”蔬菜批发市场在方桥街道建成。

同日　奉化段“环浙步道”

省级主线路桩、标距柱的安装工作正式启动。

22日 天妃湖帆船营地挂牌仪式及升帆启航活动在浙江宁波湾省级旅游度假区天妃湖畔举行，标志着奉化滨海水上运动推广与发展开启了新篇章。

24日 浙江省作家协会原副主席、著名奉籍作家汪浙成出资300万元，设立专项阅读基金，用于奖励和宣传全省爱书之人的典型事迹、阅读成果等。

同日 宁波市首家“家庭教育指导工作站”在奉化成立。

26日 奉化区政府与浙江物产化工集团宁波有限公司就物产宁波新能源汽车配件大宗贸易中心项目签订正式合作协议。

5月

3日 第26届“中国青年五四奖章”评选结果揭晓，奉化籍奥运冠军汪顺获此殊荣。

11日 2021年度全国学雷锋志愿服务“四个100”先进典型名单公布，奉化选送的宁波市“大红烙铁走千山”山村家电医生项目上榜最佳志愿服务项目，西坞街道蒋家池头村上榜最美志愿服务社区。

15日 奉化区陈伦家庭、邬静娜家庭与溪口镇妇女儿童驿站分别上榜2022年全国“最美家庭”、2021年度浙江“最美家庭”、2022年度首批浙江省三星妇女儿童驿站名单。

16日 萧王庙街道青云村史馆上榜浙江省乡村博物馆第一批认定名单并授牌。

同日 区社会治理中心揭牌仪式举行，标志着区矛调中心迭代升级为集信访和矛盾纠纷调处化解、社会治理事件处置、社会风险分析研判、重大应急管理等多功能于一体的县级社会治理中心。

18日 共青团宁波市奉化区第二次代表大会召开。

同日 在武汉“国际博物馆日”中国主会场活动中，由奉化博物馆选送的“山海交响——奉化历史文明展”跻身（2021年度）全国十大陈列展览精品行列。

19日 奉化区全面启动文化和旅游资源普查，至9月结束。

同日 历时20个月的金甬铁路Ⅰ标奉化段杨四岙隧道顺利贯通。

20日 宁波市范围内首家网约车司机工会联合会——奉化区网约车司机工会联合会成立。

22—23日 区委书记胡永光率党政代表团赴温州市乐清市、文成县考察，奉化区与文成县签署《奉化—文成2022年度山海协作框架协议》。

25日 滕头乡村振兴学院重庆万州分院揭牌仪式在万州区委党校举行，为滕头乡村振兴学院继河北、吉林、新疆等地之后成立的第四家分院。

26日 区新时代文明实践志愿服务项目大赛决赛举行。现场，20个入围决赛的志愿服务项目同台竞演，最终“关爱农村‘隐性失陪’儿童志愿服务项目”获得金奖。

27日 奉化区出台《关于扶持个体工商户纾困发展的若干意见》，帮助个体工商户应对疫情影响、恢复生产经营、稳定扩大就业。

同日 区智慧光伏（监测）数据中心揭牌仪式在区供电公司举行。

31日 奉化区首艘300吨级渔政执法船在广东珠海顺利下水。

6月

6日 杨春燕成为浙江第787例、宁波第132例、奉化第14例造血干细胞捐献者。

7日 区政府与湖北省枣阳市政府签署合作框架协议。

8日 “我心中的最美小镇”全省50佳名单公布。奉化占4席，分别是县域副中心型美丽城镇莼湖街道，特色型美丽城镇西坞街道、萧王庙街道、溪口镇。

9日 国际档案日，奉籍艺术家作品捐赠签约暨“妙耕奉化”开馆仪式在区档案馆举行，“妙耕奉化”展馆同时揭牌展出，“大师回家”文化之旅由此启程。

同日 2022海峡两岸婆媳文化节在雪窦山海峡两岸交流基地举行。

同日 葛岙水库工程下闸蓄水阶段移民安置技术通过专家组验收。

11日 2022年“文化和自然遗产日”浙江主场（奉化）系列活动启动仪式在奉化城市文化中心广场举行。

18日 凌晨，金甬铁路Ⅰ标奉化段鄞奉特大桥100米连续梁合龙，这是金甬铁路在奉化段的首个百米连续梁合龙。

20日 北京大学创业训练营2022年“商行天下”活动首站走进奉化，来自全国各地的18名北创营导师和营友企业家到奉考察交流，对接产业和政策。

28日 浙江政务融媒体内容创新研讨暨2021年度优秀作品颁奖仪式在金华兰溪举行，会议公布奉化发布的作品《骄傲！今天，这位奉化姑娘受到习近平总书记会见》获2021年度政务融媒体文字消息类一等奖。

30日 浙江省区域医疗中心宁波市第一医院方桥院区正式启用。

7月

1日 中国科学院大学附属肿瘤医院（浙江省肿瘤医院）宁波院区揭牌开诊仪式在凤山体育公园举行。

3日 2022奉化水蜜桃文化节“桃源结谊在奉化”蜜桃集市开市仪式拉开帷幕。

同日 全国社区运动会（宁波赛区）奉化站暨2022天妃湖首届公开水域游泳邀请赛在奉化区举行。

5日 总投资2.3亿元的锋成先进能源材料研发中心一期建设项目投入使用。

同日 省体育局下发《关于确定2022年度体育数字化改革试点单位的通知》，奉化上榜2022年度数字化改革试点单位。

8日 奉化区获得2021年度“五水共治”工作优秀市县“大禹鼎”银鼎。

同日 奉化区中医药科普研学基地授牌仪式举行。

9日 2022奉化蜜桃音乐节在奉化城市文化中心开幕；“村游盛夏·乡约宁波”2022宁波市乡村旅游季暨“云上大堰”研学营活动在大堰镇游客集散中心正式启动。

同日 作为工信部管理建设的14个创新成果产业化项目之一，关键零部件领域创新成果产业化公共服务平台在奉正式启动。

11日 财政部、工信部组织开展2020—2021年中小企业发展专项资金使用情况绩效评价，奉化经济开发区以84.8分的优异成绩，获得中央奖励资金1000万元。

同日 全省建设新时代美丽浙江推进大会暨生物多样性保护大会召开，奉化获2021年度美丽浙江建设（生态文明示范创建行动计划）工作考核优秀县(市、区)。

同日 宁南新城现代服务业创新发展区以生命健康服务方向入选浙江省第二批现代服务业创新发展区入围名单。

14日 中国体育彩票2022年浙江省青少年赛艇锦标赛在宁波湾天妃湖水上运动基地开桨。

同日 省住建厅、财政厅、水利厅、自然资源厅联合下发关于支持系统化全域推进海绵城市建设工作的通知，奉化被列入2022年系统化全域推进海绵城市重点建设县（市、区）。

15日 葛岙水库正式下闸蓄水。

17日 第十一届“中绿杯”名优绿茶产品质量推选结果揭晓，奉化区获2项特别金奖、5项金奖、8项银奖。

20日 奉化区红“纽”乡愁——红帮文化两岸交流工作室在奉化人才之家揭牌成立。

21日 “诗画江南活力浙江”——第二届浙江省旅游歌曲大赛颁奖盛典在奉化体育馆举行。

22日 2022年宁波市“技能之星”职业技能竞赛奉化区选拔赛暨宁波市奉化区“凤麓杯”职业技能竞赛正式启动。

同日 位于岳林街道东成路的全区首个生活垃圾分类转运站正式投入运行。

23日 曾为中国卫星海上测控部麾下综合性航天远洋测控船设计书写舷号“远望号”的奉籍著名海派书法家孙信德回到家乡，将154幅作品送到区档案馆馆藏。

24日 第三届中国·宁波奉化海峡两岸体育舞蹈（国标舞）公开赛在奉化体育馆举行决赛。

26日 大堰镇获评新时代中国最美绿色生态小镇。

28日 奉化区“十四五”综合交通规划正式发布。

30日 中共宁波市奉化区委二届二次全体（扩大）会议举行。

31日　以“玩夜古镇，野生赛博”为主题的2022应梦里首届赛博朋克节在溪口·应梦里景区正式开幕，该景区正式开园迎客。晚上，城区开启联动灯光表演，庆祝八一建军节。

同日　省文化和旅游厅发布《浙江省旅游区（点）质量等级评定委员会关于2021年国家AAAA级旅游景区复核结果的通报》，黄贤森林公园通过复核。

8月

4日　全省首个靶向式雷电监测预警平台在奉化区启用。

同日　在莼村镇拍摄的致富经类纪录片《大鱼跃国门》在CCTV—17农业农村频道《共富路》特别节目中播出。

8日　郑鲁成为浙江第809例、宁波第134例、奉化第15例造血干细胞捐献者。

10日　2020—2021年度“浙江省优秀版权作品”评选颁奖仪式在杭州举行，奉化区选送的摄影作品《我的舞台》获得一等奖。

13日　2022第八届中华慈孝文化节开幕式暨年度中华慈孝人物颁奖盛典在杭州举行，超竣电器制造（宁波奉化）有限公司总经理、香港甬港联谊会副会长、宁波市侨商会副会长、第三代“宁波帮”叶竣棓获评2022年度中华慈孝人物。

14日　中国农业发展银行宁波市奉化区支行落地农发基础设施基金1900万元，用于松岙镇小狮子口海塘安澜项目建设。

16日　奉化区国土空间规划领导小组正式成立，并召开2022年度第一次会议。

19日　江明荣成为浙江第816例、宁波第137例、奉化第16例造血干细胞捐献者。

20日　省民政厅公布第一批全省婚俗改革实验县（市、区）评估结果，奉化区被评为优秀等级，并被列入持续深化婚俗改革重点推进县（市、区）；浙江婚姻登记机关标准化建设评估验收结果出炉，奉化区民政局获评AAAAA级婚姻登记机关。

同日　第十二届北京国际电影节于8月13日至8月20日在京举行，由奉化区融媒体中心出品的电影《雏鸟的天空》入围该届电影节“北京展映”单元。

22日　第三届“基层清廉建设（浙江）十大创新经验”发布活动举行，区纪委监委总结提炼推荐的《构建基层权力监督闭环》获第三届“基层清廉建设（浙江）十大创新经验”创新奖，制作的《酱烤猪头》清廉美食视频获“Lian上美食”短视频大赛十佳作品。

24日　由中国博物馆协会和中国文物报社联合开展的“新时代博物馆百大陈列展览精品展示推介系列活动”在湖北武汉举办，奉化博物馆选送的“山海交响——奉化历史文明展”获“新时代博物馆百大陈列展览精品”荣誉。

25日　全区新建工业项目将新增试行建筑施工许可证“无纸化”全程网上申请审批，以提高工程建设审批效率，实现“零跑腿”和不见面审批。

26日　“群英绘共富”第二季“稚子牛”奉化少年劳动成长计划活动在滕头学生社会实践基地举行。现场，滕头乡村振兴学院、王鲲烈士纪念馆、溪口职工文化中心等10家单位被授予奉化区首批劳动教育研学基地称号，并举行宁波市奉化区劳动教育联盟揭牌仪式。

28日　由省委宣传部和浙报集团联合推出的“浙江好人榜”2022年第二季度名单揭晓，宁波三味书店有限公司总经理卓科慧上榜。

30日　由区城投集团承建的奉化区首个专项建设人才公寓项目——风华聚公寓竣工。

同日　区不动产登记服务中心为金水东庭小区新建的人防地下室办出第一张人防工程不动产权证书。

同日　全国创建青年文明号活动组委会发布《关于认定一星级全国青年文明号集体的通报》，区公安分局溪口派出所、区税务局溪口税务所办税服务厅、区税务局莼湖税务所办税服务厅、区规划测绘设计院4个集体被认定为“一星级全国青年文明号”。

9月

1日　11时，区防指启动海上防台风应急响应。第11号台风“轩岚诺”强势来袭，沿海镇

（街道）启动防台预案。全区共有2座大型水库、80余座小型水库、近2000座山塘水库，落实责任人，对重点区域全面开展安全隐患排查，做好防台风准备。

2日 “心相系·情相融”2022海峡两岸（奉化）中秋联谊活动在同山书院举行，在奉台胞台属嘉宾100余人参加此次活动。

5日 “‘侬’播好物、数推共富”助农电商直播技能大赛启动。

7日 奉化区万斯同纪念馆入选浙江省第二批乡村博物馆名单。

9日 区投资集团2022年企业债券成功发行。

同日 区政府与浙江师范大学签署合作办学协议，浙江师范大学党委书记郑孟状、区委书记胡永光共同为浙江师范大学附属奉化实验学校揭牌。

10日 浙江省最长铁路隧道——金甬铁路千石岩隧道顺利贯通，标志着国内首条双层高集装箱运输铁路建设取得突破性进展。

同日 区文旅集团参与出品和制作的中国首部新时代航天事业电视剧《问天》获第三十二届浙江电视“牡丹奖”优秀作品奖。

14日 晚8时30分许，2022年第12号台风“梅花”在舟山普陀沿海登陆。受台风影响，9月11日晚8时至13日晚8时，全区平均降雨量265.2毫米，雨量最大的是西坞余家坝站，达399.3毫米。

15日 2023年度城乡居民医保参保工作启动。

16日 由区政府新闻办组织的“奉化这十年”系列主题新闻发布行动开启。同步举行首场新闻发布会聚焦“高质量经济发展”主题。

20日 东门路（锦屏南路—南山路）道路及南侧景观工程完工。

同日 奉化区9家企业上榜“2022年浙江省知识产权示范企业”名单；区检察院“蔚蓝”法治宣教工作品牌获2022年度浙江检察文化品牌建设成果展评活动铜奖；浙江省档案学会公布2021年度全省优秀档案编研成果和全省档案学优秀成果获奖名单，奉化区获1个二等奖、2个三等奖；宁波市奉松农业科技发展有限公司总经理李则龙被评为2022年第三季度“浙江好人”；团区委选送的“思巢·超媒体互动空间”项目获2022年“创青春”浙江省青年创新创业大赛银奖。

21日 以“喜迎二十大科普向未来”为主题的2022全国科普日奉化主场活动启动仪式举行。启动仪式上，对区6家新批院士工作站和12家新建博士创新站进行授牌。

22日 由中国侨联、省侨联指导，市委、市政府主办，市侨联、区委、区政府承办的“创业中华·宁波市第十一届港澳台侨青年英才创新创业峰会”在奉化区举行开幕式。

同日 百度飞桨宁波人工智能产业赋能中心启用。

同日 星宇电子（宁波）有限公司精密电器比例阀和真空发生器集成单元关键技术及应用项目获得中国机械工业科学技术奖。

23日 区慈善总会举行第二次会员代表大会。

同日 区工商联（商会）一届一次主席（会长）会议召开，“百企兴百村”奉商帮富启动仪式举行。

26日 宁波市党外知识分子“新农人”服务团暨央广网“云遇中国”新农人宁波服务团成立仪式在奉化区举行。

27日 宁波甬金高速公路有限公司在管辖路段四角尖、大庙山隧道增设全市首套高速公路隧道入口主动管控系统，并对该系统开展试行演练，后该系统顺利投入试运行。

10月

9日 省红十字会发文通报表扬一批先进集体和先进个人，蒋葭浦村红十字会上榜“工作成绩突出红十字基层组织”，岳林街道金海社区红十字会张志忠上榜“工作成绩突出红十字个人会员”，区红十字红海应急救援队红海惠民志愿服务项目上榜“工作成绩突出红十字志愿服务项目”。

11日 奉化—黄梅党政联席会议召开，区政府与黄梅县政府签署对口合作框架协议，建立联席会议、人才交流、要素保障协调联动等机制。

同日 奉化区长汀社区、迎恩社区、阳光社区、南溪未来社区和萧王庙街道滕头村上榜首批300个浙江省共同富裕现代化基本单元“一老一小”场景。

15日 岳林街道上榜省农村文化礼堂建设示范乡镇（街道）名单。

16日 全区广大党员干部群众通过电视、广播、网络等多种形式收看收听党的二十大开幕会盛况。

27日 《宁波市区户口迁移实施细则》公布，进一步放宽市区落户条件，试行以经常居住地登记户口，并探索户籍准入年限累计认同。奉化区试行以经常居住地、就业地登记户口制度。

11月

1日 住宅区、楼宇的命名更名审批职能正式由住房和城乡建设部门负责，民政部门不再承担该项职能。

同日 奉化区宁波创跃园林工具有限公司、星宇电子（宁波）有限公司、宁波松科磁材有限公司、宁波吉田智能洁具科技有限公司、宁波利安科技股份有限公司、浙江锐泰悬挂系统科技有限公司、宁波秉航科技集团有限公司、宁波霍科电器有限公司、宁波奔野重工股份有限公司9家企业被认定为“国家知识产权优势企业”。

3日 总投资20.52亿元的滕头村未来社区（未来乡村）项目举行开工仪式。

同日 “奉栖燕归化梦未来”浙江省海外高层次人才智力项目洽谈对接会（奉化专场）正式启动。

7日 省委宣传部公布奉化区打造“共享礼堂”助推共同富裕案例上榜2022年度浙江省宣传文化领域共同富裕最佳案例名单。

9日 “民宿·让乡村更美好”第五届海峡两岸乡村振兴论坛奉化专场举行。

9—10日 奉化区承办全省深化党建联建机制暨党建引领“共富工坊”建设全面助力共同富裕现场推进会。

10日 2022“最美空姐”公务机空乘大赛总决赛暨颁奖晚会在区城市文化中心举行。

11日 总建筑面积超过10万平方米的区中医医院新院区主体工程完工。

同日 区委党校获全省党校（行政学院）系统第一批绿色学校评价的“三星级绿色学校”称号。

15日 大成社区、西河社区、长汀社区、迎恩社区4个社区入选浙江省第六批未来社区创建名单。

16日 区政府与浙江省中医院（浙江中医药大学附属第一医院）签署合作办医协议，全力帮助区中医医院打造浙东地区有影响力的中医诊疗中心。

20日 奉化区首个行政服务类区级地方技术性规范——《征收拆迁用补偿安置协议司法确认管理规范》批准发布，于12月7日起正式实施。

22日 奉化区营商环境投诉监督中心在区检察院挂牌成立。

23日 区委召开理论学习中心组专题学习会暨读书分享会，专题学习《习近平法治思想学习纲要》《习近平关于依规治党论述摘编》，研究部署依法治区、依规治党工作。

同日 莼湖街道莼元谷物烘干加工中心启用。

24日 区第一届全民健身运动会开幕。

25日 西坞街道蒋家池头村党支部书记陈伦和宁波海上鲜信息技术股份有限公司董事长兼总经理叶宁获2022年度浙江乡村振兴共富带头人“金牛奖”。

27日 奉化籍蒋昕桦在2022年世界技能大赛特别赛奥地利赛区获得重型车辆技术与维修项目金牌，实现中国队在该项目上金牌“零的突破”。

12月

1日 位于江口街道的110千伏南浦变电站综合自动化改造工程顺利完工复役。

3日 浙江药科职业大学在2022年浙江省大学生艺术节中获一等奖1项、三等奖4项。

5—6日 区中医医院顺利完成搬迁，新院区6日开诊。

6日 全区广大党员、干

部、群众通过广播电视、网络、手机客户端等多种形式收听收看江泽民同志追悼大会现场直播。

7日 区税务局获国家税务总局第三届“税官进校园、进课堂讲税法”青少年普法视频征集活动三等奖。

同日 弥勒文化园标志性建筑——弥勒圣坛工程完工交付。

8日 全省文物工作会议在杭州召开，奉化博物馆获评浙江省文物工作成绩突出集体。

9日 奉化区物业协会党委成立。

10日 2022年宁波市终身教育技能（才艺）大赛在奉化区职教中心举行；2022宁波市滨海体育嘉年华暨首届宁波湾桨板及沙滩腰旗橄榄球精英赛在宁波湾天妃湖收官；区全民终身学习活动周启动仪式在裘村镇成人文化技术学校举行。

12日 区教育局与市第一医院签订协议，启动学生心理健康医教结合项目，并举行奉化区学生心理诊疗与研究中心揭牌仪式。

15日 奉化电力建设产业基地项目在宁南新城举行开工仪式。

17日 2022雪窦山全球智库论坛举行；区政府与中国民营科技实业家协会元宇宙工作委员会签署战略合作协议，奉化元宇宙产业服务平台正式启动。

17—18日 2022年度浙江考古重要发现评选会上，奉化区顾家庄遗址入选2022年度浙江考古重要发现。

19日 2022年浙江省青少年定向锦标赛短距离赛在萧王庙街道青云村举行。

21日 2022雪窦山弥勒文化节开幕式暨“梦应雪窦山”禅乐音乐会在弥勒圣坛举行。

同日 奉化区与达闼机器人股份有限公司签署合作协议，达闼智能机器人长三角南翼产业基地项目正式落户奉化；区凤麓新材料加速器被认定为2022年度省级科技企业孵化器。

26日 2022年度全省美丽城镇建设工作考核结果公布，裘村镇、江口街道上榜美丽城镇建设省级样板，松岙镇、尚田街道入选美丽城镇建设基本达标城镇。

30日 区公安分局巡特警大队副大队长、一级警长黄汉汉获“全省模范人民警察”荣誉称号；社会安保大队大队长、一级警长竺炳豪获“全省优秀人民警察（警务辅助人员）”荣誉称号。

31日 东江二期防洪工程历时三年顺利完工。

奉化概况

历 史

【名称来历】 奉化县名由来有多种说法。最早见于北宋建隆(960—963年)时期，鄞县县令金翊《纂异记》载:“至开元中改鄞为明，郡名奉化。”北宋《元丰九域志》载:“是时(指738年)州曰明，郡曰奉化，以郡名名县。”南宋乡人陈著《题奉化图志揭首》载:“奉化为邑，以民皆乐于奉承王化得名。”明代曹学佺《舆地名胜志》载:“以其民淳，易于遵奉王化，故名。”明代嘉靖《奉化县图志》载:“县东南五里，有山特起曰奉化，唐开元二十六年析鄮县地置奉化县于此，因以名焉。”

【历史沿革】 春秋战国时期，奉化地属越国、楚国。秦王政二十五年(前222年)属会稽郡鄞县。隋开皇九年(589年)属句章县。唐武德四年(621年)析句章县为鄞、姚两州，奉化属鄞州。武德八年(625年)，废鄞州设鄮县。唐开元二十六年(738年)，析鄮县，置鄮、慈溪、奉化、翁山四县，奉化治设今锦屏街道，隶属明州。两宋，奉化为望县。元元贞元年(1295年)升为州。明洪武二年(1369年)复为县，属明州府。明洪武十四年(1381年)，明州府改宁波府。清沿明制，属宁波府。1913年属浙江省第四行政区。1914年属会稽道。1928年属鄞县区。1936年属浙江省第六行政督察区。1948年属浙江省第二行政督察区。1949年5月属宁波专区。6月，成立大桥、西坞、江口、溪口4个区。10月，增设莼湖、方门2个区，辖28个乡镇。1950年10月，分设6个区、2个县属镇、71个乡镇。1956年，撤区并乡，设5个镇、27个乡。1958年，成立11个人民公社，33个管理区。1961年，恢复区建制，管理区升为公社。1983年，实施政、社分设，恢复乡镇建制。1985年，设5个区、9个镇、22个乡。1988年10月，撤县设市(为县级市)。1990年年末，设5个区、10个镇、21个乡。1992年5月，撤区扩镇并乡，改设11个镇、8个乡。2001年，设9个镇、2个街道。2003年年末，设6个镇、5个街道。2016年11月，经国务院批准，撤销奉化市设立宁波市奉化区，行政区域维持不变。2018年年末，设6个镇、6个街道。2019年年末，设4个镇、8个街道。

地 理

【地理位置】 奉化区位于北纬29° 24′ 30″～29° 47′ 22″，东经121° 03′ 12″～121° 46′ 32″。地处浙江省中东部，宁波市南面。东濒象山港与象山县隔港相望，南连宁海县，西与绍兴市新昌县、嵊州市接壤，北与余姚市、鄞州区交界。

【地貌】奉化区地处天台山脉与四明山脉交接地带，西南多高山峻岭，东北部地势平坦，河网纵横，属宁奉平原。东南部靠象山港，海岸线曲折，沿海狭长地带形成港湾平原。海岸线总长63千米，岛屿24个。境内最高点黄泥浆岗位于溪口镇北部，海拔976米。最低点为沿海滩涂，位于莼湖裘村松岙沿海，海拔1米。

【气候】奉化属北亚热带季风气候区，气候温和湿润，四季分明，雨量充沛，雨热同步，无霜期长。冬夏长，春秋短。冬季干燥寒冷；夏季晴热高温，时有台风影响；春秋季多连阴雨。2022年，全年平均气温偏高，年降水总量、降水日数略偏少，日照明显偏少。年平均气温18.1℃，较常年偏高0.8℃；高温日（日最高气温≥35℃）54天，破历史最多纪录，最高气温41.0℃（出现在8月12日）；日最低气温≤0℃为16天，最低气温-3.7℃（出现在12月19日）。年累计降水量1498.0毫米，比常年偏少10.5毫米；总降水日数145天，比常年偏少13.2天；年日照总时数为1491.1小时，较常年偏少276.4小时。2022年度气象灾害主要为冬季冷空气、雨雪冰冻和连阴雨，夏季罕见的高温热浪，频发、重发的强对流天气，"轩岚诺"台风、"梅花"台风和连续性暴雨。

【水系、水文】境内河道主要有两大水系：奉化江水系和莼湖水系。奉化江水系由剡江和县江、东江组成，汇于方桥三江口，流域面积802平方千米，占91.7%。莼湖水系由诸多小河组成，流域面积72.5平方千米，占8.3%。宁波市级河有剡江、县江、东江、甬新河（奉化段）4条，总长194.63千米；县级河有莼湖溪、西晦溪、泉溪、县溪、亭下总渠、外婆溪、周家河等23条，总长321.55千米；河网密度2.03千米/平方千米，径流总量11.6亿立方米。境内最大河流为剡江，从剡界岭流经境内溪口镇、萧王庙和江口街道，长75.5千米，萧王庙以上流域面积454平方千米，年均流量10.6米^3/秒，主要支流有剡源、东岙溪、筠溪、岩头溪和泉溪等。沿海潮流，每日早、晚两个潮次，潮位冬低夏高，落潮流速大于涨潮流速。历年平均高潮位5.50米，平均涨潮历时7时4分；平均低潮位2.25米，平均落潮历时5时25分。平均潮差3.25米。

【面积】辖区东西最大距离70.5千米，南北最大距离42千米，土地面积1268平方千米，海域面积96平方千米。

【自然资源】境内地下矿藏有铅、锌、花岗岩、砂、紫砂土等8种金属矿和7种非金属矿。可开发内河水力资源2.8万千瓦、潮汐资源14万千瓦。有大、小型水库92座，可供水产养殖及旅游；象山港港宽、水深，适宜造船业和近海养殖。拥有林地126万亩，其中，竹林31万亩，用材林19万亩；有野生植物180科、1500余种，其中，凹叶厚朴、青檀为国家三级保护植物；有野生动物1600余种，其中，海洋鱼类120种。

区划　人口

【行政区划】2022年末，辖溪口、裘村、大堰、松岙4个镇，锦屏、岳林、江口、西坞、萧王庙、方桥、尚田、莼湖8个街道，共12个乡级政区；社区39个，居委会10个，行政村283个。

【人口】2022年末，全区户籍人口476570人，比上年减少1292人，其中城镇人口222905人。全年出生人口2122人，出生率4.45‰；死亡人口3798人，死亡率7.97‰；人口自然增长率-3.52‰。

2022年区领导班子、区直属各部门、各镇（街道）和民主党派、人民团体主要负责人

中国共产党宁波市奉化区委员会

书　　记：胡永光
副 书 记：魏建根（2022年1月任）
　　　　　徐震宇
常　　委：徐海伟
　　　　　黄　峻（2022年11月免）
　　　　　王超尖（2022年11月任）
　　　　　唐军华（2022年12月免）
　　　　　范胜兵（2022年12月任）
　　　　　李春泉
　　　　　刘春萍（女）
　　　　　邬培栋
　　　　　张义廉
　　　　　屠雪松
区委党史研究室（区志编纂办公室）主任：陈黎明
区委组织部部长：唐军华（2022年12月免）
　　　　　　　　范胜兵（2022年12月任）
区委宣传部部长：屠雪松
区委统战部部长：黄　峻（2021年12月免）
　　　　　　　　张义廉（2021年12月任）
区委政法委员会书记：
　　　　　　　　魏建根（2021年12月免）
　　　　　　　　徐震宇（2021年12月任）
区委全面深化改革委员会主任：
　　　　　　　　魏建根（2021年12月免）
　　　　　　　　徐震宇（2021年12月任）
区委机构编制委员会办公室主任：董志松
区委台湾工作办公室主任：俞　磊（2021年12月免）
区委巡察工作领导小组办公室主任：罗　杰
区委区政府信访局局长、党组书记：王仕军
区委老干部局局长：沃红波（女）
区委党校校长：唐军华（2022年12月免）
　　　　　　　范胜兵（2022年12月任）
区档案馆馆长、党组书记：竺月飞（女）

宁波市奉化区人民代表大会常务委员会

主　　任：周　涛（2022年1月免）
　　　　　顾卫卫（女，2022年1月任）
党组书记：顾卫卫（女）
副 主 任：杜中权（2022年1月任）
　　　　　王汉存
　　　　　蒋国宝
　　　　　庄孟勇（2022年1月任）
　　　　　卓奇荣（2022年1月任）
　　　　　胡颖琛（2022年1月任）
　　　　　何剑波（2022年1月免）
　　　　　陈鹏忠（2022年1月免）
　　　　　竺剑虹（2022年1月免）
党组副书记：何剑波（2022年1月免）
　　　　　　杜中权（2022年1月任）
党组成员：陈鹏忠（2022年1月免）
　　　　　王汉存
　　　　　蒋国宝

庄孟勇（2022年1月任）
卓奇荣（2022年1月任）
竺剑虹（2022年1月免）
刘德英
顾垒松

办公室主任、机关党组书记：顾垒松
财政经济工作委员会主任：胡志春（女）
监察和司法工作委员会主任：汪平义
城乡建设环境保护工作委员会主任：
庄国平（2022年12月免）
沈海松（2022年12月任）
农业和农村工作委员会主任：
张雪峰（2022年12月免）
徐蔚维（2022年12月任）
教育科技文化卫生工作委员会主任：张燕萍（女）
社会建设工作委员会主任：叶国辉

宁波市奉化区人民政府

区　　长：魏建根（2022年1月任）
党组书记：魏建根
副 区 长：李春泉
邬培栋
张　巍
毛世汇
吴盈盈（女）
褚明生（2022年1月任）
张　雄（2022年1月任）
党组副书记：李春泉
党组成员：杜中权（2022年1月免）
邬培栋
张　巍
毛世汇
褚明生（2022年1月任）
张　雄（2022年1月任）
办公室主任：谢宏辉（2022年3月免）
周开波（2022年3月任）

区行政执法中心主任：张义波
区发展和改革局局长、党委书记：冯晓虹（女）
区经济和信息化局、党委书记：毛志达
区教育局局长、党委书记：周永龙（2022年1月免）
何　彪（2022年1月任）
区科学技术局党组书记：王志明
区科学技术局局长：路　波
宁波市公安局奉化分局局长、党委书记：毛世汇
区民政局局长、党委书记：戴志锋
区司法局局长、党组书记：王国成
区财政局局长、党委书记：江洪平
区人力资源和社会保障局局长、党委书记：曹岳勇
区住房和城乡建设局局长、党委书记：吴　波
区交通运输局局长、党委书记：康常军
区水利局局长、党委书记：杨伟军
区农业农村局局长、党委书记：
周开波（2022年3月免）
缪盛雷（2022年3月任）
区商务局局长、党委书记：孙海港
区文化和广电旅游体育局局长、党委书记：
胡玉珍（女）
区卫生健康局局长、党委书记：卓仲强
区退役军人事务局局长、党组书记：单旭升
区应急管理局局长、党组书记：余林海
区审计局局长、党组书记：张乐意（女）
区市场监督管理局局长、党委书记：
陈晨磊（2022年12月免）
余林海（2022年12月任）
区统计局局长、党组书记：
邬锋伦（2022年1月免）
张　雷（2022年1月任）
区医疗保障局局长、党组书记：张　良
区综合行政执法局局长、党委书记：张义波
经济开发区党工委书记：江雪明
经济开发区管委会主任：汪一恒
区政务服务办公室党组书记：李春泉
区政务服务办公室主任：冯晓虹（女，2021年12月免）
康建方（2022年1月任）

区国有资产管理中心主任、党工委书记：
庄旭东（2022年1月免）
邬永本（2022年1月任）
区机关事务局局长、党组书记：王东海
区投资促进局局长、党组书记：康来通
区融媒体中心主任、党委书记：周女芬（女）
区融媒体中心总编辑：周龙泉
区政府投资项目评审中心主任：江洪平
宁波市住房公积金管理中心奉化分中心主任、党组书记：卓伟波
区综合创建办公室（区大型活动办公室）主任、党组书记：毛水东（2022年1月免）
金 江（女，2022年1月任）
区房屋征收办公室（区房屋拆迁管理办公室）主任、党组书记：陈定峰
区供销合作社联合社主任、党委书记：朱正天
宁波宁南新城开发建设管理中心党工委书记：刘海华
宁波宁南新城开发建设管理中心主任：李世杰
区金融发展服务中心主任、党组书记：
邬永本（2022年1月免）
邬锋伦（2022年1月任）
区金融发展服务中心主任、党组书记：胡 荣
宁波滨海旅游休闲区开发建设管理中心主任：夏 勇
区大数据发展服务中心主任：汪建潮
区社会矛盾纠纷调处化解中心党组书记：
魏建根（2022年1月免）
徐震宇（2022年1月任）
徐震宇（2022年8月免，机构撤销）
区社会治理中心党组书记：
宋良杰（2022年8月任，机构设立）
区社会矛盾纠纷调处化解中心主任：
宋良杰（2022年8月免，机构撤销）
区社会治理中心主任：
徐震宇(2022年8月任，机构设立)
区体育管理中心主任：王建明（2022年12月免）
阮敏娜（女，2022年12月任）
区住房管理和保障中心主任：李光辉
区农机畜牧发展中心主任：梁 宏
区农技总站站长：竺尧方
区亭下水库管理站站长：汪明峰
区横山水库管理站站长：蒋备松
区公路与运输管理中心主任：吴尔波
区港航管理中心主任：张伟通
人民医院医共体党委书记：王盛强
区土地储备中心主任：吴 京（2022年8月免）
卓开惟（2022年8月任）

中国人民政治协商会议宁波市奉化区委员会

主 席、党组书记：陈红伟
副 主 席：方国波
周海飞（女）
胡 荣
庄孟勇（2022年1月免）
吴亚芬（女）
邬旭光
沈 孟（2022年1月任）
党组副书记：方国波
黄 峻（2022年1月免）
张义廉（2022年1月任）
党组成员：胡 荣
庄孟勇（2022年1月免）
朱海高（2022年12月免）
周 峰
王剑波（2022年12月任）
秘 书 长：朱海高（2022年12月免）
王剑波（2022年12月任）
办公室主任：周 峰
社会法制和政协港澳台侨委员会主任：李海涌
教文卫体和文史资料委员会主任：曹培珍（女）
经济和城建资源环境委员会主任：
张传仙（2022年1月免）
盛高亮（2022年3月任）
委员工作委员会主任：俞武定

政协提案委员会主任：舒华朝（2022年12月免）
徐伟德（2022年12月任）
政协农业和农村委员会主任：王冬宁

宁波市奉化区人民法院

区人民法院院长：翟寅生
区人民法院党组书记：翟寅生

宁波市奉化区人民检察院

区人民检察院检察长：叶林达
区人民检察院党组书记：叶林达

中国共产党宁波市奉化区纪律检查委员会（监察委员会）

书记、主任：
黄　峻（2022年8月免）
王超尖（2022年11月任，2022年1月任监察委员会主任）
副 书 记：陈横栩
毛水东
副 主 任：康建方（2022年1月免）
何　彪（2022年1月免）
陈横栩（2022年1月任）
毛水东（2022年1月任）

民主党派和群众团体

区总工会主席：王汉存
区总工会党组书记、副主席：王艳儿（女）
共青团宁波市奉化区委员会书记：李　丽（女）
区妇女联合会主席、党组书记：邬伦素
区工商业联合会执行委员会主席：兰万福
区工商业联合会执行委员会党组书记：章华君
区科学技术协会党组书记：马　雄
区科学技术协会主席：王亦建
区残疾人联合会理事长、党组书记：张礼传
民革宁波市奉化区委会主委：张　雄
区红十字会党组书记、专职副会长：李永正
区文学艺术界联合会主席、党组书记：汪尧平
中国国际贸易促进委员会奉化区委员会：
孙　耀（2022年12月免）
孙海港（2022年12月任）
区归国华侨联合会主席：何　山
区台胞台属联谊会会长：陈平儿

区属国有企业

区溪口旅游集团有限公司董事长、总经理、党委书记：周　盛
区城市投资发展集团有限公司董事长、总经理、党委书记：孙红光
区城市投资发展集团有限公司总经理：
孙红光（2022年3月免）
何　吉（2022年3月任）
区交通投资发展集团有限公司董事长、总经理、党委书记：周霄峰
区交通投资发展集团有限公司总经理：
周霄峰（2022年8月免）
王宏峰（2022年8月任）
区工业投资集团有限公司董事长、党委书记：
林志锵
区环境水业投资集团有限公司董事长、党委书记：
朱正杰
区环境水业投资集团有限公司总经理、党委副书记：
陈士军（参照区管副处级管理）
区农商发展投资集团有限公司董事长、党委书记：
何　义（参照区管副处级管理）
区文化旅游集团有限公司董事长、党委书记：
陆　川

区文化旅游集团有限公司总经理：
陆　川（2021年9月免）
李鑫江（2021年9月任）（参照区管副处级管理）
区投资集团有限公司董事长、党委书记：王荣辉
区投资集团有限公司总经理：葛乐盈（2022年8月任）
宁波甬山投资有限公司董事长、总经理、党委书记：林志锵（2021年8月任，机构设立）
林志锵（2021年8月免）
宁波甬山投资有限公司总经理：
赵新丰（2021年8月任）
区保安服务有限公司董事长、总经理：胡朝安

市属驻奉行政、事业单位

国家税务总局宁波市奉化区税务局局长、党委书记：黄佰桥（2022年8月任）
奉化海关关长：毛可辰
宁波市自然资源和规划局奉化分局局长、党组书记：施军瑶
宁波市生态环境局奉化分局局长、党组书记：裘尧辉
区安全工作站站长：宋希宇
区烟草专卖局局长、书记，宁波市烟草公司奉化分公司经理：袁　静
区气象局局长、党组书记：乐益龙
人民银行奉化支行行长、党组书记、外汇局局长：
傅华明

市属企业驻奉机构

国网奉化区供电公司执行董事：龚向阳
国网奉化区供电公司总经理、党委副书记：卢志明
区电信局（中国电信股份有限公司奉化分公司）局长、总经理、党委书记：陈　伟
区邮政局总经理、党委书记：田　华
奉化农村商业银行党委书记、董事长：孙继峰
中国移动奉化分公司总经理：
邵先供（2022年3月免）
单　娟（2022年3月任）
中国联通奉化分公司总经理：陈琦琼

镇、街道

锦屏街道党工委书记：毛岳明
锦屏街道办事处主任：章维超
岳林街道党工委书记：范申松（女，2022年12月免）
孙时松（2022年12月任）
岳林街道办事处主任：孙时松（2022年12月免）
付华凯（2022年12月任）
莼湖街道党工委书记：滕晓君
莼湖街道办事处主任：吴　哲（女，2022年12月免）
张腾平（2022年12月任）
西坞街道党工委书记：徐　军
西坞街道办事处主任：王　刚
尚田街道党工委书记：张维斌
尚田街道办事处主任：李　琳（女，2022年12月免）
韩家侃（2022年12月任）
萧王庙街道党工委书记：陈横栩
庄旭东（2022年1月任）
萧王庙街道办事处主任：陈万里
江口街道党工委书记：周　平
江口街道办事处主任：司徒琳敏
方桥街道党工委书记：褚明生（2022年1月免）
毛海涛（2022年3月任）
方桥街道办事处主任：毛海涛（2022年3月免）
王　挺（2022年3月任）
溪口镇党委书记：刘春萍（女）
溪口镇镇长：张安乐
大堰镇党委书记：王　盛
大堰镇镇长：周　唯（女）
裘村镇党委书记：周　原
裘村镇镇长：陈　璟

松岙镇党委书记： 童华斌（2022年12月免）
李　琳（女，2022年12月任）
松岙镇镇长： 王天宇

中共宁波市委溪口雪窦山名山建设工作委员会

书　　记： 胡永光
副 书 记： 魏建根
刘春萍（女）
党工委委员： 江定康
孙寅杰
毛洁红（女）
纪检监察工委书记： 黄　峻（2022年11月免）
王超尖（2022年11月任）

宁波溪口雪窦山名山建设管理委员会

主　　任： 魏建根
副 主 任： 江定康
毛洁红（女）
孙寅杰
旅游开发局局长： 庄科裕
名山发展局局长： 施明芳（2022年3月任）
景区管理局局长： 张伟建（2022年3月任）

中国共产党宁波市奉化区委员会

综　述

2022年，奉化区委认真贯彻上级决策部署，以学习宣传贯彻党的二十大精神为引领，聚焦聚力“疫情要防住、经济要稳住、发展要安全”总体要求，对标落实稳进提质、除险保安、塑造变革等工作，部署推进“五大行动”，推动全区经济社会保持稳健发展。

坚持把政治建设摆在首位，坚决落实中央和省市委决策部署，确保方向不偏、重心不移。严格落实“第一议题”制度，专题学习党的二十大和省、市党代会精神，开展区委常委会集体学习33次，区委理论学习中心组集体学习20次。创新推出区领导读书分享活动，组织参加周末知行学堂8次，理论武装更加丰富、更加扎实。扎实推进“六学六进六争先”学习实践活动，举办各类主题宣讲300余场次，受众1.2万人，意识形态根基更加夯实。深入推进上级环保督察、巡视反馈等问题整改，“七张问题清单”整改完成94.3%，垃圾填埋场渗滤液问题整改工作列入示范榜。专题研究落实省长王浩、省委副书记黄建发、市委书记彭佳学到奉考察系列指示精神，顺利通过省委落实全面从严治党主体责任专项检查。发挥区委总揽全局的核心领导作用，支持人大、政协、“一府一委两院”依法履行职能，推动群团组织有序完成换届工作。

坚持服务业优先发展，大力实施稳进提质八大攻坚行动，全年实现地区生产总值907亿元，位列全国综合实力百强区第70位，经济总量升至全省第29位。实现服务业增加值323.9亿元，新增规上（限上）服务业企业50家，规上其他营利性服务业营业收入增长32%，宁南新城入选省现代服务业创新发展区。实现规上工业增加值378.5亿元，新增市级专精特新中小企业27家、亿元以上企业25家，经济开发区获全省年度亩均效益领跑者称号。实现一产增加值36亿元，启动“万亩方”项目3个，“宁波市战略蔬菜保供基地”“长三角互联网水产商贸中心”等项目签约落户。迭代推出人才新政3.0版，专项资金投入由3000万元增至4.4亿元，新增各类人才2.1万人，其中博士64人、硕士551人，同比分别增长33.3%、11%，国家级引才工程、甬江人才工程入选数创历史新高。高规格成立创业创新赋能联盟，新增省级科技型中小企业156家，规上企业研发经费支出预计同比增长15.3%。大力实施重大项目“1244”“拿地即开工”等机制，创新开展“红旗榜”“蜗牛榜”项目评比活动，新引进亿元以上项目36个，完成固定资产投资448.6亿元，同比增长13.7%、增速全市第三。全面深化“六大员”制度，扎实开展“助企开门红”“企业服务季”“三稳三提”等活动，用足用好稳经济“30+21”条措施，退缴免缓税费43.8亿元。统筹安排5000万元财政贴息，撬动贷款20.4亿元、惠及小微企业1292家，制造业中长期贷款比重达34.7%，相关工作得到省市领导高度肯定、周边地区学习借鉴。

抢抓全域国土空间综合整治历史机遇，坚持重点突破、整体联动，城市品质全方位蝶变。“三区三线”划定成果正式启用，累计消化“批而未供”土地6650亩，盘活存量建设用地2397亩，宁南片区入选全市首批综合整治试点。编制完成《县乡路网专项规划》，南山路二期等城市道路改造完工，整治道路隐患586处、新改建农村公路11.7千米，获得“四好农村路”全国示范县称号。签订房票安置协议1388户，西岸村等22个区块实现签约清零，农村危旧房完成拆旧283亩、建新179亩，“大美宁波”建设现场会在奉化召开。环境空气质量优良率达93.5%，新增绿地32.6公顷、景观绿道56千米，葛岙水库建成蓄水，蝉联省五水共治“大禹鼎”银鼎，获评三星级“无废城市”荣誉称号。完成低效高耗企业整治提升191家，腾出用能空间1.6万吨标煤。宁波湾省级旅游度假区获批，大堰入选“美丽浙江十大样板地”，成功创建明山剡水风景带县域风貌样板区和首批长三角高铁旅游小城。

锚定平安护航党的二十大，扎实推进除险保安专项行动，坚决维护社会大局和谐稳定。在全市率先组建数据专班，绘制镇村两级党组织“战疫导图”，快速稳妥处置“501”等本土疫情，圆满完成上海、台州及周边县市区的疫情防控支援任务。迭代优化疫情防控措施，健康驿站完成改造，725支村社小分队累计向农村老人发放防疫中药包6.25万份，推动“防传染”向“保健康、防重症”平稳转段。组建成立党的二十大百日攻坚工作专班，一级响应期间实行全员“禁酒令”，为大会胜利召开营造了和谐稳定的社会环境。强势推进“大综合一体化”行政执法改革，推动屯警街面，全区刑事立案数、治安案件受理数、电信网络诈骗案件受理数分别下降14.5%、27.7%、28.4%，成功捧回“一星平安金鼎”，大桥派出所获全国优秀公安基层单位称号。妥善处置“7·17”翡翠湾渔船侧翻事件，成功应对台风“轩岚诺”“梅花”等自然灾害冲击，通过省食品安全示范区创建评审。迭代推出“周一夜访”2.0版，探索实施“1234”基层矛调模式，累计调处各类矛盾纠纷4.1万件，万人成讼率下降至67.44件/万人，江口矛调中心“共享法庭”入选全省首批示范“共享法庭”。区社会治理中心挂牌运行，数字门牌、护校安园等一批数改项目列入省级试点，改革工作获省市“双优秀”等次。滕头创成省首批未来乡村，蒋家池头村获评全国最美志愿服务社区。

始终坚持以人民为中心，持续加大民生投入力度，群众获得感、幸福感进一步增强，居民人均可支配收入54462元，同比增长5.6%，增速全市第一。浙师大附属奉化实验学校正式揭牌，江口中学启动迁建，顺利通过全国义务教育优质均衡发展区省级评估。市第一医院方桥院区正式启用，省肿瘤医院宁波院区揭牌开诊，区中医医院与省中医医院合作办医，新院区建成投用，奉化区连续4年获评健康浙江考评优秀。新增标准化老年食堂20家、婴幼儿托位568个、公办幼儿园学位630个。创新实施“群英绘共富”专项行动，成立2亿元规模“奉邑共富基金”，经营性收入30万元以下行政村全面清零。探索推广“来料加工”“共富舱”增收新模式，高标准建成“共富工坊”55家，惠及农户3600余户、人均增收1.5万元。推出共建“我们的家园”内外兼修2.0版，获评省持续深化婚丧改革重点推进区，4个集体被认定为“一星级全国青年文明号”，“共享礼堂”入选全省宣传文化领域共富最佳案例。奉化博物馆荣膺全国博物馆十大陈列展览精品奖，区多家单位联合出品电视剧《问天》获全国“五个一工程”奖。

坚持把作风整治作为管党治党的起手式、杀手锏，对标开展“五问五破争一流、六比六严攀新高”活动，推动干部队伍建设取得新突破。注重干部生成性学习，创新开展“周二夜学”2.0版，持续擦亮“阅读越棒”“四大课堂”等品牌，打造星期六课堂金融赋能单元专题培训，举办领导干部大讲堂4期，全年培训各级干部1.1万人次。开办首期“青年竞坛”，选派210余名干部赴共同富裕、征地拆迁、项目建设等改革发展一线挂职锻炼，安排103名年轻干部进行体验式跨岗交流，抽调干部1.8万人次支援疫情防控一线工作。建立“破难创新”履职承诺机制，深化“担当指数”考评办法，深入实施中层干部选聘预审备案机制，提拔、进一步使用干部86名，职级晋升70名，调整岗位、诫勉9名。创新实施“奉楫硬核指数”，用足用好“导师帮带”“头雁竞比”等机制载体，高标推进模范机关创建，高质量承办全省深化党建联建机制现场推进会，“锋领红帮”36策助力小微企业稳进提质入选全国百个创新案例。深入推进反腐败斗争，规范领导干部近亲属经商办企业行为，全市年轻干部“青廉说”系列活动在奉启动，顺利完成二届区委第二轮巡察，常态化开展正风肃纪1295次，运用监督执纪“四种形态”处理857人次，查处群众身边腐败和不正之风问题39起。

重要会议

【区委二届一次全体会议】 2021年12月31日，中共宁波市奉化区第二届委员会第一次全体会议举行。胡永光主持会议。此次会议应到区委委员46名、区委候补委员9名，实到区委委员46名、区委候补委员9名，参加会议的区委委员人数符合规定人数。区纪委委员列席会议。会议通过《中国共产党宁波市奉化区第二届委员会第一次全体会议选举办法》和监票人名单。全体委员以无记名投票方式，选举产生中国共产党宁波市奉化区第二届委员会常务委员会委员；选举产生区委书记、副书记。胡永光、魏建根、徐震宇、唐军华、黄峻、徐海伟、李春泉、刘春萍、邬培栋、张义廉、屠雪松等11人当选为新一届区委常委。胡永光当选为区委书记，魏建根、徐震宇当选为区委副书记。会议审议通过中国共产党宁波市奉化区第二届纪律检查委员会第一次全体会议选举结果；审议通过《中国共产党宁波市奉化区第二届委员会工作规则》。选举结束后，新当选的区委书记胡永光发表讲话。

新选举产生的第二届区委常委:（左起）屠雪松、邬培栋、李春泉、黄峻、徐震宇、胡永光、魏建根、唐军华、徐海伟、刘春萍、张义廉

【区委二届二次全体（扩大）会议】 7月30日，中共宁波市奉化区委二届二次全体（扩大）会议举行。区委常委会主持会议。区委书记胡永光代表区委常委会作报告，并在全会结束时讲话。区委副书记魏建根、徐震宇出席。全会坚持以习近平新时代中国特色社会主义思想为指导，深入学习贯彻省第十五次党代会、市第十四次党代会精神，认真落实市委十四届二次全会部署要求，听取和讨论胡永光代表区委常委会所作的报告，审议通过《中共宁波市奉化区委关于坚决做到“两个维护”，奋力推进“两个先行”，加快建设现代化滨海大都市健康美丽新城区的决议》，动员全区干部群众坚决拥护“两个确立”，坚决做到“两个维护”，忠实践行“八八战略”，在高质量推进“两个先行”的新征程上跑出加速度、争创新优势，为省市发展大局作出更大贡献。

【区委二届三次全体（扩大）会议暨区委经济工作会议】 12月30日，中共宁波市奉化区委二届三次全体（扩大）会议暨区委经济工作会议举行。区委常委会主持会议。区委书记胡永光代表区委常委会作报告。区委副书记魏建根、徐震宇出席。会议坚持以习近平新时代中国特色社会主义思想为指导，深入学习贯彻党的二十大、省委十五届二次全会、市委十四届三次全会精神以及中央、省委、市委经济工作会议精神，回顾总结区委二届一次全会以来的工作，审议通过《中共宁波市奉化区委关于全面学习贯彻党的二十大精神，坚定捍卫“两个确立”，坚决做到“两个维护”，高质量推进现代化滨海大都市健康美丽新城区建设，奋力打造中国式现代化区域模范的决定》。

办公室工作

【概况】 2022年，区委办公室以学习贯彻党的二十大精神为引领，示范带动全区党办系统深入践行习近平总书记“五个坚持”和“28字”要求，对标落实省市区委关于党办工作的具体部署，全力提升“三服务”工作质效，认真履行参谋助手、综合协调、督促检查、后勤保障等各项职能，为实现建设现代化滨海大都市健康美丽新城区良好开局作出党办贡献。

【以文辅政】 区委办公室全年累计收文办理文件5000余件、发文340余份，起草综合文稿300余篇，审定新闻稿件300余篇，下发常委会会议纪要56期、财经纪要8期，向上报备规范性文件47件，审查各地各部门规范性文件69件。牵头开展全区“思想破冰、一线调研”活动，制定下发《2022年全区调研工作指导意见》，确定调研课题89个、攻坚项目89个，重点攻坚项目清单在《奉化日报》第四版公示。

【督查工作】 对照各级党委决策部署，严格落实批示“马上办”制度，累计办理省、市、区党政领导批示（指示）1400余件。牵头推动“七张问题清单”工作落实，高规格召开推进会，733个省市区“七张问题清单”问题整改率达到94.3%。创新建立基层治理联合“大督查”机制，累计开展督查13轮，完善机制漏洞4处，完成问题整改752项，实现基层治理“最多督一次”和12个镇（街道）“一对一”督查全覆盖，相关做法在《宁波信息》《浙江日报》刊发。完善考评体系，制定出台《全区绩效考评工作暂行办法》，争先进位导向更加鲜明，2021年绩效考评获各区（县、市）第四名。牵头抓好区委“五大行动”分解落实，督促各牵头单位和配合单位各司其职，形成工作合力，并通过落实联席会议制度、定期走访调研、联合督促指导等协调解决难题，强化跟踪问效，对34个滞后项目（指标）进行精准排查，实现了15个项目（指标）由滞后转为顺利。

【史志工作】 区委党史研究室（区志办）出版《奉化红色场馆图册》《生就是奋斗——胡华百年诞辰纪念文集》等4部作品；《奉化党史三卷》获得全省党史和文献部门优秀科研成果三等奖，《奉化统计年鉴》《奉化检察年鉴》等列入“甬有优志”工程，《历史长河里的星火——奉化红色故事》获省优秀档案编研成果三等奖。《奉化区地名志》出版，《奉化区组织志》《溪口名镇志》等交付印行，《奉化区检察志》《奉化中草药志》等6部志书基本成稿。会同区档案馆、民政局，编印《奉化孤儿院史料汇编》并出版。编撰完成《奉化剿匪》《奉化抗战史料汇编》《奉化民间历史传说》初稿。联合区委宣传部、大堰镇党委摄制《大堰如此多彩》短视频，在省“百年风华辉煌十年”短视频创作比赛中获二等奖。先后到8个村、社区开展宣讲活动，赠送书籍近千册。

【安全工作】 区委办公室将国家安全、保密安全内容纳入理论学习中心组专题学习，深入开展保密宣传教育，2部保密宣教作品在宁波市“保密故事大家讲”微视频征集评选活动中获优秀奖。积极推进保密线上教育培训，全区3500余名机关干部取得培训证书。保密工作获评全市绩效考评第一名，综合赋星五星级。机要密码工作获评全市综合考评第一名，连续四年获评全省机要密码工作先进单位。

【数字化改革】 区委办公室牵头抓好党建统领整体智治系统和基层智治系统建设工作，推动3项省级重大应用子场景落地试点开发，新建升级8项本地特色应用场景，完成29篇区级整体智治制度成果，“护校安园”协同智治应用获省委副书记黄建发、市委书记彭佳学等领导批示肯定。牵头设立“1234”基层矛调专班，相关做法获国家发展改革委视频调研肯定。积极推进重大活动档案数据库建设，指导开展档案工作服务农村基层社会治理试点，做好全区疫情防控、共同富裕、党史学习教育档案的收集归档工作，归集疫情防控档案21117条、党史学习教育档案和1432条。

【队伍建设】 区委办公室会同作风办等部门推动“六比六严、提能正风”行动与贯彻落实市委“五问五破、五比五先”机关作风建设专项行动深度融合，赢得市委专班充分肯定；带头开展“五问五破争一流、六比六严攀新高”机关作风建设专项行动，梳理整改“三张清单”问题165个，完成对标赶超项目10个。严格落实“第一议题”制度，班子成员带头领学习近平新时代中国特色社会主义思想，党的二十大精神，省、市、区党代会和各级党委全会精神，全年累计开展区委办理论学习中心组学习12次、全办集中学习14次。常态化开展“周二夜学”2.0版，创新推出“青年干部‘悦·读’分享会”等特色载体，举办科室长读书分享3期。高规格召开党的二十大精神青年干部专题学习交流活动，组织党课讲授4次，推动全办干部不断增强政治判断力、政治领悟力、政治执行力，以实际行动捍卫“两个确立”，践行“两个维护”。坚持民主集中制，严格执行“五不直接分管”制度，严格落实主要领导末位发言、会议全程记录等要求，切实做到“三重一大”事项必须提交主任办公会议集体研究决定，实现了议事决策科学化、民主化。坚决贯彻《新形势下党内政治生活的若干准则》，认真落实民主生活会、组织生活会和“三会一课”等制度，不断增强全办政治免疫力。制定完善办公室制度汇编，推动监督管理规范化具体化常态化，进一步提升干部讲政治、守规矩的行动自觉。推行支部工作台账式管理机制，全年累计召开支部党员大会5次，获评五星级基层党组织。严格落实意识形态工作责任制，定期开展谈心谈话，压实分管责任对象的意识形态教育，持续巩固思想防线。严格落实党风廉政建设各项制度，严格执行“一岗双责”机制，分级分层做好各类风险把控。建立个人事项月报告制度，严格执行请销假制度、廉政谈话制度，不定期检查干部遵规守纪情况，督促家属亲友常警示、常提醒。认真开展党员领导干部“四不”自律承诺“回头看”，对违规组织或参与“酒局”“牌局”、违规出入高消费娱乐场所等问题进行专项整治，没有发生干部违纪违法受处理情况。

组织工作

【概况】 2022年，全区组织系统深入践行新时代党的建设总要求和党的组织路线，以“砥砺奋进·点亮风景”五年组工行动计划为抓手，全面夯实干部、人才、党建三个“基本盘”，扎实推动组织工作迭代升级、创新赋能。全省深化党建联建机制暨党建引领“共富工坊”建设全面助力共同富裕现场推进会落地奉化，滕头乡村振兴学院入选“宁波共同富裕先行市标志性成果”，傅平均当选党的二十大代表，范亚娟获“全省人民满意的公务员”称号，“党内组织生活”“镇街帮办”等数字化平台入选省市重大特色应用，国家、省级重点人才计划推荐申报数同比翻了一番，奉化首个两院院士领衔的人才项目正式签约，实现“零的突破”。

【干部队伍建设】 全年选派210余名干部到共同富裕、征地拆迁、项目建设、数字化改革等重点工作重要岗位挂职，抽调320多名骨干参与文明典范城市创建、历史遗留问题破解等专项工作，103名年轻干部进行体验式跨岗交流，1915名党员干部担任“六大员”帮助基层一线纾困解难。始终坚持平战结合、即时响应，在疫情防控和健康服务中牵头抓好组织动员、干部选派、一线考察、关心关爱等工作。绘制镇街、村社两级党组织“战疫导图”，每个村社制定“三清单一地图”，统筹3000多名机关干部组成预备队，并分层分类抓实防疫业务培训，第一时间组建725支村社小分队开展暖心配送服务工作。全年选派1.8万人次参与岳林“410”、锦屏“413”、方桥“501”和北仑疫情防控干部保障工作。因在疫情防控中表现突出，提拔、晋级或进一步使用区管干部41人，发展党员12人，确定入党积极分子25人，通报表扬区级“战役先锋”团队55个、75人。

【干部教育培训】 紧扣落实选人用人“一体系三机制”要求，聚焦换届后领导班子和干部队伍推进现代化建设和共同富裕新能力，实施干部培训“双新双实提升年”行动，分类分级实施“头雁”“固本”“育才”“壮苗”四大培训工程，全年累计开办主体班次44期，线上线下培训各级干部10838人次，配合选调省管干部13人次、市管干部264人次、区管干部506人次参加上级组织部门主办的各类线上线下培训。聚焦领导干部能力素质提升，重点打造“星期六课堂”之金融赋能主题培训品牌，累计培训各级干部1600余人次，不断增强干部驾驭经济发展能力水平。聚焦换届后干部队伍素能跃升，实施“现代化建设新能力提升系列培训”和“专业化能力提升计划”，全年开设主体班次29期，着力帮助干部形成与奉化区“二轮攀高”相匹配的知识和能力架构。聚焦基层干部实务实训需求，持续办好“乡邑学堂”，分类分岗开展未来社区建设、招商引资、政府有效投资管理等13个系列、31个主题的业务技能菜单式轮训，累计培训基层干部1400余人次。聚焦年轻干部成长成才，创设“青年竞坛”，以党性锤炼和实践历练为重点，穿插开展青年说、主题沙龙、沙盘推演、情景模拟、招商路演等8项比学对抗环节，学员下沉8个重点村、深入18个拆迁指挥部、联系8件历史信访积案，累计为基层提出破难纾困建议方案40余个，成功化解历史积案4件，11名实绩突出的优秀学员训期内得到提拔重用，“青年竞坛”做法被中组部《组工信息》肯定推广。滕头乡村振兴学院以建设全域最优学院、行业标杆学院为目标，全年承接培训班97个，线上线下培训学员26875名，研发推出11个共富主题教学套餐，完成5项精品教案打造，摄制入库10部共富案例视频教材，精准提炼出奉化、宁波乃至浙江关于乡村振兴推动共同富裕的特色工作法50个，自编形成具有浙江辨识度的核心教材，同时深化一院多点建设，新成立重庆万州、温州文成等分院，持续强化项目全周期帮扶，全年组织10批次导师帮扶团在省内外开展上门指导，牵线3个产业项目落地见效，助力11项集体项目启动运行。

【干部日常监督管理】 深入贯彻执行《干部选拔任用条例》和《干部选拔任用工作监督检查和责任追究办法》，严格落实“凡提必核”，全年共对5批次80名拟提任干部的个人有关事项报告进行查核。基于个人事项填报的新变化新要求，强化教育培训引导，完善升级个人有关事项专项报送系统，指导完成684名领导干部个人有关事项年度报告，并按10%抽查比例要求，对69名领导干部开展随机抽查工作，对存在隐瞒不报、漏报情节较重情形的干部给予诫勉处理。坚持中层干部监管“上压一级”，强化中层干部选聘全流程把控，全年审核55家单位68批次372名中层干部选聘情况，对存在人选资格把关不严、选聘程序不规范等问题的10余家单位责令限期整改，规范各单位选人用人。深入抓好领导干部经济责任审计工作，完成19名领导干部的经济责任审计，全面掌握规范经济运行等情况。组织中层以上干部开展有关亲属经商办企业情况填报工作，集中对2345名干部的22229名有关亲属从业从商情况进行逐一分析研判，对发现的负面信息和异常情况，按照干部管理权限，做到第一时间提醒，闭环式整改跟踪。深化运用干部“身份识别体系”，加强与纪检监察、公安、法院、检察、审计等职能部门监督信息资源共享，全年累计收集研判信息线索413条，并以针对性运用，保障选人用人工作质效。全面升级“12380”举报系统，畅通全天候信访举报渠道。

【人才工作】始终坚持抢抓机遇、乘势而上深入实施高端人才、青年人才、实用人才、乡村振兴人才“四大集聚工程”，成立“人才银行”，承办浙江省海外高层次人才智力项目洽谈对接会，建成“风华聚”人才公寓454套，发放各类人才补贴7200万元，“创业创新赋能联盟”受到宁波市委组织部部长郑敏强批示肯定，人才生态持续优化提升。建立重点人才工作推进例会制度，按分层、分类、分级和专题、专线、专项“三分三专”流程，实现问题及时发现和闭环解决。迭代升级人才新政3.0版，针对乡村振兴人才出台乡村振兴人才实施意见，针对会计、法律领域出台专项人才政策，形成多元化、多层次的人才政策体系。全区全年新增博士、硕士570人，同比增长36.4%，新增博士后工作站5家、院士工作站6家，入选国家级引才工程4个、“甬江人才工程”15个，创历年新高。招考公务员（选调生）80名，研究生学历占比达31.25%，同比提升7.8个百分点。

【基层组织建设】始终坚持大抓基层、重抓党建，大力实施“奉楫先锋”工程，统筹涉农资金重点保障支持党建风景带建设，成立2亿元规模的“奉邑共富基金”，推动强村公司、联建项目、共富工坊实质化运转，综合集成党建优势、党建资源、党建力量向共同富裕聚焦聚力。全年共推动完成区级重点项目28个和村级重点任务1898项，入选省市“党建联建”典型案例7个，建成“共富工坊”52家，帮助4500余名农民人均增收1.5万元，滕头“常青树”共富八法被省委组织部部长王成评价为“抓住了共同富裕的关键与要害”，并受到宁波市市长汤飞帆批示肯定，“金溪五村”党建联建被《浙江日报》头版专题报道，《信仰的力量》获全市党员教育课件评比一等奖，3部微视频在省组“之江先锋”展播。聚焦基层党建点上出彩、面上成景，部署“砥砺奋进·点亮风景”领办项目和争创计划，各地领办项目、示范点62个，海上红帆、红色速递、红色银行等一批工作初具成效。聚焦两新党建“三年创优、整体跃升”，健全“月度排查”“双月组建”“常态检修”机制，新建党组织27个，334家50人以上有党员企业、12家小微企园、5家商圈楼宇实现党组织全覆盖，累计培育“双强六好”党组织137家，建成“甬爱E家”100个，“锋领红帮”36策入选全国“两新党建百个创新案例”。全面推进网格党组织覆盖攻坚，全区重新划分网格725个、微网格2524个，实现党组织全覆盖。

【城乡现代社区建设】对照省市部署，成立指导委、组建专班，实行“周调度、月对账、常态督查”工作机制，倒逼各地各部门压茬推进、有效落实，高质抓好64项重点指标、15项重要政策、8项重大改革、12项重点攻坚“四张清单”，有序推进“八大改革”“十二大行动”。成功争取强村富民乡村集成改革之标准地改革+农业“双强”列入省级试点。迅速实施“千人大招聘、万员驻社区”行动，完成两批次108名社工招录，同比增加257%，年底实现每万城镇常住人口配备19人目标，位于全市前列。建成居家养老服务机构333家，老年“共享食堂”被列入共同富裕先行市标志性成果市领导领衔项目。145个小区无物业攻坚清零，推动4个未来乡村、5个未来社区创建工作，所有经营性收入30万元的行政村以下清零。

【机关自身建设】高标准加强自身建设，努力锻造“模范部门、过硬队伍”。聚焦“变革开新”目标，加强生成性学习、激发创造性张力，精心组织开展“我学标杆争一流、我为争先学一技、我下基层干一天、我在窗口添一景、我对数改献一策”等“十个一”组工建功活动，不断提升组工干部能力本领，切实做到“事争一流、唯旗是夺”。持之以恒抓好组工信息宣传调研工作，统筹开展12个调研课题、7项特色工作的总结推介工作，信息和宣传工作均获评全市组织系统第一名。注重基层导向，积极推动部机关干部投身疫情防控、防台防汛、巡河巡路、文明城市创建，全年共选派3批次45人次干部支援疫情防控、防台防汛一线。坚持数字赋能、整体智治，牵头成立部机关数字化改革专班，聚焦组织工作中的堵点难点、干部群众关心关注的重点痛点，健全完善“4+X”数字组工体系，“党内组织生活”数字化应用场景在全省推广，被列入全省重大改革（重大应用）“一本账S3”“镇街一件事、帮办一键通”数字应用平台入选全市首批党建统领整体智治系统特色应用。“人才项目无感监管服务平台”投入运行，为300余个人才项目“立体画像”，动态收集解决企业问题37个，数字化改革工作居全市组织系统第一等次。

（董骥芰）

宣传工作

【概况】 2022年，全区宣传思想工作以当好“两个确立”忠诚拥护者、“两个维护”示范引领者为基本出发点，突出迎接宣传贯彻党的二十大和省第十五次党代会精神这条主线，持续聚焦举旗帜、聚民心、育新人、兴文化、展形象的使命任务，全面落实省委、市委和区委决策部署，按照“跨越发展、二轮攀高”的总目标，围绕中心、服务大局，守正创新、变革重塑，不断开辟学习、宣传、实践习近平新时代中国特色社会主义思想的新境界，为推进现代化滨海大都市健康美丽新城区建设作出新的贡献。全年获市级以上各类荣誉和批示20余项，数字文化项目入选省级试点3项。其中电视剧《问天》获全国“五个一工程”奖，为奉化区首次；大红烙铁走千山项目和蒋家池头村分获全国学雷锋志愿服务“四个100”最佳项目和最美社区；“小喇叭”宣讲队获评全省基层理论宣讲成绩突出集体，“山海交响——奉化历史文明展”跻身全国博物馆十大陈列展览精品行列；全民阅读相关做法获省委宣传部常务副部长来颖杰批示肯定。

【理论学习】 区委常委会落实“第一议题”制度，第一时间传达学习总书记重要讲话、重要指示精神，深入实施区委理论学习中心组“周自学、月集中、季交流”常态化学习，组织区委理论学习中心组集中学习20次，累计编发周自学学习资料36期，下发2000余册；推出“集中夜学”，区领导围绕专业知识、政治理论、修身正德等方面分享好书好文，全年开展7次；5月16日《浙江日报》第六版《理论周刊》刊发了区委书记胡永光署名文章《以“四个到底”坚决落实巡察工作主体责任》。印发《2022年全区党委（党组）理论学习中心组学习安排》，对全区年度中心组学习作统一安排和部署；全力做好理论读物普及工作，《习近平在浙江》《中国共产党宣传工作简史》《百年大党面对面》等理论读物的征订数量和覆盖率居全市前列。全方位构建基层理论宣讲体系格局，大力开展“周一夜访”集中宣讲、“两个先行”主题大宣讲、省第十五次党代会精神宣讲等各类主题宣讲活动1180余场次，受众5万余人。培养和输送“80后”“90后”“00后”青年宣讲人才参加各级各类比赛，2人获全市“我最喜爱的习总书记的一句话”宣讲比赛一等奖，1人获全省微型党课大赛一等奖，1人获第二届浙江省红色故事讲解员大赛金牌讲解员荣誉称号。奉化区“小喇叭”宣讲队获2021年浙江省基层理论宣讲成绩突出集体，江丹宣讲名师工作室获评全市首批宣讲名师工作室。建强由“学习强国”宁波学习平台、掌上奉化指尖学习专栏等构成的理论宣讲融媒体矩阵。累计在“学习强国”学习平台的各级平台刊发稿件1100余篇，其中中央级平台刊发20篇，省级平台刊发367篇，市级平台刊发772篇，岳林街道在2021年度浙江“学习强国”学习平台年度线上授奖交流活动中作视频交流发言；在“掌上奉化”客户端“书香奉城·悦读生辉”栏目刊发党员干部推荐书目12期60余本；制作发布“奉化青年说”微宣讲视频37篇。充分发挥社科普及基地作用，举办各类专题讲座和主题沙龙50余场，受众1.5万人次；优化完善基地建设，“凤麓讲堂——双减系列活动”获评2022年度宁波市社科普及科普活动立项项目，三味文化讲堂获评市级重点社科普及基地和优秀市级社科普及基地。

【宣传报道】按照中央和省、市、区委统一部署，区委宣传部围绕“迎接党的二十大”“迎亚运 展风采”“共同富裕一周年”等主线，集中推出“攻坚克难 稳进提质”“奋进新征程 建功新时代”“竞跑竞绩 进位进阶 加快建设现代化滨海大都市健康美丽新城区”“共同富裕新征程”“闪亮‘浙’五年”等专栏专题25个，刊播稿件3880余篇。全年在中央级主流媒体（不包括新媒体）发稿291篇次，在省级及以上媒体和海外华文媒体发稿800多篇。其中奉化稳就业促经济“硬核”举措、雪窦山大美景色、共同富裕奉化经验等内容先后6次登上央视《新闻联播》。持续加强网上宣介力度，在中央级重点网络媒体上刊发报道400余篇，“我为家乡来点赞”“醉美奉化”“奉城暖心事”等网络议题阅读量达1.5亿次，涉奉话题累计阅读量超过36.5亿次。积极稳妥做好疫情防控宣传工作，实现良性互动，开展疫情防控新闻发布演练；协调相关单位累计答复解决求助信息1万多条，及时处置谣言5起、信息泄露6起，警示教育14人，删除有害信息57条；中央、省、市级媒体报道新闻200多条，本地媒体累计刊播图、文、音（视）频1200余条；新浪微博平台奉化抗疫相关话题阅读次数达2.5亿次，评论1万多条；制作发布抗疫主题短视频77条，其中“《喜剧之王》改编之防疫小剧场”获评宁波市短视频创作月度十佳。实施海外传播“锦奉出海”工程，申报创建国际文化交流基地，对接海外媒体重点宣传，进一步强化奉化城市形象海外传播交流。整合雪窦山、宁波湾、青创大走廊等一批外宣采访基地，串点成线建成“山海经”“青创带”“生态廊”等外宣采访线。邀请浙江卫视到奉录制《“食”万八千里》，以美食文化串点成线，节目收视率达1.241%，居同时段美食类综艺节目首位，微博话题阅读量超9000万次，抖音播放量超3000万次，媒体阅读量累计1.2亿次。制定《信息发布口径制定和管理工作指南》，召开知识产权“助企开门红”、2022奉化水蜜桃文化节、“奉化这十年”、“第1发布”等新闻发布活动9场，全方位展示奉化奋进能量。

【文明创建】根据奉化区创建全国文明典范城市百日攻坚行动方案、全国文明典范城市创建“点线面”责任落实闭环机制和区领导联区包片督导文明典范城市创建工作等文件，区委宣传部依托“浙里甬文明”“随手拍”等平台落实日检查、周通报、月回头看制度，建立发现问题—通报问题—整改问题—评价问题（回头看）机制，实现问题整改闭环，累计下发通报73期，发现问题24174个，整改率95.3%。区四套班子主要领导和区文明委领导通过“四不两直”、现场办公、重点督办及召开专题调度会等形式，对包片区域督导检查累计超过50次。开展文明典范城市创建百日攻坚，完成社区（小区）、行政村等专项测评，对城区社区（小区）、背街小巷198个点位线乱拉问题进行2轮集中整

3月4日，区新时代文明实践中心在区老年大学召开奉邑十礼发布暨创建文明典范城市十大志愿服务行动启动仪式（裘晨露摄）

6月1日，奉化区第四届礼堂文化节启动暨蒋葭浦村党群服务中心启用仪式在江口街道蒋葭浦村举行（薛丛川摄）

治，文明城市创建省测成绩在全市领先。基层文明创建基础持续夯实，获评省最美家庭1户、宁波最美家庭8户、宁波文明家庭8户、市级文明镇1家、市级文明村9家。加快阵地提升，供电小草文明实践分中心完成建设，“青鸟探巢”“文明一点”2个案例入选省域文明新实践案例汇编。制定实施《“浙江有礼 美在奉化”市民文明素质养成行动方案》，开展“奉邑十礼 从我做起”实践活动，打造县域有礼品牌，举办文明一点、文明大讲堂、文明储蓄罐进校园等活动18期，实现老中青群体宣教全覆盖。围绕理论宣讲、政策宣讲、志愿服务、家园日等主题，开展“光盘行动”“网上祭英烈”“移风易俗·文明祭扫”“文明旅游”“致敬劳模”“工匠宣讲”等实践活动1.2万场。2022年共评选出奉化好人35名、宁波好人12名、浙江好人2名，完成道德模范一条街和崔译文道德工作室建设，崔译文受邀登上2023年央视春晚。印发全区文明实践志愿服务激励办法，举办第三届区级新时代文明实践志愿服务项目大赛，大红烙铁走千山项目和蒋家池头村分别获全国学雷锋志愿服务“四个100”最佳项目和最美社区，2个项目分获宁波新时代文明实践志愿服务大赛铜奖和优秀奖，1个项目入围省志愿服务项目决赛。开展“新时代好少年”推荐评选工作，1人获评市级“新时代好少年”，115人获评区级“新时代好少年”。

【文化发展】 进一步完善公共文化网络体系建设，全区新增90个“15分钟品质文化生活圈”、2家城市书房、2个乡村博物馆、12个精品农家书屋。深化“共享礼堂”建设，相关经验做法入选全省宣传文化系统共同富裕最佳案例复评；岳林街道获评省农村文化礼堂建设示范乡镇（街道），新增8家省五星级文化礼堂和8家市四星级农村文化礼堂，6人获市“最美文化礼堂人”称号。加大公共文化服务政府购买力度，常态化开展“和乐大舞台”“千场电影百场戏”“群乐·艺学堂”等文化惠民活动，持续打响礼堂文化节、“奉艺润民”“剡溪流动风景线”“百姓戏台”等一批具有乡土特色的文化活动品牌。全年开展各类文化惠民活动804场次，送电影下乡2600场次，服务群众21万余人次。博物馆“山海交响——奉化历史文明展”先后获得“全国博物馆十大陈列展览精品”“新时代博物馆百大陈列展览精品”等荣誉。打响“阅读越棒、奉里书香”全民阅读品牌，举办领读人计划7期，结合书香宁波日、世界读书日等开展系列阅读活动30项535场次、送书下乡4.46万次；开展农家书屋各项活动250余次，惠及群众30多万人次。相关做法先后在《宁波宣传工作》和《浙江宣传》上刊登，并得到省委宣传部常务副部长来颖杰批示肯定。推进《一树桃红》《奉化文史》《我想成为你的骄傲》《女孩与花儿》等文艺精品创作，7部作品获省级以上各类文艺奖项，2部作品入选省级以上重点创作项目扶持。电视剧《问天》获全国第十六届精神文明建设“五个一工程”奖；《问天》《心中的誓言》获评省第十五届精神文明建设“五个一工程”奖，《奉化布龙》入围“第十五届中国民间文艺山花奖·优秀民间艺术表演作品”，《大道蔚蓝》被列入中国作协《诗刊社》重大主题创作项目。会同赵志刚团队举办的“合奉戏语·越聚元宵”首届戏曲文化节，在百花大舞台（中国）、CFC（加拿大）、美中音协（美国）、YouTube（海外）和Facebook（海外）等海内外平台同步播出，点击量超过120万次。依托文化产业联席会议机制，打通数据壁垒，持续追踪文化产业发展数据。2022年192家规（限）上文创企业实现增加值26.33亿元，增速8.53%。华侨城滨海酒店、宁波湾文体中心等文化产业项目已开工建设，半年度文化和旅游投资推进综合指数位列宁波第一。加大文化产业扶持力度，启动文化产业政策扶持项目申报，由原先的“一键通”平台申报调整为“甬易办”“一键通”双平台线上申报，至年底，第一轮补助资金93.56万元已发放到位。五是文化数字化改革初具成效。贯通落地省级各项重大应用，“礼堂家”应用效能指数在全省排名前10，“理论在线”“全域文明数智通”“民情在线”等应用在全省排名前30。推动“周宣访”“乡里乡亲”、文旅信用通、环浙步道、“家门口”等特色应用场景建设并争取到省级试点3项。“周宣访”应用列入省委宣传部“理论在线”试点子项目并上线浙里办，文旅信用通和环浙步道应用分别被列入省文旅厅和省体育局数改试点项目，“周宣访”“乡里乡亲”应用获评全市数字文化系统优秀应用。

（薛丛川）

统一战线工作

【概况】 2022年，奉化区统一战线工作紧扣区委、区政府“五大行动”“十大工程”总体部署，按照“四型统战”工作要求，聚焦主责主业、围绕中心大局，各领域工作取得积极成效。承办省级活动2次、市级活动5次；创建省级平安宗教活动场所1个、市级民族团结重点培育单位2个、市级新的社会阶层人士实践创新基地2个、党外知识分子思想教育基地1个。区台办获评2022年中央台办“两刊”对台宣传工作先进单位；区台联会获评市台联先进单位；浙江佛学院获评首届全国宗教界先进集体。

【大统战工作格局构建】 召开区委统一战线工作领导小组（扩大）会议，出台《关于贯彻落实〈中国共产党统一战线工作条例〉的若干任务》，推动奉化统战工作高质量发展。制定《统战工作领导小组运行机制系统性重塑实施办法》，明确区、镇两级书记统战工作责任清单，系统性重塑领导小组运行机制，推动完善大统战工作格局。系统梳理民族宗教、民主协商、新乡贤工作等基层统战69项重点内容、5个组织以及7张网络，起草《奉化区基层统战工作标准化体系建设实施方案》，为系统重塑基层统战工作打好基础。

【党外人士思想引领】 聚焦“喜迎二十大”主题主线，在全区统一战线开展“甬同心·跟党走·奉奋进”系列活动，组织各领域主题教育实践活动50余场次、党外代表人士谈心交流活动10余场200余人次。党的二十大召开后，迅速掀起学习热潮，相继推出“统战人士热议党的二十大”“奉商心向党”等学习专栏30余期，举办“同心学堂”“同心奋进 侨创未来”等系列学习宣讲活动，组织党外中层干部素质提升班等开展专题学习研讨，引领广大统战成员深刻领会“两个确立”，坚决做到“两个维护”。

【民主党派工作】 召开党风廉政建设和法检两院工作情况等多场党外人士通报会，全区各民主党派、无党派人士围绕“高质量发展建设共同富裕特色区”主题开展“助力创建全国文明典范城市”“推进高新技术企业发展”等专项民主监督活动7次。组织党外人士“周一随访”、专题调研等活动25次，引导党外人士向两会提交提案、建议101件和社情民意78件。扎实推进知情明政服务应用试点工作，起草《知情明政服务应用运行规范》，被市委统战部采纳并在全市推广。

【党外知识分子和新的社会阶层人士工作】 开展爱国奋斗宣讲活动8场，展现党外知识分子、新的社会阶层人士昂扬向上的精神风貌。打造“自由奉力”自由职业人员统战工作品牌，成立“红纽乡愁”红帮文化两岸交流工作室，引导自由职业者参与非遗文化传承保护。积极承办2022“寻美宁波·匠心甬艺”宁波市自由职业艺术家民间工艺作品展暨宁波市第二届民间工艺精品展，开启“寻美·奉化”系列活动13场，记录奉化建设发展成果和美丽风光。

【民族宗教工作】 实施“文化润教提升年”行动，开设“奉麓讲坛”，深入推进中国宗教中国化实践，相关课题入选市统战工作实践创新重点项目。推进宗教“e管理+e巡察+e视窗”应用建设，构建宗教领域全链条管理体系，相关课题入选市统战工作理论创新课题。成功举办全省民宗局长工作现场会，承办浙江省铸牢中华民族共同体意识培训班。加大少数民族优质农业发展项目扶持力度，将柑橘种植等2个项目推荐纳入市级专项资金项目库，落实帮扶资金6万元。

【民营经济】 完成区工商联（商会）换届，指导大堰、松岙等基层商会完成换届，进一步开创工商联工作新局面。开展“问千家、进百企”活动，累计走访会员企业212家。开展助力民企提振信心、政策直达、促进就业、融资畅通、外贸出口“五大行动”，协助企业用好用足政策，助力区茶企“送茶出海”70吨，作为典型案例被央视新闻《朝闻天下》报道。搭建政商交流互动平台，举办“亲清直通车·政商面对面”恳谈会7期，参会企业家80余人次，收集企业问题建议66件并全部流转有关部门进行解决回应。《充分发挥民营企业优势“四富扬航”推动乡村共富》被省工商联评为优秀实践案例。

【联谊交流】 成功承办“创业中华·宁波市第十一届港澳台侨青年英才创新创业峰会”，促成郑万利酒业等8个侨界项目签约，总投资超2亿元。举办“两岸共跑212”“海峡两岸婆媳文化节”“海峡两岸体育舞蹈公开赛”等交流联谊活动，服务和推动两岸民间交流，《挖掘优势聚合力 谱写交流新篇章》登上国家级期刊《两岸关系》。构建奉化区涉台服务联动机制，开展惠企服务30余次，协调解决2起台胞纠纷和12例台胞台企困难诉求。梳理71名在台陆生信息，绘制“学亲图”，开拓台青工作新路径。优化清明“云祭扫”服务机制，代祭扫800余处，服务三胞及在外乡贤2000余人，获央视《海峡两岸》栏目报道。2022年，《人民日报》、中央电视台等媒体累计报道奉化两岸交流工作180余篇（次）。

【组织阵地建设】 按照“1+10+N”标准化建设要求，高标准实施基层统战工作标准化试点工作，指导召开青云村乡贤联谊会，起草完成《乡镇统战工作标准化体系》。成立“驿淘互联网自由职业者联盟”，打造“新农创e站”省级网络人士实践创新基地、“巴人故居”市级首批党外知识分子思想教育基地。实施侨联组织提质扩面工程，打造弥勒博物馆“文化型侨胞之家”和尚田海创“服务型侨胞之家”，建成岳林城市书房“书香侨联”，新增示范基层侨联3个、新侨驿站1个、五星“侨胞之家”1个。

【名山建设】 推进名山、名寺、名人、名校“四名工程”建设，名山建设有一批重点工程建成投用，雪窦名山对外知名度和影响力不断提升。深入挖掘阐释弥勒文化时代价值，围绕圣坛、群寺、两岸、海外等元素细分3个板块共12项内容，成功举办“2022雪窦山弥勒文化节”活动，相关工作在全市宗教工作会议上作交流发言。雪窦山书院联合复旦大学开展“慈式学”课题研究，举办首届慈式学学术研讨会，提升弥勒文化的研究和传播水平。指导浙江佛学院完成全国宗教院校评估，教学科研水平进一步提升，相关工作经验获时任省委副书记黄建发和省委常委、统战部部长邱启文的肯定。

【同心共富】 成立汇集多种资

源助力“同心助富系统”，融入基层党建中组织推进，募集200余万帮扶资金、300堂公益课程、100场公益直播等资源，并推进线上平台建设。组织引导统战群体发挥各自所长参与共富事业，新阶层“奉楫有新 共富有我”行动、侨联“侨助共富、金钟起步”助力未来社区创建等同心助富活动相继举行，市侨商会在裘村镇陶坑村落地实施“百侨帮百村项目”、12条新乡贤助力共富示范带计划等同心共富项目陆续启动，举办首期“共同富裕·乡村振兴合伙人”培训班，各民主党派成立专家服务团开展社会服务36场。实施“百企兴百村”奉商帮富工程，所属商协会53家会员企业结对帮扶55个村，到位帮扶资金（物资）700余万元，产业投资额3500万元。健全新乡贤长效工作机制，全年招引新乡贤参与家乡建设500余人次，助力引进乡贤回流项目7个，投资总额5.3亿，推进乡村振兴合伙人项目35个。统战成员王国仙共富故事登上浙江统战“擘画共富 浙里有我”栏目，推出“奉商助力共同富裕”“兴奉有贤 共富有我”专题系列宣传，营造同心助共富浓厚氛围。

（王　栋）

人才工作

【概况】 2022年，奉化区人才工作围绕“人才强区、创新强区”发展战略，强化现代化建设人才支撑，奋力打造创新创业高地。全年新增各类人才2.01万人，其中博士59人、硕士551人，自主培养入选国家和省级引才工程、甬江人才工程数创历史新高。

【人才工作新格局构筑】 优化人才工作机制，建立重点人才工作推进例会制度，按分层、分类、分级和专题、专线、专项“三分三专”流程，实现问题及时发现和闭环解决。成立海外引才攻坚专班，抽调经信、人社、科技条线、驻外联络站业务骨干，通过线下集中办公，实现资源互通、人才企业精准匹配，专班推荐人才占申报总数2/3。优化政策保障体系，迭代升级人才新政3.0版，更加注重以人才为中心，向用人主体充分授权，修订完善企业“三领”人才评审管理办法、人才住房保障管理办法，全年发放各类人才补贴超2亿元。出台新时代奉化工匠培育行动、乡村振兴人才实施意见，针对会计、法律领域出台专项人才政策，形成多元化、多层次的人才政策体系。优化人才梯队结构，聚焦重点人才、关键领域细化引才颗粒度，大力实施高层次人才招引和领军型创业项目招引两大攻坚行动，重点推进凤麓英才项目，全年第一批入选项目中领军及以上人才领衔项目达到5个，其中一个项目由中国科学院院士领衔，实现两院院士“零的突破”，通过面对面洽谈、点对点服务，项目落地率比上年翻一番。开展“金蓝领”职业技能培训30962人次，新增高技能人才4692名。加速教育队伍拔尖人才培养，新增省特级教师3名，10人入选甬江育才工程领军拔尖人才项目。

【平台载体建设】 推进3号青创大走廊内平台载体建设，中交未来城聚拢产业资源，引进中交壹里科创云廊、联东中交科技产业园、甬兴电子等11个产业项目，实现新增签约投资额51.3亿元。生命科学城依托宁波市第一医院及宁波大学医学部等平台，吸引一批生物科技、医疗器械、基因检测等健康产业集聚，成功引入MAH持证平台。中信城开引进纳米技术及应用国家工程研究中心浙江分中心、上海人工智能研究院等平台。以“茗山智谷”创新综合体为辐射推进企业研究院建设，锋成先进能源材料研究院交付运营，瑞凌辐射制冷研究院已完成竣工验收，海上鲜海洋新经济研究院、茗山科创中心等研究院顺利结顶。腾讯云启产业基地、百度飞桨人工智能产业赋能中心实质化运营。深入推进博士后科研工作站建设，新增博士后工作站5家，积极将“院士请进来”，新增院士工作站、博士创新站数量居宁波第一。整合人才服务、就业服务、技能培训等功能，成立宁波市南片区首个人力资源服务产业园，入驻人力资源服务企业14家。新设4个驻海外人才联络站，聘请5位人才大使，构建海内外的人才招引网络。积极发挥7个驻外人才联络站全域招引作用，申报人才项目131个，完善项目信息库319条，参与人才宣传推介活动40余次。深化拓展“双飞地”人才和项目联动招引模式，西安中科创星科技孵化器建成运营，创新以“管理集中，空间分散”的轻资产合作孵化模式。全年借助市场化引才手段，依托海内外联动模式，共推荐人才项目200余个。

【创业创新环境优化】 以数字变革推动人才服务主动触达，自主开发“人才项目无感监管服务平台”，为全区300余个人才项目“立体画像”，动态收集企业发展问题，建立“派单—接单—评单”三环帮办模式。升级完善奉化“人才码”，优化服务界面，提升服务体验，放宽享受人才服务范围至本科，服务人才15000人次，人才码领码率居全市前列。以产才融合推动人才需求动态匹配，建立“创业创新赋能联盟”，推动人才链、产业链、资本链、服务链深度融合，至年末，已吸纳首批会员企业63家，促成人才企业获得融资4200余万元。依托“人才之家”，统筹整合服务资源，成立“人才创业创新服务综合体”，打造集双创孵化、人才引育、服务赋能于一体的枢纽型服务载体。以用户思维精准解决人才关键小事，丰富人才安居方式，大力推进“风华聚”人才公寓建成交付，提供精装修公寓454套，专门建设AB型“青年人才驿站”4家。建立分层分类人才落户、人才子女入学协调机制，帮助解决人才落户、子女入学等问题234个。

（董骥芠）

信访工作

【概况】 2022年，全区信访工作以深入学习贯彻全国第九次信访工作会议和省委信访工作会议精神为指引，扎实推进积案化解、源头预防等工作。全年信访总量（不含来电）3212件（人）次，其中来信224件、网上信访2264件、四级走访共218批724（人）次。政务服务热线平台受理群众来电、网上投诉共174328件。2022年，区信访局被评为全国治理重复信访、化解信访积案专项工作优秀集体，获省信访工作联席会议表彰。

【体制机制建设】 2022年，区委常委会会议、区政府常务会议专题听取并研究信访工作6次，区信访联席办召开重大或疑难复杂信访事项协调会议35次，坚持把信访工作与区委中心工作同研究、同部署、同落实。3月17日召开书记专题会议，区委书记和区长分别与12个镇（街道）签订《2022年信访工作目标管理责任书》；3月21日全市信访工作会议后，区长与21个区直部门签订《2022年信访工作目标管理责任书》，镇（街道）党政主要领导分别与村（社区）签订责任书，将工作任务目标逐级分解细化，落实信访第一责任。

【强化源头治理】 每周二、四、五安排一名区级领导在接访大厅接待来访群众，尤其在党的二十大、北京冬奥会、各级“两会”和党代会等重要时期，保证每日均有区领导接访值守。截至12月31日，区党政领导接待群众117批457人次。自2022年2月开始升级实施“周一夜访”2.0版，至年底，累计实施夜访活动32周，共接待群众366批885人次，化解和办结各类信访事项20余件，帮助解决（调研）民生实事353件，总体解决率91.5%。

【信访积案化解】 推进集中治理重复信访、化解信访积案专项工作，落实领导干部包案责任制，实行“周排名、月会商、季督查”制度，推动各镇（街道）和部门挂图作战、倒排进度、限期交账，确保化解进度与质量。12月30日，根据省市通报，奉化区国家级交办166件、省级交办102件信访积案，已全部动态清零。其中西坞街道邬某信访积案的化解受到市委常委、秘书长张文杰的批示与肯定。2022年，按照“七张问题清单”之重大信访问题相关要求，奉化区被纳入重点镇乡管理建议名单事项的问题共7件。至年底，已全部销号，销号率100%。

（周　辉）

党校工作

【概况】2022年，区委党校以习近平新时代中国特色社会主义思想为指导，学习贯彻《中国共产党党校（行政学院）工作条例》，落实习近平总书记关于党校办学治校系列重要指示精神，以创建“标杆引领类”县级党校为主抓手，打造“一校两院”、滕头乡村振兴学院、镇（街道）党校，初步形成横向到边、纵向到底的区域党员干部教育培训格局雏形，获评全省党校系统机关党建最佳创新项目、全省党校系统“三星级”绿色学校。

【干部培训】2022年，区委党校承办“四大课堂”、周末知行学堂等主体班次17期，培训1997人次，创新搭建“青年竞坛”实战实训平台。综合运用“15410”培训模式，全要素提升年轻干部综合素质和能力水平，相关信息被中组部录用，“青年竞坛”培训班学习简报获区委书记胡永光批示2次。承办奉化区新一届人大代表培训会、区二届政协委员培训会、“浙里共富善治”论坛等外训班次、会议70余场次，培训8300余人次，干部教育培训“主阵地”作用有效发挥。基层党校培训全面铺开，自宁波市启动镇乡（街道）党校规范化建设工作以来，全区12个镇（街道）党校全面实现机构全覆盖、运行实体化、培训常态化，按照教学主题特色化、“双库”建设本土化、教学方式多元化目标，串起培训“链”，构建兼具浓厚党味和本土特色的镇（街道）党校办学体系。全区镇（街道）党校累计开展教育培训280余场次，2万余名基层党员干部得到党性淬炼。

【理论宣讲】区委党校认真学习宣传贯彻党的二十大精神，开展《踔厉奋发 全面建设社会主义现代化国家——解读党的二十大报告》《习近平新时代中国特色社会主义思想解读》《党员干部心理压力调适与情绪管理》等主题宣讲92场次，受众6680余人。依托线上平台，录制党课宣讲微视频，拍摄共富经验宣传片。《跨越时空的回信》获浙江省第二届红色故事大奖赛金牌；宣讲视频《百个支部看共富——金峨村》发布于省委组织部视频号“之江先锋”；《让绿色成为乡村振兴的鲜明底色》发布于宁波新闻综合广播、“学习强国”等平台，点击播放量338万余次；《全过程人民民主——民主实践的中国式道路》入选省委宣传部“浙江青年说”系列视频。在主体班次教育中，创新教学模式，运用原汁原味学、现场沉浸学、专家辅导学、宣讲引导学、主题研讨学、典型示范学等灵活多样、务实管用的方式，促使党员干部真学、真懂、真信、真用。承办宁波市党员干部违纪违法典型案例警示教育展，以身边事教育身边人，全区机关党员干部进党校接受警示教育。

【特色工作】提升滕头乡村振兴学院办学质效，举办线下培训班次47个，培训学员3207人次，线上已承接7个培训，累计培训学员25817人次。1月20日，《人民日报》发表文章《家门口办起乡村振兴学院》，表扬学院办学模式。区委党校根据《浙江省绿色学校创建行动方案》目标要求，深入践行绿色发展理念，建立生态文明教育长效工作机制，获评全省学校系统首批“三星级绿色学校”。作为全省首轮办学质量评估（2018年）优秀等次的县级党校，区委党校结合自身办学定位，制订《奉化区委党校（行政学院）标杆引领类县级党校建设实施方案》，统筹谋划“标杆引领类”县级党校，组织开展自评并向区委常委会作专题汇报。

【课题研究】2022年完成课题20项，其中省级课题3项。

2022年奉化区委党校结题课题一览表

表1

序号	姓名	课题名称	级别			验收单位
			省级	市级	区级	
1	邬志坚	2022年度奉化区经济社会发展情况分析	√			宁波市社科联
2	邬志坚	新时代基层共产党人“心学”内涵与能动作用激发研究	√			宁波市社科联
3	陶杰	以“双通”人才培养落实宗教中国化研究	√			宁波市社科联
4	陈礼明	在奉化，感悟真理伟力		√		宁波市委党校
5	张广州	“恢复地类”土地复耕存在的问题与对策研究		√		宁波市委党校
6	李婧娴	共同富裕背景下农村富余劳动力就业的规制与实现路径		√		宁波市委党校
7	江长军	宁波基层农合联党组织推动共同富裕的实践与思考		√		宁波市委党校
8	吉瑞娜	共同富裕视域下党建引领基层治理新格局研究		√		宁波市委党校
9	陶 杰	“共享法庭”促进基层治理的奉化实践		√		宁波市委党校
10	张烜华	数字化改革背景下多治融合提质基层治理的路径研究——以奉化区滕头村未来社区实践为例		√		宁波市委党校
11	陈亚通	乡村振兴视域下文化自信的接续与重构——基于奉化区三镇（街道）五村的实证观察		√		宁波市委党校
12	邬志坚	中小企业平衡抓好经营与创新双重循环的研究			√	奉化区政研室
13	裘曙洁	以全域党建联盟提升基层领导力助推共同富裕——以浙江省宁波市奉化区“桃李芬芳·康美常青”党建联盟为例			√	奉化区委组织部
14	裘曙洁	运用特色资源 打造特色品牌			√	奉化区台办
15	邬志坚	以“八八战略”为统领推进滕头共同富裕研究			√	奉化区政研室
16	裘曙洁	企业从百年党史中汲取发展经验的研究			√	奉化区政研室
17	张广州	滕头推进共同富裕的实践与启示			√	奉化区机关党工委
18	陶杰	完善德治体系推进奉化乡村德治建设			√	奉化区政协

【学术交流】 2022年，区委党校在公开刊物发表学术文章共11篇。其中，《虎胆英雄："古怀初心"永放光芒》刊发于宁波出版社《新征程新担当：宁波党校系统现场教学教案精选》;《外来务工人员价值观认同现状与培育路径思考》发表于《三江论坛》;《政府治理变革视角下行政法的发展研究》发表于《法治博览》。有8篇文章发表于《奉化日报》。

2022年奉化区委党校在区级部门以上刊物发表学术文章情况表

表2

序号	题目	作者	刊物	发表日期
1	外来务工人员价值观认同现状与培育路径思考	裘曙洁	《三江论坛》	2022年第1期
2	铭记百年党史 踏上新的征程	区委党校课题组	《奉化日报》理论版	2022年1月5日
3	浅谈共同富裕的内涵和实现路径中的三大举措	邬丹瑜	《奉化日报》理论版	2022年1月5日
4	共同富裕视阈下多治融合打造基层治理新路径	张烜华	《奉化日报》理论版	2022年2月9日
5	加强镇（街道）党校规范化建设的思考	任方丽	《奉化日报》理论版	2022年2月9日
6	政府治理变革视角下行政法的发展研究	陶杰	《法治博览》	2022年4月下
7	基层农合联党组织推动共同富裕的实践与思考	区委党校课题组	《奉化日报》理论版	2022年5月13日
8	"四治融合"促共富的 滕头实践与启示	江长军	《奉化日报》理论版	2022年5月13日
9	党建引领"两新"组织健康发展的思考	吉瑞娜	《奉化日报》理论版	2022年9月15日
10	数字赋能 多治融合 提质未来社区治理的路径探析	张烜华	《奉化日报》理论版	2022年9月16日
11	虎胆英雄："古怀初心"永放光芒	裘是	宁波出版社《新征程新担当：宁波党校系统现场教学教案精选》	2022年11月出版

【咨政成果】 全年共向党委、政府报送咨政成果7项，其中5篇获县级以上党政领导肯定性批示。2022年区委党校编发期刊5期，呈报副区级以上领导，为区委、区政府科学决策提供依据，其中3期获副区级以上领导肯定性批示。1篇被省社会主义学院期刊采纳上报，并获省委领导批示；1篇被宁波市委党校期刊采纳上报，并获宁波市委领导批示。

【成果奖项】 全年获县级以上科研奖项共5项。其中，厅局级三等奖以上1项。

2022年奉化区委党校获奖成果一览表

表3

序号	成果名称	作者信息	获奖情况
1	宗教院校探索现代化办学落实宗教中国化的实证研究——以雪窦山弥勒佛学院为例	陶　杰	省委统战部优秀调研成果三等奖
2	滕头推进共同富裕的实践与启示	张广州	宁波党校系统“共同富裕先行与现代化先行”理论研讨会三等奖
3	以佛教教职人员全链条规范化管理落实全面从严治教研究	陶　杰	宁波市统战理论政策研究优秀成果一等奖
4	以高层次“双通”人才培养深入推进宗教中国化研究	陶　杰	宁波市统战理论政策研究优秀成果二等奖
5	基层商会党组织建设的地方实践——以奉化为例	陶　杰	宁波市统战理论政策研究优秀成果三等奖

（邬佩红）

老干部工作

【概况】 2022年，区委老干部工作深入贯彻落实党的二十大及十九届六中全会、全国全省老干部工作“双先”表彰大会及中办发《关于加强新时代离退休干部党的建设工作的意见》、浙委办发《关于加强新时代离退休干部党的建设工作的实施意见》精神要求，紧紧围绕和服务于区委、区政府中心工作，积极探索推进疫情防控常态化下的老干部工作，在加强新时代离退休干部党建工作、助力共同富裕特色区建设、提升为老干部服务水平、加强干部队伍争先创优能力等方面取得了新进展、新成效。年末，全区共有离休干部30人，其中抗日战争时期入伍的4人；曾担任副区级以上领导职务的离退休干部34人（其中离休干部1人）；另有代管离休干部1人。2022年，奉化老干部工作案例《主动融入 创新打造升级版“银领驿站”》被宁波市委老干部局评为市银辉党建最佳创新案例;《深耕红色文化　打造红色校园——奉化老年大学推进校园党建工作的实践与探索》被评为宁波市银辉党建最佳微调研报告；退休教师毛佰均“自制油焖笋援沪”先进事迹被人民网、光明网、浙江新闻等多家媒体平台报道；退休干部孙佩君获全国青少年普法教育优秀辅导员称号；退休教师王秀娥、刘瑞芳分别被评为省老年大学优秀教师、省级“银尚达人”。

【离退休干部思想政治建设】 建立全市首个离退休干部党建工作联席会议制度，召开区离退休干部党建工作联席会议，启动以区委组织部等17个部门和12个镇（街道）为成员单位的党建联席会议运行机制，形成离退休干部党建工作新合力，《探索新格局　奉化建立离退休干部党建工作联席会议机制》等信息被“学习强国”学习平台、浙江新闻等录用。区委老干部局协助指导离退休干部党组织规范化建设。2022年，新申报38个规范化离退休干部党支部，区人大常委会机关退休党支部等10个党支部积极创建“三强六好”示范党支部。常态化开展退休干部到社区（居委会）报到工作，推动社区“银辉”党支部向全区12个镇（街道）43个社区（居委会）延伸，

7月1日开展“银青联盟·薪火相传”银青对话专场（谢晓宇　摄）

覆盖4个街道24个社区，并创设奉中社区“凤麓银辉”、民主社区“银辉有你”、甬山社区“甬源526”等13个“一社区一品牌”。充分发挥老年大学、老干部活动中心、区“双中心”银领驿站的政治引领作用，老年大学打造思政名师工作室，构建思政讲堂、空中思政、云上思政为载体的思政教育体系，老干部活动中心联动区双中心、烈士陵园等资源构建“十五分钟”党日活动圈，丰富“老党员驿站”内涵。紧扣喜迎党的二十大主线，举办全区老干部理论培训班；持续推进“云党建”模式，开展“银辉助共富”老干部书画摄影征文作品征集、“共绘新蓝图”101米书画长卷绘制等系列主题实践活动，创新形式加强老干部理论武装，进一步凝聚思想共识。

【助力共同富裕特色区建设】 区委老干部局通过召开座谈会、组织视察活动等方式引导老干部为奉化区卫生健康事业、溪口旅游发展出谋划策，持续开展“三服务三助力”活动。发挥奉城“银辉”红色讲师团作用，推进“老党员讲党课”活动，联合团区委、浙江药科职业大学开展“银青联盟·薪火相传”主题活动——银青对话“七一”专场，邀请老党员与高校代表、中小学生代表面对面座谈交流，举行“党团队薪火传承”仪式，赓续红色血脉。“银青联盟·薪火相传”主题党日活动案例被列入宁波市主题党日“红点案例”。区银辉志愿者联合会顺利完成换届调整，立足社区，部署实施“进基层、打基础、强基地”工程，常态化开展银辉志愿服务活动，一批批银辉志愿者主动融入社区基层治理，参与区文明城市创建、垃圾分类、疫情防控等工作。

【提升为老服务水平】 区委老干部局推进离休干部“一人一策”精准服务，深化老干部社区“四就近”服务，完善医疗志愿者结对服务活动，健全定期全覆盖+常态化走访慰问机制，动态了解掌握老干部思想身体状况，帮助其解决“关键小事”，特别是在疫情防控期间充分发挥协调作用。继续实施“携手跨越‘数字鸿沟’”帮扶计划，依托区老干部活动中心和老年大学“乐活智享”服务点，常态化提供智能手机使用培训等数字化服务项目，组建“智享幸福生活”数字帮扶团，拓展数字化应用课外实践基地，推出的“智享幸福生活”2.0版，在全区新时代文明实践志愿服务项目路演中获得银奖，区智享幸福生活银发团获评省级“银尚达人”团体，撰写的《开设〈数字化生活〉新课程的探索》获全国老年大学校长高峰论坛优秀论文一等奖。老年大学加大“四个校园”建设力度，深化教学课程体系改革、建立落实“推门听课”制度，打造骨干课、品牌课、特色课，构建层次分明、内容丰富的课程体系，推出线上课堂、开展直播教学，布局设立20个校外教学点，“线上+线下”扩大教育资源供给、提升精神文化内涵，其中陶笛课入选省“云上课堂”资源库，区“双中心”校外教学点入选第一批市级优质老年大学教学点；始终注重教学理论研究，形成全员参与良好氛围，共有9篇文章入编宁波市老年大学系统2022年度理论研讨会材料专辑。老干部活动中心融入传统、清廉元素，创新丰富“精神文化菜单”，成功创建省级“乐活驿站”、市首批“银辉之家”

规范化建设示范点及区文明单位、“清廉站所”等。

【自身建设】 区委老干部局深入开展“学习双先典型，争做四有干部”主题实践活动，部署推进干部作风建设“四比四新”活动和“五问五破树新风、五比五先当标杆”机关作风建设专项行动，推进“人人上讲堂”“季交流”“月述职”等活动，持续提升干部能力，许丹丹获得区“迎亚运 话共富”青年宣讲暨微型党课大赛银奖。疫情防控期间，全局党员干部积极投身抗疫一线，协助维护检测点位秩序，参与高速卡口值守等，充分展现老干部工作者“拉得出、能吃苦，冲得上、能战斗”的良好风貌，被评为区级战“疫”先锋团队。

（谢晓宇）

档案工作

【概况】 2022年，区档案工作围绕省、市档案工作会议部署和区委、区政府中心工作，分别履行全区档案事业行政管理和区级档案保管、利用职能，以档案资源建设为抓手，档案中心建设为重点，抓好抓实档案接收征集、利用管理、数字化转型等基础业务，加强档案治理、资源、利用、安全四大体系建设，不断提升档案保管利用能力，以数字化改革牵引“五档共建”迭代升级，不断提升档案管理和服务水平，推动奉化档案事业更高质量、更高水平发展。

【档案资源建设】 区档案局、档案馆强化民生、名人、脱贫攻坚、疫情防控、土地确权档案和重大活动、重点项目档案的接收征集，完成区级各部门、镇街道、企事业单位、社区等单位档案材料收集与整理。2022年，累计接收土地确权档案20062卷，疫情防控档案3444件，文旅项目集中开工仪式和省肿瘤医院宁波院区揭牌开诊仪式照片合计32张，涉奉照片1656张、视频1.5G。全年共征集档案2185件，包括实物档案1277件、电子档案908件。其中征集奉籍“抗战女英雄”宋丹辉、奉化县第三届体育运动会宣传快报、中组部党费收据等红色档案71件，奉化中学校庆纪念册、涉奉文艺作品、宗谱家谱等特色档案79件，康熙字典、赵梅伯参编《初级小学音乐课本》《民国XX年前之蒋介石》系列丛书、张贞黻在延安鲁迅艺术学院工作照片、胡华签名文稿5件。整合资源，推出“大师回家”项目，完善“‘七一’红色档案征集日”制度。7月1日举行“红色档案捐赠、寄存”仪式，500余件红色档案进馆。

【档案管理与利用】 细化梳理档案馆业务建设，完善《档案库房管理制度》《档案收集工作制度》《档案保管制度》《档案整理编目制度》《档案利用制度》《档案鉴定制度》等制度，落实各项工作程序和流程，促进馆库管理科学化、规范化、制度化。对二氧化碳灭火系统进行全面检测，气瓶按期更换，确保实体档案的绝对安全。

全面加强档案保护管理，及时清点、整理、上架新进馆档案，定期进行库房巡查清洁，完成全库房消毒杀菌和破损渗漏墙面修补，配齐除湿机等设备，裱糊修复破损宗谱档案60张。完善机房管理及数据备份各项制度落实，建立日常巡查制度，确保机房安全运行与档案信息安全。全年接待现场查档群众2958人次，累计调阅档案3537卷2067（件）次，复印档案6167页，提供跨馆服务240例，其中长三角查档3例。有序推进档案开放利用，完成馆藏1992—1997年度档案开放鉴定审核工作，累计鉴定区委、区政府等200余个全宗档案17960卷198438件。档案开放利用（馆藏档案开放利用率、浙江档案服务网查档准期办结率、档案资政成果、档案编研和展览、档案馆阵地建设）考核得分在全省资源建设评价指数考核中位列全宁波第一、全省第一梯队。

【档案行政管理】 提升基础档案业务水平。开展档案业务培训2次，全区机关企事业单位的档案管理人员80余人参加培训；通过电话、微信、上门指导等方式，完成区级各部门、镇街道、企事业单位、社区等单位档案材料收集、整理的指导；开展档案年检工作，对全区人社、建设系统、教育系统等单位进行实地检查；做好对省档案室业务建设评价单位的业务指导，共有13家单位申报通过业务评价。

加强重大活动和突发事件档案管理。贯彻落实中共中央办公厅、国务院办公厅《关于加强重特大事件档案工作的通知》精神，推进奉化区重大活动和突发事件档案科学管理，制定2022年度奉化区重大活动和突发事件档案工作清单，强化重大活动档案收集，推进重大活动档案数据库建设，提升档案利用效能，明确有关单位工作责任，服务全区中心工作。

加强专项工作档案业务指导。区档案局、档案馆主动对接区委宣传部、区发改局、区疫情防控指挥部等部门，指导做好全区疫情防控、共同富裕、党史学习教育档案的形成、收集、保管和利用工作，确保档案工作与业务工作同步开展。做好宁波生命科学城、轨道交通建设工程、中交城市转型区等重点工程、重大建设项目的档案指导工作。5月份发放重大建设项目档案工作提醒函17个，完成对重点建设工程葛岙水库工程的档案专项验收。

强化企业档案工作业务指导，突出上门服务、示范服务和社会化服务。定期组织档案业务指导人员进民营企业实地指导，规范民营企业的档案收集、整理、归档与保管工作。组织民营企业档案人员管理参加档案岗位培训和继续教育培训。金茂公司通过省级示范数字档案室验收。

提高行政权力事项电子化归档质量。按照电子文件应归尽归的目标，浙江政务服务网行政权力运行系统平台（奉化区）归档办件180783件，宁波预归档平台（奉化区）归档办件123109件，奉化数字档案管理平台（室藏系统）归档办件120062件。各单位电子化归档质量明显提高，统建系统单位办件按照要求进馆。

【档案法治建设】 推广行政执法监管平台应用，全年进行双随机检查5次、即时检查4次，开展跨部门执法检查3次，覆盖4项双随机检查事项和31项监管事项子项。开展档案保密安全工作联合执法检查。区档案局、区保密局、区大数据中心和区档案馆在9月5日至25日开展档案保密管理专项检查，对区台办、区公安分局、区市场监督局进行了实地检查与整改，其余单位开展了网上检查与自纠。

【数字档案改革】 区档案局、档案馆深化省级共享数据资源汇集试点创建成果，加快推进数字档案改革，加强与区委改革办、区大数据中心等部门的数字改革重大项目谋划，优选第三方致力平台搭建，探索小切口大场景应用，建设数字档案管理服务一体化平台，加速档案全域整合、统一管理、共享利用。实施档案数字改革赋能行动。以加快打通查档“最后一千米”为目标，推进“档案数字改革赋能行动”。通过省档案数据共享中心试点建设，30余万份民生档案归集，为“一站查档”“一屏查档”奠定了基础；作为宁波市三家试点单位之一，高效推进“浙里数字档案”重大应用试点项目“移交接收一件事”省级试点项目建设，至年底进入整体运行调整阶段；查档下乡平台纳入“移交接收一件事”总体方案，完善相关制度与软件系统，梳理档案开放目录，优化系统结构；“档案‘移交接收一件事’工作模式与应用研究”申报省级课题。

开展电子公文单套制归档与管理试点，主动介入大数据中心电子政务系统建设的各个环节，确保电子公文归档管理工作作为必需的要素列入电子政务系统建设，推进2家机关单位电子公文单套制归档试点，实现电子公文全流程记录。推进“最多跑一次”事项电子化归档工作，规范新增接收14182件婚姻登记自建系统数据。确保档案信息系统安全，做好民生领域电子业务数据、全宗数字化成果登记备份和重要数据异地备份。

【服务农村基层社会治理试点】 区档案局、档案馆开展市级档案工作服务农村基层社会治理试点工作，印发《村级档案规范化建设实施方案》，落实《村级档案管理办法》，创新村级档案整理机制，开展行政村档案现场业务培训，实现档案工作服务农村基层社会治理全覆盖，岳林街道、方桥街道、溪口镇、裘村镇、松岙镇等全面完成市级验收。

【档案宣传与文化建设】“6·9”国际档案日宣传活动。6月9日，区档案局、区档案馆、国电奉化分公司在大润发广场共同主办“‘喜迎二十大·档案颂辉煌’‘6·9’国际档案日”宣传活动，利用电视台、人流聚集点的电子屏等平台，开展“档案见证共富路”图文、视频系列展播活动。此外，还组织开展“喜迎党的二十大·档案颂辉煌”征文活动。6月9日，举办奉籍艺术家作品捐赠签约暨“妙耕奉化”开馆仪式，接收奉籍书画家王利华、竺庆有、孙信德的书画作品600余件。

持续推出《馆长说档案》品牌栏目，录制第二季“青春有我——档案里的奉化青年”和第三季“百年树人——档案里的奉化教育”，并对外推送宣传，在奉化共青团联盟微信公众号、“学习强国”、掌上奉化等平台播出。配合省馆完成《跟着档案去旅行第四季——走进大堰》《走进萧王庙》的拍摄工作，并在省电视台播出；协助市档案馆《档案见证共富路——西坞金娥村》《丹心昭日月 档案慰忠魂》栏目的取景拍摄，推选卓兰芳党内指示密信、邬兆定工作笔记等10件馆藏珍贵档案参加“弘扬伟大建党精神——长三角档案联展”。

全年共撰写档案工作信息41篇，被录用104篇次，其中国家级23篇次、省级录用10篇次、宁波市级录用36篇次、奉化区级录用35篇次。

【档案编研出版】 12月，《教养以方——奉化孤儿院档案史料辑存》由团结出版社出版编写的，与区民政局联合出版《奉化历史地名》；按月整理、编写并在馆档案网上发布《奉化2022年度大事记》、区委书记区长重要活动记事；《红色印记——档案里的奉化故事》（视频）和《历史长河里的星火——奉化红色故事》分别获评2021年度全省优秀档案编研成果二等奖、三等奖，《一段珍贵的视频 一片旖旎的风光》获省档案学优秀成果三等奖。

（王衡山）

宁波市奉化区人民代表大会

综　述

2022年，在中共奉化区委的坚强领导下，区人民代表大会高举习近平新时代中国特色社会主义思想伟大旗帜，坚持党的领导、人民当家作主和依法治国有机统一，围绕中心、依法履职、担当作为，紧紧依靠全体代表和全区人民，扎实推进全过程人民民主在奉化的生动实践，完成区二届人大一次会议确定的各项目标任务。

2022年，奉化区举行区人民代表大会1次，召开常委会会议7次、主任会议13次，听取和审议“一府一委两院”工作报告36个，开展专题调研、执法检查、代表视察42次，作出重大事项决议、决定9项，任免国家机关工作人员145人次，督办代表建议269件，为奉化区经济社会发展和民主法治建设作出了积极贡献，为加快推进现代化健康美丽新城区和共同富裕特色区建设提供了有效支撑。

重要会议

【区二届人大一次会议】 1月23日—25日，奉化区第二届人民代表大会第一次会议举行。会议听取和审查区人民政府工作报告、区人大常委会工作报告、区人民法院工作报告、区人民检察院工作报告，审查批准奉化区2022年国民经济和社会发展计划以及2022年区本级预算，审议区2021年民生实事项目实施情况并进行满意度测评，同时对区2022年民生实事项目进行投票表决。会议选举产生新一届区人大常委会主任、副主任、委员，区人民政府区长、副区长，区监察委员会主任，区人民法院院长，区人民检察院检察长，区出席宁波市第十六届人民代表大会代表。表决通过区二届人大监察和司法委员会、社会建设委员会、财政经济委员会组成人员人选。区二届人大一次会议共收到人大代表提交的建议269件，其中涉及城建环保类41件、社会事业类72件、工业交通类59件、农业农村类53件、财政商贸类17件、政治法律类4件、综合类23件。

【常委会会议】 2022年，共举行区人大常委会会议7次。

1月19日，区一届人大常委会召开第四十八次会议。会议听取和审查区政府关于区2021年国民经济和社会发展计划执行情况及2022年国民经济和社会发展计划草案初步方案的报告、2021年区政府民生实事项目实施情况和2022年候选项目形成情况的报告、区2021年预算执行情况及2022年预算草案初步方案的报告，通过区人大常委会关于区2021年预算执行情况及2022年预算草案初步方案的初步审查意见；听取区二届人大一次会议筹备工作情况汇报；讨论《区二届人大一次会议日程实施意见（草案）》《区2021年民生实事项目实施情况满意度测评办法（草案）》《区2022年民生实事项目票决办法（草案）》；讨论区人大常委会工作报告和区政府工作报告；讨论区二届人大一次会议主席团和秘书长、各代表团团长等名单草案和列席人员建议名单；讨论《区二届人大一次会议选举办法（草案）》《区第二届人民代表大会有关专门委员会组成人员人选通过办法（草案）》。会议还表决通过有关人事任免事项，补选宁波市人大代表。

3月9日，区二届人大常委会召开第一次会议。会议审议通过《区人大常委会议事规则》《区人大常委会2022年度工作要点》及关于提请设立区二届人大常委会代表资格审查委员会的议案、关于提请设立区二届人大常委会各街道工作委员会的议案，听取和审议区人大常委会各街道工作委员会工作报告；表决通过代表辞职及人事任免事项，审议通过关于提请设立区二届人大常委会办事机构和其他工作机构的议案。会后，新任命国家工作人员进行宪法宣誓并领取任命书。

4月28日，区二届人大常委会召开第二次会议，区委书记胡永光出席并讲话。会议听取和审议区政府关于2021年度法治政府（依法行政）工作情况的报告、2021年度奉化区城乡规划实施情况的报告、奉化区现行医保政策运行情况的报告。

6月24日，区二届人大常委会召开第三次会议。会前集体学习《民法典》。会议听取和审议关于行政检察工作情况的报告、2021年度区环境状况和环境保护目标完成情况的报告、全区“非农化”违法用地整治情况的报告、全区就业优先政策落实情况的报告；表决通过有关人事任免事项。

8月22日，区二届人大常委会召开第四次会议。会议听取和审议区法院关于行政审判工作的报告；听取和审议关于奉化区海洋资源合理利用及海洋经济持续发展情况的报告、2022年上半年区国民经济和社会发展计划执行情况的报告、区教育“双减”政策执行落实情况的报告、2021年区本级决算情况的报告、2022年上半年区预算执行情况的报告、2022年区政府债务限额和地方政府债券预算调整情况的报告、区2021年预算执行情况和其他财政收支情况的审计工作情况的报告；批准2021年区本级决算以及2022年区政府债务限额和新增地方政府债券分配方案；表决通过有关人事任免事项。

10月27日，区二届人大常委会召开第五次会议。会议听取和审议关于区二届人大一次会议代表建议办理情况的报告、区政府规范性文件备案审查工作情况的报告、《浙江省综合行政执法条例》贯彻实施及执法检查情况的报告；听取区监委关于开展重点领域监察监督和提出监察建议专项工作情况的报告；听取和审议关于全民健身工作推进情况的报告、未成年人保护工作情况的报告、2021年度行政事业性国有资产管理情况的专项报告及2021年度国有资产管理情况的综合报告、2022年奉化区结存地方政府债务限额和新增地方政府债券分配方案的报告、2022年奉化区预算调整方案的报告；听取关于2021年度奉化区本级预算执行和其他财政收支的审计工作报告反映问题整改情况的报告；批准2022年奉化区结存地方政府债务限额和新增地方政府债券分配方案、2022年预算调整方案；表决通过有关人事任免事项。

12月23日，区二届人大常委会召开第六次会议。会议听取区政府关于区人大常委会部分审议意见落实情况的报告；审议并作出关于召开区二届人大二次会议的决定；审议通过《关于审判人员和检察人员实行任前公示的办法》；表决通过代表、委员辞职及人事任免事项。

【重要情况通报会】 8月11日，区人大常委会召开年中重要情况通报会。区委副书记、区长魏建根代表区政府通报上半年全区经济社会发展、民生实事项目推进、代表建议办理情况和下半年区政府主要工作安排。

【协同推进区、镇（街道）人大重点工作交流会】 7月5日，区人大常委会召开协同推进区、镇（街道）人大重点工作交流会。各镇（街道）人大负责人交流汇报上半年工作情况及工作建议。区人大常委会办公室、机关各工

9月20日，区人大常委会组织开展重点工程视察活动

委负责人交流下半年工作计划。

【重点工程视察汇报会】 9月20日，区人大常委会组织开展重点工程视察活动，先后视察葛岙水库工程、金海小学新建工程、茗山科创中心项目、体育中心项目，听取负责人汇报，了解重点工程项目推进情况，并召开汇报会。

监督工作

【概况】 2022年，区人大坚定践行新发展理念，突出重点、精准发力，全力助推奉化区经济社会高质量发展，助力现代化滨海大都市健康美丽新城区和共同富裕特色区建设。

【经济发展监督】 把牢经济“发展图”，深入开展经济运行情况调研，听取和审议上年度国民经济计划、财政预算执行报告，批准计划、预算草案，及时审查和批准预算调整、地方政府债务限额调整等事项，督促政府坚持稳中求进总基调，着力稳住经济大盘、抓好提质增效、深化改革创新、保障民生福祉。管好人民“钱袋子”，加强对政府一般公共预算、政府性基金预算、社会保险基金预算、国有资本经营预算“四本预算”的审查监督，加强对部门预算草案的初步审查，出台《街道预算监督办法》强化对街道预算监督管理，对江口、方桥街道开展预算执行情况监督工作；常委会会议审议政府预算执行和其他财政收支审计工作报告，专题听取审议审计查出问题整改落实情况，督促审计查出问题全面整改落实。打好助企纾困“组合拳”，组织开展稳经济政策专题调研，由区人大常委会领导带队，“进站入企”，全面了解企业发展面临的困难、问题，组织人大代表广泛开展“助企纾困”主题接待，累计参与企业走访调研580人次，梳理共性问题6方面20条，形成专题报告转区政府研究处理。

【社会事业发展监督】 围绕“奉有优学”，对“双减”政策执行、名优教师培育等工作开展重点监督，专题视察优质教育均衡工程民生实事项目，上下联动开展义务教育发展专题调研，有效助推全区教育事业上新台阶。围绕“奉有健康”，开展医保政策运行、中医药事业发展、全民健身工作等专项监督，专题调研视察基层医疗提升工程，积极推动中医医院迁建工程加快落地，不断满足群众对优质医疗、体育健身的需求。围绕“奉有保障”，组织开展《就业促进法》执法检查，听取和审议就业优先政策落实情况和未成年人保护工作，组织代表视察无障碍社区创建工作，推动进一步发挥政府主导作用，不断提升就业服务、未成年人保护、残疾人保障水平。围绕“奉有颐养”，持续紧盯老年食堂、养老机构运营等开展调研视察，上下联动开展养老服务“两条例”专项执法检查，有效促进全区养老服务体系优质均衡发展。

【城乡共同富裕建设监督】 围绕产业兴区，专题调研滨海旅游休闲区、经济开发区、宁南新城等重大平台，对奉化区重大平台重点区块的规划定位、产业布局、项目推进等方面提出意见、建议；专题审议政府2021年度国有资产管理情况综合报告及行政事业性国有资产管理情况专项报告，听取农商集团运行情况，促进奉化区国有资产保值增值、农商集团健康运作；立足乡村振兴和农业产业发展，开展乡村振兴“一法一条例一决定”执法检查，专题调研农村“家门口”就业模式，设立乡村振兴助力站（点）。围绕生态立区，对奉化区城乡规划实施情况及生态环境状况和环境保护目标完成情况进行深入监督，上下联动开展全域国土空间综合整治视察监督，专题审议奉化区“非农化”违法用地整治和海洋资源合理利用及海洋经济持续发展情况，提出强化规划监管、突出源头治理、大力保护耕地、发展海洋经济等意见、建议。围绕交通强区，专题听取交通强区工作报告，全面分析奉化区铁路运输、轨道交通和地面国道线3个交通体系工作情况以及公交管理水平，提出完善现代交通网络、保障重大交通项目等意见。

【民生事业发展监督】 围绕全国文明典范城市创建，组织开展环境卫生、交通秩序、移风易俗等各类主题代表督事活动，向全体代表发出“婚俗改革”倡议书，不断夯实创建工作的群众基础。针对疫情防控新形势，根据周边疫情多点散发和奉化区局地疫情突发的情况，常委会及时部署并调动力量深入参与，第一时间号召全区各级人大代表参与疫情防控和助企纾困工作，在大战大考中彰显人大担当作为。围绕除险保安，对基层多元矛盾解纷、农村“三合一”住房、历史遗留问题处置等进行调研监督，顺利完成“大综合一体化”综合行政执法条例执法检查，有效提升基层治理体系和治理能力现代化水平。针对年度民生实事项目，由常委会领导分别领衔10个监督小组，每月定期听取项目进度情况汇报，不定期开展项目分组视察和专题监督活动，有力推动10个民生实事项目顺利实施。

【法治建设监督】 审议、视察和推动法治政府建设、政府行政复议、法院行政审判、检察院行政检察等工作，专题听取监委重点领域监察监督和提出监察建议专项工作报告，对《宁波市公安机关警务辅助人员管理规定》执行情况开展执法检查，扎实推进法治奉化建设，维护社会公平正义。主动向上对接，确定奉化区年度立法参与项目，积极发挥基层立法联系点作用，开展《宁波市社会信用条例》《宁波市预防和制止家庭暴力条例》《宁波市公筷使用规定》等6部地方性法规的意见征求工作。认真做好宪法宣誓、规范性文件备案审查和信访工作，常委会会议专题听取和审议政府规范性文件备案审查工作报告，全年共主动审查政府规范性文件7件，妥善处理群众来信来访26件，组织88人次进行宪法宣誓。

代表工作

【概况】 2022年，区人大持续加强和改进代表工作，迭代升级“基层单元”，积极搭建履职平台，强化完善服务保障，有效发挥代表主体作用，不断汇聚发展合力。

【“基层单元”建设】 搭建形成以1个区联络总站为特色示范、12个镇（街道）主联络站为核心、N个镇（街道）延伸联络点（室）为补充的“1+12+N”基层单元架构，形成区镇（街道）村（社区）三级贯通、全域协同的完整布局，同时对全区12个“基层单元”的软硬件进行迭代升级，配置智能一体机、互动屏等数字化平台，设置代表风采、代表接待、工作制度、数字人大等模块，拓展视频连线、活动直播等功能，实现联系群众、汇集民意、督政议事、推进治理、强化履职五大功能的集成统一。探索“基层单元”“联、商、督、促、智”的内涵外延及功能效用，印发《区级领导干部人大代表及人大常委会任命干部进代表联络站开展主题接待活动的通知》，通过常态化活动载体把人大和“一府一委两院”负责人引导进站，联系代表、倾听民意；同时精心设计“代表联络站+共享法庭”“代表进网格亮身份‘周一夜访’”等制度，有效发挥“基层单元”在搜集民意、宣传政策、解决问题、基层治理等方面的作用。全年区级领导和“一府一委两院”负责人共进站1054人次，代表进站开展“进网格亮身份‘周一夜访’”活动实现全覆盖，完成15个“共享法庭”进站工作。

【拓宽代表履职渠道】 邀请代表、专门委员会委员常态化参加年中重要情况通报会、人大常委会会议、重点视察监督活动等，实现代表更好知情知政、更好开展议政督事。通过开展代表履职“五个日”活动以及“六访六促”周一夜访活动，引导各级人大代表深入基层一线，访民情、汇民智、聚民力、惠民生、促发展，密切联系和服务人民群众。全区各级人大代表主动走进企业、社区和农村收集社情民意、联系服务选民，坚持在第一线“我为群众办实事”，与广大群众同心稳经济、谋发展，合力抗台风、战疫情，累计搜集各类问题8794件，抄送政府部门223次，解决具体问题8689个；代表帮助化解基层矛盾纠纷累计312起，推动解决一系列关乎民生的急事难事，有力彰显人民当家作主的制度优势。

【完善代表履职服务】 统筹规划代表学习培训，采取“线上+线下”灵活机动的形式，有针对性地加强政治理论、法律法规、“代表通”履职平台使用等方面培训，全年开展大规模初任学习暨连任代表履职学习培训班1期，组织奉邑人大讲堂3期，“线上+线下”互动教学培训班41次，培训代表累计达1220人次，新一届人大代表的政治素质和履职能力持续提升。积极开展代表履职活动，500余人次代表参加常委会组织的重要情况通报会、执法检查、工作评议、视察调研等活动；各镇（街道）人大以中心组、代表小组为单位组织代表常态化开展“五个日”“周一夜访”等活动，代表访民情、集民智、解民忧的作用发挥得更加明显。此外，认真做好在奉的省、市人大代表联络服务工作，精心组织做好市人大代表奉化中心组会前视察和市人民代表大会专题审议工作。

【落实代表建议办理】 在人民代表大会召开前提前布置、悉心指导、把关审核，引导代表深入调研、搜集民意、提炼总结，形成高质量的代表建议，确保建议提得准、落得实。会后跟踪督办，对收集到的建议进行科学分类、对口交办，定期听取和审议办理情况专项报告，建立健全办理、反馈、督办、考评机制，联合区委区政府督查考核室开展建议办理“回头看”，进一步提高部门办好代表建议的积极性。政府高度重视代表建议办理工作，建立完善的由区长负总责、常务副区长统筹抓、分管副区长牵头抓、责任单位具体负责的办理工作机制，精心组织部署建议办理工作，区二届人大一次会议期间收到的269件建议均已全部办结，办结率、上网率、面商率、办理态度满意率均为100%，办理结果满意率98.5%，一批群众关心的热点难点问题得以妥善解决。

内部建设

【概况】 2022年，区人大常委会立足“四个机关”的定位要求，加快建设变革型组织，着力打造一支政治坚定、服务人民、心系发展、勤勉尽责的人大工作队伍。

【制度建设】 以人大换届为新起点，健全完善《人大常委会议事规则》《主任会议议事规则》等各项制度，形成规范有序、务实高效的工作运行机制；探索常委会会议会前学法、政府部门负责人任前法律考试等配套制度，以制度规范保障常委会会议依法高效运行。围绕数字化改革、“基层单元”建设、民生实事项目监督等重点任务，及时组建相应的工作专班，明确专人负责、专班跟进、专项监督，采取清单化管理、项目化推进、闭环式监督工作机制，确保项目到组、责任到人、时间到点、落实到位。

【队伍建设】 持续抓好人大代表、常委会组成人员、机关工作人员三支队伍建设。在代表层面，以代表履职承诺量化评价为抓手，以代表向选民述职为牵引，持续引导代表进基层单元开展各项履职活动，进一步激发代表“带头人”“联系人”“责任人”“代言人”作用。在常委会层面，党组全面履行领导责任，第一时间传达贯彻中央和省市区委决策部署，切实做到党委工作重心在哪里，人大工作就跟进到哪里，作用就发挥到哪里。在机关层面，扎实推进“清廉机关、模范机关、文明机关、书香机关”建设，驰而不息纠“四风”、正作风，通过设立展示窗、读书角，组建服务队、攻坚组，运用“三会一课”、周二夜学、赛马比拼述职会等载体，不断提升机关干部能力素养；平时机关干部都能自觉主动参加社区各类抗疫服务、文明典范城市创建、平安宣传等志愿活动，成立机关抗疫志愿小分队，全身心下沉方桥同心抗疫，生动体现人大干部的奉献与担当。

【基层建设】 密切区、镇(街道)两级人大之间的工作联系和协作配合，加强对镇（街道）人大工作和建设的支持，制定出台《镇（街道）人大工作评价办法》，修订完善《关于进一步做好街道居民议事会工作的实施方案》，明确基层人大依法履职、代表工作、自身建设三大方面13个小项重点工作任务，对各镇（街道）开展人大工作会议及有关文件精神落实情况督查，全面量化评价镇（街道）人大年度工作，确保基层人大依法规范做好工作。坚持每月一次的镇（街道）人大工作碰头会和每季度一次的人大工作例会，召开全区“基层单元”建设推进会，分析研究基层人大在工作实践中碰到的困难，帮助指导解决难点问题、推动具体工作。

（潘李嘉）

宁波市奉化区人民政府

综　述

2022年，是新一届区政府全面履职的开局之年，是奉化区“跨越发展、二轮攀高”的起步之年。一年来，区政府坚持以习近平新时代中国特色社会主义思想为指导，全面贯彻党的二十大精神，坚决贯彻习近平总书记“疫情要防住、经济要稳住、发展要安全”的重要指示，在区委的坚强领导下，紧紧围绕“竞跑竞绩、进位进阶”主线，牢牢把握“争速争进争一流”工作主基调，高效统筹发展安全，奋力打赢了经济稳进提质攻坚战和除险保安大会战。全年实现地区生产总值907.3亿元，全国综合实力百强区排名上升至第70位，经济总量全省排名上升至第29位；一般公共预算收入69.3亿元、同口径增长2%。

政治建设持续强化。始终把政治建设摆在首位，区政府将政治理论学习贯穿全年，推进党史学习教育常态化长效化，坚定坚决把学习宣传贯彻党的二十大精神作为首要政治任务，下沉镇街、村社和企业进行理论宣讲。常态化用好区政府常务会议和“领导干部大讲堂”“周末知行学堂”“星期六课堂”等载体，深入学习《习近平谈治国理政》以及中央、省市重要会议和文件精神，用党的最新理论成果武装头脑、指导实践、推动工作，全年共安排各类学习议题52项。

实体经济稳进提质。惠企政策发力显效，区稳经济“30+21”条措施接续出台，税费“退减免缓”43.8亿元、财政奖补资金8.9亿元惠企暖心，率先投放5000万元贷款贴息，普惠口径小微企业贷款增长32.6%。工业经济稳中见韧，实现规上工业增加值378.5亿元，电子信息、汽车零部件产业迈上百亿级，新增亿元以上企业25家。现代服务业稳步发展，实现服务业增加值323.9亿元、增长4.5%，商品销售总额增长24.6%，外贸自营进出口总额增长9%。都市农业稳定增长，一产增加值增长3.9%，粮食产量达到7500万千克。有效投资加力增效，完成固定资产投资448.6亿元、增长13.7%，增速全市第三。招商选资提升质效，新引进亿元以上项目36个，实到市外内资164.1亿元、增长17.2%，实际利用外资1.4亿美元。

民生福祉不断增进。城市空间持续优化，全域空间系统重塑行动深入实施，宁南田园城市综合整治示范片区入选市首批试点、率先启动实施。城乡品质显著提升，完成征收拆迁108.2万平方米，获评城乡风貌整治提升工作考核省级优秀，首获乡村振兴战略实绩考核省级优秀，“大美宁波”建设现场会在奉召开，蝉联“大禹鼎”银鼎。共富保障更加有为，全体居民人均可支配收入增长5.6%、增速全市第一，圆满承办全省深化党建联建机制暨党建引领“共富工坊”建设全面助力共同富裕现场推进会。社会事业蓬勃发展，浙师大附属奉化实验学校正式揭牌，市第一医院方桥院区正式启用，国科大附属肿瘤医院（省肿瘤医院）宁波院区揭牌开诊，区中医院与省中医院合作办医，区博物馆获评全国博物馆十大陈列展览精品。

改革创新奋发有为。数字化改革纵深推进，浙址通享（数字门牌）、“农省心”获评省级优秀应用。入选农业标准地、强村富民乡村集成改革省级试点，“大综合一体化”行政执法改革全面落地，涉重大工程项目补偿安置协议司法确认改革在全市推广。创新引领活力迸发，工信部关键零部件创新成果产业化服务平台落地运行，市知识产权交易服务中心揭牌成立，新增高新技术企业84家，创历年新高，两院院士领衔项目实现零的突破，奉化工匠代言人蒋昕桦夺得世界技能大赛金牌。

重要会议

【区政府常务会议】 区政府常务会议由区政府领导班子组成，由区长或受区长委托主持工作的副区长召集和主持。区政府办公室主任，相关副主任，区发改局、区财政局、区司法局、区审计局等相关单位主要负责人列席，其他人员根据会议议题需要列席，邀请区人大常委会、区政协、区监察委员会、区人武部领导参加。2022年，共召开区政府常务会议24次。

1月10日，代区长魏建根主持召开区政府第109次常务会议。会议原则同意《关于加强和改进新时代人才工作的若干意见（2022—2026年）》《关于加快推进新时代人才工作新发展的若干政策》《奉化区领军型创业项目招引攻坚五年行动计划（2022—2026年）》《关于深化实施“奉麓英才”计划加快引进集聚高层次人才和高端团队的补充意见》《奉化区企业“三领”人才评审管理办法》《关于加快培育新时代奉化工匠队伍的实施意见》，要求根据会议审议意见作进一步修改完善后，提交区委常委会审议。会议原则同意挂牌出让奉化区锦屏街道开源路西侧工业地块国有建设用地使用权，要求根据会议审议意见作进一步修改完善后，依法依规组织实施。

1月25日，区长魏建根主持召开区政府第1次常务会议（新一届区政府第一次常务会议）。会议原则同意挂牌出让溪口镇大岙工业园区北侧四号地块国有建设用地使用权，要求根据会议审议意见作进一步修改完善后，依法依规组织实施。

2月18日，区长魏建根主持召开区政府第2次常务会议。会议原则同意宁波市公共卫生临床中心项目新建桥梁建设方案、岳林街道舒前村道路一号地块等9个建设用地土地征收方案，要求根据会议审议意见作进一步修改完善后，依法依规组织实施。会议原则同意挂牌出让宁南新城73-1号地块、奉化区尚田街道汇溪村工业二号地块国有建设用地使用权，要求根据会议审议意见作进一步修改完善后，依法依规组织实施。会议原则同意《争速争进大抓项目提质提效扩大投资专项行动实施方案》，要求根据会议审议意见作进一步修改完善后，以区政府名义印发实施。会议原则同意《宁波市奉化区关于加快推进律师业高质量发展的实施意见》，要求根据会议审议意见作进一步修改完善后，由区司法局、区人才办、区财政局联合印发实施。会议强调，要积极引进国家级、省级优秀律师事务所，培育律师人才，壮大律师产业，助推经济社会高质量发展。

3月18日，区长魏建根主持召开区政府第3次常务会议。会议原则同意《奉化区长江经济带生态环境问题“举一反三”大排查大整改工作方案》，要求根据会议审议意见作进一步修改完善后，以区府办名义印发实施。会议原则同意《2021年度宁波市奉化区第二批“小而美”苗子企业名单》，要求根据会议审议意见作进一步修改完善后，按程序予以公布。会议原则同意挂牌出让奉化经济开发区滨海新区工业28-2号、28-9号、28-14号、28-16号、28-17号、28-18号地块及奉化区FH01-03-24商服地块（宁南新城）、FH49-01-06a地块（滨海区块）国有建设用地使用权，要求根据会议审议意见作进一步修改完善后，依法依规组织实施。会议强调，要加快推进项目建设，确保按计划投产见效。会议原则同意《浙江奉化黄贤省级森林公园总体规划（2021—2030）》、2022年奉化区控制性详细规划编制（调整）计划，要求根据会议审议意见作进一步修改完善后，予以上报。

3月28日，区长魏建根主持召开区政府第4次常务会议。会议原则同意2021年度重大项目建设“百村立功竞赛”先进考核结果及2022年度活动方案，要求根据会议审议意见作进一步修改完善后，提交区委常委会审议。会议原则同意《宁波市奉化区高质量发展推进乡村振兴助力实现共同富裕的实施意见（2022—2026年）》《关于做好2022年全面高质量推进乡村振兴重点工作的意见》《2021年度乡村振兴工作先进集体、先进个人表扬名单》，要求根据会议审议意见作进一步修改完善后，提交区委常委会审议。会议原则同意挂牌出让奉化经济开发区滨海新区工业28-10号、28-19号、28-20号、30-1号、30-3号地块国有建设用地使用权，要求根据会议审议意见作进一步修改完善后，依法依规组织实施。会议原则同意岳林街道王叶村7号地块等20个建设用地地块土地征收方案，要求根据会议审议意见作进一步修改完善后，依法依规组织实施。会议原则同意《宁波市奉化区柏坑水库扩容工程建设征地移民安置规划报告》，要求根据会议审议意见作进一步修改完善后，依法依规组织实施。会议强调，要加快成立工作专班，加快推进项目建设。要加强与上级部门沟通衔接，争取列入省级重点项目。

4月21日，区长魏建根主持召开区政府第5次常务会议。会议原则同意甬江防洪工程东江、剡江奉化段堤防整治（二期）沿线景观提升及亮化工程实施方案，要求根据讨论意见作进一步修改完善后，依法依规组织实施。会议原则同意《奉化金峨山省级森林公园总体规划（2021—2030年）》，要求根据讨论意见作进一步修改完善后，依法依规组织实施。会议原则同意《宁波市奉化区工程建设项目产生的砂石矿产品处置管理办法（试行）》，要求根据讨论意见作进一步修改完善后，以区府办名义印发实施。

5月20日，区长魏建根主持召开区政府第6次常务会议。会议原则同意《美丽奉化建设规划纲要（2021—2035年）》，要求根据会议审议意见作进一步修改完善后，依法依规组织实施。会议原则同意《奉化区应对疫情影响稳链助企纾困若干措施》，要求根据会议审议意见作进一步修改完善后，抓紧实施。会议指出，制定出台稳链助企纾困若干措施是帮助中小微企业渡过难关、助力经济稳增长的重要举措。会议原则同意《奉化区“扩中提低促农增收”三年行动计划》，要求根据会议审议意见作进一步修改完善后，提交区委常委会审议。会议原则同意《宁波市奉化区村域整治三年行动计划（2022—2024年）》，要求根据会议审议意见作进一步修改完善后，提交区委常委会审议。会议原则同意《宁波市奉化区病死畜禽及病害畜禽产品无害化处理运营管理办法》，要求根据会议审议意见作进一步修改完善后，以区府办名义印发实施。会议原则同意《关于鼓励备案非标电动自行车提前淘汰置换工作方案》，要求根据会议审议意见作进一步修改完善后，以区府办名义印发实施。会议原则同意将《宁波市奉化区经济开发区滨海新区控制性详细规划》（FH-49-01-06a等地块）、《宁波市奉化区松岙镇车站周边地块控制性详细规划》（FH69-01-03e等地块）2个控规局部调整纳入奉化区2022年控制性详细规划编制（修编）计划，要求根据会议审议意见作进一步修改完善后，依法依规做好控规调整及报批等工作。会议原则同意挂牌出让奉化区交警大队西侧（江口街道南浦区块FH14-01-23c）地块国有建设用地使用权，要求根据会议审议意见作进一步修改完善后，依法依规组织实施。

5月26日，区长魏建根主持召开区政府第7次常务会议。会议原则同意《宁波市奉化区房屋征收（拆迁）安置房票实施办法》，要求根据会议审议意见作进一步修改完善后，依法依规组织实施。会议原则同意《宁波市奉化区锦屏街道庄山社区旧房改造工作方案》，要求根据会议审议意见作进一步修改完善后，依法依规组织实施。会议原则同意挂牌出让奉化经济开发区滨海新区工业21-4号地块、尚桥园区5-1号地块、奉化区武岭西路北侧1号地块及奉化区FH12-03-01b-1地块、FH21-01-10b地块等5宗地块国有建设用地使用权，要求根据会议审议意见作进一步修改完善后，依法依规组织实施。

6月10日，区长魏建根主持召开区政府第8次常务会议。会议原则同意挂牌出让奉化区FH02-01-40b地块、宁南新城72号地块、萧王庙街道后竺村工业2号地块等3宗地块国有建设用地使用权，要求根据讨论意见作进一步修改完善后，依法依规组织实施。会议原则同意江口中学迁建工程选址变更方案，要求根据讨论意见作进一步修改完善后，依法依规组织实施。会议原则同意《宁波市奉化区“十四五”综合交通规划》，要求根据讨论意见作进一步修改完善后，依法依规组织实施。

6月29日，区长魏建根主持召开区政府第9次常务会议。会议原则同意《关于落实最严格的耕地保护制度全面推行田长制实施意见》，要求根据会议审议意见作进一步修改完善后，提交区委常委会审议。会议原则同意奉化区柏坑水库扩容工程等14个建设用地土地征收方案，要求根据会议审议意见作进一步修改完善后，依法依规组织实施。会议原则同意《奉化区大堰镇村域整治行动方案（2022—2025）》，要求根据会议审议意见作进一步修改完善后，依法依规组织实施。会议原则同意《关于加快推进“大综合一体化”行政执法改革试点工作的实施意见》，要求根据会议审议意见作进一步修改完善后，提交区委常委会审议。会议原则同意共富舱项目试点方案，要求根据会议审议意见作进一步修改完善后，依法依规组织实施。会议原则同意《关于加快打造高水平乡村振兴人才集聚地的实施意见》，要求根据会议审议意见作进一步修改完善后，提交区委常委会审议。会议原则同意“潮甬金六月·惠享奉城”消费券发放活动方案，要求根据会议审议意见作进一步修改完善后，依法依规组织实施。会议强调，要坚决堵住各类套现漏洞，杜绝套现行为。要总结消费券实践经验，引导消费者用足、用好、用准消费券，有效撬动消费增长。

7月20日，区长魏建根主持召开区政府第10次常务会议。会议原则同意《奉化区新一轮制造业“腾笼换鸟、凤凰涅槃”攻坚行动方案（2021—2025年）》，要求根据会议审议意见作进一步修改完善后，印发实施。会议原则同意萧王庙街道后竺村工业9号地块国有建设用地使用权出让方案，要求根据会议审议意见作进一步修改完善后，依法依规组织实施。会议原则同意《宁波市奉化区开展来料生产加工助农增收阳光行动的实施意见》，要求根据会议审议意见作进一步修改完善后，提交区委常委会审议。会议原则同意《交通运输业扩量提质扶持办法（试行）》，要求根据会议审议意见作进一步修改完善后，印发实施。会议原则同意《宁波市奉化区柏坑水库扩容工程移民安置实施办法》《宁波市奉化区柏坑水库扩容工程移民资格确认办法》，要求根据会议审议意见作进一步修改完善后，印发实施。会议原则同意锦屏街道西溪村河道三号地块等21个建设用地土地征收方案，要求根据会议审议意见作进一步修改完善后，依法依规组织实施。

7月29日，区长魏建根主持召开区政府第11次常务会议。会议原则同意奉化数字渔港经济区——长三角互联网水产商贸中心项目实施方案，要求根据会议审议意见作进一步修改完善后，依法依规组织实施。会议原则同意将江口街道中心区控制性详细规划局部调整FH09-01-07b地块纳入奉化区2022年第二批详细规划编制（调整）计划，要求根据会议审议意见作进一步修改完善后，依法依规组织实施。

8月22日，区长魏建根主持召开区政府第12次常务会议。会议原则同意《宁波市奉化区人民政府将部分奉化区部门行政处罚权交由镇（街道）人民政府（办事处）行使的通告》，要求根据会议审议意见作进一步修改完善后，印发实施。会议原则同意《奉化区2022年度国内大型海洋渔船“减船转产”实施方案》，要求根据会议审议意见作进一步修改完善后，印发实施。会议原则同意《“惠享出行·你消费我助力”消费促进活动总体实施方案》，要求根据会议审议意见作进一步修改完善后，认真组织实施。会议原则同意《宁波市奉化区人民政府森林禁火令》，要求根据会议审议意见作进一步修改完善后，印发实施。

8月30日，区长魏建根主持召开区政府第13次常务会议。会议原则同意剡水田园现代农业智能服务中心项目建设方案，要求根据会议审议意见作进一步修改完善后，依法依规组织实施。会议原则同意剡水田园数字化智能农业种植基地建设项目建设方案，要求根据会议审议意见作进一步修改完善后，依法依规组织实施。会议原则同意全域国土空间综合整治现场会改造提升项目建设方案，要求根据会议审议意见作进一步修改完善后，依法依规组织实施。

9月8日，区长魏建根主持召开区政府第14次常务会议。会议原则同意《奉化区“甬有碧水”攻坚行动实施方案》，要求根据会议审议意见作进一步修改完善后，印发实施。会议原则同意《关于加快林下经济发展实施意见》，要求根据会议审议意见作进一步修改完善后，印发实施。会议原则同意溪口镇湖山村七号地块等17个建设用地土地征收方案，要求根据会议审议意见作进一步修改完善后，依法依规组织实施。会议原则同意莼湖街道舍辋净斗山小微产业园矿地综合利用项目建筑用石料（凝灰岩）矿采矿权挂牌出让方案，要求根据会议审议意见作进一步修改完善后，依法依规组织实施。会议原则同意锦屏北路等4条道路调整方案，要求根据会议审议意见作进一步修改完善后，依法依规组织实施。

9月24日，区长魏建根主持召开区政府第15次常务会议。会议原则同意《宁波市奉化区高水平推进应急救护工作实施意见》，要求根据会议审议意见作进一步修改完善后，印发实施。会议原则同意《宁波市奉化区工业企业资源要素优化配置实施办法》，要求根据会议审议意见作进一步修改完善后，印发实施。会议原则同意《宁波市奉化区萧王庙街道全域整治项目村庄退建补偿方案》，要求根据会议审议意见作进一步修改完善后，依法依规组织实施。会议原则同意松岙镇大埠东西湾塘地块建设用地土地征收方案，要求根据会议审议意见作进一步修改完善后，依法依规组织实施。

10月15日，区长魏建根主持召开区政府第16次常务会议。会议原则同意挂牌出让岳林街道新鲍村工业6号、7号地块，经济开发区滨海新区工业5-1号地块，中交未来城FH07-03-04d-2地块国有建设用地使用权，要求根据会议审议意见作进一步修改完善后，依法依规组织实施。会议原则同意《2022雪窦山弥勒文化节活动方案》，要求根据会议审议意见作进一步修改完善后，落实好后续工作。会议原则同意方桥街道方桥村1号地块建设用地土地征收方案，要求根据会议审议意见作进一步修改完善后，依法依规组织实施。会议原则同意“欢购奉城·惠享金秋”消费促进活动方案，要求根据会议审议意见作进一步修改完善后，依法依规组织实施。会议学习传达了全省交通疫情防控、物流保通保畅和安全生产视频调度会精神。

10月20日，区长魏建根主持召开区政府第17次常务会议。会议原则同意经济稳进提质工作方案，要求根据会议审议意见作进一步修改完善后，抓紧实施并落实好后续工作。会议原则同意《宁波市奉化区新一轮高质量民生同城化实施方案（2022—2026年）》，要求根据会议审议意见作进一步修改完善后，抓紧印发实施。会议原则同意《关于推进奉化区托幼一体化服务体系建设的实施意见》，要求根据会议审议意见作进一步修改完善后，抓紧印发实施。会议原则同意岳林街道明化村道路2号地块等16个建设用地地块土地征收方案，要求根据会议审议意见作进一步修改完善后，依法依规组织实施。会议原则同意阳光海湾27-1号地块等6个建设用地地块土地征收方案，要求根据会议审议意见作进一步修改完善后，依法依规组织实施。

11月15日，区长魏建根主持召开区政府第18次常务会议。会议原则同意《宁波市奉化区征收宁南贸易物流区儒江村1号拆迁地块集体所有土地房屋拆迁实施方案》和《宁波市奉化区征收宁南贸易物流区陈王村1号拆迁地块集体所有土地房屋拆迁实施方案》，要求根据会议审议意见作进一步修改完善后，依法依规组织实施。会议原则同意《宁波市奉化区西岸村旧村改造征收项目国有土地上房屋征收补偿方案》，要求根据会议审议意见作进一步修改完善后，依法依规组织实施。会议原则同意《锦屏街道西岸村拆迁1号地块建设用地项目征地补偿安置方案》和《岳林街道新鲍村17号地块等建设用地项目征地补偿安置方案》，要求根据会议审议意见作进一步修改完善后，依法依规组织实施。会议原则同意《奉化区村级集体经济“消薄”攻坚行动方案》和《奉化区镇（街道）级强村公司组建运行方案》，要求根据会议审议意见作进一步修改完善后印发实施。会议原则同意《“奉心而动·潮购金秋”消费促进活动总体实施方案》，要求根据会议审议意见作进一步修改完善后，落实好后续工作。

11月18日，区长魏建根主持召开区政府第19次常务会议。会议原则同意挂牌出让锦屏街道开源路东侧工业2号地块，岳林街道斯张村工业7–4号地块，宁南新城16–2号、16–3号地块，经济开发区尚桥园区3–2号地块，经济开发区滨海新区11–1号、11–4号、22–2号、22–4号、30–4号、30–8号地块等11宗地块国有建设用地使用权，要求根据会议审议意见作进一步修改完善后，依法依规组织实施。

12月9日，区长魏建根主持召开区政府第20次常务会议。会议原则同意2023年重大项目（重点工程、重大前期）方案，要求根据会议审议意见作进一步修改完善后，提交区委常委会审议。会议原则同意2023年民生实事备选项目，要求根据会议审议意见作进一步修改完善后，提交区委常委会、区人大常委会审议。会议原则同意S203省道奉化金峨至应家棚段公路工程、规划S310省道奉化G228至G203段公路工程路基防护形式变更方案，要求根据会议审议意见作进一步修改完善后，依法依规组织实施。会议原则同意《宁波市奉化区2022年预算执行情况和2023年预算草案初步方案》，要求根据会议审议意见作进一步修改完善后，提交区委常委会、区人大常委会审议。

12月16日，区长魏建根主持召开区政府第21次常务会议。会议原则同意《宁波市奉化区全域“无废城市”建设实施方案（2022—2025年）》，要求根据会议审议意见作进一步修改完善后，印发实施。会议原则同意开发区管委会提出的方案，将印染产业列为经济开发区循环经济园区主导产业之一，要求根据会议审议意见作进一步修改完善后，依法依规组织实施。会议原则同意《宁波市奉化区基础教育高质量发展三年行动计划（2022—2024）》，要求根据会议审议意见作进一步修改完善后，提交区委常委会审议。会议原则同意“欢购奉城·喜迎新春”消费促进活动方案，要求根据会议审议意见作进一步修改完善后，认真组织实施。

12月16日，区长魏建根主持召开区政府第22次常务会议。会议原则同意园中村（三横）改造项目土地出让金划拨方案，要求根据会议审议意见作进一步修改完善后，依法依规组织实施。会议原则同意宁波市奉化区妇幼保健院与上海红房子医院医疗发展合作协议，要求根据会议审议意见作进一步修改完善后，依法依规组织实施。

12月29日，区长魏建根主持召开区政府第23次常务会议。会议原则同意《2023年政府工作报告（送审稿）》，要求根据会议审议意见作进一步修改完善后，征求各镇、街道和部门意见，并提交区委常委会、区人大常委会和区政协常委会审议。会议传达学习了中央经济工作会议和省委、市委全会暨经济工作会议等会议精神。

【区政府党组会议】 区政府党组会议由党组书记或书记委托副书记召集并主持，党组成员参加。党组会议必须有半数以上党组成员参加方可召开，讨论决定干部任免事项必须有2/3以上党组成员到会；根据工作需要，会议召集人可以根据议题指定有关人员列席会议。2022年，共召开区政府党组会议13次。

【区政府全体（扩大）会议】 3月18日，区长魏建根主持召开区政府全体（扩大）会议并讲话，动员全区政府系统党员干部保持“竞跑竞绩、进位进阶”的好状态，干出“争速争进争一流”的新气象，确保全年经济稳进提质、社会和谐稳定。会议指出，经济发展要争速争进，迅速落实年度目标任务，奋力实现一季度“开门红”。重点工作要勇争一流，谋深做实一批重大改革创新，争创国家、省级示范，争当“重要窗口”模范生，强力攻坚风险隐患化解、改革集成赋能、全域国土空间整治、项目投资招引、制造业专项升级、服务业扩容提质、平台能级提升、共同富裕建设等8个方面重点工作。队伍建设要正风提能，完成全年目标任务，交出高分答卷，兑现年初承诺，必须着力做到“七要七不要”。

8月5日，区长魏建根主持召开区政府全体（扩大）会议暨领导干部大讲堂，作题为《坚定信心迎难而上 真抓实干克难奋进 以“争速争进争一流”的优异成绩献礼二十大》的讲话。会议指出，要深入学习贯彻省党代会、省政府全体会议精神，全面落实市委、区委全会相关工作要求，在高质量推进“两个先行”的新征程中，争速争进争一流，奋力推进经济社会发展回升向好，以优异成绩向党的二十大献礼。要认清“三大形势”、抢抓“三个机遇”、锤炼“五种作风”，既要看到存在问题和努力方向，又要看到经济稳进提质的好态势，进一步提升抓经济、促发展的信心和决心。要按照区委“争一流、攀新高”的要求，坚持稳进提质、除险保安、塑造变革，高质量完成全年目标任务，集中力量抓好“四个十”。

（王巧灵）

办公室工作

【概况】 2022年，在区委、区政府正确领导下，区府办领导班子坚持以习近平新时代中国特色社会主义思想为指导，深入学习贯彻党的二十大精神和省、市、区党代会部署，牢牢把握区府办作为区政府“坚强前哨”和“巩固后院”定位，有效发挥区府办统筹协调、参谋辅政、督促落实和服务保障等职能，为奉化奋力打赢经济稳进提质攻坚战和除险保安大会战作出积极贡献。

【以文辅政】 完成政府工作报告、政府全体（扩大）会议等重要材料文稿，全年累计完成各类文字材料500余篇。持续挖掘整理有分析、有建议、有质量的政务信息，全年累计上报约稿298篇、领导专报51篇、要情300多篇，被省、市政府办公厅采用353条，其中《奉化区创新构建“护校安园”协同智治场景应用全方位护航校园安全》等多篇信息获省市领导批示。严格把好公文政策关、内容关、文字关和格式关，确保公文的权威性和可操作性，办理上级来文3500余件、区级单位来文2700余件，拟制公文500余件。政务公开持续深化，全年通过政府网站公开信息24269条，高效办结依申请公开事项518件，2022年浙江省政务公开指数在全省排名第二，相关经验做法入选省级典型案例汇编，奉化区是全市唯一在全省政务公开工作培训班上交流发言的区（县、市）。合法性审查工作扎实到位，完成区政府法律顾问换届事宜，组织区政府常务会议学法4次，审查行政合同34件、行政规范性文件7件、其他涉法事务450余件，提出合法性审核意见600余条。

【督查工作】 围绕全区中心工作、重点工作和创新工作，完善督查方式，强化督考结合，相关督查项目在短期内成效明显。全年办理省、市政府主要领导指示批示件217件，交办区政府主要领导批示件1770件；办理“互联网+

督查”线索核查7件；督办人大建议269件、政协提案180件；编发《督查与落实》28期，有力促进全区各项工作的推动与落实。

【队伍建设】 利用区府办党组理论中心组、省政府系统数字化周六夜学、周二夜学、党支部“三会一课”和主题党日活动等载体，系统学习党的十九大及十九届历次全会精神及党的二十大精神、习近平新时代中国特色社会主义思想等政治理论知识，全年共组织相关学习100余次。全面加强党风廉政建设，切实将全面从严治党要求贯穿办公室工作全过程，未发生任何违规违纪违法行为。创新打造“奉楫笃行，政当先锋”党建品牌，陆续开展各类专题教育活动10余场次，组织10余批次150人次青年党员参与执勤等工作，在职党员进社区报到率达到100%。紧抓干部培养“窗口期”，持续推动干部跨越成长，先后选派10名干部赴省市部门、驻外招商站、区属国企等多个平台、岗位进行锻炼。

（汪黎明）

流动人口服务管理

【概况】 2022年，奉化区流动人口服务管理工作始终围绕区委、区政府中心大局，持续推进流动人口高质量就业、公共服务均等化等工作，切实提升流动人口服务管理水平。年末，全区登记在册流动人口249629人。

【“浙里新市民”数字应用】 4月出台《奉化区流动人口量化积分管理实施意见》，运行“积分优享一件事”子场景，促进流动人口量化积分管理精细化、规范化、智能化。依托“浙里新市民”应用场景打破数据壁垒、整合优化流程，通过大数据无感赋分功能避免积分材料重复上传，解决积分申报只能线下提交材料的局限性，实现新市民量化积分“零次跑”。全年共办理积分落户、积分入学、积分体检等7项积分应用事项，收到申办件11718件、增长60.4%，平均审核时间1.5天，准时办结率99.8%，列全市区（县市）第一。

【开发“租房一件事”集成服务平台】 以“浙里数字门牌”应用迭代升级为契机，开发“租房一件事”场景应用，提升流动人口租房全生命周期管理服务。共开发建设五大场景，初步实现“一码通服”“租房智治”等场景应用。建立政企社群协同共建、租赁数据安全共享、基层协同联动共治新机制，打造“大数据+网格化”新模式。

【公共服务均等化推进】 推进量化积分入学工作，扩大公办学校学位供给，提高随迁子女公办学校就读率。全年新增义务段公办学位1878个，惠及全区7500余名义务教育阶段随迁子女，公办学校就读率达100%，列全市区（县市）第一。做好特殊流动人口服务管理、儿童预防接种、孕产妇健康管理等工作。全区共管理流动严重精神障碍患者49名，规律管理率100%，规律服药率91.8%；管理流动孕产妇1048名，保健覆盖率99.4%。完善公租房保障政策，培育发展住房租赁市场，推进保障性租赁住房建设，适当放宽公租房准入条件，满足流动人口多层次住房需求。全年累计新增各类租赁住房7757套（间），筹建保障性租赁住房项目10个、房源4753套（间），发放公租房租赁补贴53.1万元。作为“经常居住地、就业地”登记户口制度唯一试点区，充分贯彻落实《宁波市区户口迁移实施细则》，修订完善流动人口量化积分落户方案，进一步放开放宽落户条件，全年有申请积分落户人员11名。

【流动人口就业】 举办“金秋招聘月”“留奉过春节”等线上招聘会，推进数字化招聘，节约企业招聘成本。赴高校开展“全国选才、才留奉化”招聘活动，举办线上校企合作精准对接会。加强跨省劳务协作，依托“十省百城千县”协作体系，先后与安徽阜阳等3省5市7县进行劳务对接，签署劳务合作协议7份，推介区6家优质企业岗位需求720个。通过精准选址、规范管理创新设立高品质公益性零工市场4家，提供线下“保姆式”+线上“不打烊”服务，相关做法被央视专题报道。

【维护劳动者合法权益】依托“建筑领域安薪一体化智能系统”，推出“电子围栏”工人实名制考勤应用，改变分包单位监管缺失现状。对接金融机构搭建“小额资金垫付”平台，缓解企业资金困难，确保欠薪问题不蔓延。累计接收欠薪类投诉举报案件139件，为4190名外来务工人员追讨劳动报酬6489万元。实现“360”劳动争议多元化解应用在全区1321家建会企业工会全覆盖。

【流动人口基层治理】打造“新奉化人志愿者联盟”品牌，召开志愿服务工作年度座谈会，加强志愿服务队伍建设，累计开展防疫、为老、助残、环保等主题志愿活动156次。充分整合专管员、网格员、村（社）干部等力量，创新推出“数据理疗法”，全面归集碰撞内外部数据，起底梳理疑似未登记人员数据3.8万条，完成核查补登工作。

【预防溺水宣传教育】完善溺水救援应急预案，落实暑期老师家访制度，全力压降流动人口溺水亡人事故。共开展隐患排查10余次，发布防溺水提示1.3万条，发放告家长书近7万份，举办防溺水主题宣教30余场。

（姚　远）

行政审批服务

【概况】2022年，行政审批服务工作以企业群众需求为导向，加快转变政府职能，深化“放管服”改革，持续优化营商环境，纵深推进政务服务运行标准化、服务供给规范化、企业和群众办事便利化工作。行政审批中心进驻政务服务事项2094项，日均办件3000件左右，依申请事项实现100%全进驻，均实现网上办、掌上办。梳理本地特色“一件事情”121项，涉及文化、交通等26个部门，进一步满足办事群众“一件事一次办”的办事诉求。“一窗受理”集成办、政务服务“议事厅”、基层服务延伸等相关做法被省“浙里改”《竞跑者》录用推广。

【行政审批服务改革】持续深化“一网通办”改革成效，深入拓展政务服务2.0平台应用，加速推进政务2.0全面嵌入PC端、掌端、自助端，加快线上线下融合，推进政务服务好办易办。持续推进政务服务向基层延伸拓展，完成全区321个村（社区）政务服务2.0平台设置的检查整改，线上线下整体一网通办率保持在90%以上，环比继续提升。主动融入全区数字化改革大局，积极参与“浙里甬惠渔”、人才“一码通”、数字门牌等重点改革任务，重点建设本地企业投资项目“帮小二”服务在线，为企业提供全天候投资项目便利化服务。其中，“数字门牌”项目通过建立13类289项备选事项库、梳理3类事项归类（我要创业了、我要办社保、我要办医保），推动数字门牌“一址通办”落地。推出“一窗式”集成受理模式。梳理本地特色“一件事情”121项，涉及文广、交通、市监、人社等26个部门，进一步满足办事群众办“一件事一次办”的办事诉求。如新推出租房补贴申领、上市企业合法合规证明、水电气联合报装等新的“一件事”，开设惠企人才奖补政策专窗、水电气数“四窗合一”专窗、难办事项专窗等系列特色专窗。其中，“水电气数”专窗2022年办理业务12234件，效率提升30%以上。

【助企纾困服务模式拓展】编制企业项目统办服务清单，建立提前式、菜单式、靶向式服务模式，由“统办专员”为企业提供一对一全过程全周期“包干式”服务，梳理企业项目审批中的难点、堵点、痛点，通过全程代办、全程协调、全程监督，服务项目“拿地即开工”。如助力浙江奥迪斯丹有限公司年产5000万平方米的彩印包装箱生产项目从土地摘牌到正式开工仅用时7天。建立企业服务“绿色通道”。企业开办“一窗受理”“一日办结”实现常态化，2022年完成企业全流程一日开办4260家。持续深化不动产联动办理“一路通”受理，实施不动产交房即办证、不动产银行网点抵押登记、不动产登记“无纸化”等民生审批服务，打造不动产登记“联办联批、一次办成”绿色通道。

深化惠企助企“上门服务”。积极开展“助企开门红”活动，组织发改、住建、资规等相关部门赴滕头集团上门服务，会同交易中心赴城投、江口等上门服务，同步加强惠企政策宣传指导，取得良好效果。作为“甬易办”工作专班成员落实2022年工作重点、任务，作好二级账户等相关工作；“一键通”落实专窗值班，配合做好各部门政策兑现，2022年累计奖补303项，兑现5.79亿元。

【便民服务升级】 推动乡镇（街道）便民服务标准化、规范化建设，2022年以溪口、滨海等为先行试点，完成首批2个示范型和5个标准型便民服务中心的创建。与奉化农商银行合作打造“掌上办、自助办、就近办、上门办”4个办政务服务新场景，推动自助服务终端布点托面，建立区—镇（街道）—村（社区）三级服务自助服务网，为群众提供打印、查询、办理等24小时自助服务。实现近31个部门的435个事项“一端、一网受理”，累计办件量环比持续上升。

选聘窗口骨干作为议事长，协同责任部门、窗口单位、群众代表等多方力量，组建政务服务“议事厅”，会商攻坚解决方案，实现办一件小事解一类难事闭环服务。2022年共解决历史遗留、审批条件互为前置等难题21类，涉及事项65件。

持续强化政务服务“好差评”结果运用，“以评促改”形成具有约束力、威慑力和正向激励的考核机制，实现政务服务评价、反馈、整改、监督的闭环管理。2022年，全区政务服务事项办件量约175万件，“好差评”满意率99.98%，“好差评”综合值位于宁波市各县市（区）前列。

（李健成）

大数据工作

【概况】 2022年，区大数据中心认真贯彻落实省、市数字化改革历次推进会精神，紧紧围绕数字化改革工作目标，积极推进一体化智能化公共数据平台建设，协同推进数字政府系统建设，全面支撑各层级、各领域数字化改革，智慧城市考核位列区（县）市第二等次，牵头建设的“数字门牌”应用获省优秀应用，获评市数据质量奖、浙里办宁波频道亮星应用奖和年度TOP20高频应用奖、智慧城市应用示范奖等奖项，获全区政务公开先进，实现大数据工作迈步提档。

【数据资源统筹利用】 进一步完善项目统筹管理机制，提升数字化改革应用建设规范化水平，建立IRS查重机制，节约资金约54%，有效杜绝项目重复建设。参考市级制定项目建设指南，加强项目全周期管理，2022年项目归集率100%。完善项目绩效评价制度，编制《奉化区电子政务信息化项目绩效评价方案》，完成20个2021年项目的绩效评估。有效提升IRS应用，促进共建共享。各类数字资源一体编目全面实现，应用、组件、数据、云资源账目更齐全、资源更集约。上架口罩识别、安全帽识别和烟火检测3个优秀组件，有效支撑秀洲、北仑及奉化区12个应用。推进应用统筹集约共建，城建综合管理系统入驻代码车间，服务侧应用“浙里办”发布率和治理侧应用“浙政钉”发布率均达100%，推进“162”体系和“141”体系贯通，全面做好技术统筹保障，共完成10个省级应用贯通落地。跨区域共享温州苍南“数字门牌”、慈溪市共享冷库、温州市产业政策奖励兑现系统（惠企政策“直通车”）3个应用。

【数据供给与利用】 加快人口库、法人库、AI事件库、水蜜桃产业、气动产业、旅游、残疾人、消防等8个专题库建设，完善奉化数据仓，建设5条数据高铁实时链路，发布1381个数据目录，涉及20847项数据项、39个部门、84个系统、16亿条数据，有效支撑“浙里惠渔”“数字门牌”“护校安园”等重大应用。加快数据深度开发利用，形成企业预警模型、人口关系图谱等数据产品，会同相关部门挖掘

“浙里惠渔”“护校安园”“数字门牌”“数字乡村”等数据开发利用优秀案例，奉化区校园安全专题库和基础地址专题库两个数据产品入选宁波市数据资源体系领域优秀案例集。积极组织参加省、市数据开放创新应用大赛，打造数字金峨和共享冷库种子项目，其中共享冷库获宁波“扩中提低”赛道三等奖。推进“一网统管+数字孪生”。完成社会治理中心硬件设施建设，谋划实施“云上公路”“数字门牌”“1986”（城市文化中心）文体圈等数字孪生应用场景，谋划物联感知系统建设，加快推进城市管理资源高度整合。

【推进“三个掌上”工作】 积极推进掌上办事、掌上办公和掌上治理工作。推进政务服务“一网通办”建设，加速政务服务2.0大厅向镇街基层延伸，加快村社政务服务网点建设，“一网通办”率在90%以上。协同区政务办、区委编办联合相关业务部门共同推进政务服务“一地创新、全省共享”工作，已上报工单30余个，其中被采用工单7个。“浙里办”日活跃率最高达到16.9万，“护校安园”入选市年度亮星应用，“奉化天气”入选市年度TOP20高频应用。持续推进“浙政钉”2.0版用户体系建设，加强“浙政钉”2.0版组织、用户信息完善，用户日均活跃率达84.57%。推进“浙政钉”奉化工作台应用，上架“学生健康监测平台”“人才项目无感监管”“气动产业赋能”平台、“项目帮小二”“区政协委员履职系统”“护校安园”等6个应用，“寻味奉化”入选市年度优秀应用。推进“浙政钉”标准门户建设工作，复用“待办”等省建组件，推进建设“公文库”“不活跃群提示”等创新组件。深化“互联网+监管”工作，基于“互联网+监管”平台开展告知承诺、投诉举报、风险预警、基层网格事件、协查协办等各类协同业务处置，实现事件整体处置率、数据及时率、数据准确率均达100%。推进疫情防控精密智控工作，助力指挥体系运转，科学处置防疫工作，做好精密智控平台技术支撑，落实疫情防控要求，做好数据报送、人员赋码和平台操作培训工作。

【基础和安全保障加强】 加快视频共享平台建设，做好视频平台目录编制，区一类、二类点位已基本做到一机一档。制定数据安全责任人，进一步落实分级管理，明确工作责任，建立数据安全监督检查机制和数据安全运维保障队伍，进一步完善数据安全事件预案和应急处理措施。对全区79个政务信息系统进行安全排查，49个系统完成整改，20个系统进行下线处理；做好72个接口和14个系统重点数据接口实名认证升级，防范越权风险。

加强政务外网、政务云、视联网、机房等设备巡检、网络管理及安全防护，确保相关设备稳定运行，提升安全防护水平。开展全区政务外网终端安全防护软件安装工作，安装率在95%以上。完成门户网站、OA、气动赋能平台、惠企、人才政策兑现“一键通”平台渗透测试工作。会同网信、公安对新建信息化系统严格实行“三同步”原则，政务信息系统等级保护定级备案率达100%。落实网络安全值守工作。

【重点改革项目】 围绕先行先试，抢抓机遇，做精试点性改革，全面提升改革能级，新增“限额捕捞”国家级项目先行试点和“周宣访”、案件质量管控子脑等7个省级试点，深度参与市级医用气体工程质量监管、环浙步道等省级重大应用建设，稳步推进“浙里惠渔”“浙址通享”“智慧光伏”“数字乡村”“E键联办”“共享法庭”等11个省、市试点走深走实，现有省、市试点数较上年分别增长54%、25%。其中，牵头建设的数字门牌创新做法获评省民政厅数字化改革第二批优秀应用并获民政部区划地名司领导肯定推介，相关经验做法被《浙江信息》录用；护校安园经验做法获省委副书记黄建发、市委书记彭佳学、市长汤飞帆等领导批示肯定，在央视新闻、《中国教育报》、浙江新闻等媒体宣传推广，并入围省基层智治系统优秀案例；智慧光伏入围2022年全省数字能源最佳实践案例；“浙里惠渔”应用相关模式已整体复制至福建福州、泉州、广西北海、山东威海等地，较好实现“一地创新、全国复用”；“环浙步道服务”应用作为宁波市首个省体育局揭榜挂帅数字化改革项目在“浙里办”上线；承办省级党建联建机制现场会，“镇街帮办”应用特色做法获各地组织部部长高度认可。

【体制机制保障】 调整一体化智能化公共数据平台建设组织架构，完善牵头单位组织实施、责任单位协同落实的改革责任体系。制定一体化智能化公共数据平台、智慧城市年度工作计划、区信息化项目建设决策咨询机制、区信息化项目建设指南（试行），紧盯工作目标，倒排时间节点，攻坚落实各项工作。建立首席数据官和数据专员工作制度，形成专业化数据资源管理队伍。健全专项督查、专题协调、会商解难等督促机制，突出横向联动和纵向贯通，形成工作合力，累计召开工作例会16次、专题会议20次、指标推进会11次、项目初审会10余场，向上专题汇报10余次。健全考核评价机制，定期通报晾晒重点任务、重点项目进展情况，总结经验、发现问题、推进整改。持续提升干部队伍塑造变革能力，组织业务培训12次，切实提升运用数字化的思维、认知和手段解决复杂问题的能力。

宣贯落实《浙江省公共数据条例》（下简称《条例》）。制定奉化区宣贯工作方案，广泛开展宣传教育，印刷《条例》单行本2100余册，制作海报、导读手册、雨伞等宣传物料，发布《条例》原文、《条例》亮点解读等宣贯资料，通过政府门户网站、新闻媒体、户外广告等形式深入解读宣传。开展多主体参与、多形式结合的线上线下宣传培训5次。做好《条例》落实情况监督检查，着重对数据标准实施、数据质量管控、数据共享开放、数据安全保障等工作进行督查并持续推进整改，切实提升公共数据处理和安全管理工作能力。

（竺怡宁）

外事工作

【概况】 2022年，区外事工作坚持以习近平新时代中国特色社会主义思想特别是习近平外交思想为引领，紧紧围绕党和国家外交工作大局和区委、区政府中心工作，主动作为抓落实，靠前服务促发展，为扩大对外开放、推动经济社会高质量发展做出贡献。

【外事服务保障升级】 加大支持企业“暖起来”“走出去”的外事保障力度，为奉化发展开放型经济提供有力支撑。服务企业复工复产，推动奉化重点外资企业正常生产经营，积极对接省、市境外专班，开辟绿色通道，全程按照二级防护标准“点对点”接回重要商贸人士3人次。服务企业开拓市场，大力推介APEC商务旅行卡，促进企业快捷“走出去”开拓国际市场，更好地融入区域和全球价值链、供应链，累计办理APEC商务旅行卡73批130张。

【扩大对外交流交往】 以党史学习教育“三为”专题实践和“三服务”活动为抓手，扎实做好各项涉外服务，着力提升服务效能。有力促进对外商贸交流，利用“快捷通道”政策发放外籍人员邀请函，2022年，累计接待外籍人士到奉化67批116人次。深化国际友城“云交流”，累计开展线上交流近30次，积极推动友城参加市图书馆举办的“看见+虎力全开”少儿绘画大赛并获得入围奖。营造良好的国际化语言环境，积极对接上级外事部门，在博物馆、青云村等地开展双语标识专项纠错活动。坚持项目化管理提升城市国际化水平，蒋氏民国文化中心国际标识系统项目被列入2022年宁波市推进城市国际化8个重点项目之一。加强与外籍人员的沟通和联系，组织好在奉外国专家参加宁波“茶花奖”评选、外籍荣誉市民推荐等工作。

（李　益）

侨务工作

【概况】 2022年，奉化区侨办（侨联）在区委、区政府的正确领导下，在上级侨办（侨联）和区委统战部的有力指导下，牢固树立“融入中心、服务大局”意识，按照“党政所需、侨胞所盼、侨联所能”的工作要求，坚持一个引领、强化两项服务，提升三大建设，努力开创侨务工作新局面。

【凝聚侨界共识】 2022年，区侨办（侨联）围绕“党有号召、侨有行动”的工作要求，以“崇学讲堂”“侨界金钟宣讲团”“侨爱心小喇叭广播”为载体，学习党的十九届六中全会精神、《中国共产党统一战线工作条例》、省第十五次党代会及省市侨联全体委员会等重大会议精神，开展“五问五破争一流、六比六严攀新高”主题教育活动，引领侨界不断增强“四个意识”、坚定“四个自信”、做到“两个维护”。党的二十大开幕之际，区侨办（侨联）组织美国海联驿站、柬埔寨侨务工作站等海外侨团、侨领及基层侨联、新侨驿站、侨（留）资企业侨务骨干200多人，以不同方式观摩党的二十大开幕盛况，进一步凝聚侨心侨智侨力。

【助力中心工作】 2022年，区侨办（侨联）与区科技局、区委组织部（人才办）联合举办“同心聚力 创赢未来”新侨产业协同创新发展论坛，探索政企合力助推新侨企业资源集聚协同创新模式。依托“宁波侨界招商引才服务联盟”，联合区投促局等部门，构建侨界招商引才工作网络，积极做好引资引智引才工作，完成甬江引才项目申报2项，奉麓英才项目申报4项。开展“深化‘三服务’、助企开门红”活动，梳理问题20多个，逐一会商相关部门尽力破解。组织侨界政协委员深入基层、调研一线，通过委员提案、社情民意信息报送等途径进行建言献策，助力奉化经济社会高质量发展。对标《奉化区推进“群英绘共富”行动实施方案》具体要求，充实全领域共同富裕基金，开展“百个侨团联百村、基层侨干访贫困”活动，探索实践侨助共富之路。确定3家海外侨团、2家侨企和7个基层侨联结对帮扶12个集体经济薄弱村和项目资源特色村。举办“侨助共富 金钟起步”奉化侨界助力未来社区创建活动，成立“奉有优学”金钟书香基金，齐心共创未来社区。组织新侨驿站负责人和侨联智库成员赴溪口镇开展“侨助共富 新侨先行”——新侨驿站青年才俊走进溪口活动，与石门村村干部座谈共商乡村振兴之计，并向石门村捐赠了3万元“共富基金”；组织区侨联界别政协委员走进大堰镇开展“侨助共富 情系山区”慰问困难归侨侨眷、老党员活动，送去1万元慰问金。

【提升为侨服务品质】 2022年，区侨办（侨联）完善区信访局、区司法局、浙江颂阳律师事务所等部门单位联合搭建的“法助联盟”，加强锦屏侨联、岳林侨联和侨企超竣电器有限公司的“法助联盟联络点”建设，开展法律宣传、政策培训、法律援助等服务8次，服务人群600余人次。全年共接待来信来访10余件，办结率100%。推广“为侨服务直通卡”，增加会员单位和开卡群众，助力侨界整合社会资源，服务群众共享。清明期间，向海外侨胞提供“代祭扫”“云祭扫”服务，通过网络、微信等平台，传递祭扫祭祖实况，获得海外侨胞一致好评。积极参与为侨服务“全球通”建设，做好“最多跑一次”数字化改革，加强与相关教育主管部门的沟通协调，为归侨学生、归侨子女、华侨子女“三侨生”办理身份证明，落实升学加分优惠政策。与出入境管理部门合作，帮助华侨办理回奉定居手续。做好华侨、归侨、侨眷身份认定和华侨身份证明等事项的全城通办事宜。持续关注境外疫情发展情况，主动关心和帮助海外侨胞在驻在国的抗疫需求，畅通回国有关信息渠道，帮助华人华侨在奉接种新冠疫苗。先后排查奉籍在乌克兰同胞3位、斯里兰卡同胞5位，并配合上级有关单位要求开展相应联络工作，确保在外人员安全。多渠道筹措爱心资金，宽领域惠及困难侨群，整合侨爱帮困金、等资源，组织基层侨联深入开展“归侨侨眷关爱工程”和“侨界暖巢行动”，慰问贫困归侨侨眷和留学人员家庭100余户次，发放慰问资金15万元。成立尚田“尚爱汇”侨界志愿者服务队，做大做强“留创·爱”慈善基金，打响岳林“侨·爱心”志愿者服务队和锦屏“侨公益”志愿者服务队品牌，指导开展疫情防控、扶贫协作、帮难解困、健康义诊等暖心活动近20场，服务侨眷侨属1200余人次。

【平台品牌建设】 2022年，区侨办（侨联）对标市侨联《“精品工程”建设方案》要求，实施奉化区基层侨联组织“全面提升工程”，加快基层侨联、侨胞之家和新侨驿站迭代升级。实施锦屏弥勒博物馆侨胞之家提升改造，开辟侨文化工作室、留学生创新创业产品交流中心和健康驿站，打造具有锦屏特色的“侨胞之家”。依托岳林城市书房建立岳林书香“侨胞之家”，充分运用侨界人士读书活动，组织多读书、读好书、善读书，让“书香侨联”的概念在侨界人士心中深深扎根。依托海归、海创集聚平台，创建尚田海创“梦享+”侨胞之家，打造助力青侨人士创业创新的服务型侨胞之家。锦屏、方桥、江口3个街道侨联被评为示范基层侨联，岳林侨胞之家被评为五星侨胞之家，锦屏、溪口侨胞之家被评为“四星侨胞之家”。成功申报奉化布袋弥勒博物馆为宁波市华侨文化交流基地、奉化怡诺科创园为宁波市侨界“双创”基地。新增“新侨驿站”2家，至年末，已建设6家“新侨驿站”。

【交流交往活动】 2022年，共接待来奉参访华人华侨共计10批200人次，向海外侨胞全方位、多角度展示侨联工作成果。引导加拿大、美国、日本、柬埔寨等同乡社团在中华民族传统节日期间举办联络联谊、假日聚会活动，进一步增强海外侨胞凝聚力，提升海外社团知名度。组织“battle king 王者之战”国际街舞挑战赛暨长三角街舞公开赛、组织参与第二十二届“茶花杯”国际华裔学生书法比赛，收到学生作品共计19份。参与弥勒文化节活动，组织开展“我和弥勒文化”海外华人华侨的视频征集、海外华侨华人“喜迎二十大”书画作品展等3项子活动。对接宁波“北美之家”“中东欧之家”，加大交流互动、经贸合作，组织人员参与共谋乡村振兴桃源春宴发布仪式及中东欧“16+1”商品蜜桃集市活动，邀请海外侨团侨领参与“风华·桃花坞”城市品牌商店联合共创签约，激发城市多元商业交融的新活力，向海外推介奉化城市品牌。

【宁波市侨商会首个“百侨帮百村”项目正式签约】 5月11日，“凝侨心 共富裕”美丽乡村共建项目签约仪式在奉化区莼村镇政府举行。该项目经奉化区侨联牵线搭桥，宁波市侨商会联合香港侨商联合会与奉化区莼村镇人民政府签订友好共建协议，选择经济相对薄弱的陶坑村作为示范建设点，系宁波市侨商会首个“百侨帮百村”项目。

（吴　桁）

港澳台地区事务

【概况】 2022年，奉化区进一步加强与港澳台地区交流合作，坚

5月11日，“凝侨心 共富裕”美丽乡村共建项目签约仪式在莼村镇政府举行

持巩固基层交流，探索服务新路径，持续推进融合发展。“创业中华·宁波市第十一届港澳台侨青年英才创新创业峰会”在奉化举行；奉化区台办被评为中央台办“两刊”对台宣传工作先进单位；奉化区台胞台属联谊会被评为宁波市台联先进单位；奉化区溪口台联分会被评为宁波市台联先进集体。

【优化服务举措】 区台办积极探索建立全省首个涉台服务联动机制，由对台工作领导小组办公室负责牵头，统筹协调区委宣传部、区法院、区教育局等11家行政机关、司法部门、社会各界优势资源，全方位、高效率强化涉台服务保障。先后为37家台企提供税收优惠政策辅导和金融服务，协调解决2件台胞合同纠纷案件，帮助台胞台企解决子女入学问题、厂房建设用地办证、经营产品销售等问题12个，得到台胞台企充分肯定。深化区台联“1+7”公益联盟品牌建设，区台联会会长、副会长、常务理事等捐赠爱心基金22万元，成立宁波首家台胞台属健康驿站。定期开展走访慰问、健康宣传、医疗服务等25次，持续举办“团圆日一家亲”留奉台胞迎春联谊、“‘粽’情满满迎端午 同‘粽’同源是一家”、“心相系·情相融”2022海峡两岸（奉化）中秋联谊等暖心活动。优化清明“云代扫”服务机制，出资1.5万元代祭扫800余处，服务台胞台属2000余人。

【加强交流交往】 2月12日，奉化区举办2022海峡两岸桃花马拉松“两岸共跑212”活动，线上吸引百城万人跑步打卡，线下组织两岸16个城市千人同跑。6月15日，以“共富共美　和乐传家”为主题，聚焦两岸女性创业创新故事，举办“2022海峡两岸婆媳文化节”。11月9日，“民宿·让乡村更美好”第五届海峡两岸乡村振兴论坛奉化专场顺利召开。12月21日，2022雪窦山弥勒文化节开幕。文化节期间举行“梦应雪窦山”弥勒文化作品展、“东方的微笑·我和弥勒文化”——港澳台胞视频征集等活动。

【扩大文化宣传】 奉化区积极拓宽台青交流交往渠道，以“心灵契合”为目标，筹建“两岸街舞研习联盟”，第三届中国·宁波奉化海峡两岸体育舞蹈（国标舞）公开赛顺利收官，重点瞄准广受两岸青年欢迎的体育赛事作为活动载体，加深两岸体育运动与文化的交流。以在奉台青曾俊源为原型拍摄《来自台湾的草帽小哥》《观雪窦》《草帽小哥与奉化布龙》等，分享在奉化创业创新的发展机会，加强入岛宣传推荐，吸引了更多有为台青到奉化交流。全年在央视、《人民日报》、中新网、中国台湾网等权威媒体及台湾主流媒体累计刊播奉化两岸交流工作相关报道190余篇（次），央视《海峡两岸》栏目累计播出7次，相关做法在国家级刊物《两岸关系》刊发。

【深化经贸合作】 区台办聚焦高科技产业、精密仪器等中国台湾地区优势领域，深入实施“东引台资”战略，以“浙台合作周”等经贸活动为契机，招引台商到奉投资兴业。在浙台合作周上与郑万利酒业签约了年产1.5万吨果酒米酒、5000吨淀粉糖项目应梦

9月22日，澳门工商界人士以及澳门特别行政区政府部门代表考察团到奉化考察

里景区引进13家台商开启“台湾小吃街”青年创业之旅。溪口作为宁波台青台胞交流示范点，服务奉化高质量发展建设共同富裕示范区。至年末，在奉台资企业23家，其中规上企业8家，年产值约50亿元，带动3000余人就业。

9月22日下午，宁波市政协常委、澳门宁波联谊会副会长贺培正率澳门工商界人士以及澳门特区政府经济及科技发展局、贸易投资促进局等部门代表组成的考察团一行20余人到奉化考察。考察团先后赴城市展览馆和“中交·壹里科创云廊”，了解奉化现代化城市发展现状，深入考察跨境电商平台等市场环境，寻找经贸合作契机，共同推动两地交流合作迈上新台阶。

（周蔚娜　惠伟安）

机关事务

【概况】 2022年，奉化区机关事务管理局围绕“机关事务匠心惟精”目标，为全区党政机关高效运转提供有力保障。先后获评省机关事务工作先进集体、市五星级基层党组织、区“青年文明岗”、区战“疫”先锋团队等称号，以考评总分宁波市第一的成绩获全市机关事务管理工作综合优秀奖。

【办公用房管理】 对标办公用房整改新规范，奉化区机关事务管理局开展楼堂馆所专项整治自查和全省办公用房规范使用检查自查自纠，分上下半年2个批次对镇（街道）、区直部门开展抽查。根据省、市办公用房管理数字化应用实施方案要求，对全区党政机关公用房进行测绘和数据导入，引入第三方专业机构对局属办公用房开展房屋安全管理数字化人工巡检。完成办公用房适用性改造、周转用房维修任务14个。持续推动公物仓建设“标准化、数字化、精品化”，新增公物仓3个，面积437.3平方米。

【公车管理】 根据机构改革需要，撤销宁波市奉化区公务用车管理中心，公车中心职责整体划入区机关事务局。做好“浙江省公务用车管理集成应用平台”建设，完成主平台及镇、街道和车辆派驻单位共21个分中心安装建设运行。编发《宁波市奉化区公务用车日常使用管理规范（试行）》，不定期开展用车抽查计688家单位、1736车次，累计出车6586批次，安全行驶61.4万公里。

【公共机构节能管理】 坚持节能宣传和示范引领“两手抓”，全力落实碳达峰碳中和重大决策部署。在各类示范创建工作中带动新技术新产品推广，其中区行政服务中心、区委党校、社治大厦等完成全电食堂改造，电磁灶具全面替代天然气灶具。创建区级节水型单位21家，“无废机关”1家，“零碳机关”1家，全区90%以上党政机关成功创建节约型机关，区行政服务中心节能案例《融合先进技术实现公共机构节能改造新突破》入选国家机关事务管理局组织开展的2021−2022年度公共机构能源资源节约典型示范案例。2022年全区公共机构人均综合能耗下降3.31%，人均用水量下降5.24%。

【服务保障接待】 落实各项常态化防控措施，24小时不间断落实防疫“中枢”会务、餐饮、保洁工作；完成奉化区社会治理中心大厦项目建设，保障的区级机关集中办公区增加至6个；推进智安防控体系建设，成功创建宁波市五星级治安安全单位，省级“平安单位”暨省级“智安单位”；全年保障用餐60余万人次，“寻味奉化食堂管理平台”获评2022年“浙政钉”宁波平台优秀应用；完成全区重要会议、重要工作的服务保障任务2487场/次。

（应超超）

政协宁波市奉化区委员会

综　述

2022年，奉化区政协坚持以习近平新时代中国特色社会主义思想为指导，深入学习贯彻党的二十大精神，全面贯彻落实中央决策和省、市、区委部署要求，紧紧围绕“五大变革、五大跃迁”目标任务，履行政治协商、民主监督、参政议政职能，始终坚持建言资政与凝聚共识双向发力，担当作为，履职尽责，为奉化建设共同富裕特色区、打造现代化滨海大都市健康美丽新城区作出应有的贡献。至2022年年底，二届政协委员246人。

重要会议

【区政协二届一次全体会议】 1月22—24日，区政协举行二届一次全体会议。区委书记胡永光，区委副书记、区长魏建根等区委、区政府领导出席大会并参加联组讨论。主席陈红伟代表政协第一届宁波市奉化区委员会常务委员会作工作报告，副主席方国波代表政协第一届宁波市奉化区委员会常务委员会作提案工作情况报告。委员们以视频会议形式列席宁波市奉化区第二届人民代表大会第一次会议，听取、讨论并赞同魏建根代区长所作的政府工作报告，赞同人民法院工作报告、人民检察院工作报告和其他报告。会议选举产生政协第二届宁波市奉化区委员会主席、副主席、秘书长和常务委员。审议通过政协第二届宁波市奉化区委员会第一次会议决议；听取区委书记胡永光讲话。二届一次会议期间共收到委员提案216件，经审查立案194件，转社情民意22件。在194件提案中，经济建设方面67件，政治建设方面21件，文化建设方面44件，社会建设方面47件，生态文明建设方面15件。其中《关于积极对接宁波西枢纽，推进交通路网外联内畅的建议》等7件提案被列为年度重点提案。

【常委会会议】 2022年，区政协第二届常务委员会共举行4次会议。（区政协第一届常务委员会举行1次会议）

1月12日下午，区政协召开一届二十次常委（扩大）会议。会议分为两个阶段。第一阶段：听取区人民法院、区人民检察院工作情况通报；开展政协重点提案办理工作情况集中民主评议。第二阶段：协商讨论区政府工作报告；审议通过区政协常委会工作报告；审议通过区政协常委会提案工作情况报告；审议通过区政协常务委员会工作报告报告人名单、区政协常务委员会提案工作情况报告报告人名单；审议通过区政协二届一次会议议程（草案）和日程安排；审议通过《奉化乡村振兴的路径和办法》调研报告；审议通过《加快方桥区块农村整体改造 努力创建共同富裕样板区的对策建议》调研报告；审议通过2021年度区政协工作各项先进建议名单；审议通过区二届政协委员建议名单。

1月24日，区政协举行二届一次常委会会议。会议审议通过政协第二届宁波市奉化区委员会副秘书长名单和各工作委员会主任、副主任名单。

3月24日，区政协召开二届二次常委会会议。会议传达全国两会精神，审议通过《区政协常务委员会工作规则（修订稿）》《区政协关于成立“崇学书院”，开展“书香政协”委员读书活动的方案》及有关人事事项。

9月7日，区政协召开二届三次常委会（扩大）会议暨专题议政性常委会会议。会议首次采取政协常委会专题议政的形式，围绕“加快推进奉化山区库区共同富裕的研究”课题开展专题协商。会议第一议程课题调研组作《加快推进奉化山区库区共同富裕的研究》调研报告有关情况汇报，区发改局、区农业农村局、区民政局、区水利局等部门发言；区政府常务副区长李春泉讲话；常委们审议通过《加快推进奉化山区库区共同富裕的研究》调研报告。第二议程审议通过《新时代推进奉化乡村德治建设的路径探析》调研报告。第三议程审议通过《政协奉化区委员会关于强化政协委员责任担当的意见》。

12月12日，区政协召开二届四次常委会（扩大）会议暨专题议政性常委会会议。会议第一议程，政协常委会围绕“加快宁波生命医学中心建设，助力打造医学高峰新高地的路径研究”课题开展专题议政协商，区卫健局、区发改局、区经信局、区科技局发言，副区长李春泉讲话。第二议程审议通过《推进奉化区服务业双倍增对策研究》调研报告；第三议程审议通过区政协二届二次会议议程及日程安排。

政治协商

【整体协商】 1月21—24日，在区政协二届一次全体会议期间，通过分组、联组讨论等形式，全体委员就“一府两院”工作报告，及区委、区政府重大决策以及群众反映强烈的社会热点、难点问题进行大会协商讨论。委员们共提出意见、建议216件，经审查立案194件，会后报送区委、区政府供决策参考。

【政情通报会】 8月12日，区政协召开上半年政情通报会。区委副书记、区长魏建根通报上半年经济社会发展、政协提案办理情况和下半年政府重点工作安排。魏建根代表区政府，对政协委员立足本职发挥最优表率作用、尽心尽责服务最优中心大局表示感谢。同时希望区政协能够一如既往地监督、支持政府工作，在新的赶考路上贡献政协力量、交出“高分答卷”。通报会结束后，区政协组织开展“说写跑商，尽心履职”委员履职经验分享讲座及有关外贸形势分析讲座，帮助委员提升履职能力、增强履职实效。

【主席议政会】 11月22日，区政协举行主席议政会，专题听取“大力促进服务业双倍增”相关工作情况汇报。区发改局汇报大力促进服务业双倍增工作情况。区商务局、区金融发展服务中心、区投促局等部门针对自身工作职能作补充发言。政协委员就如何做好该项工作建言献策。

【主席询政会】 4月20日，区政协召开“双减”背景下提升教育质量询政会。区教育局就“双减”落实情况以及全区教育工作情况进行汇报。围绕社会关切、群众关注、师生关心的现实问题，政协委员现场发问并积极建言献策，相关部门一一作出回应。

11月18日，区政协召开“加强城市建筑风貌设计管控”询政会。区自然资源和规划分局、区住建局汇报城市建筑风貌设计管控现状、存在问题及下一步工作等。区发改局、区综合执法局、锦屏街道、岳林街道等单位做补充发言。政协委员现场发问并积极建言献策，相关部门一一回应。

【专题民主协商】 3月23日，区政协举行“请你来协商——积极推进未来社区建设”专题民主协商座谈会。区住建局负责人介绍有关情况，区发改局、大数据中心、农商集团、锦屏街道、岳林街道分管领导作协商交流，与会政协委员、智库专家围绕如何有效推进未来社区建设建言献策。

11月30日，区政协在奉化区人民法院召开关于“高质量推进‘共享法庭’建设，构建‘四治融合’基层治理体系”专题民主协商会。奉化区人民法院汇报“共享法庭”建设情况。区委政法委、区社会治理中心、区公安分局等单位补充发言。政协委员就如何更好推进该项工作积极建言献策。

【政协论坛】12月17日，由国务院发展研究中心、宁波市人民政府指导，中国经济时报社、宁波市社会科学院、宁波市奉化区人民政府、中民协元宇宙工作委员会联合主办，区政协协办的“2022雪窦山全球智库论坛”在奉化举行。此次论坛以“未来经济与‘元宇宙’创新发展”为主题，与会嘉宾以线上线下结合的方式发表主旨演讲，开展圆桌对话，进行深层次、高水平探讨。国务院发展研究中心、党组成员、副主任余斌作视频致辞，宁波市政协主席徐宇宁现场致辞。

民主监督

【概况】2022年，区政协重点提案共7件。通过召开专题督办会、现场视察活动等形式，协商解决重点提案办理中遇到的问题。办理情况列入区政协常委会民主评议。

【重点提案重点督办】6月16日，区政协召开“奉化对接宁波西枢纽的建议”重点提案督办会。区发改局、区交通局先后汇报奉化对接宁波西枢纽的相关工作情况，经信、住建等部门，江口、方桥等街道分别作补充发言和表态发言。副区长褚明生作表态发言。

6月22日上午，区政协召开“巩固非粮化非农化整治成果，促进农业增效”重点提案督办会。区发改局、区农业农村局等部门负责人汇报相关工作情况，部分政协委员座谈交流、建言献策。副区长张巍作表态发言。

6月30日，区政协召开“关于推进企业梯队培育，扶持企业挂牌上市的建议”重点提案督办会，为助推奉化企业挂牌上市建言献策。与会政协委员结合前期调研，围绕主题积极建言。区金融发展服务中心汇报提案办理及相关工作推进情况，区委人才办、区经信局、区科技局等部门先后作补充发言和表态发言。

7月27日，区政协召开“关于推动气动元器件产业升级，筹建智能化自动化装备产业园的建议”重点提案督办会暨溪口镇推动气动产业转型升级民主协商活动。区经信局汇报提案办理及相关工作推进情况，区科技局、区人力社保局、区市场监管局、区金融发展服务中心、区工投集团、区自然资源和规划分局等单位作补充发言。副区长邬培栋作表态发言。

8月11日，区政协召开“促进雪窦山民宿集聚区高质量发展”重点提案督办会。区文广旅体局、区发改局、区自然资源和规划分局及溪口镇等部门、镇（街道）汇报工作情况并提出相关建议。政协委员建言献策。副区长张巍作表态发言。

9月2日，区政协召开“关于加快奉化区普惠性托育机构建设的建议”重点提案督办协商会。会议听取区卫健局、区教育局等部门有关提案办理情况和奉化普惠性托育机构建设现状及下步规划举措的汇报，与会委员提出相关意见、建议。会议强调，要制定发展规划，健全工作机制，加大财政投入，完善托育机构布局，完善政策体系，实现更多普惠目标；要坚持多措并举，推动托幼一体化建设，促进多元化发展模式；要加强队伍建设，注重城乡均衡，坚持多管齐下，不断提升服务质量。

10月13日，区政协召开“推动南山路金融商贸一条街建设”重点提案督办会。区发改局汇报重点提案办理工作情况，区金融发展服务中心、区投促局、锦屏街道办事处等单位作补充发言。部分政协委员参与座谈交流，提出意见、建议。副区长吴盈盈作表态发言。

【专项民主监督】4月25日，区政协开展“加快推进渔港经济区建设”专项民主监督活动。区城投集团汇报渔港经济区项目建设相关情况，区发改局、区农业农村局、区自然资源和规划分局等参会单位作补充交流。五位政协委员就如何更好地推进渔港经济区建设提出意见、建议。副区长张巍作表态发言。

6月23日，区政协围绕“持续推进中医药事业和治未病产业发展”召开专项民主监督会。会议听取区卫生健康局负责人关于奉化区中医药事业推进和治未病产业发展情况汇报，区发改局、区财政局、区医保局等部门负责人作补充发言，在会政协委员和相关专家围绕主题提出意见和建议。

6月30日，区政协召开“请你来协商——积极推进儿童安全教育进课堂”专项民主监督协商座谈会。区教育局汇报推进儿童安全教育进课堂工作开展情况。区公安分局、区妇联、区关工委等部门围绕各自工作特点交流发言。区政府就加强今后儿童安全教育进课堂工作作表态发言。

重点课题调研

【概况】 2022年，区政协对群众关心的热点难点问题组织开展4个重点课题调查研究，调研报告以政协常委会建议案形式报送党委、政府，为其科学决策提供参考。

【关于新时代推进奉化乡村德治建设的路径探析的建议案】 “新时代推进奉化乡村德治建设的路径探析”列为2022年区政协重点课题，课题组先后赴奉化箭岭村、蒋家池头村、章胡村、象山旭拱岙村调研，针对相关问题进行分析探讨，同时借鉴外地典型经验，形成题为《新时代推进奉化乡村德治建设的路径探析》的调研报告。该报告经区政协二届三次常委会（扩大）会议审议通过。会议认为，在当前奉化乡村德治建设中仍存在农村基层党组织引领作用不强、实践主体内生动力不足、评价激励机制尚不健全、德治文化弘扬氛围未真正形成等问题，为此，区政协常委会以建议案的形式向区委、区政府提出四点建议。

【加快推进奉化山区库区共同富裕的研究】 2022年，政协课题组借鉴国内外山区库区保护与发展的成功经验，分析奉化山区库区保护与发展中的瓶颈，提出推进山区库区共同富裕的对策建议。该报告经区政协二届三次常委会（扩大）会议审议通过，并以建议案的形式向区委、区政府提出八点建议。

【推进奉化区服务业双倍增对策研究】 奉化区委、区政府高度重视服务业发展，提出到2025年要实现服务业增加值720亿元，增量近480亿元，为加快实施双倍增计划，推进奉化区服务业高质量发展，区政协会同区发改局、区统计局等部门组成调研组，开展课题研究。该报告经区政协二届四次常委会会议审议通过。区政协常委会以建议案的形式向区委、区政府提出六点建议。

【关于加快宁波生命医学中心建设，助力打造“医学高峰”新高地的路径研究建议案】 浙江药科职业大学（原浙江医药高等专科学校）总部于2018年迁至奉化，宁波市第一医院总部2022年搬至奉化，宁波生命科学城建设稳步推进，奉化区已具备一定基础和条件，应紧抓时机，着力建设宁波生命医学中心，加快打造“医学高峰”新高地步伐。为此，2022年年初，区政协成立专题调研组开展调研。课题在对“医学高峰”高地基本内涵和主要特征等概述的基础上，梳理分析奉化区打造“医学高峰”新高地的现实基础和发展现状，深入剖析奉化区在推进“医学高峰”新高地建设存在的困难挑战，充分借鉴国内城市医学中心建设的典型经验案例，针对性地提出奉化区打造“医学高峰”新高地的基本路径及具体措施建议，形成《加快宁波生命医学中心建设 助力打造“医学高峰”新高地的路径研究》调研报告，并经区政协二届四次常委会会议审议通过。区政协以建议案形式向区委、区政府提出五点建议。

【重点视察】 4月28日，区政协开展“健全社会矛盾纠纷多元化调解机制”重点视察活动。区矛调中心演示宁波市基层社会服务管理综合信息系统，并汇报关于三级矛调体系建设工作情况。政协委员围绕主题发言，提出针对性的意见、建议。

10月31日，区政协开展“加快宁南片区国土空间综合整治”重点视察活动。相关部门负责人、部分政协委员视察中信宁波创新工业综合体、“剡水田园”农田综合整治项目等建设现场，听取项目进展情况。区工作专班对宁南田园城市综合整治示范片区项目的进展情况、存在的问题、下一步工作等进行汇报。政协委员建言献策。副区长张巍作表态发言。

12月1日，区政协开展“加快竹产业园及配套设施建设”重点视察活动。尚田街道汇报竹产业园建设情况，区发改局、区农业农村局等单位作补充发言。与会政协委员围绕竹产业园配套设施建设建言献策。

7月14日，区政协主席陈红伟一行到奉化区资规分局调研

经常性工作

【团结联谊工作】 2022年，区政协坚持中国共产党领导的多党合作和政治协商制度，深化同民主党派、工商联、无党派人士的团结合作，营造肝胆相照、荣辱与共的亲密共事氛围。搭建履职平台，全年邀请民主党派和无党派人士参加调研视察、民主监督、协商议政等政协履职活动100多人次，并重点安排会议发言，真正使其建言献策有渠道、参政议政有机会、发挥作用有舞台。始终坚持大团结大联合，努力促进政党、民族、宗教、阶层和海内外同胞等各种关系的和谐，进一步发展壮大爱国统一战线，广泛汇聚助推“两个先行”的强大合力，积极引导各方力量共同致力于奉化经济社会高质量发展。完成政协之友联谊会换届工作，充分发挥其桥梁纽带作用，更加密切与政协老领导的联络联谊，搭建好他们组织活动、建言献策、奉献余热的平台载体。深入开展助企纾困“三服务”活动，政协领导班子成员走访企业130多家，帮助企业解决贷款融资、厂房验收、广交会摊位指标等实际难题40多个，并积极向区委、区政府建言纾解当前企业难题的对策措施，助力全区经济稳进提质。

【文化宣传工作】 编辑出版《奉化文史记忆》，挖掘地域文化内涵，传承弘扬历史文化。收集整理《浙江城市名片》奉化部分图文资料，展示奉化城市形象。精选50多件优秀书画作品参加全市政协系统书画作品巡回展。编印《奉化政协》刊物4期，交流工作经验，传递动态信息。编报《社情民意专刊》4期，及时反映民意呼声，社情民意信息工作在全市区（县、市）政协系统保持排名靠前。开设奉化政协微信公众号，推送讯息120余篇，向市政协微信公众号报送稿件40余篇。1篇论文获评宁波市政协理论研究优秀论文二等奖。组织委员参加“读党史、铸同心、聚合力”、党的二十大精神、省第十五次党代会精神学习等5场网上读书活动，委员跟帖发言16000余条。

【队伍自身建设】 组织全体政协委员业务培训，帮助委员提升“说写跑商”的履职本领。出台关于强化政协委员责任担当的意见，引导委员知责思进、担责有为。探索“1234”委员履职机制，加强委员日常管理和履职量化考核，及时反馈委员履职情况。委员主动投身防疫工作，积极捐款捐物，参与志愿服务。全体委员参加“周一夜访”，架起政府与群众之间的“连心桥”。政协各工作委依托委员工作室、民生议事堂，组织专题视察、民主监督、基层协商等履职活动150余次，委员1000多人次参加，充分发挥了主体作用。深化机关理论学习，组织“周二夜学”40余次。加强机关作风建设，对照“五问五破、六比六严”要求，深入查找政协机关班子和党员干部存在的突出问题，认真制定整改措施，切实抓好整改落实。提高机关服务水平，推动机关更好担负起服务、协调、执行、保障等职能。推进数字政协建设，贯通省政协9个统建应有场景，用好区政协3个自建应用场景，实现协商在线、提案在线、同心在线、学习在线、社情民意在线、委员履职在线，推动机关数字赋能和党建智治。制定修订委员工作室管理办法、政协常委会工作规则等4项制度规定，进一步推进政协履职的制度化、规范化、程序化建设，用制度推动政协工作提质增效。

【提案工作】 区政协二届一次会议以来，广大政协委员、政协各参加单位和各专门委员会坚持以习近平新时代中国特色社会主义思想为指导，紧紧围绕区委、区政府中心工作和人民群众普遍关心的热点难点问题，以高度的政治责任感和使命感，认真履职尽责，积极运用提案建诤言、献良策，全年共提出提案216件，经审查立案194件，其中集体提案36件、委员提案158件，合并处理后为180件。未予立案的22件作“社情民意”信息处理。在区委、区政府的高度重视下，各承办单位密切配合、多方协商，办理工作取得了较好成效。截至2022年年底，37家承办单位全部按期办理并作出答复。所提问题已经解决或基本解决的（A类）122件，占67.8%；正在解决或已列入计划解决的（B类）55件，占30.5%；因条件限制留待以后解决的（C类）3件，占1.7%。

表4

2022年度政协重点提案一览表

序号	提案人	案　由
1	民革奉化区委员会	《关于积极对接宁波西枢纽，推进交通路网外联内畅的建议》
2	锦屏地区工委	《关于推动南山路金融商贸一条街建设的建议》
3	周娜	《关于促进雪窦山民宿集聚区高质量发展的建议》
4	钱模星	《关于推动气动元器件产业升级，筹建智能化自动化装备产业园的建议》
5	邱翌	《关于推进企业梯队培育，扶持企业挂牌上市的建议》
6	民盟奉化总支部等	《关于加快我区普惠性托育机构建设的建议》
7	陈晓燕等	《关于巩固非粮化整治成果促进农业增效的建议》

（王　淑）

中国共产党宁波市奉化区纪律检查委员会 宁波市奉化区监察委员会

综　述

2022年，全区纪检监察工作坚持以习近平新时代中国特色社会主义思想为指导，全面贯彻党的十九大和十九届历次全会精神，按照中央纪委、省纪委、市纪委和区委全会部署，坚定捍卫“两个确立”，坚决做到“两个维护”，坚持稳中求进工作总基调，立足新发展阶段、贯彻新发展理念、构建新发展格局，推动高质量发展，自觉运用党的百年奋斗历史经验，永葆自我革命精神，坚持全面从严治党战略方针，围绕中心大局充分发挥监督保障执行、促进完善发展作用，深化党风廉政建设和反腐败斗争，纵深推进清廉奉化建设，取得“三不”一体推进更多制度性成果和更大治理效能，推进纪检监察工作规范化、法治化、正规化建设，加强干部队伍作风建设，为奉化区加快建设现代化滨海大都市健康美丽新城区提供坚强作风保障。

重要会议

【区纪委二届二次全会第一次大会暨全区“六比六严、提能正风”动员大会】 2月7日，区纪委二届二次全会第一次大会暨全区“六比六严、提能正风”动员大会召开。区委书记胡永光强调，全区上下要提振精气神、鼓足实干劲，持续深化自我革新和思想解放，全力打造作风整治2.0版，纵深推进全面从严治党，以全新的精神面貌、全新的干事状态、全新的实干作风，全面开启新的征程，为建设现代化滨海大都市健康美丽新城区提供坚强作风保障。

【区纪委二届二次全会第二次大会】 2月8日，区纪委二届二次全会召开第二次大会。区委常委、区纪委书记、区监委主任黄峻作工作报告。会议书面传达学习十九届中央纪委六次全会、省纪委十四届七次全会、市纪委十三届七次全会精神，审议通过《中国共产党宁波市奉化区第二届纪律检查委员会第二次全体会议工作报告》和全会《决议》。

【基层公权力数字化监督工作座谈会】 4月2日，区纪委区监委召开基层公权力数字化监督工作座谈会，传达全省深化纪检监察体制改革暨公权力大数据监督应用建设推进会精神，回顾总结前阶段工作经验，分析研讨存在的问题与不足，进一步推动奉化区基层公权力数字化监督工作再上新台阶。区委常委、纪委书记、监委主任黄峻出席会议并讲话。

【清廉奉化建设工作推进会】 4月28日，区纪委监委召开清廉奉化建设工作推进会，回顾总结上阶段工作经验，研究谋划下一阶段工作任务。区纪委副书记、监委副主任毛水东出席会议并讲话。相关牵头单位的分管领导、科室负责人以及派驻纪检监察组参加会议。

【区教育、卫健、融媒体系统基层站（所）巡察工作动员会】 5月19日，区教育、卫健、融媒体系统基层站（所）巡察工作动员会召开。巡察组组长、派驻第四纪检监察组组长孙和国作动员讲话，区纪委常委、区监委委员、区委巡察工作领导小组办公室主任罗杰宣布巡察授权分工、本轮巡察重点任务和分组情况，区纪委副书记、区监委副主任陈横栩对巡察工作提出具体要求。

【“防疫情、稳经济、保安全迎接党的二十大胜利召开”专项政治监督工作部署会】 6月17日，区纪委监委召开“防疫情、稳经济、保安全迎接党的二十大胜利召开”专项政治监督工作部署会，区纪委副书记、监委副主任毛水东出席会议并讲话。各派驻纪检监察组、税务局党委纪检组参加会议。

【全区纪检监察半年度工作会议】 7月28日，区纪委监委召开全区纪检监察半年度工作会议。区委常委、区纪委书记、区监委主任黄峻在会上强调，全区各级纪检监察组织要以习近平新时代中国特色社会主义思想为指导，认真落实习近平总书记关于一体推进“三不腐”的重要讲话精神，深入学习贯彻省第十五次党代会和全省、全市纪检监察工作半年度会议精神，对标上级纪委监委和省、市、区委工作部署，对表区纪委二届二次全会工作部署，抓落实、补短板，以实际行动迎接党的二十大胜利召开。

【区纪委理论学习中心组扩大会议】 11月18日，区纪委理论学习中心组召开扩大会议研学落实党的二十大精神。区委常委、区纪委书记、区监委主任黄峻强调，要从战略和全局高度完整、准确、全面理解把握党的二十大精神，把自己摆进去、把职责摆进去、把工作摆进去，全面对照上级要求，谋深谋细未来一段时期特别是明年的工作思路、任务举措和落实抓手，推动区纪检监察工作高质量发展，推进学习贯彻党的二十大精神走深走实。

重要调研

【市委常委、市纪委书记、市监委主任叶怀贯到奉化调研】 6月8日，市委常委、市纪委书记、市监委主任叶怀贯到奉化，围绕纾困助企政策落实、全面从严治党、清廉高地建设等情况开展深入调研。区委书记胡永光、区委常委、区纪委书记、区监委主任黄峻参加调研。

【市纪委副书记、市监委副主任杨国章到奉化调研】 11月22日，宁波市纪委副书记、市监委副主任杨国章到奉化调研，并主持召开座谈会。市监委委员金佩红，市纪委市监委宣传部副部长胡平威、案件监督管理室（追逃追赃室）副主任蒋一中、第三监督检查室三级调研员刘维等参加调研。区委常委、区纪委书记、区监委主任黄峻等陪同调研。

党风政风监督

【政治监督】 2022年，区纪委监委围绕捍卫“两个确立”、护航“两个先行”，制定46项年度政治监督重点任务单，每季度跟进检查落实。

【管党治党】 开展全面从严治党主体责任落实、贯彻执行区委21项制度等督查，实地抽查12家部门单位，开展“三交底”谈话114次，督促整改问题45个，对25名党员干部作出批评教育、提醒谈话等处理。围绕区委中心工作，将“防疫情、稳经济、保安全”作为首要任务，累计检查点位6747个，发现并现场督促整改问题2895个，下发通报3期，第一、第二种形态处理党员干部64人，为党的二十大胜利召开营造良好氛围。

深化运用廉情函告制度和责任追究办法，下发整改通知书12份。规范审慎回复党风廉政意见79批3145人次、单位94家次，严把政治关、廉洁关。

【对“一把手”和领导班子监督】 一体落实中央意见、省委13项实施意见、市委21项制度、区委21项制度，对照“五张责任清单”全面梳理各项制度规定，明确领导干部履责四大类17项规定动作和个性化任务。立足关键时、关键事、关键人，开展“三交底”廉政谈话114次，通过全面交清责任清单、问题清单和重要风险清单，督促党员领导干部扛牢“关键之责”。

【以数字化改革赋能精准监督】 高效推进基层公权力大数据监督应用工作，全面排摸部门单位数字化应用情况，强化嵌入式监督模块应用，将数字化监督有效嵌入到公权力运行的关键环节，打造国资、教育、财政、交通、卫健等领域数字化监督应用场景。以数字化改革推动精准发现并高效处置问题，依托基层公权力大数据监督平台，全年累计核查红色预警信息214条，转问题线索76条，查实率多次被省纪委通报表扬。全力配合市纪委做好“大综合一体化”行政执法领域中统计执法监督场景试点工作，努力提出奉化特色的应用解法。

【持续整治群众身边腐败和不正之风】 区纪委监委会同有关单位，对电信网络诈骗、城镇居家养老服务保障等10项重点领域漠视侵害群众利益问题进行集中治理。2022年，累计组织督导103次，查处问题15个，制发纪检监察建议书5份，批评教育帮助和处理人员25人，推动整改问题30个。常态化推进扫黑除恶“打伞破网”，累计同步介入涉恶犯罪团伙案件4起。系统纠治教育医疗、拆迁征地、“三资”管理等涉及民生领域的腐败和不正之风，查处群众身边腐败和不正之风问题40起46人，党纪政务处分30人。

【构建新型政商关系】 围绕“驻企专员”履职、纾困助企政策落实等开展一线调研，全区各级纪检监察组织共走访调研企业133家，收集意见建议42条。联合区委统战部制定下发《推动构建亲清政商关系的若干措施》，细化规范公职人员“六不准”“八严禁”，民营企业及其负责人“七个不得”，让政商交往有据可依、有规可守。开展亲清政商关系问卷调查，累计发放并回收问卷715份，共收到意见建议、想法期望82条，形成专题报告得到区委领导批示肯定。会同区工商联在各镇（街道）设立亲清联络站，并从各企业党员骨干、工会主席、两代表一委员中选取坚持原则、作风正派、热心作风监督工作的人士组建亲清观察员队伍，及时收集企业对政府部门的意见建议和廉情信息。

宣传教育

【强化基层权力监督指引】 区纪委监委按照“一事一标准”，在监督指引通用版的基础上形成涵盖7大领域213项规范的标准体系。紧扣关键领域、薄弱环节，做实“一事一指引”，同步编印疫情防控、主体责任落实、案款管理等监督指引6本，全面推行村级合同“全周期”监督机制，基层权力监督更加精准高效。《构建基层权力监督闭环》经验做法获评第三届“基层清廉建设（浙江）十大创新经验”。

【助推全域清廉共建】 区纪委监委以建好建强清廉单元为切口，推动廉洁文化落地生根。在统筹推进省级7个重点清廉单元“基本盘”建设基础上，确定站所、家庭、政法3个新领域“自选盘”重点目标，同步拓展金融、财政、医保、社会组织、市场监管等领域的清廉单元建设，形成单元间有效补充完善。至年末，全区已建成省、市两级清廉示范点13个，区级清廉示范点229个。

干部工作

【打造“清奉护航”党建品牌】 区纪委监委坚持以政治建设为统领，出台纪委常委会加强政治建设的意见，进一步建设坚强领导集体，常态化抓好省纪委“九个严禁”和全市纪检监察干部政治行为禁令的贯彻执行，树立良好队伍形象。强化党员教育，严肃组织生活，以“三会一课”为基本载体，深入开展党的二十大、省、市、区党代会精神全覆盖培训，切实发挥好组织生活对党员干部教育管理作用。实施“留置办案组临时党支部”等特色项目，深入推进党史学习教育、“不忘初心、牢记使命”主题教育常态化、制度化，持续开展作风建设专项行动，构建党性分析和问题查找整改闭环长效机制，教育引导全体纪检监察干部坚定理想信念。

【纪检监察干部监督管理】 区纪委监委开展“以案为鉴严约束、护航‘窗口’铸铁军”主题警示教育活动，累计排查风险点442个。综合运用全覆盖谈心谈话、日常家访等制度，对有苗头性、倾向性问题的纪检监察干部早发现、早提醒、早教育。制定平时考核评定办法，加强日常跟踪了解，全面收集个人功与过、正与反等双向信息，健全干部成长档案。编印“纪检干部口袋书”，从严实施“12个严禁”“五个特别”等17项制度，将监督延伸至纪检监察干部社交圈、娱乐圈。

信访工作

【概况】 2022年，全区纪检监察机关共受理群众信访举报147件，同比下降31.63%；受理的信访举报中属检举控告类的95件（其中初次举报71件，占检控总量的74.74%；重复举报24件，占检控总量的25.26%），同比下降37.91%；属业务范围外的50件，批评建议类2件。全区本级受理47件，上级转办100件，其中中纪委转办17件、省纪委转办12件、市纪委转办71件；来信举报80件，来访举报22件，有效来电举报1件，网络举报44件；受理的业务内信访举报中涉及农村（社区）党员干部的51件，占检控总量的53.68%，同比下降43.96%。

【重复信访“清淤”工程】 对全区重复检举控告件进行大起底，梳理排摸39件重复件，开展“清零”攻坚，通过领导包案、片区协作、巡回督办等机制落实“一案一策”。排查梳理了16件重点信访件利用巡回督办、片区协作机制对重复信访较为突出的镇（街道）进行下沉指导督促，进一步落实责任人员、细化工作方案，对重点信访案开展阶段性反馈和定期走访了解，用心用情打开信访矛盾“死结”，保障信访工作平稳有序。

纪律审查

【概况】 2022年，全区纪检监察机关共处置问题线索792件，同比增长34.2%；立案293件，同比增长23.1%；结案290件，同比增长16.9%；查处各类违纪违法人员305人，其中党纪政务处理290人，同比增长23.9%；使用监察留置措施7人（其中区管干部1人），移送检察机关16人，同比下降5.9%；运用监督执纪“四种形态”处理857人次，同比增长4.6%。

【反腐败工作】 区纪委监委坚持重遏制、强高压、长震慑，做到有案必查、有腐必惩；坚持无禁区、全覆盖、零容忍，实现清存遏增、防变提质。重点查办区粮食购销有限公司、区盛达公路绿化工程有限公司等一批大案、要案，形成强大震慑。

【以案促改】 针对查办案件暴露出的突出问题和日常监督检查工作中发现的苗头性、倾向性问题，全区纪检监察组织共制发纪检监察建议书45份，推动有关单位整改问题112个，并在涉粮、国企、民生等重要领域健全一批制度规范，有效提升腐败治理效能。严格落实“一案五必须”工作制度，针对严重违纪违法案件，坚持“类案共同分析”和“个案深度剖析”相结合，形成方桥街道包山村、粮食购销领域腐败问题等指导案例，督促案发部门及有关主管单位以案促改。

巡察工作

【概况】 2022年，区委巡察机构按照二届区委巡察工作规划，落实专项巡察、“点穴式”巡察和巡察“回头看”，将基层站（所）、国有企业下属公司纳入巡察全覆盖范畴，顺利完成4家党组织巡察“回头看”、16个党组织常规巡察，并对35个基层站（所）、43个村（社）开展延伸巡察，累计发现问题991个，移交问题线索20条，制发巡察建议9件。深化“智巡云察”服务平台，严格落实“重大巡视问题”清单主管责任，加快推动省委巡视问题整改销号。

【政治巡察定位】 紧盯权力和责任两大关键要素，将学习贯彻党的二十大精神纳入政治监督范畴，动态更新政治巡察责任清单、问题清单、政策清单，推动政治监督精准聚焦。科学制定二届区委巡察工作五年规划，明确“五个更加”目标任务，形成对12个镇（街道）、62个区直单位、9个区属国有企业以及332个村（社区）巡察“路线图”，并将232个基层站（所）、103个国有企业下属公司纳入巡察全覆盖范畴，做到全覆盖、零死角。

【巡察方式创新】 有序推进二届区委巡察开局起步，采取“常规+延伸”相结合方式，顺利完成两轮16个党组织常规巡察。探索巡镇（街道）带村（社区）模式，通过上下联动、抽调镇（街道）监督力量完成43个村(社区）巡察任务。按照“主抓直管”模式，由区委巡察机构授权，抽调派驻、主管部门工作力量，完成对教育、卫健、公安、水利等单位的35个下属基层站(所）巡察。深化“智巡云察”服务平台应用，落实“重大巡视问题”清单主管责任，完成省委巡视反馈问题整改销号清零。全年累计巡察发现问题991个，移送问题线索12条，挽回或防止各类经济损失1378万元。

派驻工作

【派驻监督质效提升】 区纪委监委深入贯彻落实纪检监察机关派驻机构工作规则，完善派驻机构的领导体制和管理考核机制，分类推进派驻机构运行机制优化、履职水平提升。健全派驻机构与驻在部门党委（党组）工作协调机制，健全审查调查协调机制和重大案件督办机制，提高派驻机构发现问题线索和监督办案能力。突出派驻机构日常监督职能，不断完善区属国有企业纪检监察机构领导体制和管理机制，深化探索国有企业监督模式创新，适时制定相关考核办法，提升管理效能。

【体制机制改革】 推行区纪委监委与名山建设纪工委“区政合一”管理体制，实现名山建设纪工委与区纪委监委“一套机构、三块牌子”管理模式，有效统筹工作力量，协同开展监督、执纪、问责等工作。探索设立派驻国企监督专组，在不改变现有人员编制和派驻机构数量的基础上，探索区纪委机关、派驻机构、区国资管理中心与区属国有企业联动协作机制，组成3个监督专组深入全区9家国企内部驻点督查，进一步提升派驻监督实效。

（杨　晶）

民主党派

中国国民党革命委员会宁波市奉化区委员会

【概况】 2022年，中国国民党革命委员会宁波市奉化区委员会（以下简称民革奉化区委会）以“履职能力建设年”为抓手，围绕奉化经济社会发展，扎实开展履职工作，切实提高履职实效，不断提升自身建设水平。2022年，民革奉化区委会获评“民革浙江省2017—2021年度先进集体”称号。年末，民革奉化区委会下辖4个总支、13个支部，共有民革党员183人。党员平均年龄49.1岁；本科以上学历128人，其中研究生14人；有高级职称42人，具有党派结构特色70人。民革党员中有宁波市级人大代表1人、政协委员2人，奉化区级人大代表9人、政协委员23人。

【参政议政】 在2022年“两会”期间，民革奉化区委会提交集体提案2件，各级人大代表、政协委员共提交个人提案建议40件。集体提案《关于积极对接宁波西枢纽，推进交通路网外联内畅的建议》被区政协列为2022年度重点提案，由区政协主席督办，由区发改局主办，涉及奉化区的相关建议已在西枢纽整体规划中被采纳调整。区政协委员江雄杰提交的《关于加快奉化区普惠性托育机构建设的建议》被区政协列为重点提案，由区卫健局主办并顺利办结。2022年，民革奉化区委会及民革党员共有3件提案被区政协评为优秀提案，有2名民革党员被评为区政协优秀委员。2022年，共收集各类信息110余条，采编报送71条，被各级录用31条，其中被民革中央录用2条，被民革省委会录用1条，被宁波政协、民革宁波市委录用19条，数量和质量较以往均有明显提升。委员曹建波做客央视《对话》栏目，就“工业强基进行时”话题为宁波专精特新“小巨人”企业代言。

2022年，民革奉化区委会获“民革浙江省2017—2021年度先进集体”称号

【祖国统一工作】 民革奉化区委会依托祖统联谊“同心基地”，开展纪念孙中山先生逝世97周年、清明代祭扫、“情系两岸·共话团圆”中秋主题活动等对台联谊交流活动，举办“两岸一家亲”书画展。利用好地缘和亲缘优势，加强与蒋氏后人联谊联系。积极开展与在甬台湾学生的联谊活动，加强与台湾青少年的沟通交流，增进两岸青年的亲善关系。民革奉化区委会祖统委主任蒋德勋获评全省对台联谊工作先进台属和民革全省祖统工作先进个人。

【民主监督】 民革奉化区委会先

后就党风廉政建设和法检“两院”工作、教育“双减”政策实施、推动山区库区共同富裕等议题在会上进行建言献策，被有关部门采纳。组织开展“助力创建全国文明典范城市”“探索山居农房梳理式改造，改善人居环境”“推进医养结合养老服务建设”等专项民主监督活动，形成调研报告3篇，其中《关于推进农房改造产业化的建议》获区委书记批示。

【社会服务】 党员王国仙被评为“宁波好人”及民革全省社会服务工作先进个人。各级民革组织、党员及企业投身抗疫一线，担当志愿者，捐献爱心餐，在不同岗位扛起各自责任使命。特别是医疗系统民革党员，带病坚守医疗救治一线，全力护佑人民群众生命健康，充分诠释了民革党员的责任担当。

【助力共同富裕】 民革奉化区委会以“同心博爱”品牌统领社会服务工作，赴大堰镇竹林村、溪口镇西岙村开展“喜迎二十大，同心筑风华”大型送医下乡活动，赴西坞、裘村开展艺术赋能乡村、学校活动，开展常态化服务农村、留守儿童关爱活动等各类社会服务20余次。

【组织建设】 在组织发展工作中，民革奉化区委会着力改善民革党员的年龄层次、行业领域和知识结构，量质并重，突出代表性，严把民革党员入口关。2022年共新发展7名民革党员，平均年龄37岁，至年末，全区共有民革党员183人。2022年，吴玲珊、曹建波、翁幼辉、单亚敏、张磊5人被评为民革省级先进个人，有15人被评为民革市级先进个人。

【信息宣传】 广泛开展对外宣传工作，民革奉化区委会及各基层组织共撰写提交宣传稿件98篇，其中被《团结报》录用2篇，被省市级民革刊物、网站、公众号录用刊发70余篇。积极开展宣传报道，依托“一刊一号”平台，刊发《奉化民革》杂志4期，推送微信公众号83篇。发挥“奉化民革党员之家”内外交流作用，开展学习、研讨、交流、接待等活动30余次。通过线上线下联动宣传，讲好多党合作故事，宣传基层工作新亮点，展现民革好形象。

5月28日，民革奉化区委会联合民革李惠利医院二支部、民革奉化卫健总支部深入大堰镇竹林村开展大型义诊服务活动

【制度和机关建设】 严格贯彻落实《民革中央关于加强内部监督工作的意见》《民革纪律处分办法（试行）》《各民主党派市委会关于加强内部监督工作座谈会纪要》精神，定期在主委会议、区委会议和支部会议中传达纪检监察重要文件精神和有关情况通报。积极配合纪检监察组工作，自觉接受监督检查。积极贯彻区委“五问五破争一流、六比六严攀新高”作风建设专项行动要求，加强机关干部能力锤炼。严格落实中共中央八项规定精神，严格遵守财务、人事等各项工作制度。推进民革奉化区委会机关信息化建设，在“浙统云”数字统战系统应用工作排名中名列前茅。

【基层组织发展】 民革奉化区委会大力推进示范支部创建，卫健总支部和直属支部被评为省级先进集体；锦屏三支部被评为省级示范支部；锦屏一支部被评为全省组织工作先进集体；直属支部和溪口二支部被评为市级示范支部。稳步推进组织发展，岳林总支部、岳林一支部完成届中班子调整；新建成卫健总支部民革党员之家，基层组织民革党员之家增至7个。

（吕林焕）

中国民主同盟奉化区总支部委员会

【概况】 2022年，中国民主同盟奉化区总支部委员会（以下简称民盟奉化区总支部）在中共奉化区委和民盟宁波市委会的坚强领导下，在区委统战部的指导帮助下，以习近平新时代中国特色社会主义思想为指导，对照“四新”“三好”总要求，建言资政、凝聚共识，发挥新型政党制度在基层的生动实践，较好地完成各项工作任务。2022年，盟员王君威获“2022年浙江省春蚕奖”；卓科慧获“浙江好人”；王建明获评“宁波好人”；张海波一家被评为“市文明家庭”。《卓科慧：28年诚信经营 以岁月致敬理想用公益回馈社会》列入省委统战部“擘画共富浙里有我”专题系列报道;《“龙”的传人盟员王基明传播奉化布龙文化30年》在“甬派”专题报道。

【参政议政】 在区政协二届一次会议上，民盟奉化区总支部提交集体提案3件、个人提案8件。实地考察调研西坞税务场村，完成“王正廷体育思想对‘乡镇奥运村’建设的思考与实践”调研课题。开展民主监督与协商建言献策活动，参加区政协组织的“加快普惠托育机构建设”重点提案督办，参与统一战线专项民主监督工作推进会，就人力资源服务行业在高质量发展的作用等议题提出意见建议，为推动社会经济发展、实现环境品质提升建言献策。

【思想建设】 深入学习贯彻习近平新时代中国特色社会主义思想，学习领会中共十九届六中全会精神、党的二十大精神、中央统战工作会议精神、民盟十三大精神，以及省、市党代会精神。通过座谈讲述、现场教育等形式，扎实推进“矢志不渝跟党走、携手奋进新时代”政治交接主题教育，赴西坞街道税务场村开展现场主题教育活动。邀请专家开展社情民意、参政议政专题讲座，建立导师带徒制度，组织盟员参加盟市委新盟员培训、区委统战部组织的党外中层干部素质提升培训、区党外中层干部“学习贯彻党的二十大精神”专题学习会等各类培训。

【组织建设】 深入实施“人才强盟”战略，新增盟员3人。至年末，民盟奉化区总支部共有盟员44人，其中研究生16人（博士1人、硕士15人）；盟员中正高职称2人，副高职称12人，区政协委员8人。发挥“盟员之家”平台功能，每月开展两次“3·19议政”活动，开展走进“房产超市”“关注排水排污，守护家庭健康”科普等盟员沙龙活动。加强与统战部门、盟员所在党组织、其他党派的协商沟通，提升队伍活力和凝聚力。

【社会服务和相关活动】 民盟奉化区总支部加强与区教育局等单位的对口联系工作，与区统计局开展“数说新时代 奋进新征程”专题活动并举行座谈交流。常态化与结对村萧王庙街道岭丰村就乡村振兴开展活动，走访慰问困难家庭。开展一系列有影响的社会服务活动，联合部门开展大型义诊、公益关爱服务、走访慰问、献血、送

6月10日，民盟宁波市委会妇委会、民盟奉化区总支部联合举办“青鸟探巢　暖心相伴”公益关爱服务活动

教下乡等活动，充分展现民盟的社会责任与担当。

（单玲燕）

中国民主建国会奉化区基层委员会

【概况】 2022年，中国民主建国会奉化区基层委员会（以下简称民建奉化区基层委员会）深入学习理解习近平新时代中国特色社会主义思想，开展“矢志不渝跟党走、携手奋进新时代”政治交接主题教育活动，使多党合作的政治共识薪火相传；以“读经典、唱红歌、接力跑”等形式参与“初心传递·使命接力”主题活动，进一步激发会员“爱党、爱国、爱会、爱学”的热情和自觉；加深与主流媒体的交流合作，利用《浙江民建》《宁波民建》等刊物和微信公众号等平台，宣传奉化民建的良好形象，扩大奉化民建的影响力。民建奉化区基层委员会四支部获评“2022年度民建宁波市社会服务工作先进集体”；洪浩波、李晴被民建宁波市委会评为“社会服务工作先进个人”；韩础获“民建宁波市委会新闻宣传工作先进个人”二等奖。

【自身建设】 民建奉化区基层委员会注重加强组织建设和会员发展，坚持以“注重质量、注意数量、优化结构、保持特色”的原则发展新会员，党派特色进一步凸显，会员结构进一步优化。2022年，新发展3名会员，4个支部共有会员72名，其中经济界人士53名，占比73.6%，保证党派界别特色鲜明、分布均衡、年龄合理的会员结构。

【参政议政】 2022年年末，民建奉化区基层委员会有区人大代表6名、政协委员12名。“两会”期间，共提交建议和提案21件。洪浩波获评“2022年度区优秀政协委员”称号，孙玉香提交的《关于提高“甬城泊车”使用效率，提升城市品质》获评2022年度优秀提案。民建奉化基层委员会积极组织会员参加区委、区人大、区政府、区政协、区委统战部等部门组织召开的议政座谈会、专题协商会、情况通报会，就重大决策和重点工作提出意见、建议；主动参与视察调研和“周一夜访”活动，积极参加区统一战线专项民主监督活动，主办“助推奉化山区库区共同富裕”民主监督活动，为高质量发展建设共同富裕特色区发挥积极作用。撰写调研报告《关于奉化山区库区共同富裕的调研和思考》提交区委统战部。

【社会服务】 民建奉化基层区委员会立足奉化区情，在爱心助学、特殊群体帮扶、基层社会治理、乡村振兴和共同富裕等领域，探索新的结合点和参与点。积极营造扶危助困氛围，鼓励广大会员量力而行献爱心、行善举，传播社会正能量，助推和谐文明社会建设。3月5日，民建奉化区基层委员会走进黄贤森林公园开展“回归绿色、文明你我”学雷锋活动；3月11日，联合九三学社宁波市奉化区支社委员会，在奉化人才之家承办“2022奉化区产业协同创新发展论坛”；4月29日，举办《劳动用工风险防范》法律讲座；6月13日，联合区关工委、科协、知联会及宁波牙科医院奉化分院，在

9月19日，民建奉化区基层委员会走进奉化培智学校开展“爱与温暖同行”公益活动

向阳学校开展“同心助学、爱心助长”关爱新奉化人口腔健康暨结对子帮扶活动；9月19日，联合区关工委走进奉化培智学校开展“爱与温暖同行”公益活动。

（王文巧）

中国农工民主党宁波市奉化区支部委员会

【概况】 2022年，中国农工民主党宁波市奉化区支部委员会（以下简称农工党奉化区支部）坚持以习近平新时代中国特色社会主义思想为指导，深入学习贯彻中共二十大精神、省第十五次党代会精神、市委十四届二次全会精神，团结带领支部全体党员不断深化政治理论学习，充分发挥专业领域优势服务经济社会发展，积极履行民主党派参政议政职能，大力推进全区统一战线“甬同心助推共同富裕”行动，为建设现代化滨海大都市健康美丽新城区作出应有贡献。至年末，有农工党党员14人，其中主体界别医卫成员5名、机关事业单位中层以上领导职务6名、企业负责人3名。

【参政议政】 农工党奉化区支部立足界别特色，充分发挥党派优势，履行参政议政职能，为奉化区政协二届一次全体会议推荐3名政协委员，提交3件提案。组织民工党党员参加民主党派参政议政专题辅导课程，提升民工党党员参政议政能力。11月9日，牵头开展奉化区各民主党派、无党派人士“推进乡村基层医疗发展”专项民主监督活动，区卫生健康局、区医疗保障局、萧王庙卫生院等相关负责人，农工党奉化区支部全体党员，区委统战部、九三学社奉化支社代表等共20余人参加，调查发现5个问题，提出针对性建议8条，形成民主监督报告，获区委副书记、区长魏建根批示。

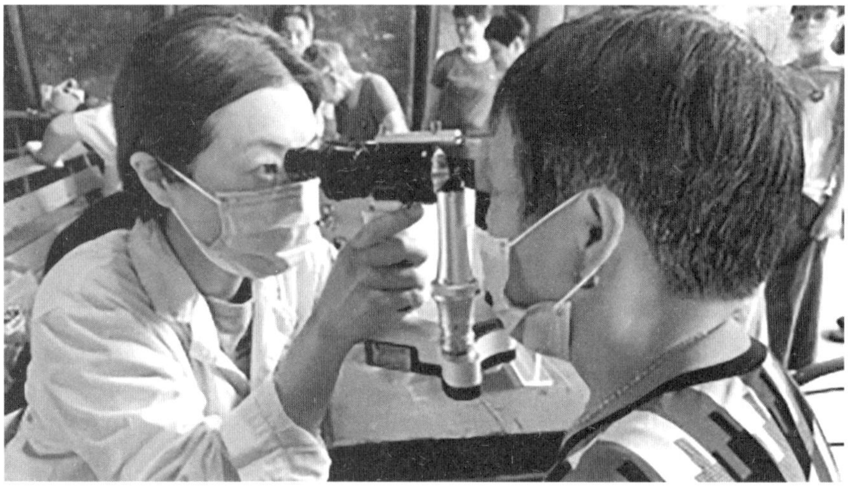

6月25日，农工党奉化区支部联合农工党宁波二院支部在溪口岩头村开展义诊

【社会服务】 疫情防控期间，农工党奉化区支部倡议和组织从事医疗卫生岗位和相关志愿的支部党员发挥自身优势，坚守岗位，参与志愿活动。推进统一战线“助推乡村振兴再出发”活动，结对方桥上三村，为该村发展贡献对策、争取发展资金。6月25日，联合农工党宁波二院支部联合开展义诊，11名农工党专家医生为溪口岩头老人进行义诊，义诊包括感染、呼吸、普外科、神经外科、神经内科、疼痛科、骨科、眼科等项目。此次活动共接收咨询150余人次，提供医疗咨询建议200余条。

【自身建设】 2022年，农工党奉化区支部加强队伍自身素质建设，吸纳2人加入农工党。6月25日—26日，农工党奉化区支部联合宁波市农工党二院支部开展“护航健康向未来 助力共富先行市”主题活动；9月2日，受宁波农工党第一医院基层委邀请，联合开展“同心向党，共话发展”主题研讨会，考察一院方桥新院区一体化诊疗运行模式，开展撰写社情民意信息辅导，建立常态化沟通交流机制。开展中共党史学习教育、组织党员参加各类专题讲座、组织党员赴宁波党校、省委党校进行理论学习，进一步提升自身建设成效，加强支部班子建设。

（吴华帅）

九三学社宁波市奉化区支社委员会

【概况】 2022年，九三学社宁波市奉化区支社委员会（以下简称九三学社奉化支社）新增社员1人，发展入社积极分子5人，至年末，共有社员19人。其中博士2人，硕士7人；高级职称8人，教授级高级工程师1人，副教授1人，高级工程师2人。社员中科技工作者8人，医卫界人士5人，教育界人士1人，机关单位4人，律师1人。2022年，九三学社奉化支社被九三学社浙江省委员会评为2022年度优秀基层组织；获评宁波市奉化区统一战线“同心风华”优秀支部。路波被九三学社中央评为2021—2022年社会服务先进个人；陈凯被九三学社宁波市委员会评为2022年度优秀社务工作者；郑嵩被九三学社宁波市委员会评为2022年度社会服务工作先进个人；陈晓燕被九三学社浙江省委员会评为2022年全省社会服务工作先进个人；被九三学社宁波市委员会评为2022年度宣传工作先进个人；单军波被九三学社宁波市委员会评为2022年度社情民意信息工作先进个人。

【思想政治建设】 2022年，九三学社奉化支社开展“矢志不渝跟党走、携手奋进新时代”政治交接主题教育活动，以专题学习会、兄弟党派联谊互学、课题研讨等形式，组织社员开展中共二十大精神、省第十五次党代会精神、九三学社浙江省第九次代表大会精神、社中央关于加强新时代基层组织建设的若干规定等专题学习活动5次。

【社会服务】 3月3日，九三学社奉化支社社员陈晓燕律师到奉化溪口镇开展法律知识公益授课，以增强女职工自我法律保护意识与能力。共有来自溪口镇6家企业的基层一线近100名女职工代表参加授课。3月11日，宁波市“2022奉化区产业协同创新发展论坛”暨“九三甬创汇”活动在奉化区人才之家举行。7月22日，邀请新能源、新材料、智能制造、自动控制等领域社员专家组成九三科技专家服务团，深入奉化溪口三家企业，开展“九三科技服务月”活动。7月27日，联合奉化区司法局、融媒体中心开展“奉化区——甘洛县暑期假日学校空中普法课堂”活动。奉化区支社社员、浙江正雅律师事务所主任陈晓燕走进社区为青少年授课。7月30日，根据社市委开展“矢志不渝跟党走、携手奋进新时代”政治交接主题教育活动的相关部署要求，九三学社奉化区支社等基层组织第六组团共同举行“‘建’证宁波城市梦，‘工’献九三科技情”联谊学习调研活动。8月27日，联合宁波一院基层委深入奉化区松岙镇后山村开展“送医下乡、慰问老人”活动。12月10日，联合民革奉化锦屏一支部组织开展“同心筑梦、奉勇前行”主题活动，走访慰问冷西村困难老人，送去民主党派的关怀。在疫情防控期间，全体社员充分发挥基层支社的战斗堡垒作用和民主党派的先锋模范作用，积极参与抗疫支援服务工作。

3月11日，“2022奉化区产业协同创新发展论坛”暨“九三甬创汇”活动在奉化区人才之家举行

【参政议政履职】 2022年，在市、区两会期间共提交集体提案3件、个人提案4件。其中《关于“大力推进竹产业加工基地建设，促进共同富裕”的建议》被评为2022年度优秀提案。全年报送社情民意共15件。其中《基层建议加强消费券规范使用监管》被九三学社中央委员会采用。9月17日，为配合实施积极应对人口老龄化国家战略，推动奉化区养老服务健康有序发展，奉化支社召开2022年度重点调研课题研讨会。12月9日，社员陈凯撰写的民主监督调研报告《关于推进医养结合养老服务建设的建议》获中共奉化区委书记胡永光批示。

（陈晓燕）

群众团体

奉化区总工会

【概况】 2022年，奉化区总工会以习近平新时代中国特色社会主义思想为指导，全面学习宣传贯彻党的二十大精神，按照“县级工会加强年”专项行动“五强”建设目标，围绕“123510”工作体系，做实思想引领、建功立业、权益维护、普惠服务和改革创新五篇文章，“360”劳动争议多元化解模式、新业态工会组建“三三三”工作法和“全国劳模村”劳模集群引领乡村振兴等品牌工作取得良好成效。

【组织建设】 2022年年末，全区有基层工会1598家，其中单建工会1449家、联合工会149家；灵活就业工会24家。联建覆盖企业1678家，会员170337万人。深入开展“聚焦八大员，集中抓组建”专项行动，通过“三三三”工作法，全年新建6家新业态基层工会，其中联合工会2家，吸纳灵活就业群体工会会员3000余人。全年指导170余个基层工会完成换届等组建工作。继续加强工会干部教育培训，全年选送参加省总工会、市总工会培训23人；举办各类培训现场班4场，培训工会干部300余人次；采用线上直播方式举办全区工会财务人员继续培训，培训1500人。

【劳动竞赛】 2022年，区总工会举办省、市、区三级比武竞赛活动20余场，参与职工1万余人次，通过比武认定高技能人才5000余人；培育“浙江工匠”5人、“宁波工匠”8人；“00后”奉化工匠代言人蒋昕桦获得世界技能大赛重型车辆技术与维修项目金牌；奉化获评全国工人先锋号1家、市级6家。依托全国、省、市、区“四级工匠库”，充分发挥劳模工匠、技术能手的传帮带作用，入企开展技术指导、难点攻关等结对子服务。全年开展技术帮扶近10次，解决技术难题10余项。

【创业创新】 区总工会深入实施“匠心·蓝”产业工人综合素能提升培训，推出数控车高级工培训和个性化培训项目，通过理论与实操相结合方式，开展典型零件加工工艺、程序编制、数控刀具材料和刀片选用等培训，提高产业工人技能水平和就业创业能力。全年开展各类培训15场次，培训人数近2000人。

【劳模先进】 2022年，奉化新创建7家劳模（工匠）创新工作室，至年末，全区已有劳模（工匠）创新工作室36家，其中省级3家、市级6家、区级27家。区劳模协会与区农业农村局、区教育局协作开展“百名劳模助三农”“百名劳模说”“百场劳动课进校园”等系列行动。8月26日，在奉化区“群英绘共富”第二季“稚子牛”奉化少年劳动成长计划活动上，开展劳模工匠进校园“开学第一课”活动。

【职工维权】 区总工会加强调

裁诉对接工作，建立与“共享法庭”的互联互通机制，深入推动“360”劳动争议多元化解应用在全区逐步铺开，通过三级联防、“六措”联办、闭环联治力求“小事自己了，大事联合调，矛盾不上交”。2022年，成功调解劳动争议案件343起，涉及人数562人，涉及劳动者经济权益2157万元；受理法院、仲裁委派的案件289件，调解成功107件，代办司法确认和仲裁审查确认64件。“360”模式入选最高法院和全国总工会编著的《劳动争议多元化解工作指南》，一则案例入选《全国工会劳动法律监督案例选编》。“360”劳动争议多元化解应用相继在浙江省工会数字化改革推进会、市委副书记钟关华基层治理专项调研、副市长朱欢基层调研等场合亮相交流，承接省内外各级工会考察5次，获浙江省工会数字化改革地方特色创新项目、宁波市工会参与社会治理优秀案例等荣誉。区总工会推行区域性、行业性集体协商，引导17家产改试点企业开展能级工资集体协商，4家单位分别获市、区级集体协商示范单位，区总工会组织参加全市集体协商竞赛获二等奖。贯彻落实“除险保安百日攻坚行动”相关要求。2022年，共排查重点企业340余家，涉及职工人数8000余人；排查和化解风险点数量39条。推动“安全生产月”活动，5家获评市级“安康杯”竞赛优胜单位、2家获评成绩突出组织单位，1个获评乡镇（街道）示范点，5个班组获评优秀班组，1人获评突出个人。

【扶贫帮困】 区总工会开展“四季送”、困难职工帮扶等慰问活动。在区委主要领导的带领下，深入基层慰问环卫工人、民警、防疫人员、建筑工人等高温、节日期间坚守在一线的劳动者。全年总投入142万元，开展各级各类慰问活动10余场次，惠及5000余人。以“萤火虫”计划为载体，进一步加强困难职工家庭深度排摸和精准认定，规范困难职工家庭档案动态管理。至年末，全区建档困难职工家庭减至9户，其中深度困难职工4户、相对困难职工5户。

【普惠服务】 2022年，奉化区参保人数达68796人次。区总工会组织开展“匠心·惠”欢乐家乡游活动23批次，共有1063名一线职工参加；组织一线职工赴宁波工人疗养院体检休养400人次。开展流动体检车进企业活动，共有1100名职工接受健康体检。开展“线上线下‘职’为你”春送岗位招聘行动，共推出6期线上和1期线下招聘会，提供就业岗位3000余个。常态化开展“留奉过年，工惠到家”专项活动，总投入42万元为留奉职工量身定制春节期间吃、穿、住、行、游等24波福利。联合流管、人社部门举办“奉甘心相连，云上年夜饭”暖心活动，通过线上问候、云上团圆，加强两地文化交流，增进两地职工感情。

【文化建设】 区总工会持续深入开展“六进”宣讲活动，弘扬劳模精神、劳动精神、工匠精神，不折不扣地将党的创新理论传递到基层一线，团结动员广大职工群众听党话、跟党走。2022年，召开劳模座谈会2次，开展劳模工匠宣讲、班前十分钟、红色走读等各类思想政治教育活动200余场，参与职工近3万人次，向基层分发党的二十大报告单行本及党章5200余册，滕头村展览馆获评宁波市产业工人思想政治教育基地。聚焦党的二十大主题，广泛开展职工艺术团慰问演出、“工·读空间”职工读书沙龙、职工趣味运动会、职工迷你马拉松、职工健步走、“一技一艺”职工公益培训等文化活动，积极参加全国职工线上运动会、全市各类职工文体比赛，以职工喜闻乐见的方式推动党的二十大精神落地生根、见行见效。2022年，组织开展本级各类文化活动100余场次，参加宁波市第二届职工书画、摄影大赛获金奖1人，银奖6人，铜奖2人。

【志愿服务】 区总工会出台《宁波市奉化区工会志愿服务管理暂行办法》，所有镇级总工会成功组建志愿中队；开展“大力弘扬志愿精神　暖心关爱工会志愿者”志愿者非遗体验活动、组织高考“爱心车队”送考服务（联合网约车工会）、文明典范城市

4月29日，奉化区庆祝“五一”国际劳动节暨劳模工匠先进代表座谈会召开

创建文明劝导、慰问困难职工、新奉化人“二代”净山行动、“蒲工英”爱心驿站志愿服务等系列活动；将每月第四个周二设为奉化区职工志愿服务日，进一步扩大工会志愿工作的影响力和号召力。依托“We平台”统计功能，全年累计开展服务活动254场，参与志愿者5000余人次，活动总时长25857.7小时；在甬工惠平台发布市级志愿活动宣传报道3篇、区级报道5篇。2022年度，获宁波市工会志愿服务项目大赛优秀奖、奉化区优秀志愿者等荣誉。

【群英绘共富】 区总工会立足党政所需、群众所盼、群团所能，牵头实施“群英绘共富”行动，按照“组织共联、队伍共建、资源共享、文化共生、职企共富”发展思路，围绕“15分钟服务响应”理念，发挥13家群团部门密切联系职工群众组织优势，广泛开展劳动教育、志愿服务、竞技比武等活动，探索“一体化枢纽型融入式”大群团工作模式，在全区上下形成“聚是一团火、散作满天星”群团齐心促共富的良好格局。全年开展各级各类群团服务活动100余场次，相关经验做法在《中国改革报》《浙江信息》《宁波信息》等刊登。

【庆祝“五一”国际劳动节暨劳模工匠先进代表座谈会】 4月29日，奉化区2022年庆祝“五一”国际劳动节暨劳模工匠先进代表座谈会召开。区委书记胡永光代表区四套班子向奋战在全区各行各业、各条战线的广大工人阶级和劳动群体致以节日问候。

（应彩芬）

共青团奉化区委员会

【概况】 2022年，共青团宁波市奉化区委员会（以下简称团区委）在区委和团市委领导下，带领广大青年砥砺奋进、实干担当，为奉化高质量发展建设共同富裕特色区贡献青春力量。至年末，全区共有基层团委49个、团工委10个、团总支24个、团支部1082个；团员12087人，其中学生团员3925人、机关事业单位团员1011人、非公企业团员2489人、农村社区团员3685人、其他团员977人。

【青年思想建设】 团区委深入开展党的二十大精神、建团100周年大会精神等学习活动，覆盖全区团组织和团员青年、少先队员。承办宁波共青团携手共同富裕先行暨文艺宣讲活动，发出青春助力共富最强音。承办宁波市共青团系统“学习贯彻党的二十大精神”专题学习会，“源泉”青年讲师团举办宣讲活动超130场，覆盖近7000人次。开展“片羽行动”宣教进校园活动，覆盖青少年1.5万人次。挖掘“两红两优”等先进典型150余名，持续输出青春正能量，相关推文阅读和点赞量达到10.9万次。

【青年建功服务】 团区委先后与武汉大学等高校建立友好合作关系，升级“凤来·栖奉”青年人才招引体系，开展“成长与奉化茧归来”大学生返家乡活动，邀请浙江大学等高校14支队伍到奉化进行实践。承办共青团“青耘中国”助农直播活动，畅通助农资源共享渠道。打造省、市、区级青创农场（孵化器）9家，提供区级补助资金近13万元。举办“青农创客”训练营，参训超

100人。主办奉化凤麓青年农业创业创新大赛，吸引41支优质青创团队参加。组织万余名志愿者前往一线做好疫情防控工作。全力保障“大美宁波现场会”“弥勒文化节”“雪窦山全球智库论坛”“蜜桃音乐节”等市、区级大型赛会。

9月29日，“青年说清廉，清廉护青年”宁波市年轻干部“青廉说”系列活动启动仪式暨首场“走进奉化”活动举行

【青年成长成才】 团区委出台支持青年人才驿站、青创农场等青年发展相关文件，筹建青年人才驿站4家，青年之家实现镇（街道）全覆盖。推出“亲青课堂”暑托班项目，服务青少年8300余人。“满天星计划”一对一结对青少年180余名，面对面帮扶587次。实施“奉甘同行 团聚星火”东西部青少年协作帮扶行动、奉化——文成青春帮共体山海协作行动，捐赠帮扶物资价值超22万元。打响“live in China——外国人眼里的奉化”“一起向未来”青年社会融入品牌，开展“崔译文小姐姐陪你过大年”活动，服务外来青少年2500余人次。

【基层组织建设】 团区委在区委支持下，印发《宁波市奉化区共青团基层组织改革实施方案》，形成“三专三挂五兼”规模。在全宁波区（县、市）中第一个完成团代会换届。推动各镇（街道）团（工）委负责人列席本单位党委（党组）会。组织“守护红色根脉 聚力两个先行 促进共同富裕”等团干部培训。招募第三批大学生兼任村社团组织副书记。以宁波市首个中学共青团积分制入团全省试点为统领，完善“入团八则”，获得省级试点“优秀”等次。承办宁波市年轻干部“青廉说”系列活动启动仪式暨首场“走进奉化”活动，发出学廉、崇廉、知廉、践廉倡议。

【共青团宁波市奉化区第二次代表大会召开】 5月18日，共青团宁波市奉化区第二次代表大会在奉化华侨豪生大酒店召开。区委书记胡永光、团市委副书记马荧波出席大会开幕式并讲话，魏建根、陈红伟、徐震宇、孔令波、唐军华、黄峻、邬培栋、张义廉、屠雪松、吴盈盈等出席。开幕式上，青年代表和少先队员代表向大会献词，区总工会负责人代表群团组织致贺词，李丽代表共青团宁波市奉化区第一届委员会作工作报告。

5月18日，共青团宁波市奉化区第二次代表大会召开

【“青年说清廉，清廉护青年”宁波市年轻干部“青廉说”系列活动启动仪式暨首场“走进奉化”活动举行】 9月29日，“青年说清廉，清廉护青年”宁波市年轻干部“青廉说”系列活动启动仪式暨首场“走进奉化”活动举行。该系列活动由市纪委市监委机关、团市委主办，首场“走进奉化”活动由奉化区纪委区监委机关、奉化区直机关工委、奉化团区委承办，旨在进一步加强年轻干部教育管理监督，进一步提升年轻干部廉洁自律能力，筑牢拒腐防变的思想道德防线。

（王怡彬）

奉化区妇女联合会

【概况】 2022年，奉化区妇女联合会（以下简称区妇联）紧扣“群英绘共富”主题主线，服务大局、服务妇女、服务基层，创新实践、谋求实效，团结带领广大妇女，为奋力打造现代化滨海大都市健康美丽新城区贡献“半边天”力量。2022年，区妇联入选《中国妇女》宣传舆论阵地建设奋进榜；“七彩巧富”巾帼促共富工程被评为宁波市共同富裕最佳实践案例，相关工作做法受到省妇联主席、区委主要领导批示，并在省妇联共同富裕线上调研会议上作交流汇报，相关工作经验在人民网、中新网、《中国妇女报》、“学习强国”学习平台、宁波通讯、宁波电视台《第一聚焦》栏目刊登和专题报道；2022海峡两岸婆媳文化节聚焦两岸女性创业创新故事被央广网、人民网、浙江新闻等媒体报道；“四诊”并用解码妇女维权“新模式”相关创新工作经验被《中国妇女报》、“学习强国”学习平台等媒体报道。至年末，区妇联下辖12个镇（街道）妇联、40个机关妇委会、4个区级妇联团体会员、35个社区妇联、283个村妇联。

【妇女思想引领】 区妇联坚持“巾帼心向党”总基调，引领全区妇女群众听党话、跟党走。积极开展“六讲六做”“各界妇女代表热议党的二十大报告”巾帼大宣讲活动60余场，通过妇联主席带头讲、妇联执委入户讲、线上联动微宣讲等形式，依托妇女之家、新时代文明实践中心、美丽庭院、姐妹驿站、“奉化女性”微信公众号等线上线下的阵地平台，推动宣讲进机关、进学校、进企业、进村社、进家庭，把党的声音切实传递到基层妇女群众中。以“五问五破争一流、六比六严攀新高”为主要内容，制定《区妇联关于开展“强担当、重实干、争一流”作风建设专项行动的实施方案》，开展妇联主席谈作风、微言微语话作风、机关作风大家谈、“两个先行”主题宣讲、思想大讨论等活动，对标对表谈理解、找差距、明目标、列举措，在实干中锤炼过硬本领。选树培育各领域女性先进人物和先进集体，其中“挡刀女孩”崔译文被授予“全国三八红旗手”称号，陈伦家庭被评为全国最美家庭，孙凌、张亚男家庭被评为浙江省最美家庭，康巧叶家庭被评为浙江省绿色家庭，邱翌被评为浙江省巾帼建功标兵，西坞街道金峨村成功创评浙江省美丽庭院特色村，蒋家池头村“和美”妇女微家被评为浙江省示范妇女微家，岳林街道迎恩社区被评为浙江省儿童之家，卓兰芳纪念馆等6家单位被评为浙江省巾帼文明岗，宁波文创智慧农业有限公司被评为浙江省巾帼农创基地。依托“奉化女性”微信公众号等新媒体平台，积极宣传巾帼领头雁，激励广大妇女在疫情防控、经济建设、文明创建、社会服务等各领域贡献力量，立足岗位建功、发扬“四自”精神、争做时代新人。

【妇女创业就业】 区妇联启动实施“七彩巧富”巾帼促共富工程，以“红色引领、橙色助创、黄色就业、绿色赋能、青色互助、蓝色云创、紫色文创”七大行动为抓手助力女性增收致富。发挥“七彩巧妇”联盟创业引领作用，定期举办“共富领头雁”创业交流研讨活动，开展“巾帼共富追梦人”系列微宣讲，大力推广巧妇能手创业项目。在各镇（街道）全面开展“七彩巧妇”讲堂建设，将种植养殖实用技能、劳动技能、创业技能三大类30余种培训融入培训课程，开展巾帼云创客能力提升、果蔬种植栽培等培训280场次，培训妇女1.2万人次，指导892名学员获得劳动技能证书。围绕种植养殖基地、来料加工、非遗传承、农副产品加工四大类型开展“七彩巧妇”共富工坊建设，培育巾帼种植养殖示范基地46个、来料加工工坊129个，创新搭建“喜曼蓝富”“王妈汤圆”“江阿婆”等一批由女能手引领的特色共富工坊，这些特色工坊融合非遗文化、研学体验、来料加工、美食制作、直播带货、庭院经济等内容，形成具有奉化特色的巾帼共富新模式。在共富工坊助力下，带动6100余户群众实现在家门口就业，人均年收入增加1.5万元。区妇联开展“金溪五村　四季花香”巾帼共富示范带创建，发展巾帼共富示范项目15个，以点带面不断打响“共同富裕巾帼在行动”工作品牌。通过举办女性就业专场洽谈会，组织122家企业提供女性就业岗位854个，架起企业用工和女性就业互通桥梁。做大做强“七彩巧妇”超市、“亲爱的玛丽”巾帼网红直播基地两大实体平台，推广300余种奉化好物。上线“七彩巧妇”超市微信小程序，开通“七彩巧妇”视频号，近百名成员组建主播团队，每周2次定期直播带货，不定期开展“蜜桃季·TAO云集”等主题直播代购活动。构建以“七彩巧妇”视频号为引领的直播矩阵，吸引粉丝85万余人，带动产品销售500余万元。

【妇儿维权保障】 区妇联为贯彻落实全国、省、市妇联关于妇女维权工作新要求，创新推广实施“四诊”疗法，即“志愿义诊、家事门诊、全域巡诊、专家会诊”，组建婚调志愿者、女法官、女律师等专业人员组成的维权队伍，采取“妇联指导+社会协同+专业参与”方式，向广大妇女儿童和家庭提供婚姻家庭矛盾调解、妇女儿童权益保障、法律政策咨询、特殊群体关爱帮扶等服务，畅通维护广大妇女的维权诉求表达渠道，全年接听、接访、接待调解案件129件（次），调解满意率100%。为有效维护妇女儿童合法权益，联合区检察院开展“关注困难妇女群体，加强专项司法救助”专项工作，对司法过程中遭受家庭暴力、性侵害、拐卖等违法犯罪行为侵害的妇女，提供救助帮扶、关爱关护和就业指导等服务，已有13名妇女得到该项司法救助。联合区检察院、区关工委成立涉未成年人案件家庭教育指导工作站，为涉案未成年人家庭开展家庭教育辅导。举办“携手落实‘两法’，共护祖国未来”主题活动，邀请检察官开设普法“云课堂”，组织家庭教育互动实践活动，不断提高青少年法治观念和法治素养，优化未成年人家庭成长环境。落实妇联系统“八五”普法要求，围绕“法治新征程、平安进万家”活动主题，发挥“12338”妇女维权热线、婚姻家庭纠纷化解品牌工作室、妇女儿童活动中心、妇女儿童服务驿站等阵地优势，持续开展民法典、妇女权益保障、反家暴、防性侵、防范电信网络诈骗等普法宣传，举办“春风送岗、护花维权”女性普法公益集市，全年累计开展各类宣传活动达175场次，服务群众9000余人次。

【家庭文明建设】 区妇联组织开展“平安护航二十大”婚姻家庭纠纷重难点问题排查化解专项行动，做好婚姻家庭矛盾纠纷排查化解工作，最大限度地把纠纷解决在基层、消除在萌芽状态，规范化操作应用“和睦e家”应用场景，以数字化手段提升婚姻家庭纠纷预防化解工作质效，有效夯实“平安家庭”创建基层基础。开展“和乐人家”文明创建行动，培树一批各级最美家庭、文明家庭、绿色家庭等优秀奉城家庭典范，开展“家·宣讲”进校园、进村（居），“桃宝绘乡村·筑梦画未来”，“我为亚运种棵树”，致敬英雄“大白”等亲子实践活动。实施兰馨心语家教公益项目，举办兰馨亲子阅读活动125场。通过推广“浙里办·家庭教育”应用场景，为广大家庭提供线上线下家庭教育指导服务。承接宁波市妇联清廉家庭家风建设课题调研，开展“清廉家风伴我行”书画展、锦屏街道《南溪阿姐说清廉》三句半、江口街道“和乐新风‘廉’万家”等活动，为宁波高质量发展清廉家风、清廉家庭建设提供“奉化样本”。举行2022海峡两岸婆媳文化节，围绕“共富共美、和乐传家”主题，开启“益起创”海峡两岸姐妹创业行动，增进海峡两岸女性共建共享交流融合。创建美丽庭院11000户，其中区级美丽庭院2000户、示范美丽庭院200户；创建区级美丽庭院特色精品村9个，新建5个“青青菜园”结对服务老年食堂。持续推动“一起打扫”巾帼美家园行动，带动妇女参与巾帼志愿服务近3万人次。在金峨村探索美丽庭院数字场景应用，通过“线下创建、线上管理、积分奖励”的方式拓展美丽庭院创建新模式。其中，岳林街道妇联组织巾帼志愿者持续开展“一月一清扫、一月一宣传”活动，在助力文明城市创建、共建“我们的家园”工作中取得显著成效。

【基层组织建设】 召开奉化区第一次妇女代表大会，选好配强新一届妇联执委班子，科学谋划区妇女事业发展总思路。全面完成镇（街道）妇联换届工作，开展新一届基层妇联干部及执委素质提升大轮训。推进“执委直通车”服务平台及“红领执委工作室”建设，持续深化“我为妇女办实事”，专题开展慰问特困“全国三八红旗手”“姐妹牵手·疫路同行”慰问一线抗击疫情工作人员等活动，发放慰问金及物资价值10万元。结合执委“四必访四必应”工作，以妇女儿童家庭重大需求为牵引，推进“浙里家·连心桥”数字化应用场景推广使用。至年末，在“四必访四必应”场景应用中，全区妇联干部及妇联执委注册和激活率、走访率、各类阵地录入率均达到100%，该场景常态化、规范化使用工作机制也得以进一步建立。成立快递行业妇女联合会，拓展两新组织妇联组织建设工作。持续深化“兰馨HUI”女性社会组织枢纽平台建设，指导锦屏街道、莼湖街道、西坞街道分别建立枢纽分站，并成功创建1家AAAAA级、3家AAAA级、1家AAA级、2家AA级女性社会组织。指导13家入驻组织开展增能计划，承接公益项目9个，项目资金共计42.5万元。举办“兰馨HUI”公益联盟成立暨公益大篷车启动仪式，打响“兰馨阿姐”巾帼志愿服务品牌。

【宁波市奉化区第一次妇女代表大会】 3月8日，宁波市奉化区第一次妇女代表大会召开。中共宁波市奉化区委书记胡永光、宁波市妇联党组书记、主席俞泉云出席开幕式并讲话。魏建根、顾卫卫、陈红伟、徐震宇、唐军华、黄峻、徐伟海、李春泉、刘春萍、邬培栋、张义廉等出席会议。来自全区各行各业的190余名妇女代表参加大会。胡永光代表区四套班子向大会的召开表示热烈祝贺，向出席大会的全体代表并通过他们向全区各界妇女和妇女工作者致以亲切问候和崇高敬意。俞泉云代表市妇联向大会的召开表示热烈祝贺。奉化区妇联党组书记、主席邬伦素代表奉化区第十三届执行委员会作了题为《砥砺奋进谱新篇齐心助力攀新高 为加快建设现代化滨海大都市健康美丽新城区贡献巾帼力量》的工作报告。大会选举产生奉化区第一届妇女联合会执行委员会组成人员31人、常务委员15人。大会选举邬伦素为奉化区妇联第一届主席，叶琳、汪颖、韩淑静、陈妙金、邱翌5人为副主席。

【2022海峡两岸婆媳文化节】 6月9日，2022海峡两岸婆媳文化

3月8日，宁波市奉化区第一次妇女代表大会召开

节在奉化区雪窦山海峡两岸交流基地举行。此次活动以“共富共美 和乐传家”为主题，围绕“汇智 共富 共享 发展”，聚焦两岸女性创业创新故事，鼓励和引导两岸女企业家增强创业意识、弘扬创新精神、投身双创实践，助力谱写未来新篇章。市区两级台商代表、台青代表、奉台姐妹会代表、奉化区各部门代表、奉化区相关村（社区）负责人、巾帼创业创新联谊会代表、婆媳代表和基层妇联主席等百余人参加活动。开幕式上启动“益起创”海峡两岸姐妹创业行动，汇聚“她”力量，协力推进助力乡村振兴、巾帼创业创新、赋能扶智关爱、创业就业培训、巾帼云创致富五大项目，助力两岸女同胞实现创业梦想。该行动通过搭建产业合作和科技创新的交流平台，为女性创业项目汇聚智力资源、提供资金帮扶、提升创业技能。

【“来未来 趣奉化”儿童友好多元实践基地建设启动仪式】 11月2日，由奉化区政府妇女儿童工作委员会主办，“来未来 趣奉化”儿童友好多元实践基地建设启动仪式在区文化广场音乐厅举行。奉化区委副书记、区委政法委书记徐震宇致辞，宁波市妇联党组书记、主席俞泉云讲话，发布一个儿童友好指导中心、两个儿童友好教育基地、三条儿童友好研学路线、四大儿童友好益苗行动、五大儿童友好空间场景。宁波市政府妇儿工委办主任、宁波市妇联党组书记、主席俞泉云，奉化区委副书记、区委政法委书记徐震宇，奉化区妇联党组书记、主席邬伦素，“全国三八红旗手”崔译文，田螺菇凉家庭成长服务中心志愿者和儿童代表，大手牵小手共同启动“来未来 趣奉化”奉化区儿童友好多元实践基地建设。

【“亲爱的玛丽杯”2022宁波市巾帼共富创新项目大赛决赛】 12月14日，“亲爱的玛丽杯”2022宁波市巾帼共富创新项目大赛决赛暨颁奖仪式在奉化举行。大赛由宁波市妇联、宁波市农业农村局、宁波市商务局、宁波市文化广电旅游局、奉化区人民政府共同主办。大赛共收到女性领衔的共富项目101个，经过实地调研、网络集赞、专业评审等环节，共有12个巾帼共富创新项目入围决赛。经过项目路演和答辩，评选一等奖2名、二等奖4名、三等奖6名、优胜奖8名，并成立宁波市巾帼共富联盟。

（王淑冕）

奉化区科学技术协会

【概况】 2022年，奉化区科学技术协会（以下简称区科协）有区级学会协会21个，其中农村专业技术协会7个。全区12个镇、街道都建有科协组织，企业科协24家，村、社区科协组织实现全覆盖。至年末，全区有15家院士工作站和7家学会服务站（其中国家级学会服务站2家）。

【青少年科普活动】 区科协组建科普讲师队伍，招募科技专家志愿服务队，开展科技新苗计划培养活动。在各企事业单位招募了25名科技导师，于9月在全区开展第三期为期一年的结对培养活动。招募科技志愿者进区双中心，每周二下午为学生普及不同领域的科技知识。成立区博联博士讲师团，每月一期推出“博士大讲堂”活动，激发学生们的科学热情。联合区教育局在全区中小学内开展“走进科技，你我同行”征文比赛、科普漫画比赛及优秀作品展示活动。7月、8月，会同区博物馆、宁波甬动文化有限公司合作开展“礼赞科学家”青少年科技活动20场次。暑期联合区青辅协开展流动少年宫进村（社区）、学校活动15场次，组织科技志愿者参加“七彩假期”志愿服务11场次。

【科普宣传】 区科协联合区教育局、区科技局、区卫健局等单位组织开展全国科普日系列活动共46场次。9月21日，在龙津实验学校举行以“喜迎二十大，科普向未来”为主题的2022年全国科普日奉化主场活动，主场活动由启动仪式、流动少年宫和科普漫画、航天航空、食品安全展览三个板块组成，进一步弘扬科学精神、传播科学思想、倡导科学方法。活动现场为6家新批院士工作站、12家新建博士创新站举行

9月21日，在龙津实验学校举行2022年全国科普日奉化主场活动

授牌仪式，并为科普漫画和科普征文获奖学生颁奖。主场活动在网易全网直播，点击量3万余次。为协助做好疫情防控工作，组织开展疫情科普，区科协在掌上奉化、《奉化日报》、奉化科协微信平台、科协工作微信群、科协工作钉钉群等平台上推送防疫相关科普文章与科普视频，收到良好效果。开展年度重点科普，以北京冬奥会、冬残奥会举办为契机，开展“冰雪冬奥”专题科普活动，在掌上奉化《科普在身边》专栏上放映《筑梦冬奥，一起向未来》冬奥科普片，点击量近5万次；联合区市场监管局在全区各学校及青少年宫开展食品安全科普展，同时开展食品安全知识竞赛，500余名学生报名参赛。

【科普惠农】 2022年，区科协开展科普进农村文化礼堂19场，约有5000名村民参加活动。与移动、民生、奉化融媒体家门口平台等单位一起合作开展中老年人智能手机培训，已累计培训184次，参加培训超8000人次。3—6月，区科协在溪口镇组织实施“三长带三会”试点工作，其间抓住镇科协换届的时机，把有影响力的“三长”代表充实到镇科协领导班子。6月底，召开全区推进会，基本完成三支队伍组建，开展以“三长”为主题的科技志愿活动117场次。开展“科技特派员进企”活动，进驻科技型企业14家，开展相关服务并收集解决问题3个。

【科普进基层】 区科协坚持开展科普“五进”活动，与区委宣传部、区融媒体家门口平台联合开展村、社区点单服务，定期组织科技人员进村、进社区、进校园，举办各类科普活动、科普讲座，全年开展科普“五进”活动81场次。在各镇（街道）成人学校、各学协会、基地等单位组织开展实用技术、健康生活等培训86次，5900余人次参加培训。

【学会协会工作】 区科协在宁波市斯正项目管理咨询有限公司、宁波利安科技股份有限公司、宁波霍德智能科技有限公司等企业成立5家企业科协。7月8日，奉化区健康促进会召开第二届会员代表大会，进行了换届，奉化区老科协进行了领导班子调整。指导区科协主管的6家学会协会做好年检年审。吸纳区畜禽行业协会为科协团体会员。承办2022年浙江省铸造产业发展论坛，主题为“创新引领　绿色铸造”，8月18日在奉化区溪口镇应梦园酒店举行，邀请浙江省机械工程学会领导及专家、奉化铸造企业代表约100人参加活动。

【“三站”建设】 2022年，新建6家宁波市级院士工作站（院士科技创新中心），新建院士工作站的数量相当于之前5年的总和，实现历史性跨越。积极对接浙江省汽车工程学会、浙江省畜牧兽医学会，与奉化区汽车零部件行业协会、畜禽行业协会共建学会奉化服务站2家。柔性引进院士6名、诺奖获得者1名、院士工作团队6个、团队工作人员26名，共有7个科研合作项目陆续推进。制定出台《奉化区博士创新站建设管理办法》，每家新建博士创新站落实奖励经费5万元/三年，累计建设博士创新站23家。9月4日，《宁波日报》头版刊登《奉化柔性引才　加速推动科技创富》，对奉化的柔性引才工作进行专题报道。

【慰问科技工作者】 3月份，区科协开展寻找2022年奉化区“最

5月30日，区领导慰问奉化区优秀科技工作者代表

美科技追梦人”活动，在广泛推荐的基础上产生14名2022年奉化区“最美科技追梦人”，其中奉化水蜜桃研究所副所长陈妙金获2022年宁波市“最美科技追梦人”提名。5月30日，奉化区委副书记、区委政法委书记徐震宇，奉化区委常委、副区长邬培栋分组带领区委人才办、区科技局、区科协等部门负责人走访慰问奉化区优秀科技工作者代表，为他们送去鲜花和节日的问候与祝福。奉化区委人才办、区科技局、区科协领导分组慰问2022奉化区“最美科技追梦人”及优秀科技工作者代表，并在科协微信公众号对14名2022年度奉化区最美科技追梦人的科技创新创业事迹进行宣传。

（邬宏萍）

奉化区工商业联合会

【概况】 2022年，奉化区工商业联合会（以下简称区工商联）围绕“两个健康”主题，以服务企业为根本宗旨，扎实推进各项工作稳步开展，各项工作取得新的成效，被全国工商联评为2022年度调查点工作先进基层单位，被宁波市评为2022年度服务“两个健康”成绩突出集体。案例《充分发挥民营企业优势“四富扬航”推动乡村共富》和《打造助企纾困“四座桥”构建亲清政商关系》被省工商联评为优秀案例；奉化区大桥商会被全国工商联认定为2021—2022年度全国“四好”商会；大堰商会、莼湖商会被宁波市工商联评为服务“两个健康”成绩突出集体。至年底，共有乡镇（街道）商会12家、行业协会15家、直属商会1家、其他商会组织4家、异地商会2家，会员数3251人。

【非公经济理想信念教育】 充分发挥党和政府联系民营经济人士的桥梁纽带作用，结合走访调研商会企业、周一夜访、民主监督活动等时机，区工商联领导班子组织深入学习贯彻党的二十大精神和省十五次党代会精神，带领民营经济人士对会议精神和市工商联第十六次代表大会精神进行深入解读，加深民营经济人士思想认同和使命责任感的提升，引领民营经济人士坚决贯彻党委政府决策部署，安心搞好企业发展。10月16日，组织企业家代表、各基层商（协）会党员及会员企业集中收看党的二十大开幕盛况。11月14日，组织30余名民营经济代表人士聆听胡永光书记宣讲党的二十大精神。11月23日，区工商联党组书记章华君赴岳林商会向20多名民营企业家宣讲党的二十大精神。12月8日，区工商联党组书记章华君到宁波明科模架有限公司和宁波创跃园林工具有限公司开展党的二十大精神宣讲活动。在《奉化日报》头版开设《奉商助力共同富裕》宣传专栏，讲述新时代奉商助力共同富裕先进人物事迹10期，在“奉商之家”微信公众号讲述奉商好故事18期。

【助企纾困】 进一步完善四套班子领导干部联系民营经济人士、民营企业和基层商协会常态化机制。积极开展助企“开门红”和“问千家、进百企”活动，累计走访商会会员企业212家，累计走访500余人次，累计组织160家企业完成7轮834人次全国民营企业调查问卷。搭建政商交流互动平台，联合区税务局、应急管理局、奉化海关等部门成功举办“亲清直通车·政商面对面”恳谈会7期，参会企业家80余人次，收集企业问题建议66件，问题反馈和企业家满意度100%。深入

22个基层商协会、62家会员企业进行走访调研鼓劲提气，引导企业政企连心联力。协助解决罗氏磁业、恒呑机械、见芥酒店等企业解决无抵押贷款950万元。

【建亲清关系创清廉民企】 严格落实政商交往相关制度规定，多渠道宣传亲清政商关系，不断改进工作作风，严格遵守党员廉洁自律，继续坚持做好亲清政商体系建设，服务民营经济保稳定促发展。11月24日，组织基层商会企业代表40余名赴宁波赛尔集团实地参观学习“清廉民企”建设。

【商会建设】 完善主席会长“轮值制”。以“四好”商会建设标准为依据，发挥群团兼职副主席、副会长的作用，增强工商联（总商会）的凝聚力和向心力。落实选派商协会工作指导员制度。依据《关于加强新时代奉化民营经济统战工作的实施办法》，落实选派“商协会工作指导员”制度，进一步强化商协会党建引领，巩固促进民营经济“两个健康”发展。7月，组织召开奉化区商（协）会工作指导员工作交流会，组织36个经济类商（协）会选派的33名指导员对一年来的工作情况及遇到的问题进行了深入交流，对如何做好各项政策宣导、助力疫情防控、推进商（协）会党建工作、指导换届准备、反映企业相关难点堵点问题、协助商（协）会履行社会责任等工作进行了研讨，有效促进提高商协会指导员发挥职能作用的水平。加强联络沟通，指导基层商（协）会做好换届。加强与异地商会企业家的联络沟通，紧密联系在外的异地商会、乡贤人士，积极参与杭州奉化商会换届大会，为奉化区招商引资、人才引进、慈善事业精准发力。加强基层商协会做好换届工作，2022年，松呑、莼湖、大堰商会完成换届。

【组织建设】 坚持思想建设为核心组织建设为基础，以民营经济人士为重点，大力推进工商联（商会）自身建设，完善选派商（协）会工作指导员制度，进一步强化商（协）会党建引领，加强人才队伍建设，不断提升队伍的学习能力、执行能力、调研能力、沟通能力和服务能力，努力锻造一支团结协作争创一流的干部队伍。强化领导班子建设，2022年3月，举办区工商联（商会）第一次代表大会。建立班子成员定期汇报交流例会制度，规范党组会议相关流程，梳理各项工作，明确职责分工，及时理顺工作脉络，不断凝心聚力，激发全体干部干事创业活力，不断提升领导班子作用发挥效能。5月，协助配合区委第四巡察组初步完成巡察，配合区审计局的审计工作。全体机关干部人员积极参与疫情防控工作，配合做好志愿者工作。

【助力共同富裕】 助力“群英绘共富”行动。结合本部门实际拟制“奉商帮富”实施方案，积极推进宣传汇引领、交流促沟通、培育助提升、结对促富裕、协作共担当五大助力共同富裕行动。鼓励民营企业和所属商会参与来料加工“阳光行动”，助力农民就业增收，并与薄弱村进行结对，帮助提高村集体经济收入，助力乡村共富发展，进一步发挥区工商联在共同富裕建设中的独特作用，积极探索共同富裕的奉化路径，为加快高质量发展建设共同富裕特色区贡献力量。积极参与东西部协作和献爱心活动。区总商会与甘洛县西西呷村“一

3月9日，宁波市奉化区工商业联合会（商会）第一次代表大会召开

对一”结对，落实帮扶支援建设经费2万元，区总商会副会长方金夫带头联合出资6万元，资助瓦姑录村5名贫困生完成学业，萧王庙商会13名企业家捐资35万元修建一座人行便桥，为玉田镇则拉小学捐赠了价值8.5万元的净水器、打印机、电脑等爱心物资。据不完全统计，区工商联系统民营企业和商会支援疫情防控累计捐款188.2万元、物资价值30余万元，捐助口罩等医疗用品5万多件。村企结对，开展“百企兴百村”奉商帮富工程。关注老弱等特殊群体，结合区农村城市发展不均衡问题，重点发挥光彩事业促进会作用，引导基层商会在社会公益、结对帮扶中作出更多贡献。区工商联围绕共富主题，引领全区民营企业家和民营经济人士发挥共同富裕生力军作用，加快实施“百企兴百村”奉商帮富工程。9月，举行奉商帮富启动仪式，所属商（协）会53家会员企业与55个村进行结对帮扶，到位帮扶资金（物资）总价值700余万元，产业投资额3500万元。

【基层队伍建设】 开展青蓝接力“511”工程，培育50名领军企业家、100名骨干企业家和1000名企业经营管理骨干。6月，与北京大学创业训练营联合举办“思想大跃迁 企业再前行”企业家投融资提升暨北京大学创业训练营浙江特训班，组织10余名企业家参加为期两天半的特训班。12月，举办“青蓝接力”企业家培训班，引领企业家拓宽视野、转换思路、适应经济发展新常态，进一步增强企业发展信心，助力企业发展。开展“民营企业家讲，讲给民营企业家听”思想战略分享活动，提升民营企业家的能力和水平。西坞街道商会举办“迎战经济逆风，彰显西坞力量”经济高端论坛，先后两次组织40余家企业召开“逆风而战”企业家“圆桌”座谈会，了解企业经营状况，直面痛点难点、共商实招硬招，增强信心，激发创新动能。由秉航科技董事长汪海明授课，分享企业管理经验做法，带动民营企业家共同努力，提高管理能力水平。

（胡坤鹏）

奉化区文学艺术界联合会

【概况】 2022年，奉化区文学艺术界联合会（以下简称区文联）在服务发展大局、创作文艺精品、培育文艺奉军和加强自身建设上取得新成效，促进奉化文艺事业繁荣发展。全年文艺作品在国家级展赛中获奖或入展25件，在省级展赛中获奖或入展46件，在地市级展赛中获奖或入展152件；在各级各类文艺刊物上发表作品500余篇。新设立区作协溪口镇东山村“入梦顺成”民宿创作基地，区民协西坞街道康亭村民俗文化研究基地，西坞街道庙后周村艺术进乡村实践基地，区影视协溪口镇岩头村民宿质野堂采风创作基地、溪口镇石门村采风创作基地、莼湖街道桐照村采风创作基地。

【文艺创作】 2022年，高鹏程的长诗《中国之门》获“时代的旋律——奋进新征程、建功新时代”主题诗歌征文二等奖；虞燕的散文《野果恩泽》获冰心儿童文学新作奖；蒋静波的小小说《蜜蜂的理想》被《小说选刊》选载，实现奉化小说在国家级刊物发表零的突破。邬科特的《来自远方的问候》入选第四届中国粉画展；邱积钏的《源代码.2021头条》、邬列刚的《2023.5.20》入选第四届全国（宁波）综合材料绘画双年展；柳添乐的《左思〈三都赋序〉陆机〈豪士赋序〉》入展全国第五届草书展；方亚琪的《天真的注视：方亚琪的摄影档案》刊登在《大众摄影》专题栏目。单陆咪作曲的《奉陪》获“诗画浙江”全省旅游歌曲大赛（作品）金奖；罗海英等主演的原创小戏《算账》获“喜迎二十大·同走共富路”浙江省第十一届群众戏曲小戏大赛金奖。在宁波文艺奖评选中，王利华获宁波市美术奖成就奖；诗集《细雨海岸》（作者：高鹏程）、歌曲《踏水而歌》（作词：毛光正，作曲：单陆咪）、学术著作《宁波龙文化探考》（作者：陈峰）、民间工艺《我心向党》（作者：张龙杰）、故事《金凤智斗小雄鸡》（作者：何禾）获各文艺门类作品奖。高鹏程的海丝之路创作项目列入中国作协《诗刊社》重大主题创作项目；诗集《船行中国》列入宁波市重大题材创作项目；虞燕的散文集《小岛风情》入选省委宣传部文艺基金创作项目；虞燕的散文集《小岛如故》、林杰荣的诗集《渔村史》和邱积钏的综合材料绘画系列《新时代——新生活》被列入宁波市文联2022年度文艺创作重点项目。区文联审定马跃峰的《工·无界艺术新视觉工笔画》创作出版项目、严勇的“唐风宋韵”书法主题创作参赛项目、张龙杰的《应梦名山》主题雕塑创作项目、吴锡佩的小品《古镇清风》创作表演项目为奉化区2022年度重点文艺创作项目。

【文艺人才】 2022年，奉化区新增国家级会员4名、浙江省级会员21名、宁波市级会员22名、奉化区级会员42名。林杰获评中国作家网“文学之星”，柳东浩、柳添乐、吕科、李国宝被评为省书协2022年度书法百家，陈亮亮获省民协惠民活动先进个人，吴锡佩被评为2022年度宁波市优秀文艺志愿服务典型，王波娣被评为首批宁波市十佳剪纸艺术教育名师。锦屏戏曲社团（越剧）、裘村红韵艺术团（舞蹈）列入宁波市基层文艺社团“春竹计划”项目。锦屏街道外应村戏曲团（越剧）、岳林街道周家村戏曲团（越剧）、萧王庙街道林家村耕人书会（书法）、江口街道成人学校圆梦艺术团（古典舞）、锦屏街道长岭社区馨欣舞蹈队（广场舞）列入宁波市青年文艺人才下基层帮扶文艺团队。

【喜迎“二十大”主题文艺活动】 区文联先后举办“谱山海情谊，绘盛世华章”奉化缙云书画作品联展、“喜迎二十大，艺筑共富路”专场音乐会等，以文艺的形式向党的二十大献礼。各文艺家协会结合自身特点，分别开展“艺心跟党走”奉化区第二届临帖展、“庆精彩华诞——美丽中国亮起来”主题文艺晚会、“文艺与新时代同行”宁波戏剧名家走进奉化小戏采风创作等活动，各镇、街道文联也组织开展主题文艺活动，营造浓厚氛围。

【“文艺助共富”主题活动】 区文联制订《奉化区文联实施“文艺滋富”行动，推进“群英绘共富”工作方案》《区文联推进“文艺滋富”行动任务清单》，组织开展“奉艺润民”走进农村文化礼堂演出活动1场、基层文艺社团辅导培训100余课次。区美协举行“山水溪口·张志民、王孔瑞师生作品展”暨中国美术学院出版社走进溪口社会美育公益课堂活动，举办“看见·宁波滨海”——奉化区美术作品展；区书协组织开展送福送春联活动23场，举办“文艺助共富”奉化区首届楹联书法作品展并拍摄宣传视频；区摄协开展“文艺送万家·文明助共富”走进尚田街道龚原村文艺志愿服务，举办“宁波湾·欢乐滨海杯”摄影大赛；区民协开展“我们的节日——春节”走进江口街道坝桥村主题民俗活动；区诗词楹联家协会开展写春联走进尚田街道鸣雁村活动；区影视协举办“走进和园·质野堂，畅想美好新生活”短视频大赛，进一步满足老百姓的精神文化生活需求，文联组织社会影响力得到提升。

【文艺交流活动】 区文联先后举办“梦应雪窦山”弥勒文化书画作品展、宁波市第十三届青少年视觉艺术创意大赛乡村美育公益行暨奉化区艺术展示活动、“2022奉茶飘香”抖音短视频大赛等。区美协配合宁海县文联举

10月27日，“谱山海情谊，绘盛世华章”奉化缙云书画作品联展（缙云站）现场

办“致敬大师——纪念潘天寿诞辰125周年”宁海艺术家文化走亲活动，区摄协配合省摄协举办“山水古镇·大美西坞”全省摄影大赛，区音协联合宁波文促会古琴专业委员会举办“凤鸣迎春到·宁波琴会壬寅音乐会”，区曲协配合奉化万达广场举办“最美童言”2022中华传统少儿故事会颁奖仪式暨获奖故事展演活动，区民协承办“寻美宁波·匠心甬艺”——宁波市自由职业艺术家民间工艺作品展暨宁波市第二届民间工艺精品作品展，会同宁波大学人文与传媒学院举办奉化布龙文化实践基地参观体验活动，区诗协联合浙江经济职业技术学院举办古典诗词联创作与鉴赏活动，区影视协联合后皇嘉树文化传媒、火蜥蜴影业公司举办“盛剧云甬”——“中国·宁波首届剧本杀和电影杀”行业交流会等，特色明显，品牌效应凸显。

【文艺微讲堂】 区文联推出“文艺微讲堂”项目，由11个协会选送的艺术名家各自选题，线下讲课后录制成视频课程在掌上奉化文明实践、文明办公众视频号、文联公众微信号及视频号4个平台推出。2022年，共录制9个视频，累计播放量11000次。

（王　宁）

奉化区残疾人联合会

【概况】 2022年，奉化区残疾人联合会（以下简称区残联）全面实施残疾人事业“十四五”规划，聚焦区委、区政府中心工作和上级重点指标任务，稳步推进各项残疾人工作，提升残疾人保障和服务水平，进一步推进将残疾人工作纳入全区工作大局。《奉化区“四聚焦”精准发力助残惠残成效明显》被市政府专报录用，无障碍环境建设、残疾人文体、康复等工作得到区委领导批示和肯定。10月21日，区残联召开第二次代表大会，区四套班子主要领导出席大会，部署残疾人事业今后5年工作。残疾人“无障致富”被纳入区委“群英绘共富”行动计划。社区助残“5+1”暖心行动被纳入区城乡现代社区建设工作；区人大开展无障碍社区创建工作调研，进一步增强全社会重视程度、部门协作的合力。

区残联于2月获得第16届夏季残奥会和第11届全国残运会市政府集体嘉奖，1人记宁波市政府三等功，2人获宁波市政府个人嘉奖。至年底，奉化区有持证残疾人 14402名。按残疾程度分，有一、二级重度残疾人3969名，三、四级残疾人 10433名；按残疾类别分，有视力残疾1359人、听力残疾2333人、言语残疾121人、肢体残疾6183人、智力残疾1510人、精神残疾2318人、多重残疾578人。

【省政府民生实事项目】 规范化提升建设残疾儿童康复服务机构。区残联指导奉化区“小星星儿童发展中心”被成功纳入全省孤独症儿童康复定点机构协议管理，高分通过省级规范化提升验收评估，统筹区级资金对机构发放提升建设补助20万元。2022年，残疾儿童康复服务机构接收孤独症和智障儿童康复训练51名，其中5名儿童经康复训练后入读普通小学或培智学校。规范化提升残疾人之家2家，并于5月中旬通过第三方现场星级评定，提前完成任务。落实常态化管理，开展安全检查13次，为机构办理残疾人意外伤害综合保险。实施重要公共服务场所无障碍改造12处。根据省重点公共场所无障碍改造考核要求，区残联统筹相关部门和镇（街道）项目，于6月底前

10月21日，宁波市奉化区残疾人联合会第二次代表大会召开

完成改造施工，并顺利通过省、市两级抽查验收。

【数字化改革持续推进】 区残联进一步完善残疾人证网上申办、线上评定、跨省通办机制，实现政务2.0版系统和区智慧助残自建系统无缝衔接，组织残疾评定80次，为854人办理残疾人证申领、变更等事项，为36人进行跨省通办，为641人办理注销，为27人进行上门评定，政务2.0版系统申请和办结率达到100%。推进人工耳蜗补贴等事项，通过“浙江政务网”、“浙里办”App进行线上申请，共600余人次。

【残疾人基本生活保障】 残疾人两项补贴工作方面，区残联完成新申请受理、资格审核等服务683人，重点解决线下享受对象（原小康工程320名和基本残711名）的核查，退出不符合条件人员700余人。与民政部门一起核实、发放困难残疾人生活补贴4873人、重度残疾人护理补贴6960人。完成国家专项审计和低收入农户审计问题全面整改落实。困难残疾人救助与慰问方面，区残联全年共走访慰问困难残疾人家庭66户、残疾人服务机构5家，发放慰问金、救助金等13.10万元。发放残疾人爱心基金、佛教协会弘法利生基金、慈善总会等社会助残爱心资金12.61万元，1691人受益（家庭医生签约1665人）。严格落实残疾人社会保险补贴政策，城乡残疾人参加基本养老保险率达到100%；全覆盖实施残疾人意外伤害综合险免费参保，支出73.14万元。

【残疾人就业创业】 2022年，区残联建立开放式残疾人就业中介场所——区残疾人劳动就业服务站。全年发布企业招聘岗位38个，推荐残疾人就业20人，全年新增残疾人就业382人，残疾人就业率达到62.3%。做好按比例就业残疾人就业保障金免缴网上联审，办理企事业单位残保金抵扣362家，安置残疾人就业1573人。推动机关、事业单位、国有企业带头安排安置残疾人就业，2022年安排1人。推进集中就业，11家残疾人工疗车间安置精神、智力残疾人就业420人。加强对8家残疾人农业扶贫基地的管理和指导，安置残疾人25人，辐射带动残疾人225人。精准强化残疾人就业服务，开展残疾人就业状况调查和就业两端精准服务，推进残疾人实用技能和个性化需求培训，推荐13人参加省、市两级个性化培训。开展区级普惠性技能培训，共培训282人。

【残疾人精准康复服务】 区残联高质量实施残疾人精准康复行动，支出精准康复资金540.7301万元，惠及残疾人10454人次。其中，“应助尽助”实施残疾儿童少年康复补助125人，残疾人家庭医生签约12730人，三、四级残疾人参加宁波市城乡居民基本医疗保险补助5226人，开展残疾人辅助器具适配、租赁服务和货币补贴609人，为12名截瘫残疾人提供培训和摆渡，助其增强生活信心走出家门。探索开展“家庭病房”工作，为4名重度肢体残疾人开展为期三个月的线上居家康复服务，补助资金4万元。利用社会资金和闲置辅具开展残疾人辅助器具租赁服务22人26件。进“残疾人之家”开展心理团辅活动4场，惠及中轻度精神、智力残疾人123人。加强精神残疾人服药监管，开展精神残疾人服药情况排查，发放政策告知书302份，落实监管责任，全年共有1912名精神残疾人得到服药补助和监管，新申请新增数同比往年增加2倍以上。

【残疾人文体教育】 成立“周佳敏体育工作室”。开展全区青少年残疾人群体身体机能大排查，对于有意愿参与专业训练的残疾青少年，集合派车送往省体训中心与专业分级医生和各个队伍的教练会面，确认大致项目和级别，已选送8名体育苗子参加省队游泳、射箭等项目集训。依托市级残疾人文化艺术示范基地和市级体育训练示范基地，常态化开展残疾人文体培训，在省视障读者红色经典朗诵比赛中获一等奖，省轮椅舞蹈集体比赛中获银奖。丰富残疾人文化生活，实施文化助残“五个一”工程，走进工疗车间、文化礼堂等地开展特殊艺术“六进”巡演活动12场，受益残疾人1100余人。开展“观

影无障碍 志愿暖人心”无障碍观影活动12场，惠及残疾人600余人。做好残疾学生及残疾人子女学生教育助学补助申报审核工作，义务教育段残疾学生入学率达到100%。实施残疾人大学生学费住宿费减免12人，减免费用14.26万元。加强残疾人应届大学毕业生就业帮扶工作，落实4名大学生就业或升学工作，完成率100%。

【残疾人事业基础工作】 区残联进一步完善残疾人证管理，实施动态管理，每月开展两次核对工作，全年共注销残疾人证641本；开展残疾人证十年到期审验核查工作，制定实施《奉化区残疾人证十年有效期满审验核查办法》《关于进一步明确奉化区残疾人证管理要求的通知》等，全年查阅档案14608份，审验核查8870人，复评326人，冻结、死亡、注销等166人；落实残疾人基本状况动态更新机制，开展14703名残疾人基本服务状况和需求信息调查、63户残疾人收入状况监测工作。推进无障碍建设，实施“困难残疾人家庭无障碍改造”101户，创建省级“无障碍社区”1个，实施“重要公共场所无障碍改造”12处。强化无障碍环境建设监督，参与项目规划论证会、竣工验收会52次，被有关部门吸收采纳建议和意见78条。加强残疾人法律援助、法律救助，共办理来电来访和网上信访48人次，浙江政务网5件，办结率100%，维护社会和谐稳定。完善以区残联为主导、镇（街道）残联为骨干、村（社区）残协为基础的残疾人组织网络，召开区残联换届大会，选举产生新一届领导机构，指导镇(街道)残联、村（社区）残协及6个残疾人专门协会做好换届相关工作。不断强化镇（街道）、村（社区）专职委员队伍建设，加强业务培训，落实专职委员队伍动态调整机制。区残联自身建设不断强化。开展党组“第一议题”学习12次、中心组学习11次、周二夜学23次，“学习强国”学习平台推广运用全区领先。

（周雅婷）

奉化区红十字会

【概况】 2022年，奉化区红十字会坚持以“保护生命健康”为主线，以打造“群众身边的红十字会”为目标，聚焦“三救三献”主责主业，对标落实上级下达的目标任务要求，为加快建设共同富裕特色区和现代化滨海大都市健康美丽新城区贡献红十字力量。2022年，奉化区新建红十字会博爱家园5家，累计15家，村（社区）红十字会累计321个，建会率100%；至年底，有成人会员8858人，志愿者1758人，理事、工作人员入会率达到100%。

【三救三献】 根据省委、省政府《关于高水平推进应急救护工作的实施意见》，区委、区政府印发《宁波市奉化区高水平推进应急救护工作实施意见》通知，细化具体指标和工作举措，落实落细相关工作，应急救护工作持续推进。区红十字会组织开展“救”在你身边活动，应急救护普及培训45516人，持证培训5921人，新安装AED19台。人道救助工作常态化开展，创新网络筹资方式，精心筹划“5·8”世界红十字日、“99公益日”活动，接收捐赠款物523万余元，支出款物540余万元。其中“博爱送万家活动”“每月一助”“为生命赋能”“兰馨关爱”等公益项目支出100余万元，东西部协作、对口支援四川凉山州甘洛县和温州市文成县支出款物70余万元。高水平推进“三献”工作，着力做好造血干细胞入库采样和器官（遗体）捐献志愿登记工作，全年完成造血干细胞志愿者采样入库登记122人，器官捐献登记305人，遗体捐献登记172人，角膜捐献登记238人；实现造血干细胞捐献3人、器官捐献2人、遗体捐献1人。生命关爱工作稳步推动，区红十字会在宁波市红十字会生命关爱工作会上作交流发言。

【志愿服务】 区红十字会重视加强志愿服务工作，协调各方成立红十字红海应急救援队党支部，进一步规范发展志愿服务组织。红十字各志愿服务团队紧密结合核心业务，助力中心工作，主动参与疫情防控、文明城市创建，救灾救援、平安建设等志愿活动上千场次，服务群众上万人次。志愿服务工作特色明显，在宁波市红十字会志愿服务工作会议上作交流发言。

6月6日，杨春燕（左）成功捐献造血干细胞，成为奉化区第14例捐献者

8月8日，郑鲁成功捐献造血干细胞，成为奉化区第15例捐献者

8月19日，江明荣（左三）成功捐献造血干细胞，成为奉化区第16例捐献者

【人道传播】 树立“大宣传”理念，选树红十字感动人物事件，区红十字会向省、宁波红十字会推荐红十字事业突出贡献先进个人和集体4个，各类优秀志愿者、志愿者团队2个，不断向社会传递红十字正能量。加强与媒体合作，组织“生命教育·人道伴行”网上直播授课活动，传播急救知识和技能。联合新华书店，组织万名小学生参加“小城有大爱”主题征稿活动，收到“教育一个学生，带动一个家庭，辐射整个社会”的良好效果。利用省、市、区三级红十字系统媒体及单位公众号宣传区红十字会工作动态。2022年，在奉化级媒体宣传76篇次，在市级媒体宣传48篇次，在省级媒体宣传18篇次，在国家级媒体宣传2篇次，在微信公众号宣传85篇次。

【党建工作】 区红十字会坚持以习近平新时代中国特色社会主义思想领航定向，持续深化理论武装，组织党组理论学习、中心组学习12次，召开支部党员大会7次，开展主题党日活动11次。坚持“三会一课”党内基本政治制度，规范党内政治生活，召开党组会13次、机关作风建设专题组织生活会1次，党员领导干部讲党课3次。持续深化作风整治，深入开展“六比六严、提能正风”作风建设和“五问五破争一流、六比六严攀新高”机关作风建设专项行动，组织开展“大走访大调研大服务大解题”“街巷跑长”“村社指导”“村社共建”，持续深化“千百万”服务，推动“三为”实践活动长效化，发现并解决问题12个。

（赵阿能）

军事

人民武装

【概况】2022年，奉化区人民武装部（以下简称人武部）在宁波军分区和奉化区委、区政府的领导指导下，坚持以习近平新时代中国特色社会主义思想为指导，深入学习贯彻习近平强军思想，认真领悟党的二十大精神，聚焦国防动员主责主业，狠抓征兵民兵标准质量，注重能力素质培养提升，各项工作呈现全面发展、整体提升、持续推进的良好态势。

【理论学习强化基层】2022年，区人武部学习贯彻以习近平新时代中国特色社会主义思想和习近平强军思想为重点，第一时间跟进学习习近平主席重要讲话，严格落实“周二夜学”制度。深入学习党的二十大精神，周密拟制学习方案，专题研读报告精神，利用党日活动组织党员话感受、谈体会，结合开展辅导书目自学、党的二十大报告内容理论测试和知识竞赛等形式多样的配合活动，促进党的二十大精神入心入脑、走深走实。强化党管武装和国防教育制度落实，协调组织区委武装工作暨国防动员委员会、区国防教育委员会全体会议，区委议军会议和军事日活动。紧盯国动援战能力提升，狠抓民兵练兵备战。持续推进全区镇（街道）武装部和村（社区）民兵连连部规范化建设，不断巩固后备力量基层基础。

【党管武装暨国动（教）委会议】5月24日，召开党管武装工作暨国动（教）委全体会议。会议由区委副书记、区长、区国防动员委员会主任魏建根主持，区委书记、区国防动员委员会第一主任、区人武部党委第一书记胡永光作重要讲话。会议宣读2021年年度区党管武装工作先进单位和个人名单、2022年各镇（街道）武装部政治教导员任职命令；总结2021年年度武装工作并对2022年武装工作安排部署；传达上级有关会议精神。

【区委议军会】12月13日，协调区委召开议军会，学习贯彻党的二十大精神及上级有关文件精神，总结分析全区党管武装工作形势，研究部署当前和今后一段时期的任务，审议《宁波市奉化区民兵建设“十四五”规划》。

【国防宣传教育】2022年，区人武部围绕“开启时代新征程，爱国强军谱新篇，铸盾强防为人民”主题，广泛开展全民国防教育日宣传活动，在辖区人员密集场所放置国防宣传广告牌，在主流媒体开设八一光荣榜，不断营造全民国防意识。持续巩固深化军人荣誉墙、军属大走访等大国防教育特色做法，拓展学校有课程、网络有门户、农村有礼堂等多维宣教阵地，积极探索微信、自媒体等“先小众后大众”的精准宣传模式。积极推动地方党委中心组建立国防专题学习制度，普及镇（街道）和国有企业开

9月14日，民兵在主要道路开展防台巡逻

设国防教育讲座。结合建军95周年，会同区退役军人事务局、区民政局等10余家单位开展首批优待证颁发暨双拥阵地启用仪式。

【基层规范化建设】 2022年，区人武部针对辖区基层武装部基础建设薄弱的实际，坚持深入一线调研，找准症结堵点，面对面指导帮带，狠抓后备力量基层规范化建设“一年一变化、三年大跃升”，实现“评星挂牌”达标建设全覆盖，50%镇（街道）武装部通过“五星”考评。

【专武干部队伍建设】 2022年，区人武部严格按照上级文件指示精神，持续深入与区委组织部分析专武干部队伍建设现状，探讨专武干部人员编配、选任程序、职级待遇、能力培养等相关问题，积极谋划新路径，充分利用民兵整组、专武干部例会、民兵训练、征兵等时机，对专武干部进行业务辅导，促进基层武装工作高效落实，不断促进专武干部队伍建设，打造一支素质过硬的专武干部队伍。

【民兵　兵役】 2022年，区人武部坚持优势优先，统筹全区优质潜力，对标对表抓好民兵整组工作落实；高标准完成上级赋予的兵员征集任务，确保兵员质量。

【整组点验】 2022年，区人武部抓民兵工作立足辖区实际，坚持早筹划早部署，科学制定民兵编组方案。3月，组织召开民兵整组工作任务部署会，组织分队集合点验，确保整组任务高质量完成。7月，接受军分区拉榜排名考核验收，综合考评成绩位列全市第2名。

【军事训练】 2022年，区人武部严格按照《年度军事训练指示》，完成基干民兵年度训练任务。其中4月12—18日，组织全区民兵连长和民兵教练员集训；6月，区分10个批次，组织共同基础科目训练；7月、8月，协调海军相关部队组织挂钩联训；9月，结合捕鱼生产作业，组织海上民兵分队在岗训练。

【比武考核】 1月3日，区人武部组织民兵骨干参加军分区开训动员比武，取得团体第3的成绩；7月，参加第四届军分区岗位练兵比武，尚田街道武装部取得单项第1名；方桥街道武装部取得单项第2名；溪口镇武装部取得单项第3名，综合成绩为全市团体第1。

【征兵工作】 2022年，区人武部着眼兵员征集新形势，认真研究新特点、新规律，部署开展好征兵宣传进高校、进高中、进村（社区）活动，在1所大学、7所高中同步展开政策宣传，发动专武干部、民兵连长走街串巷精准发动，利用街道短信平台，向辖区所有适龄青年及父母发送征兵宣传短信，同时持续在多个村（社区）微信网格群推送征兵信息和政策宣传海报。以廉洁征兵为重点，建立一支涵盖区人大代表、区政协委员、区纪委委员、退役军人和热心群众的廉洁征兵监督员队伍。全区兵役登记率为100%。为部队输送的兵员中大学生占总人数的85.5%，大学毕业生占总人数的46.4%。

【军地共建】 2022年，区人武部常态化开展军地共建工作，立足职能、深化共建，不断推进军地社会主义精神文明建设，提升“双拥”整体水平，积极参与创建文明城市、应急救援以及拥军优属工作，获得人民群众好评。

【拥军优属】 2022年，奉化区持续加大拥军优属工作力度，切实解决好军人关心关注的“后路、后院、后代”问题，区人武部积极协调区教育局，解决军人子女入学入园问题。

【参建共建】 2022年，区人武部组织协调广大民兵积极投身地方参建共建活动。为维护社会安全稳定，配合派出所民警，共同参与社会治安巡逻；在防抗台风“轩岚诺”“梅花”中，广大民兵冲锋在前，多次出动参与急难险重任务，连续奋战排除险情，转移群众，彰显民兵队伍的良好形象风貌，方桥街道武装部救援被困群众的相关事迹被中央电视台、浙江卫视报道。

（徐　进）

人民防空

【概况】 2022年，奉化区人民防空工作不断完善人防指挥体系，深入推进指挥部工作常态化运行，启动区人民防空方案修编和区重要经济目标防护方案制定工作；加强人民防空专业队伍建设，开展人防专业队集中点验演训；探索存量人防工程产权归属确权管理，建立人防工程管理新机制，奉化区办出首张人防工程不动产权证书；守好用好人防宣教新阵地，滕头人防教育馆于11月升级改造完工并投入使用。

【人防专业队集中点验演训】 11月22日上午，区人防办组织开展人防专业队集中点验演训，共4支人防专业队100余人参加。此次拉动点验活动依照点验流程，首先进行编组人员现场呼点，逐人确认实员实编，随后由各专业队队长讲解装备器材使用方法和功能。点验结束后，对通信专业队进行了科目演练。

【办出首张人防工程不动产权证书】 8月19日，奉化区不动产登记服务中心办出首张人防工程不动产权证书。这是区人防办开展人防产权制度综合改革，探索存量人防工程产权归属和确权登记的一项阶段性成果，标志着全区人防工程正式纳入不动产统一登记，为下一步全面实行人防工程产权制度综合改革，建立人防工程管理新模式打下良好的基础。

【开展滕头人防教育馆升级改造】 2022年，为进一步增强中小学生的国防安全观念，提高防空防灾技能，加大宣传人民防空服务经济社会发展的新思路、新举措、新成果，为新时代人民防空建设营造良好的发展环境，区人防办集中精力对滕头学生社会实践基地人防教育馆进行了全面升级改造，采用知识挂图、模型、实践培训等方式，突出知识性、趣味性、体验性与互动性，打造集科普、展示、宣传、教育、体验于一体的人防教育新模式，进一步提升人防馆的展教水平。据统计，滕头学生社会实践基地年均接待中小学生等参观学习人员3万人次。

（余　琳）

11月22日，组织开展人防专业队集中点验演训

法　治

综合治理

【概况】 2022年，全区各地各部门以“平安护航二十大”为主线，迭代升级完善风险闭环管控大平安机制，开展“除险保安”、打击整治养老诈骗专项行动及系列平安创建等工作，将安全理念、底线思维贯穿经济社会发展全领域、全过程，为全区经济社会高质量发展营造安全稳定的政治社会环境，人民群众安全感、满意度持续提升。1月26日，宁波莼湖街道打造“海上枫桥”模式被《法治日报》录用刊登。8月5日，“护校安园”协同智治应用得到省委副书记黄建发批示和肯定，相关经验做法被央视新闻、《中国教育报》、浙江新闻等刊登录用；依法规范信访秩序工作在省厅信访生态“一图一指数”评价中成为全市唯一获“优秀”评级。9月21日，在全省依法维护信访秩序专项行动会上作经验交流发言；“共享法庭”实战实效激发基层治理新动能，得到省高院领导批示及肯定，获评全省首批示范“共享法庭”，在全省共享法庭建设推进会上作经验交流。

【社会治理创新】 2022年，全区坚持和发展新时代“枫桥经验”，针对基层矛盾纠纷调解普遍存在的矛盾纠纷杂、调解平台多、上行压力大等问题，积极探索构建“一核统领、两庭共治、三级防线、四个闭环”的“1234”基层矛调模式，通过创新打造“1234”基层矛调应用，有效整合“家园理事”“监督一点通”“民呼我为”等基层治理平台和力量，全面发挥“道德庭”和“共享法庭”两庭核心载体作用，筑牢村社—镇街—区三级联动调解防线，实现了矛盾纠纷一成化解在区级、三成化解在镇街、六成化解在村社和网格的“136”工作格局，促进了基层治理效能大跃迁。相关做法获得国家发展改革委视频调研肯定，被《中国改革报》《浙江信息》《宁波信息》等刊发推介；“海上枫桥”奉化样板相关经验材料被《法治日报》、浙江省司法厅网站、宁波市府办每日要情等录用报道。

【“护校安园”协同智治】 2022年，区公安分局主动融入全省数字化改革浪潮，聚焦涉校安全高频风险点，围绕学生安全、家长安心、社会安定“三安”整体目标，以护学、护行、护成长“三护”为主要场景，构建“1+3+N”校园安全协同智治体系，进一步健全预警信息快速流转、责任部门快速处置、结果闭环反馈的应急处突机制，有效提升校园安全风险防范联处能力。应用于2022年4月在“浙政钉”“浙里办”上线，累计预警各类风险673条次，全区涉校警情数比2021年下降24.8%。该应用入选全省基层智治系统第一批典型应用案例，获评全市数字化改革“最佳应用”（标识类），获省委副书记黄建发等省市领导批示及肯定，被央视12频道正面宣传报道。

8月13日晚，巡特警大队组织溪口西高速路口及城区临时卡点设卡盘查

【社会治安防控体系】 2022年，区公安分局统筹推进除险保安百日攻坚和夏季治安打击整治百日行动，聚焦基础要素管控、智能预警防控、社会面联勤巡控等工作，联合区社会治理中心推进新时代村（居）治保会建设，全覆盖组建治保会队伍372支。全年全区社会治安主要指标实现“五个大幅下降、两个稳步提升”，其中刑事、治安、交通警情数比2021年分别下降12.1%、10.6%和10.4%，刑事、治安案件数比2021年分别下降14.2%、27.4%。

【依法规范信访秩序】 2022年，全区牢固树立“法治就是最好信访生态”的理念，在全市率先探索信访秩序治理体系，成立社会安保大队，构建“1+2+4+N”工作架构，建立“一表一图一圈”信息核查标准、常态会商机制、“一人一案一专班”专案攻坚机制。2022年度，群众来信、来访、网上信访比2021年分别下降42.6%、10.8%、26.8%。相关经验做法在全省维护信访秩序专项会议上作典型发言，奉化成为全市唯一连续两次在省公安厅信访生态“一图一指数”评价中获“优秀”评级的区（县市）。

【平安宣传】 2022年，区委平安办根据平安宣传实际工作需要，将任务分解成11个项目，实行清单式运行，各成员单位和镇（街道）结合部门职能工作、基层系列平安创建、文明典范城市创建、“全民反诈”打击防范电信网络新型违法犯罪等工作，丰富活动类型。扩大平安宣传覆盖面，发动全区所有干部职工、网格员、平安志愿者等力量，通过“一包十”、平安创建进校园活动、文艺演出、组织红袖章小喇叭夜巡、印发宣传资料、制作宣传小礼品、推送短消息、户外大屏滚动播放、电视开机广告及电台报纸宣传等方式方法，提升平安宣传质量，增强平安宣传实效。全年，累计发动干部职工1.8万人开展“一包十”活动，实现入户走访全覆盖，累计发放宣传手册80余万张、宣传海报10万份、《致全区新老奉化人的一封信》75万封，制作各类宣传小礼品5万份，利用三家运营商、大数据中心及微信等数字化手段推送短信近500万条，悬挂平安

10月13日，市委常委、统战部部长卞吉安（左三）到奉化调研

6月，志愿者在溪口镇银凤广场开展防范养老诈骗平安宣传

建设宣传横幅1500余条、小广告牌1000余块、各类宣传标语1万余条。

【志愿服务】 2022年，根据平安建设实际需要，组建奉化区平安志愿者大队和16个行业志愿者大队、22个平安志愿者中队和266个平安志愿者分队，招募并在“志愿浙江·宁波We志愿”平台注册平安志愿者10429名，累计开展各类活动318次、2376场、活动信用总时长83267.93小时。

（王礼超）

公　安

【概况】 2022年，区公安分局在宁波市局和区委、区政府的坚强领导下，坚持以习近平新时代中国特色社会主义思想为指导，以党的二十大安保维稳为主题主线，以“公安大脑”建设为主抓手以“三能”主题教育实践活动为主载体，围绕“疫情要防住、经济要稳住、发展要安全”三件大事，立足防范化解重大风险，倍速推进社会治理创新，全面深化警务机制改革，努力建设宁波最平安城区，为高水平建设共同富裕特色区，奋力建设现代化滨海大都市健康美丽新城区创造更加安全、和谐、稳定的社会治安环境。全年共接报有效警情98467起，比2021年下降10.8%。其中刑事警情1645起，比2021年下降24.9%；治安警情6903起，比2021年下降21.5%。共受理各类案事件5541起，比2021年下降22.1%。其中刑事案件2388起，比2021年上升14.0%；治安案件3153起，比2021年上升27.4%。共侦破各类案事件1452起，其中破获刑事案件1158起，破获治安案件294起，移诉1603人，行政拘留1300人。2022年，区公安分局获评省级平安护航党的二十大成绩突出集体，全年共有25个集体、300余名个人被各级表彰奖励。涌现出“全国优秀公安基层单位”大桥所、“一星级全国青年文明号”溪口所、“全省模范人民警察”黄汉汉、“全省优秀人民警察”竺炳豪等先进典型。

7月12日晚，区公安分局开展夏季治安打击整治“百日行动”，强化路面巡逻防控。

【惩治违法犯罪】常态化开展扫黑除恶。2022年，区公安分局保持严打、严防、严治态势，共侦办黑恶组织6个，其中恶势力犯罪集团4个、恶势力团伙2个；抓获组织成员54名，破获案件62起，查扣非法资产300万元；收到群众举报线索21条，其中市局以上督办、转办线索5条；已办结20条，成案3条，其中向区纪委监委移交涉村干部线索2条；强化部门协同、健全长效机制，针对打处过程中发现的行业领域监管漏洞，及时发出“综合治理建议函”4份，依托区扫黑办加强跟踪问效，确保落实到位。

1月12日，副区长、区公安分局局长毛世汇专题研商数字化改革工作

9月14日，巡特警大队出动警力抗击第12号台风“梅花”

纵深推进全民反诈工作。2022年，区公安分局始终坚持“打防并举、防范为先”，实现“两升两降”目标，即发案数、案损数分别比2021年下降29.1%、32.67%，破案数、打击数分别比2021年上升17.5%、22.7%。坚持精准滴灌，在全区企业推广“十个一”反诈样板工程，涉企诈骗案件比2021年下降33%。共打处电信网络诈骗及其关联犯罪嫌疑人368名，破案35起，全链条破案10起，追赃挽损566万元，惩戒涉“两卡”人员268名，清理“两卡”467张。

重点打击跨境网赌犯罪。2022年，区公安分局坚持对跨境网络赌博违法犯罪“零容忍”，持续深化跨境网络赌博打击治理工作。全年侦破案件32起，采取刑事强制措施199名。成功侦办省督“UED”跨境网络赌博案等重要案件，工作成效显著。

严厉打击传统侵财犯罪。2022年，区公安分局紧盯“盗抢掩”等侵犯群众切身利益的传统侵财案件，秉持“大案快破，小案尽破”目标，共侦破“盗抢掩”案件282起，移送起诉盗窃犯罪嫌疑人353名。先后打掉盗窃电缆线、盗窃高档别墅、盗窃商业店铺等一系列重大犯罪团伙。

严打经济犯罪。2022年，区公安分局深化“护航2022”“打击假币犯罪”等专项行动，强力打击民生、商贸、金融领域经济犯罪和侵害企业利益、沿海走私经济犯罪，实现案件快侦快破，全年共破案54起，挽回经济损失1975.6万元，抓获犯罪嫌疑人84名，移送起诉47起78人，全力护航全区经济高质量发展。

严打黄赌违法犯罪。2022年，区公安分局始终保持黄赌违法犯罪高压严打态势，全年共破获涉黄刑事案件30起，其中部督、省督案件各1起，采取刑事强制措施139人，移诉93人，查处涉黄治安案件79起，行政处罚475人；破涉赌涉黄刑事案件90起，其中省督案件1起，采取刑事强制措施231人，移诉194人，查处涉赌治安案件375起，行政处罚1533人，在“利剑3号”扫黄禁赌专项行动中排名全市第一。涉黄赌类警情比2021年下降0.72%。

重拳打击枪爆违法犯罪。2022年，区公安分局深入开展打击整治枪爆违法犯罪专项行动，查处涉枪爆案件2起12人，收缴枪支2支；侦破部督涉爆案件1起，查扣烟花爆竹200余箱，涉案金额300余万元；妥善处置朝阳路埋地弹药储备仓事件，清挖炮弹（炸弹）100余枚、各型子弹4000余发；未发生持枪利用爆炸物品作案的刑事案件，未发生危险物品流失或相关案事件。

严打涉毒违法犯罪。2022年，区公安分局严打涉毒违法犯罪，抓获涉毒犯罪嫌疑人34人、查处吸毒41人、执行强制隔离戒毒4人，打掉贩卖毒品6人以上团伙2个；成功破获省毒品目标案件1起，抓获犯罪嫌疑人13人。

严打食药环犯罪。2022年，区公安分局运作好打击食药环犯罪联席会议和联合执法机制，全年共立食药环犯罪刑事案件58起，全年移诉81人，发起集群战役目标1起，提前完成部督案件1起、省标案件2起。

全力维护网络社会安全稳定。2022年，区公安分局全力维护网络社会安全稳定，打击新型涉网犯罪，全年共上报省、市各类不稳定因素1710余条；累计参与配合侦查案件574起，核查线索6368条，配合抓获各类嫌疑人262名；完成电子数据取证勘验371个检材，出具报告118份，分析违法App样本103个；参与疫情流调溯源，核查对象5575名；破获网安主侦案件33起，抓获犯罪嫌疑人110名，挖掘反诈预警线索1378条。

【综合行政管理】 党的二十大安保维稳工作取得完胜。2022年，区公安分局统筹推进除险保安百日攻坚、夏季治安打击整治“百日行动”。圆满完成北京冬奥会、冬残奥会、各级“两会”及党的二十大等系列重大安保任务56批次。在全省依法维护信访秩序专项行动视频调度会上作经验介绍，社会安保大队荣立集体三等功。

筑牢政治安全防线。严厉打击敌对势力渗透、颠覆、破坏、分裂活动以及非法宗教和邪教活动，相关信息得到中央书记处书记、公安部部长王小洪等领导批示和肯定，得到公安部通报表扬。代表市局参加省厅网络犯罪取证比武、红蓝对抗攻防演练，分获团体第一、第二。

推进治安防控体系建设。2022年，推进矛调中心建设，会同区矛调中心、司法局、信访局督促各乡镇（街道）及派出所完成多元化调解成员照片上墙、设置调解室值班表等工作，矛调中心配备率达100%；建设“智安小区”198个，全区“智安小区”建成率在90%以上，并推出宁兴城市广场等5个示范点；培育2个智慧社区警务室，推出“互联网+”公安政务服务，并实现风险隐患实时预警；联合政法委和社会治理中心推进新时代村（居）治保会建设，组建治保会队伍372支，基本实现全覆盖。

深化公安改革攻坚提质增效。2022年，区公安分局迭代升级“护校安园”协同智治应用，改革实施方案获全市深改会议审议通过，入选全省基层智治系统第一批典型应用，相关经验做法得到省委副书记、省委政法委书记黄建发等省市领导批示肯定。“公安大脑”建设绩效排名全市第二，实有人口感知数据治理应用被纳入全省数字化改革“一本账”S3，治理要素驾驶舱获评省厅第一批揭榜挂帅“最佳应用”，并成功打造食药环快检实验室。试点推行全省娱乐场所数字化管理一件事，得到宁波汤飞帆市长批示和肯定。5项制度理论成果在《人民公安报》等部级刊物刊发。成为市级公安系统性重塑整体性变革试点，并获评全区改革突破优胜单位。

加强行业场所管理。2022年，区公安分局加大对行业场所的暗访督导和检查力度，督促严格落实“四实”登记、人证核验、安全防范等治安管理措施，共处罚违规经营旅馆433家次，处罚娱乐场所16家次，罚款2万余元；处罚监控设备配备不到位寄递网点3家，因未实名登记、开包验视移交邮管部门16起；针对电竞酒店新兴业态管理，牵头七部门开展联合整治行动，并通过召开听证会、培训会等形式，完善监管措施，引导行业自律，累计处罚26家次，有力推动新业态行业长效治理。

深化情指勤舆一体化实战化机制建设。2022年，区公安分局依托4G可视化传输、扁平化指挥，进一步完善"联勤联动、合成作战"勤务指挥机制。全年接警23.64万起，其中有效警情9.84万起，比2021年下降10.8%，流转办结各类社会应急联动指令1.2万条。整体早释率控制和重复警情压降两项指标排名全市前列。全年102起扬言实施个人极端类警情及相关重大案事件均有效处置，未造成现实危害。

加强犬类管理。2022年，区公安分局根据"摸底排查、联合整治、宣传教育"三大任务，纵深推进犬类管理整治，助力文明城市创建，联合城管开展集中行动12次，出动人员380余人次，共发放宣传资料6.7万份，发送短信50万余条，并录制《文明一"点"》《奉邑十礼 从我做起》等电视宣传节目；重点管理区上牌犬1732只，教育整改351起，查处养犬违法行为213起，捕获流浪犬1203只。

加强流动人口及出租房屋管理。2022年，区公安分局累计登记流动人口41.2万人、出租房屋1.5万间，办理IC电子居住证6935人，签注IC卡电子居住证11259人；推动网约房安装猫眼电子眼，全区范围内安装率达100%；立项新建二个智能化管理出租房屋小区，推广智能门锁安装，涉及出租房屋342套；处罚违反出租房管理规定案件65起，教育警示101人。

加强海防管理。2022年，区公安分局以预防为主，推动联防联控、群防群治，构筑社区海岸防线，联合属地政府、相关部门强化执法巡查，推进八大流域禁渔期管理专项行动等工作，严厉打击涉海刑事犯罪，查处拆解"三无"船舶60余艘，破获走私冻品案1起；侦破非法捕捞案件23起，抓获犯罪嫌疑人35名，收缴各类作案渔具150余件。

【交通安全管理】 2022年，区公安分局扎实推进交通事故防控"遏重大"攻坚行动、"奋战二百天、年底见大效"攻坚行动、"隔封亮建透"等系列性攻坚治理行动，全年整改10批次共426处道路安全隐患，创历年之最，实现"亡人事故数、事故警情数、拥堵警情数"三项核心指标的全面下降，奉化区车管所连续七年获评全国优秀县级车管所，区交警中队获全市"示范交警中队""清廉交警中队"。全年累计接报交通事故有效出警51357起、比2021年下降11.99%，交通事故全口径死亡人数比2021年下降12.68%。查处交通违法27.86万起，其中酒驾777起、醉酒333起、违法停车8.56万起、非机动车违法13.14万起、工程车违法5660起，办理刑事案件344起，行政拘留案件211起。深化公安交管"放管服""最多跑一次"改革，推进车辆检测"一件事"集成改革，累计办理业务255747起，比2021年上升21.81%。书面答复办结各类投诉、信访、舆情、上级转办件2735件，办结率100%，及时办理群众关心的城

9月1日，交警大队开展开学季校外交通秩序维护工作

区禁货区域调整、学校周边交通拥堵、城区停车管理、夜间摩托车“炸街”等一系列热点舆情事件，产生良好的社会效应。

【警务保障】推动公安法治建设再上一个台阶。2022年，区公安分局制定出台《关于加强警检协作与法律监督的若干意见》，健全双向监督、联合派驻、常态会商、同堂培训等机制，全年案件纠违数比2021年下降62.2%，批准逮捕率达82.5%，较2021年提升21个百分点。深化执法问题常态排查，全年审核刑事、行政案件2463起，销号清零问题611处，获评全省公安机关执法质量优秀单位。攻坚化解涉警信访突出问题持续排名全市第一，部、省交办47件信访积案全部提前化解，成为全市唯一在省、厅两次信访生态考评中均获“优秀”的区（县市）分局。深化办案“一件事”改革应用，移动办案率达97.9%，行政处罚、侦查移诉平均用时分别缩短6.7%、18.2%。

深化文明城市创建。2022年，区公安分局明确17个路口和73条道路管理重点，实行全年重点时段覆盖管理，路口飞线、等候区设置、信号灯配置得到进一步整改提升，全区新增路口信号灯49处、行人卫士44套、不礼让行人抓拍22套，完善标线5610平方、标志标牌76处，新增安全隔离护栏4120米、警示桩1085根。

【队伍建设】强化政治建警。2022年，区公安分局累计开展各类学习宣讲活动127场次，通过“我最爱习总书记一句话”微型党课比赛、征集刊登学习心得体会等方式，在全局营造浓厚学习氛围。组织全警深入学习贯彻宁波公安“三能”标准，以“走在践行三能的道路上”为主题，连续第11年举行“七一”集中教育活动，并通过各类讨论交流、心得分享、主题征文等系列活动，推动“三能”要求入心入脑。大力推进“三能”实践基地创建工作，巡特警“四有”警队实践基地入围市局成果晾晒名单。

强化教育训练。2022年，区公安分局全面推进大练兵提升年各项工作任务，严格落实网上练兵，有效构建完善常态长效、规范科学、面向实战的练兵机制，在全局形成良好的练兵氛围。开展以“防卫与控制”为主题的一线民警警务技能轮训，积极备战上级比武竞赛活动，新警比武取得团体总成绩第二名的好成绩。深化“蓝警”品牌建设，拓展应用场景，开展机关民警应急处突、治安要素对抗等实战训练，民警实战能力进一步增强。深化“一警种一课题一解决”警种专业练兵活动，发掘培育教官团队，研发专业训练项目，强化专业练兵效能。

全面落实从严治警。2022年，区公安分局从严抓好肃清工作，细化深化监督执纪，“第一种形态”处分民警辅警9人次，督察记分民警、辅警478人次，审计发现并推动整改问题43个，审减资金26万元。

强化关爱保障。2022年，区公安分局全力推动爱警惠警举措落地，全年累计慰问帮扶120人次、金额14万元，解决异地分居

7月1日，奉化区公安分局举办“走在践行三能的道路上”“七一”主题党日活动

6人。规范运行摄影、文学、棋类、书画等8个俱乐部。严厉打击阻碍民警、辅警正常执法、有损执法权威的违法犯罪，查处袭警案件27起，处理28人。

【案例举要】 破获部督“1·19”组织卖淫案。2022年3月10日，在奉化、宁海等地开展集中收网行动，共抓获涉案人员53名，其中28名犯罪嫌疑人被依法采取刑事强制措施。经审讯，魏某等人如实交代了在奉化、宁海等地通过微信、陌陌等社交软件在网上招嫖，并组织他人进行卖淫活动的犯罪事实。

破获省督“3·03”开设赌场案。2022年3月7日，在奉化、海曙、镇海等地开展集中收网行动，共抓获涉案人员18名，其中12名犯罪嫌疑人被依法采取刑事强制措施。经审讯，邓某等人如实交代在镇海、奉化、海曙、鄞州等地10余家中小百货超市摆放赌博机供他人赌博的犯罪事实。

破获省督“UED”跨境网络赌博案。2022年7月至8月，专案组先后组织4次全国性集群战役，发现并打掉本案金主股东、技术支撑、资金跑分、引流主播、赌客5个环节，其中打掉资金跑分团伙5个、引流主播团伙4个、技术支撑人员2名，明确赌博平台金主股东身份4人、赌博平台客服19人，以上共计采取刑事强制措施54人，行政处罚赌客24人、教育训诫34人，查扣非法资产3000万元。

侦破“2013.4.23”故意杀人案。2022年8月1日，大桥派出所接到报警称其父亲在西溪石子厂附近竹山被偷笋人打伤。大桥所在案件侦破过程中发现，本案与“2013.4.23周某高被杀案”作案手法、作案凶器等高度吻合，随即将案情通报刑侦大队。大队高度重视，立即启动命案工作机制，同步开展并案侦查工作。8月5日6时许，专案组在奉化成龙学校成功抓获犯罪嫌疑人陆某茂，经审讯，陆某茂对9年前故意杀害被害人周某高的犯罪事实供认不讳。

破获“3·03”特大走私案。2022年3月3日凌晨，区公安分局联合宁波海关缉私局、海警局在莼湖街道鸿峙码头成功打掉一个以郑某平为首的36人走私冻品的犯罪团伙，采取刑事强制措施21人，查扣冻品230.64吨，作案船舶1艘、车21辆、现金109.9215万元。经查，2021年年底至2022年3月，该走私团伙为牟取非法利益，多次从境外采购牛、猪等动物内脏冻品，并雇佣船只开至公海处接驳冻品至莼湖街道沿海的码头进行装卸上岸并销售，共走私冻品500余吨。

（陈　旖）

检　察

【概况】 2022年，区人民检察院坚持以习近平新时代中国特色社会主义思想为指导，深学笃行习近平法治思想，聚焦“质量建设年”决策部署，在区委和上级检察机关的坚强领导、区人大及其常委会的有力监督下，紧紧围绕服务保障“党的二十大胜利召开”重大政治任务和奉化高质量建设现代化滨海大都市健康美丽新城区重要决策部署，依法全面履行法律监督职责，各项工作取得新进展。区人民检察院先后获评全国检察机关宣传先进单位、全省普法与依法治理工作先进集体、宁波市法治与宣传教育基地、区级平安建设先进集体。26个集体

8月17日，奉化区府检联席会议暨“共治检察室”推进会在区检察院召开

1月7日，奉化区检察院、奉化区司法局召开全区检律联席会议

和个人被授予市级以上荣誉，10人分获省市级检察人才、业务竞赛标兵能手称号，21个案件获评市级以上精品、典型案事例。

【立足宪法定位】区人民检察院树牢政治机关意识，深入贯彻落实《中共中央关于加强新时代检察机关法律监督工作的意见》，聚焦中国式现代化区域模范建设，依法展现检察担当、体现检察作为。主动融入共同富裕特色区建设，以争创全国生态文明示范区、市知识产权交易服务中心落点奉化等为契机，制定实施服务保障经济稳进提质等举措意见，深化山海生态公益保护、检护营商、知识产权检察等业务品牌。

推动构建严密法治监督体系，加强与人大、政协、审计等沟通协作，探索建立代表委员意见建议与检察工作双向衔接转化等机制，同区纪委、区监委加强协作配合，推动法律监督与其他监督贯通衔接。开展检察官联络警务站试点、“检察阳光码”、执行领域协作与监督等创新探索，助推形成良性互动的府检、法检、检警、检律关系。

强化检察权制约监督。自觉接受外部监督，主动向区人大常委会、区政协等通报检察工作，听取意见、反馈整改情况。积极邀请代表委员、人民监督员、群众代表参加检察开放日、案件听证会、检察工作意见征询座谈会等活动14场次150余人。紧盯办案环节，增强内部监督，依托检务督察办公室，加强案件质量常态化评查，以司法办案质效提升助推公正廉洁司法。

【服务保障】区人民检察院出台“优商”10条举措，推动成立并运行区营商环境投诉监督中心，成功办理首例民企涉知识产权行政非诉执行争议投诉事项，获区委主要领导批示和肯定。在重点企业挂牌设立知识产权综合司法保护联系点，办理案件的同时帮助企业追赃挽损159万元，并助力该企业摘得“知识产权优势企业”国家级荣誉。

围绕社会热点、群众难点开展专项监督，依托全市首例“电竞酒店”公益诉讼案、消防“三合一”场所安全隐患排查专项行动等履职监督，推动全区开展各类专项整治，更好地发挥检察为人民司法、为治理献策的独特作用。主动回应社会关切，民事检察“支持起诉+庭前调解”

11月22日，区营商环境投诉监督中心在奉化区检察院挂牌成立

6月9日，杭州军事检察院、奉化区检察院共同办理保护军事行动和军事设施安全公益诉讼案件

助力158名农民工兑现被拖欠近半年之久的工资款195万元。

贯彻落实少捕慎诉慎押刑事司法政策，不批捕48人，不起诉468人，报捕率、起诉率比2021年，分别下降21.55%、5.95%，协同公安机关推动万人犯罪率稳步降低。当好党委、政府法治参谋，针对交通肇事高发、民企内部腐败风险加剧等问题，呈报专题分析报告5篇，获区委主要领导批示和肯定。聚焦建设工程施工分转包、再生资源回收等重点领域，制发检察建议督促“堵漏建制”。

【四大检察】 刑事检察方面。持续深化规范司法行为常态化工作机制，共批捕314人，起诉1155人，刑事案件审结率高于全市平均水平，认罪认罚适用率、确定刑提出率和采纳率均居全市前列；立案监督21人，撤案监督17人，追诉2人判决生效10年以上有期徒刑，两项监督成效提升明显。4件案件获评全市刑事检察精品案例。

民事检察方面。共办理生效裁判、审判程序和民事执行监督案件82件。持续强化虚假诉讼监督，从一起杀害好友的10年旧案中，发现伪造房屋买卖合同线索，守住被害人房屋拆迁款，以公正公信还之以公道，入选2022年度全省检察机关有代表性、普法意义的11个案例，系全市唯一。

行政检察方面。共办理行政争议实质性化解、非诉执行和行政违法行为监督案件11件。其中，与区司法局建立行政争议化解联动机制，介入、参与化解行政诉讼背后的矛盾争议，实质性化解长达近10年的行政争议2件，共同推进行政争议源头治理。在全市率先办理督促和解协议履行领域的行政非诉执行监督案，入选全市首期行政检察办案指引。

公益诉讼检察方面。共办理公益诉讼案件36件，其中已办理26件行政公益诉讼诉前程序案件，其中重特大案件16件，通过市人民检察院起诉纯民事公益诉讼8件，刑事附带民事公益诉讼起诉2件。督促履行环境损害赔偿、挽回国有财产损失1000余万元，复垦农用地200余亩。依法办理全省首例“食安封签”公益诉讼案，与杭州军检协作推进涉军港和舰艇航道保护，督促修缮维护周树春革命烈士墓碑案获评全省典型案例。

【深化履职创新】 区检察院突出数字检察实战实效，开展省院17个数字检察专项；深化民事执行监督，创新研发“人车”综合查询数字监督模型，督促实扣车辆22辆，促使履行债务150余万元，获申请人广泛好评；深入运用“判实未执”数字化监督，监督纠正6人，经验做法在全省转发，并被市委改革办纳入市级数字项目建设清单。

推进侦查监督与协作配合办公室运行，健全完善“专职常驻+巡回检察”、捕前诉前先行建议等机制，对91人提出捕前磋商建议，对119人提出下行处理意见，报捕人数比2021年下降52.57%；依托侦查监督与协作配合机制，提前介入案件22件，持续加强个案跟进及动态管控，通过书面征询刑拘后未报捕、存疑不捕等案件办理情况，成功筛查有关案件线索并追诉5人，充分发挥检察引导侦查作用。

深化“刑事犯罪警示教育基地”和“蔚蓝”普法宣教品牌建设，创新开展检察官下基层、进

4月26日，区检察院联合关工委、妇联成立全市首家“涉未成年人案件家庭教育指导工作站”挂牌揭幕仪式举行

企业、入校园等活动，2022年共组织各类宣传活动22批次，涉普法群体5000余人次。“蔚蓝”法治宣教工作品牌获全省检察文化品牌建设成果奖项、“蔚蓝”普法宣讲团及其“护航青少年成长”项目分获全省检察文化品牌建设成果奖、宁波市级青年文明号等省市级奖项。

【队伍建设】 区人民检察院不断巩固党史学习教育和队伍教育整顿活动成果，建立和执行党组理论学习中心组、党支部学习会、部门“周一例会”“周二夜学”“周五复盘学习会”等学习教育常态化机制。贯彻落实《中国共产党政法工作条例》，扎实开展政法干警政治轮训，引导全体检察人员不断增强“四个意识”、坚定“四个自信”、坚决做到“两个维护”。院机关党总支获评市级五星级基层党组织。

聚焦检风检纪、规范司法，出台作风建设专项行动方案，建立“周督查周通报”“月展示”等赛马晾晒机制，提振干警精神面貌。全面落实市院从优待检各项举措要求，持续提升检察人员的尊荣感和归属感。完善办公设施建设，建成投用检企会客室、检务督察工作专区等场所。丰富干警精神文化生活，积极组织文娱活动，干警创作文章《检察蓝的守望》获人民检察杂志社征文三等奖。

针对近年来新进人员占比高的实际，多措并举抓好选育管用，开展“青蓝工程”导师帮带、“奉检青研”检察官沙龙、青年干部月度述职等特色活动，加速青年干警成长。探索外部引智，邀请25名各界人士担任特邀检察官助理、特约检察员、公益诉讼社会观察员，助力提升特定领域监督专业化水平。2022年，发表理论调研文章20余篇，1名干警先进事迹被最高检《检察队伍专刊》转载。

（任家璇）

法　院

【概况】 2022年，新收各类案件8437件，办结8595件，一审判决案件改判发回瑕疵率、诉前纠纷化解率等主要质效指标位居全省前列。12月28日，奉化区人民法院被最高人民法院命名为“为群众办实事示范法院”。

10月14日，区检察院推出的“奉检青研”检察官沙龙

单位：件

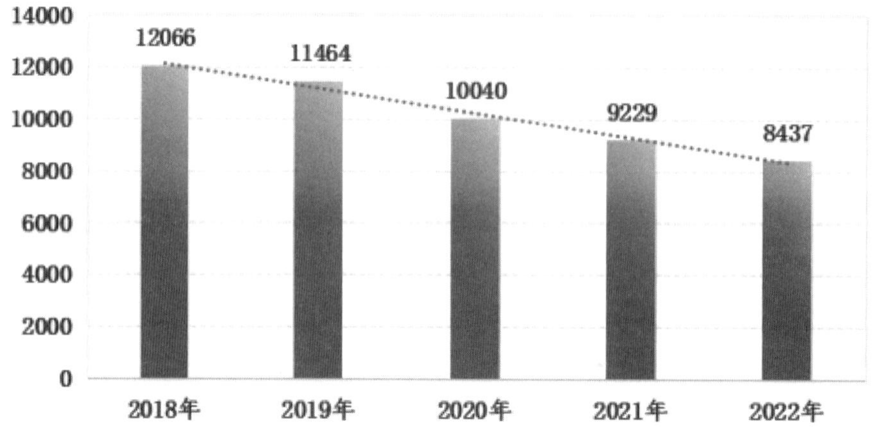

2018—2022年奉化法院收案变化情况

单位：件

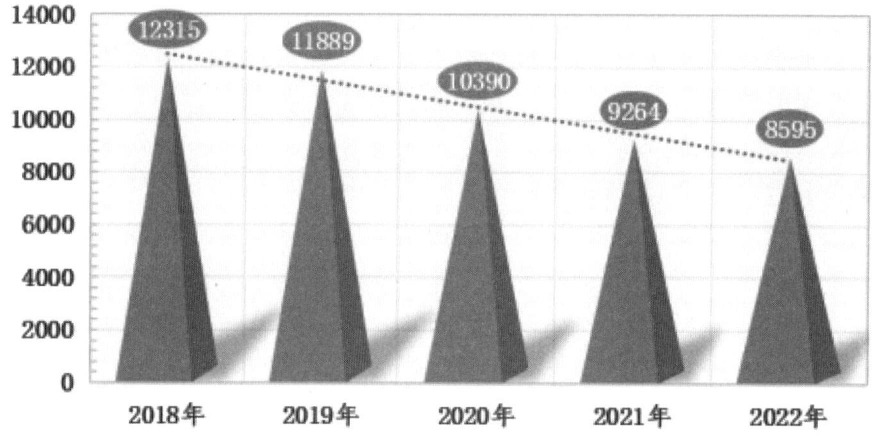

2018—2022年奉化法院结案变化情况

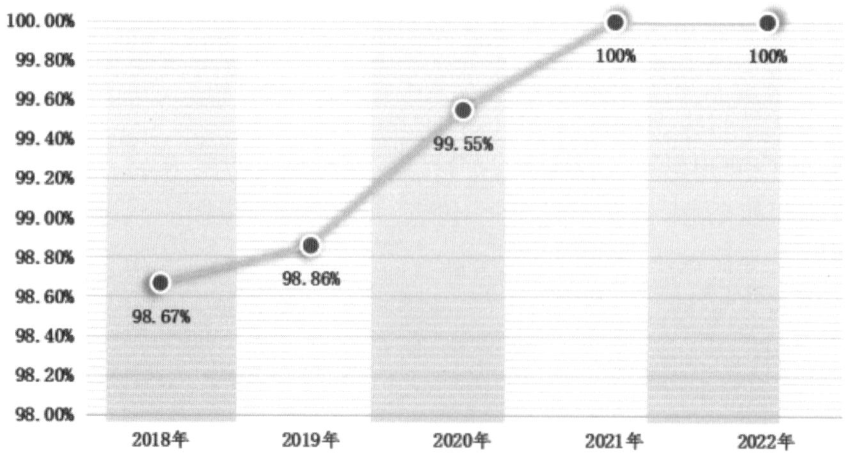

2018—2022年奉化法院正常审限内结案率变化情况

【刑事审判】 审结刑事案件654件，判处罪犯992人。其中审结电信网络诈骗、集资诈骗等案件60件；审结侵害未成年人刑事案件22件27人。依法审结一起“投资理财”型养老诈骗案，涉及受害人174名，在审理阶段追赃挽损130余万元。依法审理水库移民、粮食购销、工程建设等领域职务犯罪案件。

【民商事审判】 审结婚姻家庭、教育、医疗、消费、住房等涉民生案件1019件，审结劳动争议案件198件，依法审慎处理涉企纠纷3223件，涉案标的额14.6亿元。深化企业破产重整、预重整制度改革，加强个人债务清理制度应用，实现28家僵尸企业成功“出清”，化解不良债权4.58亿元，盘活土地资源4.59公顷（68.9亩）、厂房3.5万平方米，安置职工386人；审结知识产权相关案件143件；适用罚款、拘留、训诫等民事制裁措施处罚涉虚假诉讼28人；加大司法救助力度，为当事人缓、减、免交诉讼费76.9万元，向生活困难的22名当事人发放司法救助金50.5万元。

【行政审判】 审结行政诉讼案件66件，审结申请强制拆除违法建筑案件119件，准予执行率达100%；发送败诉风险预警26次，行政机关负责人100%出庭出声；协调化解93.1%的行政案件，行政案件收案量比2021年下降16.4%；连续13年召开府院联席会议并发布行政审判白皮书，开展行政执法专题培训1000余人次。

【执行攻坚】 2022年，新收执行案件2436件，执结案件2527件，执行到位金额3.83亿元。组织开展“春·甘霖”“夏·飓风”“秋·骄阳”“冬·瑞雪”等集中执行行动，纳入失信2620人次，限制高消费3496人次，曝光74人次，罚款拘留31人次，移送涉嫌拒执犯罪案件16件；向各部门推送诚信履行名单，对7家企业和个人采取信用修复措施。

【基层社会治理】 参与构建“1234”基层矛调模式，在全市率先开展“共享法庭”建设，建成350余家“共享法庭”，指导调解992次，化解纠纷2966件，授课培训1276人次，全市“共享法庭”工作推进会在奉召开；大力创建“枫桥式人民法庭”，人民法庭全年化解全院44%以上的民商事纠纷，工作成效入选最高法

7月22日，全市“共享法庭”建设推进会在奉召开

8月31日，奉化召开区委法院工作会议

院典型案例，系全省四家法院之一；充分发挥法治引领功能，依托“四明云法庭”“奉法讲堂”“宪法宣传周”等载体进行普法宣传58次，受众3200余人。

【司法体制改革】 全面落实司法责任制，完善院庭长监督管理和法官审判权责清单，将226件案件纳入“四类案件”监管范围，切实解决监管不到位、权责不统一等问题；深入开展四级法院审级职能定位改革试点，确保案件“有上有下”、审判资源配置科学；扎实开展审判领域“当事人一件事”集成改革，深化“程序空转”治理专项行动，针对金融借款合同、物业、房地产、破产等案件，全年合并审理296件、化解纠纷1964起。

【行政诉讼变革】 在全国率先探索开展涉重大工程项目补偿安置协议司法确认改革试点，涉及18个工程，总投资80.7亿元，项目周期平均缩短15个月，在全市范围推广；联合区委政法委、公安、检察院等部门构建“甄别、制裁、防范”长效机制；践行“绿水青山就是金山银山”理念，实行环境资源刑事、民事、行政案件“三合一”归口审理，审结相关案件164件。

【数字法院建设】 全力推进“案件质控子脑”项目，被省高院确定为2022年度第一批“育苗造林”项目、宁波中院院长领衔项目；持续推动“E键联办”“智慧审管”“金融智审”等项目迭代升级、实战实效，全年通过“E键联办”办理各类协助执行事项1985件，涉及执行标的额1.3亿元，运用“电子督促程序”快速化解金融纠纷617件，平均审限比2021年缩短14.23天；深化审判辅助事务集约化改革，民事公告送达率从12%降至3.66%，降幅居全市第一。

【队伍建设】 推动召开首次区委法院工作会议，持续强化党对司法工作的绝对领导；建成“院史馆”“数字化共享党建阵地”、文化长廊等项目，打造“党建+文化”法院示范品牌；出台《“现代化人民法院建设”考核办法》，建立数字化考评模块；搭建“锋领奉法·干警述职交流会”“奉法论坛”“周二夜学”等平台，督促干警从“岗位新手”变为“行家里手”；建立导师帮带、院领导主持重点调研课题等机制，57篇调研文章、案例在国家级、省级、市级期刊发表，信息工作位居全市第一，获“全省法院信息工作二等奖”；着力打造清廉建设高地，溪口法庭被纳入宁波法院首批“清廉单元”培育对象

【监督公开】 健全代表委员意见建议闭环管理机制，全年办结人大建议、政协提案和信访交办件14件，面商率、满意率均达到100%；邀请代表委员视察法院、旁听庭审、见证执行等570余人次，听取意见、建议78条；健全常态化联席会议制度，办理检察院抗诉、建议再审案件8件；健全法官与律师互评机制，积极召开律法联席会议；定期向民主党派和无党派人士通报工作，征求意见660余人次，出台服务措施44条；贯彻实施人民陪审员法，通过探索“人民陪审员”数字化管理系统、定期电话回访等形式，最大程度支持人民群众参与司法。

（江　艳）

司法行政

【概况】 2022年，全区司法行政系统深入学习贯彻习近平法治思想和党的十九届六中全会精神，全面贯彻落实各级司法行政工作会议精神，坚决贯彻落实区委、区政府“跨越发展、二轮攀高”“竞绩竞跑、进位进阶”决策部署，紧扣法治建设争先进位目标，深入实施“法助共富、法护平安”专项行动和区级“五大行动”，强作风、重落实、提效能，抓实三大重点工程，为奉化高水平打造共同富裕特色区、高质量建设现代化滨海大都市健康美丽新城区提供法治保障。

【法治奉化建设】 召开二届区委全面依法治区委员会第十次（扩大）会议，全面总结2021年法治奉化建设工作情况，审议并通过《2022年法治奉化建设重点工作》等7个文件，制定实施法治奉化

建设“八大抓手”工作方案，构建法治建设蓝图；召集40个法治建设考核牵头单位召开季度推进会，准确掌握重要指标进度，靶向推进梗阻问题解决；将法治建设纳入党委巡察范围，对15个区直机关和2个街道开展法治巡察，点对点通报问题、督促整改；选育法治成果，打造一批有辨识度有影响力的法治建设标志性成果，推荐上报法治政府建设“最佳实践”项目2个、特色亮点项目5个；以示范创建为指引，指导溪口镇、锦屏街道争创第二批法治街道（镇乡）。

【**法律服务**】 持续开展律师业“扬帆行动”，出台《宁波市奉化区关于加快推进律师业高质量发展的实施意见》，对律师业的资金扶持和政策倾斜力度为历年之最；建立公职律师队伍统筹使用机制，律师万人比指标由年初的1.59提升至2.06，党政机关公职律师覆盖率提升至100%；开展“强链纾困助企专项上门服务”“三师助企”等活动，累计为1963家企业提供“法治体检”，协助971家企业加强合规管理，打造法治营商“暖环境”；加强公共法律服务体系建设，“12348”法律服务热线提供“365天在线、1分钟响应”的优质服务，“实时法律顾问”解答法律咨询13245人次，1分钟内响应比例和群众满意度均为100%；投入27万元在全区覆盖投放公共法律服务自助终端，全天候提供“云服务”2395件次；强化困难群体法律服务兜底帮扶，共办理各类法律援助案件710件，其中涉农民工群体287件，追回劳动报酬近1200万元，受援人满意度在98%以上。

【**普法宣传教育**】 推动“八五”普法走深走实，在全区开展“服务大局普法行”“法助共富、法护平安”等活动361场，实现法治宣传全域、全民、全覆盖；谋划普法工作数字化转型，推出“奉化区—甘洛县”暑期假日学校空中普法课堂、《奉化法治文旅行》宣传片等多元化普法产品，直播课堂吸引万余名网友观看点赞；积极打造“奉小法”普法IP，推送的7期《奉小法说民法典》均被“学习强国”宁波学习平台采用；新增全国民主法治示范村1个、省级民主法治示范村（社区）8个，培育设立省级公民法治素养观测点1个。

【**除险保安效能提升**】 深入开展“调解促稳定、喜迎二十大”专项行动和社区矫正平安护航党的二十大“百日会战”，确保重点对象全部教育管控到位。全年共调处矛盾纠纷10115件、涉及金额超1.8亿元，远程视频会见204人次，位居全市第一，衔接安置帮教人员498人。健全矛盾纠纷多元调解体系，培育发展“奉帮和事嫂”婚调志愿者服务队、“海上枫桥”调解团等区域品牌，新增“宁波市人民调解品牌工作室”2家、“宁波市人民调解委员会规范化建设示范点”2个，不断夯实调解基础。设立“奉化区人民调解基金”，募集启动经费18万元用于慈善救助，切实提升人民调解品牌效应和社会效应。全面推进“智慧矫正”体系建设，做好第二批部级“智慧矫正中心”创建，已完成省一级验收。研发“矫务公开应用”，数字赋能社区矫正精准帮扶工作。自2021年3月上线以来，日均产生社区矫正对象监管码分享、查阅等数据10条以上，累计帮扶矫正对象3000余人次。

【**司法队伍建设**】 探索党建与业务工作深度融合，打响擦亮“奉领司法蓝”“锋领助矫”等党建品牌，“奉领司法蓝”战疫党员突击队获评区战“疫”先锋团队；指导浙江海泰（奉化）律师事务所党支部探索形成“五位一体”党建工作法，开展党员队伍分类管理示范点建设；持续加强队伍建设，选派优秀干部参与征地拆迁、挂职第一书记、担任农村指导员等，引导党员干部参加助力共富保平安、抗疫防疫、防汛防台等重点工作，提升干部实战历练能力。全年参与疫情防控222人次；全系统干部累计走访企业99次，开展驻企服务411次。多名干部在市级岗位练兵展示活动中榜上有名。深化“五问五破争一流、六比六严攀新高”作风建设，靶向纠治“四风”顽疾。深入开展司法行政系统防止干预司法“三个规定”专项行动，重点查处律师与司法人员及法律服务人员违规违法执业行为，全年未发现上述行为。

（潘雨欣）

法制工作

【概况】 2022年，奉化区依法行政工作根据省厅、市局工作部署要求，紧紧围绕区委、区政府“跨越发展、二轮攀高”“竞绩竞跑、进位进阶”决策部署，以“125”工作体系为引导，各项工作取得明显成效。

【法制监督】 创新开展“八个一”行政执法专项行动，累计评查征收拆迁、项目建设等重点领域执法案卷102份、提供法律意见100余条。纵深推进区、镇(街道）行政执法协调监督工作体系建设，完成对全区28个行政执法单位和各镇（街道）“三项制度”落实情况的全面梳理排查。组织开展全区行政执法工作人员及法治督察员业务轮训，覆盖参训单位45个、参训人数1330人。完成对12家法律服务机构和50名法律服务人员的“双随机、一公开”行政执法检查，发现问题点69个，已全部整改到位。推进“大综合一体化”行政执法改革，组织开展执法证申领活动，全年新增拥有行政执法证人数170人，镇（街道）行政执法证件230余本，申领通过率达82%。

【行政争议处理】 持续开展行政复议案件引流、引导工作，全年新收复议与诉讼案件比值为1.2，直接纠错1件，68%以上案件争议在行政复议环节实现定纷止争，诉至法院的复议案件被确认合法有效的达100%，行政复议主渠道作用有效彰显。涉重大工程项目补偿安置协议司法确认工作在全市推广应用，并作为区级地方技术性标准规范公开发布；提炼总结的行政复议“公开评议”创新做法获省厅领导批示肯定，并入选全市司法行政系统年度创新推进工作。12家司法所全面挂牌运行行政复议基层服务点，选送的《行政复议主渠道功能实现的理论思考和制度探索》一文，列入省优秀论文汇编；“应某甲等不服未按约定履行拆迁调产安置协议行政行为提起行政诉讼案例”列入省行政复议案例选编。报送的复议决定书，入选市级优秀复议决定书。全面提升镇（街道）合法性、审查规范性，深化“党政办+司法所+法律顾问”三位一体标准化审查模式应用，全年累计开展合法性审查2371件。

（潘雨欣）

矛盾调解

【概况】 2022年，奉化区社会治理中心落实省市区委关于加强社会治理体系建设部署要求，推动基层治理事件处置、矛盾纠纷调处化解及其他社会治理重点工作有序开展，创新打造“1234”基层矛调模式和应用，为全区经济社会平稳较快发展创造稳定社会环境。

【“1234”矛盾调解模式】 坚持以党建一核心为统领，发挥“道德庭”和“共享法庭”两庭核心载体作用，健全村社—镇街—区三级联动调解防线，建立四级事件分类处置闭环机制，构建“一核统领、两庭共治、三级防线、四个闭环”的“1234”基层矛调模式。已建成规范化道德庭313个，占村（社区）总数的97.5%，累计处置涉及婚姻家庭、邻里关系、村庄建设等事件3223起；共享法庭已覆盖全区12个镇街、300个村社及34个行业协会等组织，镇街、村社覆盖率93.2%，化解各类矛盾纠纷1864件。江口街道社会治理中心共享法庭获评全省首批示范共享法庭。

【矛盾纠纷调解】 2022年，区社会治理中心累计接待群众10559批次12562人次，调解成功率99%，办结满意率100%。各类区级调解组织共成功调解矛盾纠纷3422起，其中诉前调解受理1965件，化解657件，化解率为33.4%；劳动调解受理2974件，化解2454件，化解率82.5%；医疗纠纷调解共立案受理51件，全部成功调解。诉前调解、劳动调解、医疗纠纷调解的工作成效均位列全大市前列。镇街矛调中心共化解矛盾纠纷9621件，化解成功率97.8%，村级矛调平台共化解矛盾纠纷25012件，化解成功率98.9%。

【区社会治理中心举行揭牌仪式】 5月16日，奉化区社会治理中心举行揭牌仪式，标志着奉化区社会矛盾纠纷调处化解中心“迭代升级”为集信访和矛盾纠纷调处化解、社会治理事件处置、社会风险分析研判、重大应急管理等多能为一体的县级社会治理中心。

（沃淑清）

农　业

综　述

2022年，农业农村主管部门继续深入贯彻党的十九届六中全会精神，认真落实区委、区政府"五大变革、五大跃迁"工作要求，坚持以"竞跑竞绩、进位进阶"为主线，以乡村振兴战略为总抓手，以共同富裕为出发点和落脚点，齐心协力，砥砺奋进，加快推进农业农村现代化。全区农林牧渔业总产值60.73亿元，比2021年实际增长4.2%，其中农业增长0.2%，林业增长12.3%，畜牧业减少1.6%，渔业增长8.2%。实现农林牧渔增加值37.44亿元，增长4.0%。农村居民人均可支配收入达到41007元，同比增长6.6%；低收入农户人均可支配收入达到19742元，同比增长14.3%。

农业重大项目取得新突破。全区先后实施5个重大农业项目，其中奉化区数智农业产业园、"剡水田园"万亩耕地整治和宁波市奉化区现代农业园区3个项目正在建设，宁波市战略蔬菜保供基地、长三角互联网水产商贸中心2个项目完成签约。

全区列入国家、省级试点工作多项。海洋渔业资源限额捕捞工作列入农业农村部试点，农业"标准地"改革先后入选省强村富民乡村集成改革实践试点；省农业标准地改革试点名单，并编制完成实施方案。奉化区被省农业农村厅确定为省"浙农富裕"应用农房盘活数字化场景第一批"先行先试"推广应用单位。

2022年，区农业农村主管部门先后承办宁波市备春耕生产暨科技下乡活动现场会、宁波市委农村和粮食安全工作会议暨"大美宁波"建设现场会，受到与会领导的高度评价。区农业农村局先后被评为全省推动农民农村共同富裕成绩突出集体、全省农村土地承包经营权确权登记颁证成绩突出集体，受到中共浙江省委农村工作领导小组办公室、浙江省农业农村厅通报表扬；区农业农村局牵头的"农省心"应用上榜浙江省农业农村厅发布的2022年度全省农业农村数字化改革"优秀应用"名单。

种植业

【概况】 2022年，奉化区统计年鉴数据显示，农作物播种面积共17669公顷（265035亩），同比增长0.66%。粮食作物播种面积10434公顷（156510亩），总产量64229吨，同比分别增长0.96%、1.69%。

油料播种面积602公顷（9030亩），总产量1191吨，同比分别增长18.74%、26.97%。其中油菜籽314公顷（4710亩），产量477吨，同比分别增长51.69%、131.55%；花生272公顷（4080亩），产量687吨，同比分别减少3.20%、1.29%；芝麻16公顷（240亩），产量27吨，同比分别减少15.79%、22.86%。

甘蔗播种面积9公顷（135

亩），产量229吨，同比分别减少25%、46.99%。药材类播种面积82公顷（1230亩），同比减少17.17%；产量265吨，同比增长23.83%。蔬菜（包括菜用瓜）播种面积2554公顷（38310亩），产量46057吨，同比分别增长0.59%、1.38%。果用瓜播种面积503公顷（7545亩），总产量10612吨，同比分别减少16.17%、30.72%。其中西瓜338公顷（5070亩），产量7826吨，同比分别减少16.54%、34.77%；甜瓜34公顷（510亩），产量555吨，同比分别减少38.18%、38.54%；草莓131公顷（1965亩），产量2232吨，同比分别减少5.76%、7.23%。花卉苗木栽种面积3138公顷（47070亩），同比减少2.88%。其中花卉194公顷（2910亩），观赏和绿化苗木2944公顷（44160亩），同比分别减少16.38%、1.70%。盆栽类园艺2万盆。其他作物播种面积347公顷（5205亩），同比增长44.58%。其中绿肥280公顷（4200亩），同比增长116.67%；席草66公顷（990亩），同比分别减少69.16%；饲料草1公顷（15亩）。

【粮食绿色高产高效创建活动】 2022年5月，印发《宁波市奉化区2022年粮食绿色高产高效创建活动实施方案》，持续开展粮食绿色高产高效创建活动。全区申请创建粮食绿色高产高效示范方（基地）共28个，面积3504亩，其中小麦示范方3个，早稻示范方6个、优质稻米示范基地6个、单季稻示范方4个、连作晚稻示范方7个、旱粮示范基地1个，另由宁波市农技推广总站指定创建连作晚稻超高产攻关方1个。除1个连作晚稻超高产攻关方由宁波市农技推广总站验收外，其余27个示范方由区农技总站组织验收，择优确定拟补助示范方（基地）共11个，其中小麦示范方1个、早稻示范方2个、优质稻米示范基地2个、单季稻示范方2个、连作晚稻示范方2个、旱粮（番薯）示范基地1个、连晚超高产攻关方1个。

2022年奉化区粮食绿色高产高效示范方（基地）实割测产验收表

表5

序号	示范类型	创建主体	责任人	示范地址	示范品种	示范面积（亩）	实割产量（千克/亩）	综合考评
1	小麦	宁波市奉化麦浪农场	竺海龙	方桥包山	镇麦 12	120	388.41	
2		宁波市奉化辅德农场	江辅德	西坞尚桥	扬麦 28	120	443.05	小麦第一
3		宁波奉化吴世良农场	吴世良	西坞东陈	扬麦 20	120	406.68	
4	早稻	宁波奉化沈波杰家庭农场	沈波杰	莼湖牌门头	甬籼 15	123	598.24	
5		宁波奉化简逸家庭农场	王宠波	莼湖田央	中组 18	102	601.57	
6		宁波市奉化区有为家庭农场	魏进友	西坞东陈	甬籼 15	115	637.98	早稻第一
7		宁波市奉化区邬君平家庭农场	邬君平	西坞李师	甬籼 15	110	615.15	早稻第二
8		宁波市奉化区西坞蒋盛华农场	蒋盛华	西坞孔峙	甬籼 15	120	592.48	
9		宁波市奉化麦浪农场	竺海龙	方桥竺家	中组 53	230	488.78	

续表5

序号	示范类型	创建主体	责任人	示范地址	示范品种	示范面积（亩）	实割产量（千克/亩）	综合考评
10	优质稻米	宁波市奉化裘村浩森家庭农场	屠才军	裘村杨村	嘉丰优2号	130	662.61	
11		宁波市奉化区明春农场	姜明春	江口蒋葭浦	甬优15	110	705.01	
12		宁波市奉化林占军农场	林占军	莼湖桐照	甬优7860	120	757.17	优质稻米第一
13		宁波奉化吴世良农场	吴世良	西坞泰桥	甬优7872	120	739.84	优质稻米第二
14		宁波奉化王明光农场	王明光	西坞四维	甬优1540	110	—	
15		宁波市奉化西坞东江农业有限公司	卢泽	西坞河头	甬优1540	110	—	
16	单季稻	宁波市奉化区美芳家庭农场	王美芳	江口张俞	甬优12	110	631.57	
17		宁波奉化邬素娥家庭农场	邬素娥	西坞李师	浙优18	110	723.76	单季稻第二
18		宁波奉化吴世良农场	吴世良	西坞白杜	甬优12	120	662.1	
19		宁波市奉化麦浪农场	竺海龙	江口周村	甬优7860	120	823.16	单季稻第一
20	连作晚稻	宁波市奉化区骆位昌家庭农场	骆位昌	西坞亭山	甬优1540	125	—	
21		宁波市奉化区有为家庭农场	魏进友	西坞东陈	甬优538	120	654.32	
22		宁波市奉化区西坞蒋盛华农场	蒋盛华	西坞孔峙	甬优7860	106	677.98	
23		宁波奉化李俭夫家庭农场	李俭夫	西坞李师	甬优538	120	686.74	连晚第一
24		宁波市奉化区阿雷农场	张明雷	岳林周家	甬优15	110	685.6	连晚第二
25		宁波市奉化区明春农场	姜明春	江口朱应	甬优7860	208	639.91	
26		宁波市奉化区美芳家庭农场	王美芳	江口张俞	甬优540	200	683.38	
27	旱粮（番薯）	浙江金缘生态科技发展有限公司	金亦君	大堰沙柯	小香薯等	65	2892.7	旱粮第一
28	连作晚稻超高产攻关	宁波市奉化麦浪农场	竺海龙	江口三进桥	甬优1540	130	672.35	通过宁波验收

【**引种示范推广**】 2022年，以优质、高效为原则，兼顾当地农民种植习惯和市场需求，以江口街道朱应村外应自然村和麦浪农场展示示范基地作为品种集中展示点和数据采集重点，以西坞、溪口、大堰等镇（街道）分散试种点作为辅助观察点，全年共引进15个优质小麦品种，8个高产早稻品种，23个优质、高产、食味佳的晚稻品种，并选择1个品种进行百亩方高产示范种植。10月

24日，成功地举办小麦、单季晚稻和连作晚稻新品种展示观摩现场会，为广大种粮大户提供丰富的品种选择。2022年，共供应早稻种子112.3吨、晚稻种子18.01吨、杂交稻种子33.00吨。

积极引进新、特、名、优蔬瓜新品种，并做好展示示范工作。5月23日，由宁波市农业技术推广总站组织的宁波市瓜菜新品种观摩培训会在江口街道绿苑果蔬专业合作社召开，宁波各县（市）区及奉化本地农技人员与瓜菜种植户82人参加。会上共展示52个瓜菜品种，其中西瓜品种16个、甜瓜品种15个、南瓜品种6个、黄瓜品种5个、瓠瓜品种2个、番茄品种5个、玉米品种3个。品种主要来源于宁波、浙江、上海、河南、台湾等育种公司，浙江农科院、浙江大学等科研院校，以及日本泷井种苗。绿苑果蔬专业合作社被宁波市农技总站选为宁波市优质蔬瓜新品种展示示范现场观摩培训会的教学基地之一。

【作物种质资源收集】 2022年，继续做好尚田街道王董村种质资源圃的全程指导和管理工作。重点提纯选择大桥草子种（计55份株系）；进一步保护提升“本鲜豌”“乌嘴间”豌豆品种和4个本芋艿品种，剔除本地洋芋艿的种植保护；本地油菜因纯度选择需要一定的隔离条件，引导农户进行盆栽种植。同时，根据年度工作方案，选择代表性农户进行长汀萝卜和黄瓜的盆栽种植保护。

【农作物病虫害绿色防控】 2022年，新增培育统防统治服务组织3家。连同2021年宁波市有关部门认定的4家，共有统防统治服务组织7家。全年完成农药减量1.5吨，粮油作物统防统治5733公顷（约8.6万亩）、经济作物统防统治133公顷（约0.2万亩）。西坞街道东陈村水稻病虫害绿色防控（农药定额制）示范区、江口街道前横村番茄病虫害绿色防控（农药定额制）示范区被省植保检疫与农药管理总站认定为2022年省级农作物病虫害绿色防控（农药定额制）示范区。全区农作物绿色防控技术推广面积8133公顷（12.2万亩）。

加强农作物病虫害监测预警。3月，印发“越冬代二化螟绿色防控技术意见”，全区安放二化螟诱捕器5000余套，灌水杀蛹1万余亩。5月，印发“一代二化螟防治意见”。7月，印发“单季晚稻当前病虫害防治意见”，主治二化螟。通过一系列综合技术措施，有效控制水稻病虫害，实现“虫口夺粮，防病护粮”，保障全年粮食生产安全。全年发布病虫情报9期，在新媒体等平台发布病虫防治信息300余条。

持续加强春季农村（田）灭鼠工作。全年向12个镇（街道）统一投放鼠药11吨，取得较好的防治下过，鼠密度从3.01%下降到0.51%。

【土壤污染防治和地力提升】 2022年，继续贯彻执行《浙江省土壤污染防治工作方案》，完成全区20个省控点的土壤采样、信息采集和2021年的监测报告工作。对全区3个长期耕地质量定位监测点开展监测试验，按时报送年度监测评价数据，编制发布奉化区上年度耕地质量监测报告，完成粮食安全和耕地保护年度考核任务。

开展“一户一业一方”测土服务。以区内种植业生产主体为主要对象，开展免费测土服务。一年内全区采土测土210个。统筹布局田间肥效试验，分区域开展不同作物、不同技术模式下的农作物肥料利用率试验4个，结合耕地质量定位监测，开展不同施肥方式的监测试验3个，以配方肥、缓控释肥等新型高效肥料开展田间肥效试验3个，全区共开展各类田间试验10个，以夯实测土配方基础性工作。

推进配方肥替代平衡肥行动。2022年，奉化区推广主要农作物配方肥4169.6吨，其中补贴配方肥3745.6吨、非补贴配方肥424吨，按方施肥推广1327.5吨，主要农作物配方肥和按方施肥应用5471.1吨，主要农作物测土配方施肥技术覆盖率达到90.4%以上。2022年，共发放施肥建议卡840份，开展各类培训、观摩现场会6期，共有约300人次参加。

强化施肥指导和服务。分作物提出化肥减量增效技术指导意见；进一步探索信息化、智能化的科学施肥服务模式，开展施肥App的研发和推广应用；创新技术指导和宣传培训方式，多渠道、多形式发布施肥指导信息，确保化肥减量技术措施落实落地。确定江口街道麦浪农场、锦屏街道九岙水蜜桃园为化肥定额制示范方。麦浪农场水稻示范方内化肥减量施用技术覆盖率达到98%以上，化肥平均减量14%，测产结果比常规增产14.2%；九岙水蜜桃园化肥减量47.2%，精品果比例达到67.1%，亩产值提高6385元。

秸秆综合利用率稳步提升。7月，结合实际出台《宁波市奉化区2022年农作物秸秆综合利用实施方案》。2022年，农作物播种面积为18.81万亩，农作物秸秆可收集资源量约5.48万吨，秸秆利用量约5.33万吨。主要以粮食作物的秸秆为主，其中直接还田量3.84万吨，离田肥料化利用0.61万吨，饲料化利用0.2万吨，原料化利用0.68万吨，秸秆综合利用率达97.3%。

【茶果生产】 2022年，全区共发展果树面积4680亩，其中水蜜桃500亩、柑橘230亩、柿100亩、香榧3750亩、其他100亩。全年引种10余个果树新品种。9月，成功举办2022年奉化区果树新优品种现场会。

2022年，奉化区统计年鉴提供的数据显示，全区茶园面积785.27公顷（11779亩），同比增长0.72%，其中本年采摘633.2公顷（9498亩），同比增长6.71%；全年茶叶总产量930吨，同比减少5.78%，其中春茶695吨、夏茶122吨、秋茶113吨，同比分别减少5.83%、6.15%、5.04%。茶叶总产量中有名优茶93吨，产值8300万元。果园面积3356.2公顷（50343亩），同比减少7.81%，其中柑橘309.07公顷（4636亩）、桃子2213.4公顷（33201亩）、杨梅503.8公顷（7557亩），同比分别减少2.95%、7.59 %、4.15%；水果产量50500吨，同比减少1.29%。其中柑橘5508吨、桃子35462吨，同比分别减少0.47%、2.38%；杨梅5529吨，同比增长12.52%。

畜牧业

【概况】 2022年，加快恢复生猪产能，实现生猪年末存栏目标任务，全区共有年出栏50头以上的规模养猪场（户）43个，规模禽场（户）6个。生猪（含未断奶小猪）年末存栏6.84万头，同比减少21.47%，其中能繁殖母猪1.17万头，比上年减少1.68%；生猪年内出栏10.86万头，同比减少4.99%。牛年末存栏、年内出栏头数同比分别减少31.28%、29.22%。羊年末存栏、年内出栏头数同比分别增长25.58%、4.17%。活家禽年末存栏只数同比增长34.83%，年内出栏只数同比减少18.14%。猪肉、牛肉、羊肉、禽肉、禽蛋产量同比分别减少7.16%、30.3%、8.11%、18.87%、5.59%。

2022年奉化区畜牧业生产情况

表6

指标	生猪（万头）		牛（头）		羊（万只）		活家禽（万只）		畜禽产品产量（吨）				
名称	年末存栏	年内出栏	年末存栏	年内出栏	年末存栏	年内出栏	年末存栏	年内出栏	猪肉	牛肉	羊肉	禽肉	禽蛋
全年合计	6.84	10.86	492	356	0.54	0.50	47.23	55.36	8620	46	68	744	2025
上年合计	8.71	11.43	716	503	0.43	0.48	35.03	67.63	9285	66	74	917	2145

说明：生猪年末存栏包括未断奶小猪和能繁殖的母猪

【动物疫病防控】 2022年，全区共采集各类动物样本1781份。开展重大动物疫病的流行病学调查和实验室监测工作，包括禽流感病、口蹄疫、鸡新城疫、猪瘟、猪高致病性蓝耳病、奶牛布鲁氏菌病、奶牛结核病、小反刍兽疫等。发放防护服485 件、口罩1600个、消毒药2.68吨，消毒养殖场户54个、村庄68个、无害化处理厂1个、病死动物无害化处理收集点8个，以及其他风险场所及养殖区域6.4万平方米、道路105千米。

开展重大动物疫病强制集中免疫和常年补免补注。全年共完成猪瘟补免5.36万头、猪口蹄疫补免5.46万头、蓝耳病补免0.35万头，鸡禽流感补免21.38万羽、鸭禽流感补免5.01万羽、鹅禽流感补免0.13万羽、其他家禽补免1.16万羽，牛羊口蹄疫补免0.62万头，小反刍兽疫补免0.55万头，实现重大动物疫病强制免疫率100%。免疫犬类狂犬疫苗2683头份，发放犬只免疫牌证1万件，植入电子芯片8707枚。

重视非洲猪瘟防控。开展非洲猪瘟防控培训和指导，全面提升养殖场防控意识和管理水平，升级防控设施设备；实行养殖环节病死动物日报告制度，开展规模猪场消毒点的设置、高压消毒设施设备的配备情况及各项防控制度的落实情况检查。实施非洲猪瘟抽检，检测猪血样11405份、环境样本710份，结果全部合格。

加强病死动物无害化处理监管。全区25家规模猪场、2家规模禽场和1家羊场全面启用病死动物无害化处理监管系统。全年发放病死动物无害化处理补助资金260.19万元，其中中央资金137.63万元，市、区级资金122.56万元。结合污染生态治理、防疫执行、投入品使用、安全生产等，开展集中巡查176次，镇（街道）网格化巡查732次。无害化集中处理病死猪54564头，其他动物及产品28.62吨；履行职责，实施犬类集中整治，无害化处理病死犬436只。

【智慧畜牧业平台应用】 2022年，全区智慧畜牧业登记养殖场（户）36家，全部纳入智慧畜牧业管理系统。

开展智慧畜牧业培训工作，内容包括畜禽价格监测、畜禽生产管理、产地检疫等系统应用。通过培训，提高有关人员工作责任性。全年共检疫生猪134086头、家禽9101羽；上传信息猪耳标佩戴214989条、猪免疫信息162条、猪产地检疫信息2393条、畜禽产地检疫信息5条。

渔　业

【概况】 2022年，全区渔业产业持续稳定发展。水产品总产量16.72万吨，总产值23.15亿元，同比分别上升2.81%、1.89%。奉化区被省农业农村厅选入2022年浙江省渔业健康养殖示范县名单，合作牵头的“浙江渔业产业大脑”被省经济与信息化厅评为2022年度全省数字经济系统产业大脑优秀案例。

【海洋渔业】 至年底，全区共有在册捕捞渔船942艘，其中外海大中型捕捞渔船743艘，渔业辅助船40艘，象山港小型捕捞渔船159艘。外海捕捞生产主要在中韩、中日渔业协定暂定措施海域，小马力及中小型渔船仍在浙中、浙南一带渔场作业。随着伏季休渔和增殖放流，渔业资源有所恢复，全年海洋捕捞产量133471吨，同比增加5.45%，产值170574万元，同比上升2.20%。捕捞作业方式以拖网为主，捕捞品种有带鱼、鲳鱼、梅鱼和小黄鱼等经济型鱼类，分别占总产量 的46.52%、11.38%、6.98%和5.74%。

海水养殖有海上筏式养殖、网箱养殖、池塘养殖、低坝高网养殖等，养殖品种有鲈鱼、大黄鱼、南美白对虾、梭子蟹、牡蛎、蛤、蛏和海带。养殖面积1328公顷（19920亩），同比增加5.31%，其中池塘养殖面积653公顷（9795亩），同比增加11.43%。全区海水养殖产量30060吨，同比减少7.23%，产值5.57亿元，同比增加0.50%。海水养殖面积较2021年增加67公顷（1005亩），其中青蛤养殖面积新增33公顷（495亩）、海带养殖面积新增34公顷（510亩），养殖产量总体略升。大黄鱼养殖形势较好，价格较高；青蛤、海带养殖面积增加，产量较2021年增加明显；南美白对虾亩产较高，较2021年同比略有增加。

【淡水渔业】 2022年，淡水捕捞有鱼类、甲壳类、贝类等，以鱼类为主。全年捕捞产量1718吨，同比增长0.23%，其中鱼类1408吨，同比减少0.14%。淡水养殖的水面包括池塘、水库、河沟和稻田，以池塘、水库为主，养殖鱼类、虾类、贝类等，尤以鱼类为多，品种有草鱼、鲢鱼、南美白对虾等。全年淡水养殖面积187公顷（2805亩），与2021年度持平；养殖产量1983吨、产值2832万元，同比分别上升0.61%、1.58%。

【渔业安全】 2022年，紧紧围绕省委、省政府关于渔船安全生产的最新决策部署，坚守渔业安全生产底线，持续扎实推进涉海涉渔领域“遏重大”“除险保安”“春雷行动”“伏休整治攻坚行动”“平安护航二十大”等各项工作，排查渔船783艘，发现整改隐患2782处，隐患排查覆盖率100%、整改率100%。推进海上“病老”渔船专项淘汰整治和海洋渔船“减船转产”，共清退渔船28艘，涉及功率9769千瓦，其中2艘涉氨冷藏渔船在省内率先完成清退。开展海上“千船引领、万船整治”工程，完成46艘中队长示范渔船、27艘“红帆号”党员船建设。集中开展安全生产宣传12次，发放宣传手册、海区图2600余本，受教船东、渔嫂6500余人；组织开展业务基层培训8次，培训基层渔业管理服务人员125人次；组织船员培训31期，培训普通船员1438人，职务船员744人；举行渔船应急演练2场、技能比武1场。完成渔船精密智控设备安装787艘，申领渔船码787艘。强化船位监管和动态点验，督促渔船完成进出港报告，每日点验核查渔船北斗在线率、进入航道提醒劝退、甚高频使用、值班瞭望和船员临水穿救生衣等，尤其“黑色四小时”期间值班值守工作，及时处置突发情况。

【“一打三整治”行动】 2022年，突出渔业环境整治，实现海洋资源有效恢复，全面推进浙江渔场修复振兴。全年共开展“清港”行动15次，清缴违禁网具3005顶，串网5万余米；检查各类市场、饭店排档、冷库等涉渔经营场所2871家次，查扣违禁渔获物112.45千克；清缴并拆解“三无”船舶98艘，立案7起，移送司法机关11起；增殖放流各类海淡水鱼种鱼苗约4.3亿尾（粒）。促进渔业产业绿色发展，举办水产健康养殖培训班19期，培训717人次，渔业健康养殖示范创建工作取得显著成效；开展并完成稻虾轮养试验，调研推广水产循环水养殖技术，建成循环水养殖场2家，示范推广生态健康养殖示范点7个；认真贯彻《奉化区水产养殖尾水处理设施运行管理办法》，完成水产养殖尾水治理销号验收工作，治理全区在养池塘尾水面积602公顷（9023亩），实现尾水治理全覆盖。

现代农业

【概况】 2022年，区级以上农业龙头企业38家，实现产值44.95亿元，同比增长6.3%；出口额13.25亿元，与2021年基本持平。全区农业龙头企业紧密型基地9467公顷（14.2万亩），联系带动农户8.06万户，收购当地农产品金额15.04亿元。继续组织企业参加中国农民丰收节、第十五届中国义乌国际森林产品博览会、浙江农业博览会、宁波绿特优农产品展销会、宁波农产品区域公用品牌鼓楼旗舰店展示展销。继续做好“欢喜奉桃”“奉化曲毫”品牌推广工作。2018年开始、历经4年的尚田街道国家农业产业强镇示范建设全面完成。萧王庙街道被认定为省级林业特色产业强镇。西坞都市农业公园被列入市级都市农业公园创建名单。先后启动剡水田园一期、星光农业万亩方、数智农业产业园项目。谋划宁波市战略性蔬菜保供基地、奉化水蜜桃产业综合体等现代农业产业化项目。有序推进年度浙江省、宁波市示范性合作社、家庭农场的申报认定及监测工作，全区有各级示范性家庭农场74家、各级示范性农民专业合作社41家。

【绿色都市农业】 2022年，西坞都市农业公园总投资2778万元的农田基础设施建设、粮食烘干加工中心建设子项目被列入市级都市农业公园示范项目。宁波平意农业发展有限公司被认定为省级数字农业工厂，宁波顺源农业科技有限公司、宁波平意农业发展有限公司被认定为市级数字农业工厂，浙江小村农业花卉苗圃数字化种养基地、宁波百奥水产数字化养殖基地、奉化溪口千花万果农场数字化种植基地、奉化区裘村裘亚达家庭农场数字化种植基地、奉化区骆家庄水蜜桃数字化种养基地、宁波奉化阿岳水产数字化养殖基地6家基地被认定为市级数字化种养基地。溪口镇五林村农业公园、西坞街道金峨村农业公园、西坞街道甬新河农业公园、尚田街道冷西村长龙农业公园等通过区级农业公园验收。

继续实施“五新”农业产业项目。2022年，35家农业企业享受“五新”项目贷款和担保费贴息，贷款余额7646万元，累计下达利息和担保费补助390.71万元，其中12个“五新”农业产业项目通过第一批绩效考核。宁波市奉化区爽爽家庭农场、宁波凌晨农业科技有限公司、宁波市奉化区大堰镇后畈村股份经济合作社、宁波市奉化区大堰镇南溪村股份经济合作社4家农业经营主体实施的设施农业项目通过验收，累计建成农用钢架连栋大棚45392平方米，下达补助资金197.63万元。宁波市松欣食品有限公司、宁波市一成食品有限公司、宁波奉化香茗茶厂、宁波顺源农业科技有限公司、宁波汇丰食品有限公司、宁波佐餐王调味食品有限公司等实施的6个市级农业经营主体技改项目通过市级验收，项目总投资1695万元，下达补助资金678万元；实施食用菌“共富舱”试点项目，先后在莼湖街道、西坞街道、大堰镇投放“共富舱”122只，累计投资1600余万元。

【农技推广与农民培训】 2022年，巩固事业单位体制改革成果，全区基本形成以2个区级农技推广服务单位（奉化区农业技术服务总站、奉化区农机畜牧发展中心）、12个镇（街道）农业公共服务中心、284个村级农业服务站，以及若干个社会化农业服务主体组成的农技推广体系。

继续实施“农业农村部高素质农民培育”计划，组织农技人员、科技示范户等参加各级各类科技培训，推广粮食高产高效、蔬菜绿色栽培、新型农机操作、机器换人等实用技术。全年组织农民专业技术培训220余期，各类农业实用人才培训2349人，普及性培训8800余人次，发放资料1.3万份。其中部级高素质农民培训班5期，培训高素质农民270人；委托区农合联、区教育局开展农村实用人才培训18期，培训农村实用人才867人次；团区委新农人引育培训2期，培训各类新农人100人；选送12名新型农业经营主体带头人参加宁波市级现代农业领军人才第6期培训，11名新型农业经营主体负责人参加农业农村部乡村振兴产业带头人（头雁）培育，1名农创客成为2022年农业专业类在职研修生班学员。组织参加省基层农技人员知识更新培训90人，其中农技推广骨干25人。

全区6个农业产业技术创新与推广服务团队、70名产业乡村“土专家”、59名农业技术指导员与45户重点科技示范户结对，带动270户科技示范户。实施中央支持推广农技服务项目3个，遴选产生农业主推技术18项和主导品种75个，主推技术到位率96%。农业科技示范主体、农业技术推广公共服务对象抽样满意率均为100%。宁波奉化乐野生态农场、宁波奉化双岩谷生态农场和宁波市奉化大堰小李茶场创建成为省级高品质绿色科技示范基地，累计创建省级高品质绿色科技示范基地的农业生产经营主体11家。开展低碳生态农场创建工作，全年成功创建省级低碳生态农场的农业生产经营主体3家。

“来料加工、一坊带共富”被浙江省农业农村局认定为省级首批农民培训促富品牌。奉化区农业农村局被省乡村振兴促进中心评为全省农民教育培训工作优秀单位。

【农产品质量安全】2022年，继续利用农产品质量安全监管与服务平台，完善农产品质量安全追溯体系。新建二维码追溯点农业主体18家，年末达到305家，390多家规模主体全面实施合格证制度，全年共张贴合格证(追溯码)14万余张。

全年完成区级定量监测663批次，其中例行风险监测331批次，监督抽查332批次，不合格1批次，合格率99.8%。各镇（街道）农残快速检测录入平台累计8691批次，合格率在99%以上。配合宁波市级以上农业部门开展农产品定量监测752批次，其中例行风险监测359批次，不合格1批次，合格率99.8%。对各级监测不合格的2家生产主体进行约谈或查处，处置率达到100%。全力推进食用农产品“治违禁控药残促提升”三年行动，共出动检查人员503人次，检查生产经营主体336家次。

推进绿色优质农产品认定和基地创建工作，全年新增绿色食品2个，面积28.17公顷（422.5亩）。至年末，全区共有有效期内无公害农产品73个（其中渔业19个），面积1773.33公顷（2.66万亩），其中渔业653.33公顷（0.98万亩）；无公害农产品产地整体认定5个，面积4073.33公顷（6.11万亩）；绿色食品41个，监测面积1946.67公顷(2.92万亩)；全国绿色食品原料标准化基地1个，面积2666.67公顷(4万亩)；有机农产品5个，面积16.67公顷（250亩）。农产品地理标志登记产品3个，面积7733.33公顷(11.6万亩)。绿色优质农产品种植面积15.72万亩，绿色畜禽产品养殖12.35万头（只），绿色水产品养殖面积653.33公顷(0.98万亩)，绿色优质农产品比率61.75%。

【农产品品牌推广】2022年，利用新媒体及公交、地铁广告等开展名优农产品品牌宣传，组织企业参加各级各类博览会、展销会以及节庆活动，通过直播带货、专场推介、商贸洽谈等方式，提高品牌知名度，拓展农产品销售渠道。展会活动期间，共获得优质农产品金奖2个、铜奖1个，评委特别奖1个、特别成就奖1个。

先后举办奉化水蜜桃文化节、奉化芋艿头文化节、奉化青年人才交流暨奉化农产品推介活动、尚田街道文化节暨“乡村共富”主题交流活动等，服务于“三农”发展，促进共同富裕。

奉化曲毫保护项目于2021年立项，2022年12月完成。共投资950万元，其中中央资金500万元、自筹资金450万元。发展良种茶园面积335亩，建设厂房1509平方米，水泥道路4000余平方米；建设奉化曲毫茶品牌文化展示中心1个；开设雪窦山奉化曲毫旗舰店1家、专卖店（茶空间）20家；完成9家绿色食品基地申报，编著茶文化书籍1部，拍摄宣传片1部。

5月，举办的第九届“奉茶杯”茶叶擂台赛共评出奉化曲毫、白茶及红茶特别金奖、金奖各3个，银奖4个。7月，参加第十一届“中绿杯”名优绿茶产品质量推选活动，获得2项特别金奖、4项金奖。奉化曲毫品牌价值达到2.27亿元，产品远销北京、沈阳、深圳、上海、南京等地。

【新型农业经营主体】2022年，进一步加强对各级示范性家庭农场（公司）、农民专业合作社的监督管理，促进家庭农场（公司）、农民专业合作社提升发展。年末，有示范性家庭农场74家，其中区级示范性家庭农场17家、市级示范性家庭农场23家、省级示范性家庭农场34家；农民专业合作社41家，其中区级示范性农民专业合作社29家、市级示范性农民专业合作社7家、省级示范性农民专业合作社4家、国家农民专业合作社示范社1家。

区级示范性家庭农场上年末有13家，2022年，新增4家，年末总计17家。分别是：宁波市奉化区西坞笔锋山茶场、宁波奉化裘村香泉家庭农场、宁波奉化裘达夫家庭农场、宁波市奉化区龙奉大岙水蜜桃有限公司、宁波市奉化区杨社长生态农场、浙江欣星生态农业科技有限公司、宁波奉化吴世良农场、宁波市奉化德贤家庭农场、宁波莓好农创农业发展有限公司、宁波高雾生态农场有限公司、宁波奉化大堰鸿蕴生态农场、宁波市奉化区大堰镇心与心农场、宁波市奉化袭村洪威家庭农场、浙江小村农业科技发展有限公司、宁波奉化袭村蟠龙茶场、宁波奉化松岙镇峰景湾茶场、宁波市奉化区李峰农场。

市级示范性家庭农场上年末有15家，2022年，新增10家，其中5家申报评为区级示范性家庭农场，5家省级监测不合格降级。2家升为省级，至年末总计23家。分别是宁波广兴禽业有限公司、奉化区山川茶场、奉化区松岙镇远华水产养殖场、宁波市奉化区一茗茶场、宁波市奉化欣业农场、宁波奉化佳必可果蔬农场、宁波市奉化光良四季园农场、宁波市雨施山农业发展有限公司、宁波仙桃湾农业科技发展有限公司、宁波奉化久峰茶场、宁波奉化桃乡缘农场、宁波奉化袭村袭亚达家庭农场、宁波市奉化翔鹤生态养殖园、宁波市奉化海鹏农场、浙江金缘生态科技发展有限公司、宁波凤雁茶叶有限公司、宁波市奉化区周达军养殖场、宁波市奉化袭村周洪赞家庭农场、宁波奉化枫弄生态农庄、宁波奉化桃乐仙家庭农场、宁波奉化华岭花果山农场、宁波市奉化区土埭定永农场、宁波奉化袭村天顺农场。

省级示范性家庭农场2021年末有37家，5家监测不合格降为市级，2022年新增2家，年末总计34家。分别是：宁波市奉化绿丰家庭农场、宁波奉化润海家庭农场、宁波市奉化区南山茶场、宁波奉化滴水雀顶茶场、宁波市奉化辅德农场、宁波市奉化悠然家庭农场、宁波市奉化范氏农场、宁波市奉化羊羔仔农场、宁波市奉化爱歌顿农场、宁波奉化昊天农场、宁波奉化王鹤农庄、宁波市奉化忠权家庭农场、宁波市奉化麦浪农场、宁波市奉化溪口千花万果农场有限公司、宁波市奉化雨易茶场、宁波奉化爱粿园农场、宁波奉化乐野生态农场、宁波奉化思贤养殖场、宁波奉化溆丰农场、宁波奉化雾中云茶场、宁波市奉化区五金忠宝家庭农场、宁波奉化秋盛生态农场、宁波市奉化区梅尊农场、宁波奉化胖爸爸生态果园、宁波市奉化溪口永乐果园、宁波市奉化尚田文武农场、宁波市奉化乌花楼农场、宁波市奉化利源农业开发有限公司、宁波市奉化莼湖亚盛农场、宁波奉化九岙水蜜桃园、宁波市奉化区盛王农场、宁波星隆农业发展有限公司、宁波奉化双岩谷生态农场、宁波市奉化区爽爽家庭农场。

区级示范性农民专业合作社2021年末28家，2022年上报升市级1家，降级列入2家，年末共29家。分别是宁波市奉化区丰和莲藕专业合作社、宁波市奉化禾丰葡萄专业合作社、宁波市奉化区溪口水蜜桃专业合作社、宁波市奉化明佳果蔬专业合作社、宁波市奉化浦宁农机专业合作社、宁波市奉化鑫地农机专业合作社、宁波市奉化新鲍农机专业合作社、宁波市奉化保丰蔬菜专业合作社、宁波市奉化裕良诚信果蔬专业合作社、宁波市奉化区至真铁皮石斛专业合作社、宁波奉化成瑞农机专业合作社、宁波市奉化区西坞绿兴东魁杨梅专业合作社、宁波市奉化区成国农机专业合作社、宁波奉化绿苑果蔬专业合作社、宁波奉化谷堡农机专业合作社、宁波奉化五旺花木专业合作社、宁波市奉化瑞丰果蔬专业合作社、宁波市奉化鑫杰畜禽专业合作社、宁波奉化国瑞茶叶专业合作社、宁波奉化河头果蔬专业合作社、宁波市奉化联众灵芝专业合作社、宁波奉化江口同发梅花鹿养殖专业合作社、宁波市奉化区源丰农机专业合作社、宁波奉化山海果蔬专业合作社、宁波市奉化云雾粮食专业合作社、宁波市奉化四季果蔬专业合作社、宁波市奉化区四明山中药材专业合作社、宁波奉化锦啸农机专业合作社、宁波市奉化区联丰粮食专业合作社。

市级示范性农民专业合作社2021年末有9家，2022年监测不合格2家、注销1家，新增1家，年末总计7家。分别为宁波市奉化区珍峰草莓专业合作社、宁波奉化辰凤禽业专业合作社、宁波奉化诚信浙东白鹅专业合作社、宁波奉化三禾果蔬专业合作社、奉化区好收成植保专业合作社、宁波市奉化布袋子水蜜桃专业合作社、宁波市奉化区山岭蔬果专业合作社。

省级示范性农民专业合作社2021年末有4家，2022年无监测。年末总计4家，分别是宁波市奉化青皮红香猕猴桃专业合作社、宁波市奉化奉东桃果专业合作社、宁波市奉化区雪窦山茶叶专业合作社、宁波市奉化剡溪芋艿专业合作社。

国家级合作社2021年末有1家，2022年末有1家，即宁波市奉化银龙竹笋专业合作社。

农业机械化

【概况】 2022年，继续加大农机政策性扶持，着力推广适用农机，农机化水平不断提升。至年底，全区共有农机化服务组织35家，其中专业从事粮食生产的农机专业合作社23家、农业科技有限公司4家、特色农机专业合作社8家。农机总动力达18.18万千瓦，主要农机拥有量2万余台，水稻综合机械化率达到92.01%，名列宁波市前列，农业机械在农业生产中的使用率明显提高。

【农机推广服务】 2022年，松岙、溪口、尚田、莼湖等镇（街道）引进应用山地单轨运输机14台（套），实现肥药运输、成果装运机械化，解决水蜜桃、香榧、柑橘等产业生产的运输问题。规模以上畜牧养殖主体推广应用牧场杀菌除臭设备12套，有效提升畜牧场的环保水平。全区新增（或更新）烘干机粮食输送装置3台、金属粮仓4台、除臭清淤机4台、稻田开沟机40台、高速水稻插秧机33台、粮食烘干机18台、热风炉10台、履带自走式旋耕机48台、轮式拖拉机19台、联合收割机3台、植保无人驾驶航空器13台、果园轨道运输机14台，满足134个农户、生产经营组织需求。水稻机耕率、机收率继续保持在98%以上。完成宁波市奉化区民利农机专业合作社承建的“大米精制设备引进与应用”和宁波锦溪农业发展有限公司承建的“香榧智能化烘干设施应用与推广”等2个县（市区）级农机化项目，共计补贴20万元。

【农机补贴政策】 制定《2022年度宁波市奉化区农机发展指导性任务专项资金项目实施细则》，明确新型农机试验示范与推广项目、农业“机器换人”高质量发展先行示范创建项目、农机化科技创新示范项目等农机项目建设要求。制定《印发宁波市奉化区2021—2023年中央农机新产品补贴实施细则》，对标准化设施大棚实行区级定额累加补贴。制定《宁波市奉化区“科技强农、机械强农”行动促进粮食生产高质量发展农机化项目实施细则》，充分利用粮食高质量发展政策扶持，引进育秧硬盘103000个，建设完成早稻后备秧育秧点3个，有力保障全区早稻种植安全。

按照宁波市“自主购机、定额补贴、先购后补、县级结算、直补到卡（户）”新的农机购置补贴操作模式，创新应用农机购置补贴手机App操作系统，方便购机农户申请补贴。全年受理农机购置补贴申请表203份，受益农户114户，机具数量224台，总补贴资金557.29万元，其中中央资金367.70万元、市级资金45.9万元、区级资金143.69万元；报废更新补贴额1.65万元。全区推广引进新型农机试验示范与推广补贴机具数量53台，总补贴资金72.64万元，其中市级资金36.32万元、区级资金36.32万元。全区共补贴各类农业机械277台（套）。补贴的农业机械有烘干机粮食输送装置3台、金属粮仓4台、除臭清淤机4台、稻田开沟机40台、高速水稻插秧33台、粮食烘干机18台、热风炉10台、履带自走式旋耕机48台、轮式拖拉机19台、联合收割机3台、植保无人驾驶航空器13台、果园轨道运输机14台（长7098米）、茶叶加工机械11台、其他机械57台。

【农业“机器换人”高质量发展先行示范创建】 2022年，根据《浙江省农业农村厅关于印发农业“机器换人”高质量发展先行县等建设指引的通知》，结合实际，印发《宁波市奉化区创建浙江省农业“机器换人”高质量发展先行区实施方案的通知》。全年共创建成功重点环节农机服务中心1个、全程机械化农机服务中心2个、全程机械化应用基地3个。

（胡　晟）

农村工作

综 述

2022年，农业农村主管部门认真贯彻落实党的十九届六中全会精神，紧紧围绕区委区政府提出的“五大变革、五大跃迁”工作方向，积极实施乡村振兴战略，不断深化农村改革，践行“绿水青山就是金山银山”理念，持续深化“千万工程”，提速村集体经济发展节奏，支持经济薄弱村发展，深入构建“居家增收”机制，持续促使农民就业奔富，全力推进农业高质高效、乡村宜居宜业、农民富裕富足，奋力打造新时代美丽乡村“奉化样板”。

出台《关于加快林下经济发展的实施意见》，一年内新培育林下经济面积近1000亩，每亩至少带动农民增收3000元。加快“共富方舱”项目建设，全年累计投放“共富方舱”122个，每一方舱带动农户和村集体增收2.3万元左右。

2022年度，奉化区被浙江省“千村示范、万村整治”工作协调小组办公室、浙江省农业农村厅被授予2022年度全省深化“千万工程”建设新时代美丽乡村工作（农村人居环境提升）优胜县称号。《奉化区构建“居家增收”机制促进山区农民就业奔富》一文受到宁波市市长汤飞帆肯定并批示：奉化区居家增收机制精准施策，在共同富裕背景下尤具时代意义，望做出品牌，惠及更多百姓。

农村经济

【概况】 2022年，认真贯彻落实全市村级集体经济消薄攻坚会议精神，紧紧围绕《宁波市消除村级集体经济相对薄弱村攻坚行动方案》要求，出台《宁波市奉化区村级集体经济“消薄”攻坚行动方案》《奉化区镇（街道）级强村公司组建运行方案》等，确保村级集体经济消薄工作顺利完成。提升村级财务管理水平，规范村集体“三资”运行。继续推进助农增收阳光行动，发展集体、个人来料加工业务，保障农民收入持续较快增长。进一步落实“一户一策一干部”工作机制，常态化开展“一户一策一干部”结对帮扶工作。

【“消薄”攻坚提升行动】 2022年，认真贯彻落实《宁波市奉化区“百村百业、强村富民”三年行动计划（2021—2023）》，大力实施“消薄”攻坚提升行动，加快组建强村公司，启用“强村贷”授信资金9000万元，支持经济薄弱村发展。

全年2批次批准实施村级集体经济发展项目17个，涉及9个镇（街道）119个行政村（其中覆盖村经营性收入30万元以下村111个），其中入股锦辰能源公司项目4个（20个村）、购置工业厂房项目1个（23个村）、入股孵化器项目1个（30个村）、蓝领公寓项目2个（4个村）、发展中心2个项目（2个村）、农业谷物烘干加工中心项目1个（6个村）、入股舍辋矿山项目4个（27个村）、集体经营性用房项目1个（1个村）、购买商铺项目1个（6个村），总投资23861万元。按照文件规定，核定补助资金16786万元。当年完成3个，覆盖村6个，总投资1256万元，补助800万元；在建14个，覆盖村113个，总投资22605万元，预拨补助资金15986万元。通过有限资金的定向优先使用，136个经营性收入30万元以下行政村顺利消薄。

至年底，全区283个行政村年总收入达到61716万元，村均收入达到218.08万元，比2021年同期增幅14.57%。所有行政村年总收入全部达到50万元且经营性收入30万元以上，其中总收入100万元以上村占所有行政村的64.31%；全区经营性收入超50万元的行政村占总村数的50%。全区283个村经营性总收入达到34634万元，村均经营性收入122.41万元，较2021年增长15.66%，村级集体经济实现稳步增长。

【村级财务管理】 2022年，依托“浙农经管”预警监督模块，将村集体的基础数据、财务收支、资产资源等资料全面纳入监管范围，即时精准对违反财务制度的事项赋予“红、黄、蓝”三色“亮灯”预警。对于平台警示问题，通过制定处置流程图，开展灭灯督导等举措，要求村集体限期整改。截至年底，累计开展通报督导3次，问题专函警示5份，先后灭灯500余盏。

制定下发《关于印发〈村经济合作社运行问题专项治理方案〉的通知》，成立工作专班，组织镇、村力量，排摸问题。截至年底，共发现问题总数71件，并全部整改到位。强化审计，与各镇（街道）纪（工）委对接，对重点村进行排查，并聘请第三方对排查村进行审计，审计资金总额12558.6万元，共发现各类“三资”问题35个，并基本整改到位。针对专项治理中发现的问题，建立村级经济合同事前审查机制，印发《关于开展村级合同“全周期”监督工作的指导意见》，推出“违规事项直接报告”制度。

建立村级债务申报审核制及债务预警监管机制。新增贷款除正常审批外，还需签订还款承诺书，明确贷款资金额度、使用方向、归还来源、归还时间和归还责任人，努力实现“项目贷款项目还”“届内贷款届内清”。

借力“数字门牌”改造提升，在财务公开模块中公布村集体资金审批手续、资金动向、收支明细等村级“三资”状况，并将财务公开内容细化到每张合同、发票、银行转账记录及相关会议纪要。同时，在村务监督微信群上传查询二维码并随时公开村集体“三资”管理工作信息，提升群众知晓度。截至年底，全区283个行政村均实现村集体“三资”公开全覆盖，村民扫码查询达2万余次。

加强与区委组织部、区民政局和司法局等部门的工作联系，着力打造一批代表性好、展示度高的清廉村居典型。全年新申报清廉村庄66个，全区累计共有清廉村庄116个。溪口镇、西坞街道蒋家池头村分别被中共浙江省委农村工作领导小组办公室、浙江省农业农村厅评为浙江省清廉村居建设示范乡镇（街道）、浙江省清廉村居建设示范村（居）。

【助农增收】 2022年，继续以推进建设共同富裕特色区为契机，以发展来料生产加工、加大以工哺农力度，发展来料生产加工，促进山区农民增收致富。进一步贯彻落实《奉化区开展来料生产加工助农增收阳光行动的实施意见》，将来料生产加工点纳入统筹管理范畴；各镇（街道）以居家劳作和集中建点相结合为原则，鼓励农户参与来料生产加工业，选取有一定条件的行政村建立来料生产加工点；设立线上平台，用好数字化新场景，共归集数据5210余条。尚田街道印家坑村的来料生产加工点吸引本村和周边村庄37名村民参加，年加工产品价值超64万元，带动村集体增收9.5万元。至年末，全区共有来料生产加工点128个，带动农户就业3514户，助农增收6500万元。

【结对帮扶】 2022年，全区5831名党员干部与7166户低收入农户结对，实现结对全覆盖；实施农业产业发展项目562个，参与公益性岗位157个、来料加工216户，启动低收入农户同步基本实现现代化项目12个，全力推动低收入农户实现增收；深入实施低收入农户综合性保险，完成新一轮9481名低收入农户综合性保险投保，实现应保尽保。截至年底，全区低收入农户共计6701户9227人，全年低收入农户人均可支配收19742元，与2021年同比增长14.3%。

美丽乡村

【概况】 2022年，成功创建省级美丽乡村示范乡镇1个、省级美丽乡村特色精品村5个、省级历史文化（传统）村落保护利用示范村1个；评估认定2022年度宁波市新时代美丽乡村示范镇（乡、街道）2个、乡村振兴示范带2条，新时代美丽乡村小集镇式中心村2个、艺术赋能村6个、梳理式改造村45个。滕头等村入选省第一、二批未来乡村名单。共同富裕新时代美丽乡村示范带项目（欢乐桃马逐梦线提升改造工程）全面竣工。创建省级高标准农村生活垃圾分类示范村2个，宁波市级农村生活垃圾分类示范镇（街道）2个、示范村5个；评出全区农村生活垃圾分类推进工作前三名、先进村18个。全年完成农房拆旧283亩，建新179亩、713套。

【乡村品质提升】 2022年，新时代美丽乡村建设取得新成效。12月，浙江省“千村示范、万村整治”工作协调小组办公室、浙江省农业农村厅公布2022年度新时代美丽乡村建设先进乡镇（街道）、村名单。松岙镇成功创建为浙江省美丽乡村示范乡镇；通过考核验收，创建浙江省新时代美丽乡村精品村28个、达标村21个，西坞街道雷山村、锦屏街道长岭村、莼湖街道缪家村、溪口镇上白村、松岙镇西岙村进入省美丽乡村特色精品村行列；大堰镇大堰村被认定为浙江省历史文化（传统）村落保护利用示范村。

精品村分别是锦屏街道山岭村、西圃村，岳林街道童赵村，莼湖街道桐蕉司村、四联村、下陈一村、下陈二村、下陈三村、河泊所村，江口街道蒋葭浦村，西坞街道山下地村、泰桥村、孔峙村，尚田街道方门村、西岙村、双溪联村、畈头村，萧王庙街道肖桥头村、岭丰村，溪口镇栖霞坑村、东山村、东岙村、直岙村，大堰镇南溪村、柏坑村，裘村镇陶坑村，松岙镇五百岙村、大埠村；达标村分别是锦屏街道正明村、西溪村、河头村、外应村、奉南村，莼湖街道鲒埼村、兴联村，江口街道姜塔村，尚田街道王董新村，溪口镇溪一村、溪二村、任宋村、联胜村、大张村、状元岙村、塔下村、剡源村、明溪村、西岙村、西坑村、剡东村。

5月，浙江省农业农村厅浙江省财政厅和浙江省城乡风貌整治提升工作专班办公室联合公布首批省未来乡村名单，萧王庙街道滕头村榜上有名。12月，西坞街道金峨村、萧王庙街道青云村、溪口镇上白村被列入第二批省未来乡村名单。入选村积极开展创建工作，准备接受省级抽查。

年末，宁波市农业农村局评定方桥街道、尚田街道为2022年度宁波市新时代美丽乡村示范镇（乡、街道）；“古亭渔歌”“红领松溪 耕读田园”为乡村振兴示范带；萧王庙街道滕头片区、莼湖街道桐照村为新时代美丽乡村小集镇式中心村；萧王庙街道棠岙村，莼湖街道章胡村、缪家村，大堰镇后畈村，裘村镇马头村，西坞街道金峨村为新时代美丽乡村艺术赋能村；新时代美丽乡村梳理式改造村45个，分别是锦屏街道长岭村、西圃村，莼湖街道楼隘村、舍辋村、兴化村、鲒埼村、朱张村，尚田街道龚原村、汇溪村、尚东村、双溪联村、尚二村、鸣雁村，江口街道后胡村、姜塔村、蒋葭浦村、张村村，萧王庙街道陈郎埭村、慈林村、塘湾村、袁家岙村、云溪村，西坞街道东陈村、河头村、亭山村、康亭村，溪口镇东岙村、公棠村、壶潭村、湖山村、畸南村、上跸驻村、康岭村，大堰镇柏坑村、鲍兴村、李家村、南溪村、三联村、三兴村、山门村、徐马站村，裘村镇岭下村、吴江村、杨村村，松岙镇街二村。

【农村生活垃圾分类减量】 2022年，进一步抓好农村生活垃圾分类处理工作，年初确定任务要求和创建目标。全区农村生活垃圾分类处理全覆盖，12个镇（街道）283个行政村全部实施农村生活垃圾分类。推广农村生活垃圾智分类镇（街道）5个、共56个村，其中莼湖街道10个（累计30个）、覆盖率77%，岳林街道8个村、覆盖率62%，江口街道11个村、覆盖率50%，尚田街道14个村、覆盖率45%，方桥街道6个村、覆盖率38%，西坞街道7个村、覆盖率30%。

采取扶持政策，提升农村生活垃圾分类工作。8月，预拨给创建2022年市级垃圾分类示范镇（街道）的萧王庙街道、溪口镇各100万元，农村生活垃圾分类实施村283万元，每个村1万元。12月，再次下发2022年农村生活垃圾分类补助资金共430万元，其中2022年市级农村生活垃圾分类示范镇（街道）200万元，部分镇（街道）农村生活垃圾智分类推广114万元，区资源化站点运维50万元，农村生活垃圾分类先进镇（街道）30万元，农村生活垃圾分类先进村36万元。全年共下达补助资金713万元。

实现创建目标，农村生活垃圾分类成效显著。萧王庙街道林家村、溪口镇柏坑村被浙江省“千村示范、万村整治”工作协调小组办公室评为2022年度省级高标准农村生活垃圾分类示范村，萧王庙街道、溪口镇，以及大堰镇箭岭村、萧王庙街道林家村、溪口镇东岙村、西坞街道金峨村、裘村镇马头村分别被宁波市农业农村局评为2022年市级农村生活垃圾分类示范镇（街道）、市级农村生活垃圾分类示范村。至年末，全区累计创建省级高标准农村垃圾分类示范村11个，市级农村生活垃圾分类示范镇（街道）8个、示范村20个。溪口镇、大堰镇、裘村镇位列2022年全区农村生活垃圾工作推进工作前三名，第三方抽查“四色榜单”公布的先进村共有18个，分别是岳林街道周家村，莼湖街道章胡村、兴化村，尚田街道山岙村、印家坑村，江口街道朱应村、姜塔村、前胡村，方桥街道盛家村、陈王村，大堰镇三兴村、李家村、鲍兴村、柏坑村、徐马站村、社家畈村，裘村镇岭下村、石盆村。

休闲农业

【概况】 2022年，利用独特的区域位置和环境条件，发挥政府引导扶持和市场主体作用，结合“旅游+”“生态+”“监管+”等模式，推动休闲农业发展再上新台阶。至年底，全区有全国休闲农业与乡村旅游示范点1个（滕头村）、省级农家乐休闲旅游特色村（点）6个（滕头村、黄贤村、岩头村、商量岗、三石农庄、王鹤农庄）、宁波市级农家乐休闲旅游特色村（点）14个（滕头村、黄贤村、岩头村、三十六湾村、常照村、商量岗、三石农庄、王鹤农庄、元宝山庄、尚田草莓采摘基地、三河养殖生态园、钓鱼山庄、爱歌顿农场、天下第一桃园）、宁波市民宿集聚村3个（大堰村、柏坑村、南岙村）、宁波市农家乐休闲旅游特色区块2个（溪口镇、大堰镇）。

“桃花盛开”美丽乡村风景线、“四季缤纷”乡村美食之旅被浙江省农业农村厅、省文化和旅游厅评为2022年“浙里田园”休闲农业与乡村旅游精品线路。“桃花盛开”美丽乡村风景线、“四季缤纷”乡村美食之旅，主题特色分别是田园村韵、农事体验。

【星级农家乐创建】 2022年，新增三星级农家乐6家，分别是宁波奉化王鹤农庄（普通合伙）、浙江雨易农业发展有限公司、宁波市奉化奉茶山庄、宁波市奉化羊羔仔农场、宁波莓好农创农业发展有限公司、宁波隆丰农业科技有限公司；新增四星级农家乐1家，即宁波市雨施山农业发展有限公司。

【休闲渔业】 2022年，受疫情和“7·17”事故影响，休闲渔业上半年产值较2021年同期有所下降；下半年公司经营一直处于关停状态，全年产值和游客接待量下降明显。截止2022年年末共有休闲渔业经营主体2家，其中省级以上精品渔业休闲基地1家、国家级精品休闲渔业示范基地1家。经营主体有休闲渔船60艘，全年产值879万元，同比减少50.67%，接待游客9.27万人次，同比减少54.70%。

【安全管理】 2022年，进一步注重安全管理，做好休闲旅游特色村（点）日常安全和台风、疫情防控、特殊天气等期间安全隐患的检查与警示，进行实地走访和数据统计，开展安全宣传教育。全年出动工作人员58人次，共检查休闲旅游特色村（点）41家次，组织安全培训2次。

（胡　晟）

自然资源管理

综　述

2022年，区自然资源和规划分局认真贯彻落实中共十九届六中全会和省、市、区党代会精神，全面履行自然资源要素保障职责，在高质量推进"两个先行"的新征程上勇攀新高，为全区发展大局发挥积极作用。区自然资源和规划分局获2021年度"承办建议好单位"称号，被评为浙江省湿地保护修复工作成绩突出集体、宁波市第三次全国国土调查工作成绩突出集体、省关注森林活动15周年成绩突出集体以及2021年度全区政务公开先进单位、2021年度全区党委系统信息工作考核先进单位。

土地保护及利用

【耕地保护】 全面推行"田长制"建设。出台《关于落实最严格的耕地保护制度全面推行田长制的实施意见》《奉化区田长制问题闭环处置机制》等相关文件，设立区、镇（街道）、村三级田长和区、镇（街道）两级田长制办公室，配备耕地保护巡查员，构建形成上下贯通、田长制办公室推动的耕地保护责任体系。全力推行"耕地智保"巡查应用，设置206个铁塔点位，对耕地进行24小时监测，实现"人防"先行、"技防"跟进的工作制度，保障田长制巡查工作全面实施。

推进百千万永久基本农田集中连片整治工程。2021年度松岙海沿、后山等五村千亩方永久基本农田集中连片整治工程已收官，并获评宁波市2021年度永久基本农田集中连片整治示范工程，获得30%的工程投资额资金奖励。2022年，奉化区百千万亩方永久基本农田集中连片建设项目已按计划顺利完工并完成市级复核。

2022年，加快推进新增耕地项目选址和联合踏勘工作，完成19个地块联合踏勘和测绘及设计工作，面积约80公顷（1200亩）；完成年度耕地后备资源调查评价、耕地资源质量分类年度更新和监测等工作；全年立项批复表土剥离项目16宗，面积57.47公顷（862亩），剥离通过验收21宗（其中5宗为2021年立项项目），面积共计140.27公顷（2104亩），用于造地复垦，违法用地复耕及恢复地类表土利用共计24.76万米^3。

【土地利用】 加强土地要素保障。2022年，积极向上争取规划额度指标和计划指标，取得1次省留额度和12次地方额度，总面积75.8公顷（1137亩）；取得68.87公顷（1033亩）的新增计划指标；取得市级新增计划指标7.07公顷（106亩）；取得区级新增计划指标57.33公顷（860亩）。积极落实用地报批，组批上报7个计划批次，总面积67.2公顷（1008亩）；上报6个单独选址项目，总面积110.93公顷（1664亩）。

加强土地集约利用。奉化区积极盘活存量低效用地特别是存量工业用地，加快优化土地资源配置，拓展发展空间。2022年，全区消化2009—2018年“批而未供”土地162.73公顷（2441亩），完成年度考核目标的101%；处置存量闲置土地24.73公顷（371亩），完成年度考核目标的367%；盘活存量建设用地159.8公顷（2397亩），完成年度考核目标的117%。

有序推进土地出让。2022年，全区共计完成招拍挂出让63宗，出让金总额65.9亿元，其中经营性用地15宗，总面积约49.71公顷（745.6亩），出让金总额约56.5亿元；工业用地48宗，总面积约100.11公顷（1501.7亩），出让金总额约8.6亿元；其他用地2宗，面积约6.09公顷（91.3亩），出让金约0.8亿元。

【全域国土空间综合整治】 把全域国土空间综合整治列为全区年度“五大行动”之首，在全市率先开展实体化运作，搭建“一办、五组、一专班”的工作体系。以整治集约化、高效化、数字化为目标，围绕农用地整治、村庄整治、工业用地整治、城镇低效用地整治、生态修复的“四整治一修复”，积极打造宁南田园城市综合整治示范片区。示范片区一体谋划项目77个，总投资约574.68亿元，目前已启动“剡水田园”农田整治一期、中信宁波创新工业综合体等27个项目；已完成潘村及周边整治提升、江口街道周村整治提升项目等10个项目，初步形成可看、可学、可推广的改革实践示范样板。

地质矿产管理

【矿产资源利用】 2022年，奉化区共办理建设用地项目压覆矿产资源审核209宗，办理地质灾害审核189份，办理地质灾害危险性评估报告备案20宗；工程性砂石矿产品备案29宗，涉及土石方合计132万立方米，累计收入达5229.76万元。截至2022年底，全区共有采矿权9家，其中矿山7家（经营性5家，工程性2家），矿泉水2家。根据2022年年度储量报告显示，全区矿山保有资源储量10474.04万吨，其中经营性矿山保有资源储量1377.45万吨，工程性矿山保有资源储量9096.59万吨。

【矿山生态环境治理】 通过“突击排查”“日常巡查”“随机抽查”等检查方式，及时发现矿山存在问题，并责令整改到位。同时要求矿山企业落实环境整治主体责任，制定完善爆破、加工、运输各个环节粉尘、扬尘等方面的防治措施，2022年度，奉化区在采矿山粉尘噪声检查全部达标，完成6处废弃矿山整改提升。

【地质灾害防治】 2022年，开展地质灾害风险隐患汛前大排查，共排查风险防范区183处（现存风险防范区154处，核减29处），实施中地质灾害治理工程和已竣工地质灾害隐患治理工程36处，地质灾害监测预警点31处。排查发现问题2处，均已指导镇（街道）落实整改，新增地质灾害风险防范区告示牌43个。推进地质灾害“整体智治”三年行动工，完成溪口镇、大堰镇、萧王庙街道、尚田4个镇（街道）1∶2000质灾害风险调查评价和奉化区1∶50000地质灾害风险普查成果数据的上报入库工作。推进地质灾害综合治理，完成江口街道江口村平岩洞、锦屏街道朝阳花园西、溪口镇石门村下宅、溪口镇壶潭村、尚田街道山岙村山柏坑、大堰镇赵岙村、松岙镇五百岙村7个地质灾害综合治理工程。

绿化及保护工作

【林长制工作落地推行】 制定出台林长制工作实施方案、运行管理制度、考核实施细则；顺利召开奉化区第一次总林长会议；制作完成林长公示牌282块，实现区、镇（街道）、村三级共计595名林长、警长职责信息上牌公布；组织推动宁波市总林长、奉化区总林长等各级林长督导巡林，“林长+警长”的网格化管理体系基本构建。

【森林资源提质扩面】 新增百万亩国土绿化行动圆满收官，2022

年实现新增国土绿化面积483.6公顷（7254亩），完成年度任务的109.9%，累计新增国土绿化面积达到1073.33公顷（1.61万亩），提前2年完成966.67公顷（14500亩）国土绿化五年计划任务。千万亩森林质量精准提升行动扎实推进，全年完成战略储备林建设574.47公顷（8212亩），美丽生态廊道166.67公顷（2500亩）。

【资源管理能力提升】 自然保护地空间布局合理优化，3个省级森林公园规划全部编制完成，其中黄贤森林公园总规已获省林业局批准，金峨山森林公园规划已上报省林业局等待评审，斑竹森林公园规划已编制完成准备报批；林地使用占补平衡制度落地执行，全年完成二批次补充林地库建设，合计面积264.5公顷（3967.5亩）；野生动物致害保险完成投保，实施病弱残野生动物收容救助49起；1184株古树名木养护合同全部签订完毕，实施完成古树保护救助20株；裘村镇缸爿山省重要湿地完成矢量定界，面积26.76公顷（401.4亩）。

【森林系列创建成效明显】 岳林街道完成“省级森林城镇”创建方案编制并通过市级评审，尚田街道南山茶场“省生态文化基地”、溪口镇岩头“省级森林氧吧”已获正式命名，溪口镇东岙村、上白村及尚田街道鸣雁村3个“省级一村万树”示范村成功创建。

执法监管

【行政执法】 2022年，全区共作出行政处罚174件，其中土地违法类93件、矿产资源违法类44件、林业违法类37件。土地违法案件中，涉及占用土地面积275128.05平方米（27.51公顷），其中耕地43891.52平方米（4.39公顷）、基本农田11503平方米（1.15公顷），罚款6845673.90元；矿产资源违法案件中，共计没收违法所得2166592.5元、罚款765772.75元；林业违法案件中，涉及占用林地面积141617.26平方米（14.16公顷），罚款8117908.10元。累计移交公安11起。

【信访及行政复议】 2022年，登记信访件总共250件，比2021年下降12%。其中，接待走访群众18批28人，批次和人数比2021年下降28%和上升3.7%；来信45件，比2021年下降6.3%；来电100件，比2021年下降21%；网信87件，比2021年上升2%。2022年，共办理行政复议诉讼案件36件，其中行政复议案件9件，比2021年上升200%；行政诉讼案件27件，比2021年下降23%。共结案40件，其中行政诉讼案件33件、行政复议案件7件，均未发生败诉败复案件。

（严倩骞）

工　业

综　述

2022年，全区规上工业产值935.6亿元，比2021年增长0.9%，增加值378.5亿元，比2021年下降0.4%；规下工业增加值增速为3%，增速位列全市第七。数字经济规上核心制造业实现产值121.2亿，比2021年增长5.7%；实现增加值19.8亿，比2021年下降0.7%，增速位列全市第八；完成工业投资53.8亿元，比2021年增长30.8%，制造业投资50亿元，比2021年增长31%，增速均居宁波各县市区前列，技改投资36.5亿元，比2021年增长6.6%；9家企业被认定为“国家知识产权优势企业”。

【项目推进提速增效】 靠前靠上精准服务，重塑重构审批流程，重点项目建设审批走上“快车道”，完成工业投资53.8亿元，比2021年增长30.8%，制造业投资50亿元，比2021年增长31%，增速均居宁波各县市区前列，技改投资36.5亿元，比2021年增长6.6%。通过“大项目统筹办、大财政金融办、大政务督查办、大建设调度办”等举措，打造协同联动、环环相扣的“业务推进+综合协调”双回路闭环式推进模式，确保重大项目高效推进、顺利实施。区经信局综合考虑政策规定、项目审批标准和实际推进情况，完善“准入到摘牌”“摘牌到开工”两个阶段项目推进事项，统筹并行招商洽谈、做好供地和设计审查三条主线，拟定最优化、最便捷的项目统办方案，建立双向互通工作机制，按照“一企一群一方案”模式，指定一名“项目经理”提供全流程全链条一对一“管家式服务”，确保工作重点聚焦、工作流程顺畅。通过“拿地即开工”服务改革，昀宇科技、安佳卫厨2个项目实现1个月内从“摘牌”到“开工”。

【推进老工业园区改造】 区经信局制定实施《奉化区新一轮制造业“腾笼换鸟、凤凰涅槃”攻坚行动方案（2021—2025年）》，提出18项重点工作任务，明确17项任务目标，实现空间腾换与产业跃迁，完成宁波下达的各项指标。建立健全低效高耗企业信息库，分类推进低效高耗企业整治，高耗低效企业入库、整治销号191家，淘汰落后产能涉及企业35家，“散乱弱”企业整治提升194家，腾出用能空间1.61万吨，腾出用地空间131.81公顷（1977.1亩）。重点实施成片区域腾退，持续打好老工业园区改造攻坚战，30个工业园区建设项目建设总体顺利，共完成投资25.1亿元，拆除厂房19.2万平方米，新建厂房67.6万平方米，完成4个低效工业区块改造提升。以工业转型升级为改造的主要目标，创新开发模式，鼓励民营资本参与，以溪口智创（气动）产业园的创建经验为鉴，成功改造财政零补偿的中信宁波创新工业综合体。通过推进“腾笼换鸟”，规上工业亩均税收增速13.9%，亩均增加值增速14.1%。

【产业结构优化】围绕关键基础件（气动）、智能家电、时尚纺织服装、电子信息等重点产业，印发《宁波市奉化区推进产业基础高级化和产业链现代化行动方案》，聚焦产业链延链补链强链，打造标志性产业，推动传统产业转型升级、新兴产业壮大发展、未来产业加快布局，产业结构持续优化，生产方式进一步转变。将服装、气动、厨卫三个传统产业作为试点行业，大力推进传统制造业数字化转型，6家企业列入市级数字化车间/智能工厂、自动化（智能化）成套设备建设计划。加强数字经济核心项目谋划和储备，强化重点项目引领带动作用，先后引进亿纬创能、云弧科技等多家优质数字经济核心产业企业。规上数字经济核心制造业企业数达到94家，比2021年净增24家；数字经济规上核心制造业全年实现产值121.2亿元，比2021年增长5.7%。以高精尖专科研成果转化落地为导向，重点引进一批对产业链发展有重大意义、对产业发展有带动作用的优势产业，转型提升智能家电、时尚服装、电子信息等一批支柱产业，培育储备新能源（节能环保）、生命（医疗）健康等一批朝阳产业和前沿产业，加快构建以新材料、新能源、智能电子产业为代表的新兴产业链。

【企业服务】区经信局持续深入开展“联企跑企”专项行动，积极推进服务企业工作，切实为企业解决一批难题，稳定企业发展预期和信心。全区528名“驻企专员”深入812家企业开展强链纾困助企专项上门服务活动，全区驻企专员已累计走访企业23573次，梳理解决疫情防控、土地厂房、人力资源等问题1343个。完成164家规上工业企业管理星级评价，麦博韦尔、亚德客获宁波市第一批企业管理创新提升标杆企业；组织企业参加宁波市2022年“和丰奖”制造业创新设计大赛，瑞利时公司获银奖；霍科电器、富爵电子获评省级工业设计中心；举办第七届“创客中国”奉化区中小企业创新创业大赛，共征集到116个项目；举办“伙伴园区”“伙伴银行”对接会，破解中小企业的融资难问题，为小微园企业新增贷款5000余万元；组织开展数字化经济与企业转型、目标与绩效管理等各类培训活动40场次，培训企业人才近1536人次。疫情防控期间，区经信局指导企业开展进口物品疫情防控，累计进口物品1047批次，进口物品核酸检测681次，环境消杀1198场次；制定“三区”（疫情封控区、管控区、防范区）内重点工业企业闭环生产实施方案，共有571家企业申请创建“无疫工厂”，其中规上企业527家，创建完成率72.99%；组建6个督查组开展工作督查，已督查企业650家次；共办理全国通行证309张，运输量达5168.5吨。

【产业协作】区经信局积极助力企业市场推广，进一步打造本地产品知名度，扩大产品影响力，增强产品竞争力，有效提升主导产业本地配套率和本地产品市场占有率。在奉化“8718平台”“8718帮企大厅”开设“奉化好物”专版栏目，定期发布全区企业优质好物。已推广发布“车载全固态激光雷达”“一站式数字海洋(渔业)服务平台”“智能恒温按摩浴缸”共61期。举办“奉化好物”线下推广活动10场，推介雪路登、艾赛德航空等企业优质产品。此外，联合区工业行业协会开展产业链供应链对接会8场。组织开展重点工业产品目录推荐，收集到36家企业的141个产品，产品涉及厨卫家电、照明电器、电动工具等18类。针对申报企业，点对点开展业务培训，帮助企业注册账号，指导企业产品入驻政采云和网上超市。至年末，共有32家企业入驻政采云，24家企业产品入驻网上超市。

时尚纺织服装产业

【概况】2022年，全区67家规模以上时尚纺织服装企业实现工业总产值62.6亿元，比2021年增长17.4%；销售产值58.6亿元，比2021年增长11.8%；利税2.1亿元，比2021年下降12.4%。销售收入上亿元企业13家，其中宁波罗蒙制衣有限公司实现销售产值10.2亿元。

【创新经营方式】 区时尚服装产业积极完善产业链，全力增加产量、提升质量，不断创新经营方式，形成线上线下新的零售模式，构成国内国际双循环经济，涌现出一批龙头企业，促进整个行业持续稳定的发展。具有全国、全省或行业知名度的品牌企业有罗蒙集团、爱伊美集团、长隆国泰集团、宁波圣瑞思服装机械有限公司、宁波艾盛服饰有限公司、宁波雅楚服饰有限公司、宁波长荣服饰有限公司和宁波莱士服饰有限公司及有特色的宁波奉化北宸服饰有限公司。

2022年全区销售产值2000万元以上的纺织服装企业一览表

表7　　　　单位：万元

企业名称	销售产值	主要经营范围
宁波罗蒙制衣有限公司	101606	服装制造
罗蒙集团股份有限公司	72585	西服制造
浙江爱伊美服装有限公司	30594	服装制造
宁波长隆制衣有限公司	26605	服装加工
宁波浩威纺织品有限公司	20931	针织面料制造
宁波艾盛服饰有限公司	20574	服装制造
宁波汇峰防护用品有限公司	16238	口罩制造
宁波奉化五州服装有限公司	14826	服装制造
宁波市千虹服饰有限公司	14557	针织服装制造
宁波聚关防坠落装备有限公司	12829	安全带和安全绳制造
宁波罗蒙三洋时装有限公司	12769	服装制造
宁波市富罗迷鞋业有限公司	12024	童鞋制造
宁波铭朗服装有限公司	10066	西服制造
宁波长荣制衣有限公司	9767	羊毛衫制造加工
宁波繁拉花边有限公司	9738	花边针织编织品制造
宁波长隆纺织品有限公司	8599	针织编织物制造
宁波市富盾制式服装有限公司	8402	纺织服装制造
宁波丹盈服饰有限公司	7809	运动休闲针织服装制造
宁波万信纺织有限公司	7750	纺织品加工
宁波奉化帆盛嘉业服饰有限公司	7728	服装加工制造
宁波市奉化区久利制衣厂	7562	衬衫制造
宁波市银蝶服饰有限公司	6906	服装制造
浙江双盾纺织科技有限公司	6386	OE 纱生产
宁波升纺制衣有限公司	6242	服装制造
宁波维尼服饰有限公司	6092	服装制造
宁波天盾防水材料有限公司	5923	化学纤维短纤布的制造
宁波熳迪服饰有限公司	5720	休闲针织服装制造
宁波老 K 制衣有限公司	5692	西服生产

续表7

企业名称	销售产值	主要经营范围
宁波市奉化区富盛针织制衣厂	5635	针织服装制造
宁波市奉化浩虹服饰有限公司	5567	西服制造
宁波荣昌祥服饰股份有限公司	5350	西服制造
宁波龙飞世纪光电科技有限公司	5316	针织服装加工
宁波爱立嘉服饰有限公司	5152	衬衫制造
宁波怡顺旅游休闲用品有限公司	5092	帐篷制造
宁波衣杰服饰有限公司	4832	其他机织服装制造
宁波奉化顺达针织制衣有限公司	4753	针织服装制造
宁波科瑞箱包有限公司	3827	箱包制造
宁波天一纺织线业有限公司	3588	涤纶缝纫线染色加工
宁波霓楷服饰有限公司	3551	羊绒大衣制造
宁波博颜服饰有限公司	3532	针织便服套装制造
宁波金点子服饰有限公司	3190	衬衫生产
宁波市源纯服饰有限公司	3059	针织服装制造
宁波琦发针织有限公司	2851	针织服装制造
宁波得立丰服饰有限公司	2728	其他机织服装制造
宁波恒昇纺织有限公司	2727	其他机织服装制造
宁波市奉化鑫汇达针织有限公司	2682	其他机织服装制造
宁波大通制衣有限公司	2663	衬衫制造
宁波今朝服饰有限公司	2583	其他机织服装制造
宁波市恒艺服饰有限公司	2518	运动休闲针织套装制造
宁波国泰制衣有限公司	2492	针织服装制造
宁波市奉化文洲工艺品有限公司	2432	其他机织服装制造
宁波瑞纬日用品有限公司	2334	其他机织服装制造
宁波依心智能科技股份有限公司	2251	口罩制造
宁波市天仕利和服饰有限公司	2186	服饰制造
宁波佳雷服饰有限公司	2036	其他机织服装制造
宁波乔耐鞋业有限公司	2001	皮鞋制造

汽车零部件产业

【概况】 2022年，全区107家规模以上汽车零部件产业企业实现工业总产值104.7亿元、销售产值102.6亿元、利税9.3亿元，比2021年分别增长12.5%、11.5%和48.3%。销售收入亿元以上企业20家，其中宁波比亚迪汽车有限公司实现销售收入12.3亿元，宁波亿纬创能锂电池有限公司实现销售收入10.2亿元。奉化区汽车摩托车行业协会正式改名为“宁波市奉化区汽车零部件行业协会”，并举行四届一次会议暨换届大会。

【产业领域提升】 围绕节能汽车、新能源汽车、智能网联汽车等领域发展关键核心零部件制造业，大力培育新能源汽车，以及汽车空压机、空调压缩机、底盘转向系列总成、减震器等汽车零部件龙头企业和知名品牌企业，重点发展铝合金轻量化产品、轴类、饰条、儿童安全座椅等汽车零部件制造业。

2022年全区销售产值2000万元以上汽车零部件产业企业一览表

表8　　单位：万元

企业名称	销售产值	主要经营范围
宁波比亚迪汽车有限公司	123463	汽车零部件及配件制造
宁波亿纬创能锂电池有限公司	102387	锂电池制造
浙江锐泰悬挂系统科技有限公司	99106	汽车零部件及配件制造
宁波海威汽车零件股份有限公司	46690	汽车零部件制造
浙江祥晋汽车零部件股份有限公司	44637	汽车零部件制造
浙江飞达利恩精密制造有限公司	35974	微型轴生产、加工
宁波市奉化区南方机械制造有限公司	33245	千斤顶生产
宁波奔野重工股份有限公司	22569	生产农用拖拉机
宁波波导易联电子有限公司	21832	汽车中控电子设备制造
宁波市奉化通达创新合金科技有限公司	18887	汽车配件制造
力星金燕钢球（宁波）有限公司	15741	微小型钢球制造
宁波万融电器有限公司	13535	农机产品松土机生产
宁波聚关防坠落装备有限公司	12829	安全带和安全绳制造
宁波精益微型轴有限公司	12752	微型轴制造
浙江恒基永昕新材料股份有限公司	10496	汽车配件制造
宁波奔野拖拉机制造有限公司	10344	生产农用拖拉机
宁波市博林日用品制造有限公司	10241	汽车儿童安全座椅生产
宁波力品格工业机械有限公司	10215	气弹簧制造
宁波奥西汽车部件有限公司	10162	汽车零部件制造
宁波均胜饰件科技有限公司	10062	汽车饰件制造
爱科汽车零部件制造（宁波）有限公司	9729	汽车零部件制造
宁波市奉化博龙机械制造有限公司	9460	汽车零配件、五金件
奉化科盛微型轴业有限公司	9442	微型轴制造
浙拖奔野（宁波）拖拉机制造有限公司	9187	拖拉机的制造
宁波市拓泰智能科技有限公司	9107	管状电机制造
宁波奉化宁东机械有限公司	8667	生产专用车辆制造
宁波市国盛仪表有限公司	8465	汽车仪表制造
宁波市奉化玉宁机械制造有限公司	7694	汽车零部件制造
宁波新世达精密机械有限公司	7463	齿轮及齿轮减、变速箱制造
宁波管通机械有限公司	7248	生产专用车辆

续表8

企业名称	销售产值	主要经营范围
宁波奉化精瑞钢球有限公司	7118	钢球制造
宁波市合美达新材料有限公司	7011	磁钢制造
宁波博晨车辆部件有限公司	6892	汽车配件制造
宁波好德美电声有限公司	6769	音响设备制造
宁波奉化金鹰钢球有限公司	6666	轴承钢球制造
宁波波英电子有限公司	6654	音响设备制造
宁波市威宏明实汽车零部件有限公司	6578	汽车零部件制造
宁波亚路轴业有限公司	6511	齿轮及齿轮减、变速箱制造
宁波铼康光电有限公司	6393	智能车载设备制造
宁波得鑫科技有限公司	6385	汽车零部件制造
宁波市兴宇电机制造有限公司	5773	电机电器及机械设备的制造加工
宁波成德塑胶科技有限公司	5729	塑料零件制造
宁波鑫精华轴业有限公司	5671	微型轴制造
宁波卡西可减震器制造有限公司	5503	汽车零部件及配件制造
宁波瑞丰汽车零部件有限公司	5332	活塞制造
宁波哈克斯车辆部件有限公司	5328	气动执行器生产
宁波三泰儿童用品有限公司	5238	儿童汽车椅制造
宁波奉化恒益微型轴有限公司	4999	微型轴五金制造加工
宁波市奉化万盛铝业有限公司	4846	汽车配件铝铸件制造
宁波圆合汽车空调有限公司	4642	汽车空调电磁离合器生产
宁波许宇机械制造有限公司	4632	金属制汽车配件制造
宁波友加机械有限公司	4579	汽车配件的制造
宁波市博华机械配件有限公司	4552	汽车机械配件制造
宁波海盾涂料有限公司	4417	涂料制造
宁波和博紧固件有限公司	4271	紧固件的制造
宁波迪尔威动力机械有限公司	4181	滤座（柴油机过滤器）制造
宁波利祥机械制造有限公司	4158	摩托车减震器制造
宁波市广盛轴业有限公司	4131	减震器连杆制造
宁波奉化恒乔机械有限公司	4011	生产专用车辆制造
宁波康瑟夫实业有限公司	3686	儿童汽车座椅制造
宁波赛夫科技有限公司	3625	汽车用发动机零件制造
宁波永朝模具有限公司	3587	模具制造
宁波奉化宇翔新科机械有限公司	3494	汽车配件制造
宁波市盛美特汽车部件有限公司	3392	汽车零部件生产
宁波众基精瓷科技有限公司	3364	氧化铝密封件制造
宁波市奉化拓翔机械有限公司	3290	汽车连杆制造

续表8

企业名称	销售产值	主要经营范围
宁波智启机电有限公司	3265	齿轮减速箱制造
宁波市伟伟喷涂有限公司	3235	金属表面处理及热处理加工
宁波致业机械部件有限公司	3222	汽车配件制造
宁波市东鑫汽车轮毂制造有限公司	3198	轮毂电镀
宁波奉化兴维机械制造有限公司	3183	机动车辆用金属制配件制造
宁波顺美金属制品有限公司	3165	货运半挂车制造
宁波豪若汽车零部件制造有限公司	3160	汽车零部件及配件制造
宁波福锐迅机电有限公司	3128	摩托车零部件及配件制造
宁波市仁龙机械有限公司	3045	汽车配件制造
宁波市奉化沃隆汽车部件有限公司	3028	汽车零部件制造
浙江润盾差速器有限公司	2958	汽车配件差速器制造
宁波钧拓科技有限公司	2879	汽车拖车臂制造
宁波海博电泳涂装有限公司	2829	汽车机油滤芯制造
宁波市东方金丰机械有限公司	2765	汽车零部件及配件生产
宁波易维机械有限公司	2580	汽车零部件制造
宁波奉化宇众金属制品厂	2447	钢材拉丝加工
宁波速通汽配制造有限公司	2438	汽车零部件及配件制造
宁波市奉化兴权活塞杆厂	2421	活塞杆生产
宁波凯通达机械有限公司	2399	注塑机制造
宁波汇恒源螺杆轴业有限公司	2348	其他传动部件制造
宁波东欣电子有限公司	2273	汽车仪表配件制造
宁波万机轴业有限公司	2254	滚动轴承制造
宁波恒源轴业有限公司	2208	滚动轴承制造
宁波市巨华东机械有限公司	2169	汽车零部件制造
宁波美德威机械科技有限公司	2120	生产专用车辆制造
宁波奉化瑞徽汽车塑件有限公司	2119	汽车零部件制造
宁波乾方汽车配件有限公司	2059	汽车配件生产

关键基础件（气动）产业

【概况】 2022年，全区有160家规模以上关键基础件生产企业，实现工业总产值142.7亿元、销售产值138.4亿元、利税17.7亿元，比2021年分别下降5.2%、6.5%和9.6%，规模以上企业比2021年增加34家。其中宁波亚德客自动化工业有限公司实现销售收入34.8亿元。

【完善提升产业链】 实施以龙头骨干企业为主导的产业链上下游延伸，积极引进培育产品集成度高的装备企业，引导企业研发高端智能气动元器件及系统，数字化发展速度加快，智能化生产基础持续夯实。

2022年全区销售产值2000万元以上关键基础件（气动）企业一览表

表9 单位：万元

单　位	销售产值	主要经营范围
宁波亚德客自动化工业有限公司	347871	气缸制造
宁波市恒源铸造有限公司	50186	铸铁件生产
宁波君禾智能科技有限公司	49123	泵及真空设备制造
浙江飞达利恩精密制造有限公司	35974	微型轴生产、加工
浙江亿太诺气动科技有限公司	30486	气动液压元件制造
科玛（中国）液压设备有限公司	26516	液压油缸制造
宁波惠政工程机械科技有限公司	23981	铸钢件制造
星宇电子（宁波）有限公司	21150	电磁线圈元件制造
宁波威克斯液压有限公司	20773	液压泵制造
宁波理工智能电网技术有限公司	20361	智能电网设备、高低压电气设备
宁波佳尔灵气动机械有限公司	17826	制造加工电磁阀
宁波市奉化通达创新合金科技有限公司	18887	汽车配件制造
宁波宇恒能源科技有限公司	18917	石油钻采专用设备射孔弹壳制造
宁波拓兴精密铸造有限公司	17630	精密铸件制造
力星金燕钢球（宁波）有限公司	15741	微小型钢球制造
宁波市奉化军峰金属铸造有限公司	14987	球墨铁铸件制造
宁波索诺工业自控设备有限公司	13867	电磁阀生产
宁波卡伦特电器有限公司	11197	电圆锯设备制造
宁波精益微型轴有限公司	12752	微型轴制造
宁波市巨新铸造有限公司	12675	铸件生产
宁波吉威盛机械有限公司	8975	精密铸件制造
宁波奉化华伟精密铸造有限公司	11394	钢铁铸件制造
宁波市鑫潮自动化元件有限公司	10023	气动元件制造
宁波科丽甫精密铸造有限公司	10216	钢铁铸件制造
浙江奥莱尔液压有限公司	11276	液压蓄能器制造
宁波一机阀门制造有限公司	9993	各类阀门及配件的制造
宁波市宁吉羽立流体设备有限公司	9270	液压件的制造
宁波市平熔金属制品有限公司	9317	矿用挖掘机配件制造
奉化科盛微型轴业有限公司	9442	微型轴制造
宁波悦威液压科技有限公司	9172	液压元件制造
宁波德业粉末冶金有限公司	9147	粉末冶金制造
宁波市拓泰智能科技有限公司	9107	管状电机制造
浙江瑞鹿机电科技有限公司	8209	管状电动机制造

续表9

单　位	销售产值	主要经营范围
奉化市新科精密铸造有限公司	8855	铸件制造
宁波安睦密封科技有限公司	8186	机械密封件制造
宁波永久电梯部件有限公司	7569	电梯部件制造
宁波市锦泰机械制造有限公司	9022	黑色金属铸造
宁波英特灵气动科技有限公司	8251	气动元件制造
宁波新世达精密机械有限公司	7463	齿轮及齿轮减、变速箱制造
宁波艾维洁具有限公司	7928	五金阀门塑料制品制造
宁波金诚泰电子有限公司	7447	微型电子制造
宁波繁征机械部件制造有限公司	6672	黑色金属制造
瑞博俐密封件（浙江）有限公司	7327	橡胶密封件制造
宁波奉化精瑞钢球有限公司	7118	钢球制造
宁波奉化如熠铸造有限公司	6933	黑色金属铸件生产
宁波航天模塑有限公司	7175	塑料零件及其他塑料制品制造
宁波奉化金鹰钢球有限公司	6666	轴承钢球制造
宁波盛达阳光自动化科技有限公司	6483	气动元件制造
宁波亚路轴业有限公司	6511	齿轮及齿轮减、变速箱制造
宁波精科机械密封件制造有限公司	6519	金属密封件制造
宁波市奉化三鼎合金钢铸造有限公司	6181	金属铸品制造
宁波新佳行自动化工业有限公司	6461	气动元件生产
宁波腾宏科技有限公司	5269	滚动轴承制造
宁波市奉化智升机械制造有限公司	6237	机械零部件
宁波爱德油塞制造有限公司	6100	金属密封件制造
宁波荣申精密铸造有限公司	5848	金属铸造制品制造
宁波市欣洲电器有限公司	5982	冷风机及冷风机配件制造
宁波市兴宇电机制造有限公司	5773	电机电器及机械设备的制造加工
宁波兴明液压器材有限公司	5587	液压管件的制造及加工
宁波鑫精华轴业有限公司	5671	微型轴制造
宁波朝日液压有限公司	5203	液压气动元件制造
宁波市奉化区宏创金属制品有限公司	5525	铁铸件铸造
浙江意格特机械制造有限公司	5320	阀门制造
宁波利达气动成套有限公司	5378	气动元件制造
宁波哈克斯车辆部件有限公司	5328	气动执行器生产
宁波丞智科技有限公司	5174	工业机器人制造
宁波奉化恒益微型轴有限公司	4999	微型轴五金制造加工
宁波盛强晨亿电子科技有限公司	5006	气动元件制造

续表9

单　位	销售产值	主要经营范围
宁波瑞利时数控科技有限公司	2697	金属切割机床制造
宁波启搏智能装备有限公司	5800	工业自动控制系统装置制造
宁波驰泰精密机械有限公司	4054	滚动轴承制造
宁波冠特机械配件有限公司	4290	滚动轴承制造
宁波市博尔法液压有限公司	4456	液压阀制造
宁波新升阀门有限公司	4169	铸件制造
宁波和博紧固件有限公司	4271	紧固件的制造
宁波凯航电子科技有限公司	3992	气压动力元件制造
宁波市奉化裘村元顺机械配件厂	4395	液压机械配件制造
宁波中皇机电有限公司	4384	油泵制造
宁波革新电机科技有限公司	3998	电动机制造
宁波普瑞机械科技有限公司	4385	滚动轴承制造
宁波天祥新华液压有限公司	4295	液压阀制造
宁波鸿博森机械有限公司	4117	电梯配件制造
宁波开灵气动元件制造有限公司	3978	气动元件电磁阀制造
宁波赛夫科技有限公司	3625	汽车用发动机零件制造
宁波博尔电器有限公司	3970	微电机制造
宁波永朝模具有限公司	3587	模具制造
宁波迈科隆精密机械制造有限公司	3513	滚动轴承制造
宁波晨光威腾自动化机械有限公司	3219	气动元件电磁阀制造
宁波全盛世纪气动科技有限公司	2435	气动元件制造
宁波诺森机电制造有限公司	3461	液压动力机械及元件制造
宁波市宏越铸造有限公司	3450	黑色金属铸造
宁波市安利特机械有限公司	3293	气动先导头制造
宁波兴成精密铸造有限公司	3478	铸钢件生产
宁波众基精瓷科技有限公司	3364	氧化铝密封件制造
宁波兴和铸造有限公司	3415	铁铸件制造
宁波智启机电有限公司	3265	齿轮减速箱制造
宁波麦吉克自控设备有限公司	3378	气动压力控制器制造
宁波奉化莼湖万州精密铸造有限公司	3309	黑色金属铸造
宁波奉化胜雄机电科技有限公司	3243	气动元件制造
宁波夏鑫机械制造有限公司	3260	黑色金属制造
宁波格雷特精密铸造有限公司	3205	精密铸件铸造
宁波天翔精密铸造有限公司	3142	气压动力配件制造
宁波市大鸿五金制造有限公司	3117	滚动轴承制造
宁波市微分电机有限公司	2778	交流电动机制造

续表9

单　位	销售产值	主要经营范围
宁波南海铸造有限公司	2912	黑色金属铸造
宁波鑫华银机械有限公司	2847	空调配件制造
宁波市杰得泳池科技有限公司	2911	泵及真空设备制造
宁波天元铸造有限公司	3040	铸件制造
宁波人峰密封科技有限公司	2768	金属密封件制造
宁波奉化幸诚旭腾机械有限公司	2825	阀门和旋塞制造
宁波市奉化区诺鑫气动工程有限公司	2575	气压动力机械及元件制造
宁波市三力机械有限公司	2542	滚动轴承制造
宁波奉化顺盛精铸机械有限公司	2823	黑色金属铸造
宁波台科电子有限公司	2802	气压动力机械及元件制造
宁波市恒辉盛业过滤科技有限公司	2641	过滤器（气动元件）制造
宁波市东霈机械制造有限公司	2627	阀门和旋塞制造
宁波奉化双溪金属铸造有限公司	2535	机械配件
宁波斌灵机械有限公司	2631	球墨铸铁件制造
宁波斯诺特气动机械有限公司	2496	气压动力机械及元件制造
宁波艾菲特自动化科技有限公司	2581	通用零部件制造
宁波万诺宝通机电制造有限公司	2444	阀门和旋塞制造
宁波市奉化万运电机有限公司	2557	微特电机及组件制造
宁波市吉尔传动部件有限公司	2534	其他传动部件制造
宁波市国华光电科技有限公司	2598	集成电路制造
宁波市奉化兴权活塞杆厂	2421	活塞杆生产
宁波宾德机电有限公司	2428	电动机制造
宁波汇恒源螺杆轴业有限公司	2348	其他传动部件制造
宁波精恒泰汽车零部件有限公司	2382	滚动精密轴制造
宁波华琦机械有限公司	1837	气压动力机械及元件制造
宁波万机轴业有限公司	2254	滚动轴承制造
宁波滕头精密铸造有限公司	2015	黑色金属铸造
宁波恒源轴业有限公司	2208	滚动轴承制造
宁波锋洋通用机电有限公司	2066	气压动力机械及元件制造
宁波弘源机械制造有限公司	2221	塑料加工配套装置制造
宁波市泰新液压制造有限公司	2092	液压动力机械及元件制造
宁波启新电气科技有限公司	2030	电力电器及自动化设备
宁波东泓洁具有限公司	2265	五金阀门加工
宁波市华益气动工程有限公司	2230	气动元件、电磁阀
宁波奉化真辉机械有限公司	2056	球墨铸件的制造加工
宁波永益高科气动有限公司	2002	气动元件

续表9

单　位	销售产值	主要经营范围
宁波鑫祥达电机配件有限公司	2042	微特电机及组件制造
宁波君铭钣金有限公司	2021	钣金件制造

智能家电产业

【概况】 2022年，全区24家规模以上智能家电产业企业实现工业总产值41.1亿元、销售产值40.3亿元，比2021年分别下降14%、15.3%；利税2.43亿元，比2021年增长8.5%。其中宁波新乐电器有限公司实现销售收入7.8亿元。

【智能家电产业园】 围绕空气调节器、厨卫电器、制冷电器、清洁电器、美容美发电器、水家电等智能家电产业，加强芯片、传感、控制器、人机交互、数据安全（加密）、大数据分析应用等技术研发，积极开发新型智能家电产品，推动家电产业向时尚化、智能化、品牌化、高端化方向发展。

2022年全区销售产值2000万元以上智能家电企业一览表

表10　　单位：万元

企业名称	销售产值	主要经营范围
宁波新乐电器有限公司	74859	制造洗衣机
华尔推剪（宁波）有限公司	56156	家用美容美发电器具制造
宁波市哈雷换热设备有限公司	37300	钎焊换热器制造
宁波辉格休闲用品有限公司	32512	烧烤炉制造
宁波市万茂电器有限公司	23044	燃气灶具制造
宁波富爵电子科技有限公司	20049	家用眼部按摩器制造
宁波霍科电器有限公司	19762	咖啡机制造
宁波安佳卫厨电器有限公司	19367	家具厨房电器具制造
宁波神剑电器制造有限公司	15418	制造电推剪
宁波爱克利浦电器有限公司	13635	美容美发器具制造
宁波市亿森海烟道制造有限公司	12908	家用燃气热水器零件制造
宁波欧贝特卫浴有限公司	9806	淋浴房生产
宁波圣菲机械制造有限公司	8840	壁炉生产
宁波玖越电器有限公司	8595	家用电力壁炉制造
宁波嘉美电器有限公司	7909	家用美容美发工具制造
宁波好德美电声有限公司	6769	音响设备制造
宁波波英电子有限公司	6654	音响设备制造
宁波乐开宝电器有限公司	5007	家用饮水净化装置制造
宁波至威厨具配件有限公司	4924	煤气灶底壳制造
宁波风腾燃具有限公司	4745	家用燃气具配件制造

续表10

企业名称	销售产值	主要经营范围
宁波蓝释电子科技有限公司	4548	家用空调设备零件制造
宁波良宇电器有限公司	3637	家用碗架制造
宁波市安通机械有限公司	3450	家具厨房电器具制造
宁波国普电器有限公司	3300	消毒柜生产

生命（医疗）健康产业

【概况】 2022年，规模以上生命（医疗）健康企业45家，实现工业产值48.4亿元、销售产值48.1亿元，比2021年分别增长3%、5.1%；利税4.6亿元，比2021年下降13.5%。其中宁波秉航科技集团有限公司实现销售收入7.9亿元，比2021年增长13.9%。

【推动医疗健康聚集】 积极扶持秉航科技、今日食品、益富乐、大昌制药、绿之健等企业发展，加快建设宁南生命科学城、奉化生命健康产业园、秉航健康产业园建设，今日食品生物科技健康产业园建成投运。充分发挥专业产业园集聚效应，引进更多优质医疗设备及器械企业。

2021年全区销售产值2000万元以上生命（医疗）健康企业一览表

表11　　　　单位：万元

企业名称	销售产值	主要经营范围
宁波秉航科技集团有限公司	58376	按摩椅制造
宁波今日食品有限公司	42678	冷冻水产品加工
宁波绿之健药业有限公司	37815	植物提取物制造
华润雪花啤酒（宁波）有限公司	34205	啤酒制造
星宇电子（宁波）有限公司	21150	电磁线圈元件制造
宁波汇峰防护用品有限公司	16238	口罩制造
宁波市博坤生物科技有限公司	15848	实验分析仪器制造
宁波神剑电器制造有限公司	15418	制造电推剪
宁波格瑞塑业有限公司	15078	吸尘器的塑料配件制造
宁波大昌药业有限公司	14087	芪珍胶囊生产
宁波爱克利浦电器有限公司	13635	美容美发器具制造
宁波玖越电器有限公司	8595	家用电力壁炉制造
宁波嘉美电器有限公司	7909	家用美容美发工具制造
宁波九丰电器有限公司	6645	跑步机制造
宁波市康家乐医疗器械有限公司	6302	一次性口罩制造
宁波市一成食品有限公司	5759	果蔬罐头制造
宁波顶津饮品有限公司	5749	瓶装矿泉水生产
宁波市松欣食品有限公司	5727	水煮笋生产
宁波益富乐生物科技有限公司	5684	乳饮料生产

续表11

企业名称	销售产值	主要经营范围
宁波美特丽化妆品有限公司	5638	化妆品制造
宁波市兴洋水产食品有限公司	5445	海产品加工
宁波佰世健健身器材有限公司	5205	动感单车健身器材制造
宁波卡蒙电器有限公司	5110	家用美容、保健护理电器具制造
宁波怡顺旅游休闲用品有限公司	5092	帐篷制造
宁波汇丰食品有限公司	4959	水果罐头加工
宁波一品生物技术有限公司	3559	药用辅料制造
宁波市喜力食品机械有限公司	3516	食品搅拌加工机械制造
宁波市莱克调味品有限公司	3490	生产味精
宁波尚盛体育用品有限公司	3360	其他体育用品制造
宁波维克波体育用品有限公司	3171	球类制造
宁波市亚洲玻璃钢造船有限公司	3088	水下救捞装备制造
宁波婷萱电器有限公司	2672	家用美容、保健护理电器具制造
宁波市恩霖工艺品有限公司	2574	梳子生产
宁波市大埠食品有限公司	2348	蔬菜速冻制造
宁波市丽源日用化学品有限公司	2327	洗手液制造
宁波依心智能科技股份有限公司	2251	口罩制造
宁波恒翔户外用品有限公司	2246	塑料家具制造
宁波市亿瑞达日化有限公司	2150	肥皂及洗涤剂制造
宁波市奉化百胜休闲用品有限公司	2035	吊床吊椅制造

新材料产业

【概况】2022年，区新材料产业领域规上企业共计48家，实现产值46.5亿元，较2021年增长2.6%；销售产值45.2亿元，较2021年微降0.4%；利税4.6亿元，较2021年增长64.6%。其中宁波松科磁材有限公司实现产值3.6亿元，比2021年增长69.8%。

【国内外优质创新】积极扶持锋成纳米、松科磁材等企业发。围绕金属新材料、先进高分子材料、电子信息材料、磁性材料、新能源材料、海洋新材料、生物医用材料、新型膜材料等新材料产业，加强产业向外融合，带动产业链融合发展。

2022年全区销售产值2000万元以上新材料企业一览表

表12　　单位：万元

企业名称	销售产值	主要经营范围
宁波松科磁材有限公司	57917	磁性材料加工
浙江应利成材料科技有限公司	34379	铜线加工
宁波华扬铝业科技有限公司	29458	铝卷压延制造

续表12

企业名称	销售产值	主要经营范围
百琪达智能科技（宁波）股份有限公司	18921	成型压机制造
宁波竹韵家居用品有限公司	18264	竹家具制造
宁波申山新材料科技有限公司	17892	胶带制造
宁波万海阀门科技有限公司	17426	陶瓷阀芯制造
宁波耐力誉磁业科技有限公司	17185	磁性材料制造
宁波京甬磁业有限公司	16334	磁性材料制造
宁波奉化瑞欣环保科技有限公司	15853	电镀用化学用品制造
宁波赛派科技有限公司	13324	电子专用材料制造
宁波市奉化永兴海绵制品厂	12633	海绵生产
宁波隆欣金属科技有限公司	12494	有色金属合金制造
宁波新益佳磁业科技有限公司	12185	稀土永磁元件制造
宁波齐美建材有限公司	11488	水泥制品制造
宁波恒盛磁业有限公司	11028	钕铁硼磁性材料制造
宁波意想磁性材料有限公司	9707	磁性材料加工
浙江葆润应用材料有限公司	9161	隔热和隔音材料制造
宁波恒昶磁业有限公司	7354	磁性材料制造
宁波汇升玻璃有限公司	7164	特种玻璃制造
宁波奉化五环特种铝管制造有限公司	7115	特种铝管制造
宁波市合美达新材料有限公司	7011	磁钢制造
鼎龙（宁波）新材料有限公司	6611	墨粉制造
宁波永鑫聚氨酯有限公司	6490	海绵制品制造
宁波夸克新材料有限公司	6397	铝型材加工
宁波奉化圣源化工有限公司	6214	呋喃树脂生产
宁波昊鑫裕隆新材料有限公司	5971	聚氯乙烯树脂生产
宁波海盾涂料有限公司	4417	涂料制造
波瑞泽（浙江）新材料有限公司	3950	粉末涂料制造
宁波市飞固密封科技有限公司	3658	特种陶瓷制品制造
宁波兴富磁材有限公司	3640	稀土磁性材料制造
宁波科乐新材料有限公司	3525	有机玻璃强化剂制造
宁波慧硕新材料有限公司	3519	专用化学产品制造
宁波韵合磁业有限公司	3459	电子专用材料制造
宁波奉化新赫磁业有限公司	3283	磁性材料生产
宁波欧翔精细陶瓷技术有限公司	3087	特种陶瓷制造
宁波韵泰磁业有限公司	3087	电子专用材料制造
宁波益可达新材料有限公司	3011	塑料功能母料颗粒制造

续表12

企业名称	销售产值	主要经营范围
宁波士林工艺品有限公司	2943	竹制工艺品制造
宁波市巨藤陶瓷阀有限公司	2811	陶瓷阀制造
宁波人峰密封科技有限公司	2768	金属密封件制造
宁波市利敏钢化玻璃有限公司	2725	钢化和多层玻璃制造
宁波辉宏新材料有限公司	2386	轮胎隔离剂制造

电子信息产业

【概况】 2022年，全区81家规模以上电子信息企业，实现工业总产值103.6亿元、销售产值100.5亿元、利税7亿元，比2021年分别下降1.7%、5.7%和1.9%。其中，宁波麦博韦尔移动电话有限公司实现销售收入33.8亿元。

【龙头企业快速发展】 积极支持麦博韦尔、利安科技、波导易联等企业发展。大力培育特色工艺集成电路产业和光学电子产业，强化集成电路设计、软件开发与系统集成；积极发展第三代半导体，提高芯片设计开发、制造能力；积极发展智能终端摄像模组、光学精密仪器设备、光学材料及元器件、OLED显示面板等光电成像、光学显示产品。

2022年全区销售产值2000万元以上电子信息企业一览表

表13　　单位：万元

企业名称	销售产值	主要经营范围
宁波麦博韦尔移动电话有限公司	338086	生产移动电话制造
宁波松科磁材有限公司	57917	磁性材料加工
宁波利安科技股份有限公司	48789	通信系统设备制造
宁波市信泰科技有限公司	22827	磁性材料加工
宁波波导易联电子有限公司	21832	汽车中控电子设备制造
宁波虹智电子设备有限公司	21627	通信终端设备制造
宁波麦度智能制造有限公司	21069	录音笔
宁波沈鑫电子有限公司	19916	电子产品支架制造
宁波耐力誉磁业科技有限公司	17185	磁性材料制造
宁波京甬磁业有限公司	16334	电子专用材料制造
宁波精芯科技有限公司	15552	打印机机芯制造
宁波金晟芯影像技术有限公司	14875	手机摄像头制造
宁波特美科技有限公司	14729	计算机外围设备制造
宁波赛派科技有限公司	13324	电子专用材料制造
宁波西尼液晶支架制造有限公司	13206	液晶电子产品支架制造
宁波新益佳磁业科技有限公司	12185	稀土永磁元件制造
宁波华凯动漫玩具有限公司	11632	其他玩具制造

续表13

企业名称	销售产值	主要经营范围
宁波卡伦特电器有限公司	11197	电圆锯设备制造
宁波帕瓦莱斯智能科技有限公司	11192	光伏设备及元器件制造
宁波恒盛磁业有限公司	11028	钕铁硼磁性材料制造
宁波菲瑞克斯照明电器有限公司	11008	LED 灯制造
宁波意想磁性材料有限公司	9707	磁性材料加工
宁波亚茂光电股份有限公司	9582	普通照明灯泡生产
宁波市奔阳特种线缆有限公司	9129	太阳能光伏电缆生产
宁波市拓泰智能科技有限公司	9107	管状电机制造
宁波志扬人体工学有限公司	9051	工程和技术研究和试验发展
宁波宇达光电股份有限公司	8984	有源光网络（AON）无源光网络（PON）制造
宁波市国盛仪表有限公司	8465	汽车仪表制造
宁波润通金属制品有限公司	8146	电池锌粒制造
宁波市致远电器有限公司	7671	LED 灯具元件制造
宁波金诚泰电子有限公司	7447	微型电子制造
宁波恒昶磁业有限公司	7354	磁性材料制造
宁波市合美达新材料有限公司	7011	磁钢制造
宁波好德美电声有限公司	6769	音响设备制造
浙江中星光电子科技有限公司	6769	其他电子器件制造
宁波波英电子有限公司	6654	音响设备制造
浙江金缘光电有限公司	6489	光电子器件及其他电子制造
宁波美商冠豪电子有限公司	6468	电容器设备制造
宁波铼康光电有限公司	6393	智能车载设备制造
宁波得鑫科技有限公司	6385	汽车零部件制造
宁波竣盛电器制造有限公司	5963	其他家用电力器具制造
浙江鸿熹智能科技有限公司	5937	智能机器人的研发
宁波启搏智能装备有限公司	5800	工业自动控制系统装置制造
宁波市兴宇电机制造有限公司	5773	电机电器及机械设备的制造加工
宁波市奉化大桥华能电子厂	5458	电子元件及组件制造
宁波丞智科技有限公司	5174	工业机器人制造
宁波奉化凯鑫线缆有限公司	5113	电线、电缆制造
宁波海融电器有限公司	4548	电容器类制造
宁波市健洋机器人有限公司	4500	塑料加工专用设备制造
宁波市奉化浩轩光电有限公司	4416	LED 管制造
宁波福科电子有限公司	4325	电子产品制造
宁波奉化光亚计数器制造有限公司	4289	计数器制造

续表13

企业名称	销售产值	主要经营范围
奉化五环实业有限公司	4134	绘图、计算及测量仪器制造
宁波博尔电器有限公司	3970	微电机制造
宁波市奉化波达电子线缆有限公司	3749	同轴电缆制造
宁波韦尔德斯凯勒智能科技有限公司	3692	工业机器人制造
宁波兴富磁材有限公司	3640	稀土磁性材料制造
宁波韵合磁业有限公司	3459	电子专用材料制造
宁波奉化新赫磁业有限公司	3283	磁性材料生产
宁波韵泰磁业有限公司	3087	电子专用材料制造
宁波市奉化信德线缆有限公司	3068	电线、电缆制造
宁波市微分电机有限公司	2778	交流电动机制造
宁波市国华光电科技有限公司	2598	集成电路制造
宁波市奉化万运电机有限公司	2557	微特电机及组件制造
宁波市奉化威鑫电工设备有限公司	2555	金属表面镀锌、镀铬
宁波明旌电子有限公司	2389	电子元器件制造
国科成峰防务科技（浙江）有限公司	2277	工业控制计算机及系统制造
宁波东欣电子有限公司	2273	汽车仪表配件制造
宁波亚吉机电科技有限公司	2099	电子工业专用设备制造
浙江汉斯电气有限公司	2080	生产移动电话制造
宁波锋洋通用机电有限公司	2066	磁性材料加工
宁波华尔思电子科技有限公司	2063	通信系统设备制造
宁波鑫祥达电机配件有限公司	2042	磁性材料加工
宁波启新电气科技有限公司	2030	汽车中控电子设备制造
宁波市敏敏电子有限公司	2001	通信终端设备制造

新能源（节能环保）产业

【概况】 2022年，全区49家规模以上新能源（节能环保）企业，实现工业总产值87.9亿元、销售产值85.5亿元、利税8.2亿元，比2021年分别增长17.5%、18.8%、14.4%。其中宁波比亚迪汽车有限公司实现销售收入12.3亿元，比2021年增长166.8%。

【产业集群化】 积极发展高效电光源及节能灯具、高效节能输配电设备、高效节能电机、高效节能通用设备、水工艺设备、先进环境保护专用设备、环保药剂及材料、工业废弃物综合利用、城镇生活垃圾、建筑垃圾资源化利用等节能环保产业。

2022年全区销售产值2000万元以上新能源（节能环保）企业一览表

表14　　　　单位：万元

企业名称	销售产值	主要经营范围
宁波比亚迪汽车有限公司	123463	汽车零部件及配件制造
宁波亿纬创能锂电池有限公司	102387	锂离子电池制造
宁波鲍斯能源装备股份有限公司	98888	压缩机制造
宁波松科磁材有限公司	57917	磁性材料加工
宁波南海化学有限公司	40134	流平剂制造
宁波市哈雷换热设备有限公司	37300	钎焊换热器制造
浙江亿太诺气动科技有限公司	30486	气动液压元件制造
宁波奉化金盛镀业有限公司	28736	镀金加工
宁波杰森绿色能源科技有限公司	27006	生物柴油制造
星宇电子（宁波）有限公司	21150	电磁线圈元件制造
宁波威克斯液压有限公司	20773	液压泵制造
宁波富爵电子科技有限公司	20049	家用眼部按摩器制造
宁波市奉化诚欣环保科技有限公司	19436	金属表面处理及热处理加工制造
宁波佳尔灵气动机械有限公司	17826	制造加工电磁阀
宁波奉化瑞欣环保科技有限公司	15853	电镀用化学用品制造
浙江高新镀业有限公司	14209	电镀加工
宁波齐美建材有限公司	11488	水泥制品制造
宁波甬昇建筑科技有限公司	10381	混凝土预制构件生产
宁波溪口抽水蓄能电站有限公司	10123	水力发电
宁波市涌鑫环保科技有限公司	9685	电镀加工
宁波亚茂光电股份有限公司	9582	普通照明灯泡生产
宁波南海生物化工有限公司	9441	化学试剂和助剂制造
宁波中弧电气科技有限公司	9182	变压器、整流器和电感器制造
浙江尚能电气股份有限公司	8871	变压器、整流器和电感器制造
宁波奉环再生能源有限公司	8711	生活垃圾焚烧发电
浙江坤搏环保科技有限公司	6614	其他未列明电气机械及器材制造
宁波奉化佳佳镀金厂	6527	镀金生产
宁波市奉化尚桥电镀厂	6146	电镀产品生产
宁波灿宇涂装有限公司	6116	喷涂加工、塑料制品制造
戈润（宁波）环保科技有限公司	5968	环境保护专用设备制造
浙江拓华能源科技有限公司	5309	照明灯具制造
宁波乐开宝电器有限公司	5007	家用饮水净化装置制造
宁波风腾燃具有限公司	4745	家用燃气具配件制造

续表14

企业名称	销售产值	主要经营范围
宁波市奉化浩轩光电有限公司	4416	LED管制造
宁波中皇机电有限公司	4384	油泵制造
宁波晟乐照明电器有限公司	4285	照明灯具制造
宁波市奉化区青林工贸有限公司	4006	电镀加工
宁波革新电机科技有限公司	3998	电动机制造
宁波市三久水表有限公司	3819	水表生产
宁波奉化环丰热镀锌厂	3608	热镀锌加工
大山金属科技（宁波奉化）有限公司	3350	金属表面处理及热处理加工
梯爱司新材料科技（宁波）有限公司	2768	金属表面处理及热处理加工
国电奉化风力发电有限公司	2629	风力发电
宁波世纪永生照明器材有限公司	2479	装饰灯制造
宁波福森绿能科技有限公司	2166	锂离子电池制造

（王　挺）

电力工业

【概况】 2022年，区供电公司全年营业收入28.19亿元，比2021年增长18.83%；利润1012.78万元，比2021年增长14.14%；年末资产总额23.93亿元，比2021年增长6.17%；农网供电可靠率99.9957%；农网综合供电电压合格率99.999%。

2021年全区社会用电量情况表

表15

项目名称		电量（万千瓦时）	与上年同比 %
全社会用电量（含由宁波供电公司供电的溪口抽水蓄能水电站抽水用电）		466828.43	16.64%
供电量	大网供电量	404897.5717	–0.09%
	风电供电量	4854.8987	2.3%
	小水电供电量	3000.0575	–30.91%
	光伏（太阳能）供电量	3749.4035	77.47%
	小火电（垃圾发电）供电量	16093.768	–1.36%
	合计	432595.7	–0.04%
售电量		421711.04	0.72%
线损率		2.52	–0.74%
日最高统调负荷（7月20日）		107.90	6.02%
日最高供电量（7月20日）		1652.3	2.75%

【供电设备设施】 至2022年底，全区拥有220千伏变电所4座（包括奉化火车站1座），主变压器共9台，变压器总容量160万千伏安；110千伏变电所17座，主变压器共35台，变压器总容量168万千伏安；35千伏变电所7座，主变压器12台，变压器总容量15.5万千伏安。

区境内有500千伏线路6条，分别为天宁5475线（从500千伏宁波天一变电所到500千伏宁海变电站）、一宁5476线（从500千伏宁波天一变电所到500千伏宁海变电站）、强明5423线（从宁海强蛟电厂到鄞州区500千伏明州变电所站）、强州5424线（从宁海强蛟电厂到500千伏宁海变电所）、一明5455线（从500千伏天一变电站到500千伏明州变电站）、瞬州5846线（从原500千伏天兰5455线79号杆到500千伏明州变电所），主要经过西坞、莼湖、尚田地区；有220千伏线路15条，其中有3条全线在奉化境内，分别为曲济2326线（从220千伏曲池变电站到220千伏广济变电站）、全长26.166千米，广山2316线（从220千伏广济变电站到220千伏同山变电站）、全长 15.065千米，广同2317线（从220千伏广济变电所到220千伏同山变电所）、全长15.065千米；有110千伏线路41条，其中有35条全线在奉化境内，总长度396.507千米；35千伏线路在运行的29条（不包括产权属用户线路），总长度221.172千米；10千伏配电线路339条，总长度3119.889千米，其中架空线路1678.613千米，电缆线路长度1441.281千米。

10千伏柱上开关2301台，10千伏开关站、环网柜772座。0.4千伏配电线路总长度5055千米。10千伏公用变压器3461台，总容量1750595千伏安；10千伏用户变压器6214台，总容量2349501千伏安。

【电价调整】 2022年，全省居民和农业生产电价保持平稳，未进行调价。根据《浙江省发展改革委关于调整我省目录销售电价有关事项的通知》（浙发改价格〔2021〕377号）文件精神，2022年工商业用户执行市场化电价。

【发电情况】 小水电发电。2022年底，奉化并入电网运行小水电站共32座（按电费结算户计算），共有发电机52台，总装机容量18615千瓦，较2021年无变化。2022年，全部小水电站上网电量共3000.06万千瓦时，比2021年减少1342.33万千瓦时，降低30.91%。

其中宁波原水（集团）有限公司亭下水库上网电量共869.1024千瓦时，比2021年减少102.5276千瓦时，降低10.55%。

光伏发电（太阳能发电）。2022年奉化光伏发电（太阳能发电）共有1959户（包括居民与非居民），比2021年增加331户，增长20.33%；总装机容量190090.43千瓦，比2021年增加80644.94千瓦，增长73.68%；发电量14823.3294万千瓦时，比2021年增加6470.5227万千瓦时，增长77.46%；上网电量3749.4035万千瓦时，比2021年增加1636.6641万千瓦时，增长77.47%。装机容量在1000千瓦以上的有26户，其中宁波亚德客自动化工业有限公司装机最大，容量为7808.9千瓦。

【用电情况】 2022年，奉化区全社会用电量总计471973.79万千瓦时，比2021年增长1.1%。

2022年奉化区用电分类情况表

表16

分类名称		用电量（万千瓦时）	与上年同比
全社会用电	第一产业用电	4038.4692	34.1%
	第二产业用电	311774.4603	-5.27%
	第三产业用电	75023.1413	9.32%
	城镇居民生活用电	9239.4739	-57.67%
	乡村居民生活用电	71898.2406	62.54%
	合计	471973.7853	1.1%
全部行业用电分类	农、林、牧、渔业及相关服务业用电	4881.0088	31.35%
	工业用电	295483.9379	-5.4%
	建筑业用电	16539.0331	-3.23%
	交通运输、仓储和邮政业用电	10580.9341	-15.08%
全部行业用电分类	信息传输、软件和信息技术业用电	4885.627	17.84%
	批发和零售业用电	14067.6963	10.81%
	住宿和餐饮业用电	4292.8015	1.6%
	金融业用电	974.9778	5.63%
	房地产业用电	10556.0713	28.49%
	租赁和商务服务业用电	4397.4508	8.2%
	公用服务及管理组织用电	24176.5322	15.7%

2022年奉化区电力用户情况表

表17

用户类别	户数（户）	增长率
居民用户	352072	9.02%
大工业用户	735	5.85%
非、普工业用户	19709	1.32%
农业用户	3485	20.89%
商业用户	18120	13.36%

2022年，有电力用户共394121户，比2021年增加35207户，增长率9.8%。

以上各类用户中35千伏及以上电压供电的有26户，比2021年增加3户；35千伏及以上用户变压器共44台，比2021年减少8台；35千伏变压器总容量451900千伏安，比2021年增加2850千伏安，增长0.63%。10千伏电压供电的用户有5132户，比2021年增加163户，增长3.28%；10千伏用户变压器5948台，比2021年减少57台，降低0.95%；10千伏用户变压器总容量2279960千伏安，比2021年增加243270千伏安，增长11.94%。

表18

2021年奉化区申请用电情况表

种类	申请户数（户）	增长率	实际完成户数（户）	增长率	申请容量（千瓦）	增长率	实际完成容量（千瓦）	增长率
合计	44314	137.72%	35121	66.28%	1066792	60.68%	725052	52.92%
大工业用户	140	60.71%	95	239.29%	235780	392.29%	74115	161.57%
非工业、普通工业用户	1243	14.59%	1066	6.07%	229915	-24.12%	170512	-6.22%
非居民照明	199	—	187	—	77325	—	32827	—
商业用电	2677	4.2%	2228	81.58%	151822	-1.07%	154148	83.73%
居民生活用电	39940	3.51%	31448	67.11%	360402	134.27%	285790	63.61%
农业生产用电	115	65.52%	97	125.58%	11548	102.14%	7660	41.85%

【电力体制改革】 根据相关政策，电力市场化改革主要包括以下几个方面内容：

（一）工商业市场用户全部入市。2022年，全省工商业电力用户全部参与电力市场化交易，交易模式分为直接参与市场交易（用户直接向发电企业或售电公司购电）、兜底售电公司兜底购电和电网企业代理购电（间接参与）。

（二）代理购电和兜底机制延续。为保障用户正常用电，特别是小微企业、个体工商户，过渡期结束后，代理购电和兜底机制延续。

（三）市场化机制更加完善。为规范浙江电力市场运营管理，提升市场风险控制能力，维护市场成员合法权益，省发展和改革委员会出台了《浙江省售电公司信用评价管理办法》。

（四）居民、农业用电价格保持稳定。居民（含执行居民电价的学校、社会福利机构、社区服务中心等公益性事业用户）、农业用电由电网企业保障供应，仍执行现行目录销售电价政策。

【新型电力系统构建】 问题导向推进配网建设，完成配网投资18100万元，52个配网工程竣工投产。投运35千伏吉岭变，对董李等3条山区线路铁塔化改造，新建和改造线路约169.85千米，配变200台、配变容量7.97万千伏安。在四明山区投运宁波首个高山台区微电网，可孤网运行48小时以上，有效解决山区抢修响应慢、运行损耗大等痛点。开展32台智能开关遥控改造，架空线路智能化水平大幅提升。

【供电服务】 2022年，奉化电网供电可靠性提升至99.9957%，故障时户数连续两年压降超50%，处于宁波领先水平。台风“轩岚诺”“梅花”影响时户数较2021年压降72%。全面增强电网外破感知能力，落实人员现场蹲守3500人次，外破事件发生率压降75%。联合区气象局开发雷电预警平台，实现分区分级提前预警、故障杆塔快速定位、防雷改造科学决策。防雷整治成效显著，完成94条线路、691处接地体改造，安装各类避雷装置3268只，雷击故障次数比2021年下降51.85%。全省率先实现无人机首飞复飞全覆盖巡检，飞行里程4355千米，拓展自主巡检、精细化巡检等七大应用场景。创新开展12条老旧电缆线路综合检修。带电作业“一中心两分部”建成投运，在奉东供电所组建首个低压带电作业班，实施带电作业1113次，不停电作业能力大幅提升。

建立电力保供专班工作机制，构建市场化、柔性化、精细化、数字化的需求侧管理模式。

迎峰度夏期间精准实施10天需求响应和19天有序用电，成功应对夏季严峻考验。促成区发改局制定《迎峰度冬负荷管理方案》，推动政府授权成立电力负荷管理中心。滚动更新六级24.8万千瓦错避峰和2.5万千瓦应急机动负荷方案。优化迎峰度冬专项需求响应方案，确保6.8万千瓦调峰能力。推动负荷柔性调节，建成协议可中断负荷10.28万千瓦和空调负荷0.08万千瓦。开展助企纾困走访活动，重点走访122家人大代表、政协委员所在企业，服务企业降本增效和节能提效。支撑政府转供电加价问题治理工作，全省首个园区表后结算服务在荣兴工业园和中原万楹园区落地，减少转供电主体的不合理加价现象，惠及小微企业32家。公司获评省公司2022年度迎峰度夏保供电及抗台抢险先进集体。

【助力共同富裕】 推广“甬电小云”智慧服务，率先实现城乡1459个台区全覆盖。建成大堰、松岙奉化小草电力驿站，实现用电服务向表后延伸。建成12个新时代电气化村，滕头村驿站获评省公司百佳“乡村振兴·电力先行——红船·光明驿站”，“雪窦风光 应梦名山”示范区获评省公司“乡村振兴·电力先行”示范区。聚焦新能源汽车充电难问题，提前谋划出台《居民电动汽车充电设施业务质效提升工作方案》，充电桩业扩平均时长缩减至7日。联合区政府揭牌成立智慧光伏（监测）数据中心，“智慧光伏促富增收”项目获得宁波市数字经济系统场景应用路演二等奖。与区工投集团签订《“供电+能效”服务工业园区绿色发展战略合作框架协议》。加强客户侧安全管理，完成5020户高压用户配电房检查，督促用户整治各类隐患825处。推进老旧计量设备治理，改造老旧采集终端40910台，轮换超周期电能表52496个。2022年，公司实现用电服务零投诉。

【小草品牌建设】 探索企业资源融入文明实践，创新建成新时代文明实践分中心，策划“小草”服务队二赴四川甘洛，积极开展公益品牌、社会责任的实践及创新。公司1人获评浙江工匠称号，小草电力志愿服务队获得第七届“浙江慈善奖”。

【各类荣誉】 2022年，奉化区供电公司获评2022年全国安康杯安全文化宣传优秀组织单位、浙江省AA级“守合同重信用”企业、国网浙江省电力有限公司2020—2021年度“旗帜领航·勇立潮头”基层党建示范点、国网浙江省电力有限公司2021年度线损管理“十强县”、奉化区2021年度“高质量发展贡献榜”重大贡献奖。《三相交流电机传动系统非线性控制与应用》获中国发明协会2022年度发明创业奖创新奖二等奖。《“双碳”目标下“智慧光伏”全生命周期管理的创新探索与实践》获浙江省电力行业2021年度管理创新优秀成果一等奖。《提高变电站接地线一次挂接成功率》获浙江省电力行业2021年度QC小组活动优秀成果一等奖。江口供电所获评浙江省2020—2021年度青年文明号。溪口供电所、江口供电所获评国网浙江省电力有限公司2021年度“示范星级供电所”。莼湖供电所获评国网浙江省电力有限公司2021年度五星级供电所。西坞供电所获评2022年宁波市工人先锋号。邬孟杰获评浙江省2021年度浙江工匠、2022年宁波市高层次拔尖人才。周国军获评2022年浙江省最美志愿者。裘学东获评浙江省电力行业2021年度管理创新卓越领导者。方腾江获评宁波市十佳退役军人就业先锋。胡洁获评宁波市2021年度技术能手。刘玉获评2021年度宁波市奉化区级青年岗位能手。王海斌获评2018—2020年度奉化区劳动模范。

（俞刚志）

经济开发区

【经济指标稳增长】 奉化经济开发区直属区块4个，总规划面积19.65平方千米，分别是滨海新区、尚桥科技工业园、白杜循环经济园区和“千人”创业园。2022年，开发区共有企业435家，其中规上工业企业实现工业总产值95.37亿元，比2021年增长15.6%；全年规上工业企业数达到90家，规上工业增加值增速11.5%；5家限上批发业企业销售额4.93亿元，比2021年增长61%；4家限上零售业企业销售额1.22亿元，比2021年增长24%；9家限上批零企业实现社会消费品零售总额0.82亿元，比2021年增长34%；

【招商引资】2022年，累计引进隆源机械、凯鑫管阀、达闼机器人等工业项目22个，其中供地项目15个、轻资产项目7个。全年累计完成土地出让31宗，供地面积978亩，其中滨海新区26宗、尚桥园区4宗、岳林1宗（企业归口算开发区）。利安科技、奥莱尔液压、慧格智能、坤昇新能源、沃腾玛尔、九丰电器、术有科技等38个在建项目有序推进。全年累计推荐申报国家级引才工程和省级引才工程11个，推荐申报甬江人才工程5个，承接甬江人才、"凤麓英才"项目落户5个；引进硕士以上人才20人。整合各类创新孵化场地约1万平方米，其中新城创业园4500平方米、小微产业园5500平方米。全年累计完成浙商回归资金12.96亿元，宁波市外境内资金12.24亿元，实际利用外资1588万美元。

【基础配套建设】滨海新区沿海中线以南一期道路工程完工，二期工程已于6月入库并已进场施工；红胜海塘加固提升工程按照施工计划稳步推进；30–1号地块工业厂房项目于11月进场施工。尚桥园区白云路已于6月完成验收通车；茶场地块周边和中心粮库东侧地块配套道路工程全面开工建设。白杜循环经济园区污水处理厂即将投入试运行；后岙河（一期）、规划道路（一期）完成竣工验收。高端装备制造产业园项目已基本完成主体结构；保障性租赁住房项目于7月底开工。

【服务企业】通过建立全覆盖联系服务、健全全方位指导保障、构建多层级问题处理等机制，继续推进开发区"8718"服企平台，切实帮助企业纾困解难。2022年，累计完成留工用工补贴135家企业，自行返岗交通补贴125家企业，30家小微企业获免3个月租金，帮助企业开展公益性诊断24家。协助企业开展商标注册、专利申请、项目申报等工作，全年累计组织技改产业链政策讲诊会、专利布局与驰名商标分享培训会等活动10场以上，申报各类项目150家次以上。

【综合保障】持续开展"除险保安"专项行动，排查企业1000余家次，排查隐患3275条，均已落实隐患闭环；持续开展小微产业园安全生产、消防安全等专项整治，重点就违规隔层及"三合一"现象逐一落实闭环管理，确保小微园稳定有序发展。开展工业园区"污水零直排区"建设和滨海新区"无废园区""无废工厂""绿色工厂"创建等工作，助力企业成功创建三星级绿色工厂10家，无废工厂2家，顺利完成无废园区创建并通过验收。开展全区"绿色治欠"除险保安专项行动和根治欠薪冬季专项行动，检查企业189家，18116人次，帮助企业规范用工、减少用工矛盾和用工风险。

（张振宇）

贸易合作

商贸流通

【概况】 2022年，商贸流通工作以统筹疫情防控和经济社会发展为主线，紧扣“促消费、稳增长”主题，实施稳增长促消费攻坚行动，保障生活必需品供应，推动商贸流通业高质量发展。全年实现社会消费品零售总额170.7亿元，增长5.3%，增速居全市第4；商品销售额575.2亿元，增长24.6%，增速居全市第3。

【重点项目】 全区商贸服务业在建重点项目2个，投资总额45亿元。宁波农副产品物流中心项目、宁南贸易物流区65号地块项目（宁波生命科学城酒店商业综合体项目）累计投资额24亿元，累计完成率53.0%，其中2022年完成投资7.8亿元。截至年底，宁波农副产品物流中心项目已基本完工。

2022年宁波市奉化区重点商贸在建项目实施情况一览表

表19

项目名称	建设内容	建筑面积（万平方米）	投资（亿元）	启动时间（年）	投资完成占比（%）
宁波农副产品物流中心	项目位于宁南物流园区。建设各类蔬菜、肉禽蛋交易区冷库及配套附属用房。（总建筑面积 32 万平方米，其中一期建筑面积 9.242 万平方米）。一期 2019 年完工，整个工程 2022 年完工	32	22.07	2016—2022	100
宁南贸易物流区六十五号地块项目（宁波生命科学城酒店商业综合体项目）	总用地面积约 53.85 亩，建筑面积约 18.91 万平方米，建设集商业、办公、酒店于一体的综合体	18.91	22.99	2021—2024	0.89

【活跃消费】 全年实现批发业销售额、零售业销售额、餐饮营业额分别增长32.4%、8.8%、8.5%，其中批发业销售额得益于大宗商品批发企业的拉动，增速位列全市第1，回暖向好态势明显。推出消费券活动，先后发放“欢购奉城·乐享新春”“食惠女神”“潮甬金六月·惠享奉城”

等9轮电子消费券，共计发放资金4082.4万元，实际核销3917万元，核销率95.9%，参与商户累计近万户，领券（红包）人数53万人，实现销售3.5亿元；先后推出“云闪付电子消费券”“数字人民币红包”“实体超市卡”等4轮专项促销，累计实现汽车订单1640台，拉动零售额3.1亿元。搭建促销平台，先后开展惠政老街美食庙会暨奉化光影灯光秀美食节、万达广场四周年庆、品牌汽车进城下乡等系列促销活动，实现客流量和销售额同比大幅提升，其中惠政老街项目获评2022宁波购物节·浙里来消费“十大亮点活动奖”，举办春季线上车展和秋季品牌车展，推出200万元的购置新车送超市卡活动，共计销售汽车495台，实现零售额超1.1亿元。

【业态监测】 全年银泰城、万达广场、宝龙3家商业综合体销售额6.4亿元，比上年下降25.6%；天港禧悦、滕头诚悦农庄等14家餐饮企业营业额1.3亿元，比上年增长7.8%；宝马、奥迪等19家汽车销售企业销售额19.1亿元，比上年增长17.1%；力创电器、晨光电器、天一电器3家家电企业销售额0.9亿元，比上年增长11.8%；大润发、福明集品汇、溪口华联销售额2.9亿元，比上年增长3.5%。

【电子商务】 支持直播电商经济发展，“亲爱的玛丽”直播基地被评为全省首批百家电商直播式“共富工坊”典型案例，西坞街道亭山村获评省电商示范村，溪口镇剡东村获评省电商专业村，全年实现网络零售额67.3亿元，增长14.7%，增速居全市第1。

【菜篮子工程】 菜篮子综合保障能力增强，优化冷冻储备、动态储备、经营性储备、方便食品储备4类储备结构，与14家承储企业签订储备协议，全区肉菜库存储备可满足常住人口10天消费需求、方便食品能保障5万人5天应急需求。

【物资保供】 生活必需品应急保供扎实有力，疫情防控期间，累计配送“居家暖心包”“方便暖心餐”等物资超11万份。4月初，响应上海市浦东新区高行镇支援请求，落实5吨蔬菜运抵当地保障居民生活需要。10月，驰援北仑春晓街道，10余天内配送生鲜、粮油、日用品等物资超14万份。

【特色街区建设】 按照宁波市“精特亮”“特色街区”创建标准，统筹资源、创新措施，完成宝龙广场、武岭路步行街、奉化银泰城、水墨马头4条特色街区建设创建任务。

【消费扶贫】 采取搭平台、畅渠道、拓市场等举措，促进对口消费协作工作，全年销售“东西部消费协作”四川地区产品6684万元，完成率167%，其中凉山州产品4090万元，完成率146%；销售“山海协作”文成县产品2350万元，完成率335%。

【行业管理】 闭环处置预付卡投诉，累计处置预付卡投诉270件。组织较大调解22次，行政约谈商家32户，成功处置群体性预付卡投诉案件9起。“无废城市”建设工作方面，城镇生活垃圾回收利用率达到70%，超额完成目标任务。特殊流通行业监管方面，推动汽车行业健康发展，加强商业信用体系建设，开展报废机动车回收整治，规范二手车交易市场秩序。商贸领域文明典范城市创建工作方面，围绕测评标准和创建内容，全面完成省文明典范城市迎检工作。商贸行业疫情防控工作方面，严格落实商贸行业疫情防控责任，指导企业采取常态化疫情防控措施。商贸领域安全生产工作方面，累计开展各类安全检查87次，检查相关商贸企业750家次，发现并整改到位各类安全隐患166条，拟挂牌重点隐患单位1家，约谈消防隐患单位2家。

（吴华帅）

对外贸易

【概况】 2022年，对外贸易稳步增长，货物进出口总额286.69亿元，比上年增长8.96%，增速居全市第6。其中出口250.95亿元，比2021年增长9.24%，进口35.74

亿元，比2021年增长7.03%。国际服务贸易进出口总额比上年增长18.58亿元，增长105.94%，增速居全市第2。其中，服务外包执行总额8.3亿元，比上年增长12.04%；实际中方投资额1305万美元。

【外贸出口】2022年，从贸易出口方式来看，一般贸易出口额233.80亿元，比2021年增长9.67%；来料加工装配贸易出口额0.70亿元，比2021年增长212.05%；进料加工贸易出口额14.89亿元，比2021年下降8.62%；其他贸易出口额1.56亿元，比2021年增长4032.74%。主要出口地区中，亚洲出口额74.48亿元，比2021年增长26.87%；非洲出口额12.05亿元，比2021年下降4.16%；欧洲出口额69.89亿元，比2021年增长4.47%；拉丁美洲出口额18.61亿元，比2021年增长14.56%；北美洲出口额68.36亿元，比2021年下降0.12%；大洋洲出口7.56亿元，比2021年增长10.12%。

2022年全区主要贸易方式出口情况

表20　　单位：元

名称	出口总额	增幅	进口总额	增幅	进出口总额	增幅
一般贸易	23379516127	9.67%	3092514392	0.72%	26472030519	8.55%
来料加工装配贸易	70257843	212.05%	21499234	96.85%	91757077	174.42%
进料加工贸易	1489022939	-8.62%	263901775	7.78%	1752924714	-6.47%
外商投资企业作为投资进口的设备、物品	—	—	—	—	—	—
保税仓仓储转口	149464833	同期无基数	0	0	333620813	同期无基数
其他	6623527	75.37%	12358239	-8.2%	18981766	10.11%
总计	25094885269	9.24%	3574429620	7.03%	28669314889	8.96%

2022年全区主要出口地区情况

表21　　单位：元

名称	出口总额	增幅	进口总额	增幅	进出口总额	增幅
亚洲	7447682685	26.87%	2685345039	1.22%	10133027724	18.89%
非洲	1204669203	-4.16%	60042258	80.01%	1264711461	-1.99%
欧洲	6989166514	4.47%	486907516	41.21%	7476074030	6.27%
拉丁美洲	1861108789	14.56%	34736299	-48.54%	1895845088	12.04%

续表21

名称	出口总额	增幅	进口总额	增幅	进出口总额	增幅
北美洲	6835918478	-0.12%	186193469	14.65%	7022111947	0.22%
大洋洲	756339600	10.12%	121204970	54.47%	877544570	14.67%
其他	0	0	69	-79.94%	69	-79.94%
总计	25094885269	9.24%	3574429620	7.03%	28669314889	8.96%

【外经工作】 2022年，新批境外投资企业2家，境外投资企业增资1家，完成核准中方投资额累计1305万美元。

2022年新批境外投资企业情况

表22 单位：万美元

企业中文名称	境外注册企业中文名称	境外注册地	所属行业	设立方式	中方投资额
宁波奉化凯鑫线缆有限公司	越南凯鑫线缆公司	越南	通用设备制造业	新设	150
宁波利安科技股份有限公司	安贝亲（新加坡）有限公司	新加坡	橡胶和塑料制品业	新设	600
波导科技集团股份有限公司	THISS 技术私人有限公司	新加坡	电信、广播电视和卫星传输服务	增资	155

【外包服务】 2022年，全区实现国际服务贸易进出口总额18.58亿元，比2021年增长105.94%，位列全市第2。其中国际服务贸易出口额12.57亿元，比2021年增长54.5%；国际服务贸易进口额6.01亿元，比2021年增长577.58%；服务外包执行总额8.34亿元，比2021年增长12.04%，其中在岸执行额2.03亿元，离岸执行额6.31亿元，比2021年增长13.10%，计算机和信息服务、文化服务两大板块凸显，成为全区服务外包主力行业；境外工程承包方面未能破零。

【市场开拓】 推进内外贸一体化发展，宁波新邦科技股份有限公司列入浙江省第四批内外贸一体化“领跑者”企业培育名单，奉化区内外贸一体化改革试点产业基地（服装）列入浙江省改革试点。提供签证、包机便利化服务，累计为78家企业96人次办理出入境商请函件，为13家企业办理包机对接服务。加快跨境电商发展。2022年，新增48家海关备案跨境企业，纳入海关数据3.2亿元，增长59.2倍，跨境出口额48.2亿元，增长23%；拓展海外市场，先后在巴基斯坦、马来西亚、柬埔寨等国家设立奉化驻海外联络处，积极融入中巴经济走廊战略，进一步完善在东南亚海外市场布局。

【优惠政策】 叠加用好以市区两级外向型经济优惠政策，全年累计拨付市区两级外向型奖励资金2776.8万元，其中宁波及以上级扶持资金1196.5万元、区本级配套资金1580.3万元，惠及企业403家次。

【贸促工作】 打造专业外贸综合

服务平台，培育打造浙江言廉成为全区服务于中小微企业的外贸综合服务平台，支持优化通关结汇、仓储物流、融资服务等全流程线上线下服务，助力区内中小微企业实现抱团发展。加强涉外企业服务，聘请浙江和义观达、盈科（宁波）两家律师事务所，向企业提供法律咨询、解决贸易纠纷等服务；设立经贸预警工作点，及时发布经贸预警信息。提升外贸企业国际商事认证服务能力，累计为企业办理新注册产地证20份、一般原产地证签发1507份、优惠原产地证书签发555份、代办商事证明书282份、代办领事证明书40份。

（吴华帅）

投资促进

【概况】 2022年，区投资促进局聚焦“跨越发展、二轮攀高”，以“竞跑竞绩、进位进阶”为主线，强化数改引领，克服政策调整、资源制约、疫情影响等因素对招商工作的冲击，打好招商选资攻坚战，整体工作保持平稳向好的发展态势。全区实到浙商回归资金107.9亿元，比2021年增长26.9%，完成年度目标任务（90亿元）的119.9%；实到市外内资资金164.1亿元，比2021年增长17.2%，完成年度目标任务（140亿元）的117.2%；实到外资1.4亿美元，比2021年增长5.9%，完成全年目标任务。全区新引进项目54个，其中亿元以上5亿元以下36个、5亿元以上10亿元以下8个、10亿元以上4个。

【招大引强】 全区新引进5亿元以上项目8个，其中10亿元以上项目4个，分别为总投资76亿元的状元岙抽水蓄能项目、总投资21亿元的达闼机器人长三角南翼产业基地项目、总投资10亿元的物产宁波新能源汽车配件大宗贸易中心项目和总投资10亿元的联东U谷·溪口数智制造产业园项目。

【服务业招引】 全区引进服务业项目25个，其中注册资金或投资总额5000万元以上项目15个，包括总投资5.4亿元的应梦里项目、注册资金4.5亿元的利永兆智能科技项目、总投资3.74亿元的江南辋川项目、总投资6000万元的夏蕙瑛艺术中心项目等。

【机制建设】 持续深化“一核心三平台多节点”工作机制，出台《宁波市奉化区关于进一步加强招商引资工作的实施意见》《宁波市奉化区2022年招商引资工作要点》，为“十四五”期间和2022年招商引资提供工作指引；印发《关于进一步完善奉化区招商引资工作联席会议制度的通知》，推进项目政策落地落实；组织召开联席会议11次，上会讨论议题49个，其中进一步提交区政府常务会议讨论通过28个。印发《2022年度招商引资绩效评价办法》，形成“全域招商，全员招商”的良好氛围。

【招引服务】 项目招引服务闭环流程已实现系统化，绘制完成《全区项目招引服务闭环流程图》，实行项目招引服务“首谈单位”责任制。一般项目设立项目经理“一对一”服务，重点项目成立工作专班重点推进，通过招商调度会的调度协调，推动新引进项目快开工、快运营，其中物产宁波新能源汽车配件大宗贸易中心项目已实现商品销售额23.22亿元。

【首个“保险金融创新示范区项目”签约落户奉化】 2月18日，奉化区政府与浙江东领保险科技有限公司签订投资合作协议，合力建设东领保险金融创新示范区项目。该项目落地奉化后将进行架构重整，整体迁入一家持牌保险经纪公司，同时注册成立保险科技项目公司，以保险经纪+保险科技为核心，整合引进保险金融产业上下游企业，最终形成以互联网保险产品创新为主要特色的保险金融创新示范园区。根据协议，项目选址锦屏街道爱伊美创新中心，5年内可实现营收15亿元以上，综合纳税1亿元以上，成为奉化服务业的重点企业之一。

【首个院士项目正式落户奉化】 11月3日，叶志镇院士团队的高阶纳米金属氧化物材料产业应用项目在“奉栖燕归·化梦未来”浙江省海外高层次人才智力项目洽谈对接会(奉化专场)上签约，正式落户奉化。项目将充分利用浙江大学材料学科优势，在奉化区落地打造先进材料和装备智造创新创业项目，主要经营业务板块，有防疫消杀产品、杀菌除味组件、新能源汽车配件及其他科技成果转化等，预计到2027年，销售收入可达到8亿元，税收约4800万元。

【物产中大大宗贸易中心落户奉化】 4月26日，奉化区政府与浙江物产化工集团宁波有限公司就物产宁波新能源汽车配件及石化产品大宗贸易中心项目签订正式合作协议。根据协议，物产中大在奉化区注册成立“物产中大新材料科技发展（浙江）有限公司”，选址锦屏街道玮泽大厦，落地后三年内预计可实现年销售100亿元以上，能显著拉动奉化区生产总值增长，助力实现服务业“双倍增”目标。同时，项目落地能进一步延伸全区汽车零部件产业的供应链，为产业转型升级赋能。

【达阕智能机器人产业基地落户奉化】 12月21日，奉化区政府与达阕机器人股份有限公司签署合作协议，标志着达阕智能机器人长三角南翼产业基地项目正式落户奉化，双方将共同打造全国领先的智能机器人整机生产总装基地。根据协议，该项目将落户经济开发区，分两期建设，一期建设海睿机器人操作系统生态产业基地，打造全国乃至全球领先的智能机器人整机生产总装基地，将涵盖人形机器人、康养机器人及智能装备等；二期计划于2026年启动，建立全球领先的以扇出型大板级封装（FOPLP）为制程技术的下一代芯片封装产业基地，同步组建产业基金，支持全产业链发展。

（顾芊儿）

区域合作和对口支援

【概况】 2022年，奉化区认真贯彻落实中央、省、市关于东西部协作工作的决策部署，着眼于产业合作、人才协作、社会帮扶等各领域，不断谋划新举措、持续展现新作为，全力助推对口地区实现跨越式发展，全面推进乡村振兴。

【组织领导】 奉化、甘洛两地高层互访有序开展。奉化区主要领导带队赴甘洛县对接1次，接待甘洛代表团1批次，召开党政联席会议2次，其中10月28日—30日，奉化区政府主要领导率代表团赴凉山州甘洛县考察对接，召开奉甘党政联席会议，就两地如何合作共赢进行深入交流和探讨，两地教育局、卫生局、农业农村局签订东西部合作框架协议。组织区内7所学校、3所医院、12个镇（街道）及经济开发区、11家企业、2家社会组织以及滕头村积极参与东西部结对帮扶活动，通过党建联动、公益建设等结对活动，助力乡村振兴。

【产业项目合作】 积极引导浙商、甬商等10家企业赴四川省投资兴业，实际到位投资额约5.4亿元。其中落户凉山州7家，实际到位投资额约3.2亿元。坚持政策引领，组织实施职工消费行动助力东西部协作，区各级机关和企事业单位每人每年使用不超过500元的工会经费定向购买凉山州农特产品。开设凉山州农特产品直营店12家，通过宁波农副产品物流中心推广活动、推介展销等方式采购或帮助销售四川省农特产品金额约6684万元，其中凉山州农特产品销售额约4090万元。依托“彝族年”、“窗口期”、“甘洛之家”劳务人员服务站、人岗“双向选择”机制、“全方位”暖心关爱等，做到早招聘、真服务、细对接、真稳岗，至年末，甘洛县共有627名农村劳动力在甬就业(2022年新增347人)，其中脱贫劳动力101人（2022年新增136人）。开展劳务技能培训13期634人（其中脱贫劳动力482人），帮助甘洛县385名农村劳动力实现就近就业（2022年新增105人），其中脱贫劳动力210人（2022年新增90人）；273名农村劳动力到其他地区就业（2022年新增108人），其中脱贫劳动力68人（2022年新增33人）。接收四川省42名职教学生到奉就读中职班，其中甘洛县27名。

【资金扶持】 全年共安排东西部协作资金6200万元，在特色产业带动、就业帮扶、基础设施建设等方面，援建东西部协作项目23个。共建长荣索玛轻工（食品）产业园、甘洛县田坝团结农旅融合现代园及甘洛县海棠农旅融合示范园3个，已入驻长荣索玛服装智造有限公司等4家企业，实际到位投资额0.25亿元，吸纳农村劳动力132人，其中脱贫人口73人。援建甘洛县腊梅村丰硕种养殖专业合作社等帮扶车间6个，吸纳农村劳动力就业146人，其中脱贫人口93人。动员社会力量开展捐资捐物、结对助学等社会帮扶活动，全年累计向甘洛县捐赠资金和物资403万元。其中奉化区12个镇（街道）、经济开发区、国有企业向甘洛县13个乡镇捐赠森林消防专用车，助力乡村安全有序发展。

【人才交流合作】 全年选派2名党政干部和32名专业技术人才赴甘洛县挂职交流，其中专技人才中挂职1—6个月的6人，挂职7—12个月的5人，挂职12个月以上的21人。开启奉化高级中学、江口中学与甘洛中学组团式帮扶，开展教学管理、教研创新、教师队伍建设、教育资源运用等全方位合作，致力于甘洛教育教学质量提升。宁波大学附属医院、奉化区人民医院、奉化区中医院与甘洛县人民医院组团式帮扶结对，开展新技术输出7项，填补甘洛县呼吸科、耳鼻喉科等领域的相关空白，实现宁波—甘洛零距离远程医疗会诊。依托滕头乡村振兴学院优质资源，通过专家授课、现场教学等方式开展甘洛县党政干部培训及乡村振兴人才培训12期1521人次，开展教育、卫生等专业技术人才培训16期681人次。

（何皆梁）

进出境监督管理

【概况】 2022年，奉化海关审核进出口报关单355份，征收税款1.2亿元；受理出入境货物报检申请6091批，金额1.9亿美元；出具检验检疫证书746份；出具出入境货物包装性能检验结果单1363份，出具出境危险货物运输包装使用鉴定结果单336份；签发各类原产地证书8164份，金额46170.8万美元；办理加工贸易电子化手册备案315本；办理减免税审核确认19份，货值150.2万美元；共开展属地查检2205票，其中进口113票，出口2092票，抽样送检523批次；完成企业稽查13家，完成核查作业101起。

【“我为群众办实事”】 2022年，推动RCEP等原产地政策红利释放，通过“线上+线下”多形式开展RCEP政策解读，帮扶企业提升应用RCEP规则水平，指导辖区水果罐头、青梅等农产品企业利用规则扩大特色农产品出口，助力奉化白茶首次出口马来西亚，全年出口白茶152.9吨，货值748.1万美元。设立出口鲜活农产品绿色通道，对出口活鱼等鲜活农产品实行预约查检、优先查检、即时出证，确保鲜活产品“零等待”“零滞留”，全年辖区出口活鱼1891.8吨，金额1.07亿元。中央电视台《朝闻天下》《新闻直播间》《致

4月，宁波海关所属奉化海关关员对危险货物锂电池标签进行核查（张喜锦　摄）

富经》等栏目多次作为典型案例进行报道。该案例入选宁波海关2022年第二季度“我为群众办实事”优秀案例以及宁波海关2022年度“我为群众办实事”典范案例。

【安全生产】 2022年，奉化海关聚焦安全生产专项整治三年行动集中攻坚，积极落实“口岸危险品综合治理”百日专项行动、“安全生产月”等活动；建立定期研究、检查督导、应急演练、风险吹哨、压力传导、反馈整改等6项机制，探索形成安全生产“双向工作法”；落实涉危企业管理模式，联合奉化区消防救援大队、奉化区应急管理局等部门，深入企业宣传贯彻《中华人民共和国安全生产法》及“吹哨人”预警制度；并针对危化品运输、储存等重点环节，展开全面排查，共检出不合格出口危险货物4批次。

【落实减税降费】 2022年，奉化海关推广以RCEP为重点的优惠原产地政策，全年签发优惠原产地证书4759份，其中RCEP原产地证书509份。落实进口税收优惠政策，全年完成减免税审核确认19份，货值150.2万美元，减免税款132.3万元，实现科创类减免税零的突破，浙江药科职业大学成为辖区内首家拥有享受科创类税收优惠资质的机构。推进加工贸易创新发展，3家加工贸易企业实现“以企业为单元”的模式转变，不断降低企业经营成本；帮扶企业推进加工贸易内销便利化，全年内销征税891.9万元，比2021年增长53.1%，同时通过集中内销、减免内销缓税利息等措施进一步减轻企业负担。

【“奉行”统计工作室揭牌】 5月20日，宁波海关副关长孙向阳为“奉行”统计工作室揭牌。该工作室是宁波海关首家统计工作室，由奉化海关7名青年业务骨干组成，充分利用统计研究分析优势，深入带动其他业务协同发展，打造一支精业务、能钻研的海关“三有”青年队伍。积极夯实统计业务能力，强化专业研究分析水平，参与署级课题研究4期，参与宁波海关课题研究2期，参与撰写外贸情况分析11篇、统计要情10篇、地方专报2篇。着力护航保稳提质促发展，统计工作室成员主动加班加点为企业开通绿色通道，实施属地查检47批次，青年业务专家一对一帮扶辖区农业企业70余家。

【建立健全关地联席会议机制】 2022年，奉化海关进一步建立健全关地联席会议机制，每季度与奉化区外贸相关职能部门举行关地联席会议，通报外向型经济运行现状及存在的难点堵点。同时，通过开展“政协委员进海关”“企业家进海关”等活动，受邀在区政情通报会上就外向型经济高质量发展作专题授课，强化关地、关企联系。联合奉化区商务局对相关政府部门、行业协会商会、外贸企业等进行走访调研，形成调研报告《奉化区外向型经济调研及思考》。该调研报告深入分析了2019年以来奉化区外向型经济发展现状，从市场多元化水平、产品竞争力、贸易便利化水平三个维度发现存在的问题与不足，并提出五条推动外向型经济高质量发展的具体建议。奉化区委书记胡永光带队赴奉化海关专题听取外向型经济调研报

5月26日，宁波海关副关长孙向阳（左四）为“奉行”统计工作室揭牌（陈墨　摄）

12月8日，奉化区委书记胡永光带队赴奉化海关专题听取外向型经济调研报告（成可　摄）

告，关长毛可辰受邀在奉化区财经委会议上进行专题讲解，推动区委、区政府将发展外向型经济作为奉化区2023年重大改革事项。

【促进跨境电商新业态发展】2022年，奉化海关继续推广跨境电政策，联合区商务局等开展政策宣讲，培训企业40余家，制定重点企业清单，指导企业布局海外仓14个，助力奉化区跨境电商出口发展。2022年，奉化新增跨境电商B2B出口实绩企业15家，出口货物4.3亿元，较2021年增长20倍。其中，以跨境电商B2B直接出口的贸易方式出口4.2亿元，增长29.6倍；以跨境电商出口海外仓的贸易方式出口1863.3万元，增长160.8%。

【打击走私】强化与地方政府联动，成立奉化海关、宁波机场海关缉私分局、奉化区反走私办、反走私协作办公室，关警地三方共享信息，共研风险，形成打击合力；联合拍摄奉化区反走私宣传片，开展反走私教育进校园活动，提高全民反走私意识。全年共办结稽查作业13起，办结核查作业101起，查发移交缉私线索9起，与宁波海关风控分局、宁波海关机场缉私分局共同查办进口苗木低报价格走私案件。

（张晓洁）

烟草专卖管理

【概况】2022年，在省、市烟草专卖局（公司）党组和区委、区政府的坚强领导下，奉化区烟草专卖局（分公司）围绕“生态培基年”定位和“双全”主题，对接“1116”工作思路和“五大攻坚行动”“双十清单”，着力“三精工程”、打造“4+6”特色亮点，蹄疾步稳推动数字化高质量发展。

【市场监管】全年共查获案件213起，比2021年增长6.5%，市场净化率年度考核排名居全市烟草系统前列。全面开展军字号卷烟排查治理，扎实做好茶烟等类产品的整治。持续推进打假打私。打造数字化基层涉烟情报工作室，建立情报专班；深化多部门协作，构建物流寄递、海上运输环节打假打私齐抓共管机制，形成有效震慑。稳步推进电子烟监管。有序做好辖区电子烟经营主体的许可准入及退出工作，加强电子烟引导、监管工作，全面清理中小学周边电子烟经营销售点，电子烟经营状态始终保持规范有序。

【创新管理】推进数字化转型和创新工作，《基于智慧财务系统的高拍仪插件优化升级》微创新项目获得全市二等奖，QC课题《对标数据分析与决策工具的研发》《降低数采户月单笔销售规格数超限的频次》分别获得全市二、三等奖，《基于小微权力清单提升基层廉政监管效能》获得全市创新三等奖。扎实推进基层治理效能提升工程，完成溪口、大桥所部的“三化三型”创建，输出岗位工作手册、数字化专卖所看板、奉里清风等多个创建成果，试点所部溪口所、溪口部年度对标成绩在同组排名靠前。

【自身建设】区烟草专卖局深入

学习宣贯党的二十大精神，第一时间制定落实计划，组织专题读书班3次，开展进基层、进店堂宣讲8场，3篇通讯在行业主流媒体发表；推动党史学习教育常态化、长效化，组织中心组学习10次，创新推出4期读书活动，确保党史学习教育覆盖全员。组建香溢志愿服务队，累计服务时长121.86小时，队伍获评区第三批“战疫”先进；开展共富行动，采购山区26个县扶贫产品4万余元，党员群众个人帮扶捐赠支出累计1万余元；精心推进香溢红色驿站建设，2家驿站获全省系统百家优秀驿站；试点完成溪口户外劳动者驿站1家。

（袁　静）

宁南新城管理中心

【概况】 2022年，宁南新城管理中心聚焦“现代化滨海大都市美丽健康新城区”建设，落实“防”“稳”结合的工作要求，严抓疫情防控，奋力项目建设，对标“两个先行”，开展“五问五破争一流、六严六比攀新高”专项行动，推进宁南新城高质量、高水平、高效能开发建设。

2022年，共安排固定资产投资项目55个，年度计划投资97.1亿元。全年完成固定资产投资99.7亿元，完成率102.7%。完成浙商回归资金16.9亿元，完成年度指标188%；完成市内境外资金19.5亿元，完成年度指标217%；完成实际可利用外资年度考核目标任务1982万美元，完成年度指标66.1%。其中浙商回归和市内境外两个指标考核位列全区第一，并获评“2022年第一季度、第二季度扩大有效投资‘赛马’激励单位”。

【要素保障】 宁南新城管理中心配合街道攻坚拔钉，保障永耀电力产业项目等重点项目开工建设。落实房票政策，至年末，后顾、下陈、丁家埭、庄家畈4个村439户拆迁安置居民户中，除后顾村尚有7户未完成签约外，其余拆迁村房票及货币签约率均已达到100%。完成已签约企业腾空验收18家，拆除16家，有效推进恒兴路、方欣路、何家河等基础设施配套建设。

宁南新城已获批公司债14亿元，计划于2022年第四季度和2023年第二季度分两次发行，另有宁南城市更新项目，获得以农业银行为主银团融资金额40亿元，有力保障宁南新城开发建设。2022年10月，宁南新城管理中心所属宁波宁南新城国有资产经营管理有限责任公司正式获评企业主体信用评级AA+，成为全区第二家获评AA+的国有企业。

【基础设施建设】 宁南新城管理中心推进工程建设，进一步深化第三方全过程管理体系，配合实施项目现场管理。宁波生命科学城酒店商业综合体项目、宁南贸易物流区六号综合安置用房项目、宁南贸易物流区七号地块项目和宁南贸易物流区二十九号地块开发项目均被列为年度红旗项目。

围绕宁波市第一医院等重点项目投运营需要，加快周边配套道路建设，确保院区进出主要道路北仓西路、山隍北路于6月30日前建成通车。完成盛源北路、滨江路、计家路中段、方欣路二期（宁南+金茂）、恒兴东路、消防实践基地等项目土地供应，并加快实现项目开工建设，其中盛源北路、滨江路、计家路中段、方欣路二期已建成通车，恒兴东路、消防实践基地等项目有序推进。

宁波生命科学城项目完成固定资产投资25.6亿元，建设项目10个。重点推进6号安置房、商业综合体、中心湖等项目。其中作为项目商务核心区的地标建筑的中心湖公园湖区已实现通水；6号安置房已竣工验收并启动交付工作，金茂商业综合体酒店和商业部分已结顶，办公楼计划于年底前结顶。中交未来城市转型示范区项目完成固定资产投资33.3亿元，建设项目21个，壹里科创云廊一期项目主体结构全部封顶；方桥安置房项目地下室结构已完成，蒋葭浦安置房已完成结构封顶；珠琳站生活配套服务中心项目开工建设。进一步完善城市运营公司体制建设，健全运营公司制度，理顺管理流程、完善公司治理结构，完成中交城展馆、区域内道路保洁等服务保障项目的招投标工作。

【重点产业项目】 农副产品物流中心二期项目、宁波智能城市物流平台、科瑞特动物激素、可星商业中心、安佳厨卫智能研发基地、奥迪斯丹彩印包装箱、永耀智能电力产业基地7个在建产业项目进展顺利。围绕方桥智能厨卫家居等智造产业特色优势布局宁南工业孵化基地项目，在进一步集约利用土地资源的基础上，分阶段分期导入一批成长性好、科技含量高、经济效益强的特色小微企业。另有金茂天益集团、金地威新等大健康产业项目和中交日本永旺梦乐城商业综合体等项目开展洽谈。

【服务企业】 宁南新城管理中心着力产业服务全程“陪跑”助力。产业干部主动下沉一线，建立政企协同推进机制，助推项目建设加速度。6月，安佳厨卫在取得土地后，创出奉化区“拿地即开工”21个工作日纪录；7月，奥迪斯丹产业项目再获新提速，从“摘牌”到“开工”仅用6个工作日，实现重大产业项目“拿地即开工”目标。宁南新城现代服务业创新发展区入围浙江省第二批现代服务业创新发展区名单。

持续深化宁南新城区域内产业项目履约情况，开展联东U谷科技产业园项目整改提升，优化产业园区内现有企业质量，对部分不合规或履约不到位的企业进行整改或清退，大幅改善园区企业整体氛围，同时结合中交壹里科创云廊项目招商，把好企业招商进口关，提高企业进驻标准，把稳园区内业态分布，积极争取落户一批优质产业项目。宁南新城管理中心申报5个“凤麓英才”项目，其中“高性能激光薄膜及元器件应用研发及产业化基地”项目入选为A类；申报7个“甬江人才工程”，其中“高性能光学薄膜研发中试项目”入选为C类，超额完成2022年人才项目考核任务。

（陈　雯）

1月22日，沣华医药入驻宁波生命科学城乔迁仪式

供销合作社联合社

【概况】 2022年，区供销社（农合联执委会）持续深化全区“三位一体”（生产、供销、信用）农合联改革，助力乡村振兴，推动共同富裕，取得成效。获评2022年度省供销社、省农合联执委会综合业绩考核优秀单位。区水蜜桃产业农合联、区竹笋产业农合联被省农合联评为第一批四星级产业农合联。

【生产服务】 保障粮食生产用肥安全。受疫情带来物流受阻和俄乌冲突的双重影响，化肥等农资价格大幅上涨，区供销社组织农资公司先后从山东、湖北、江西等地调入化肥2600吨、农药350吨、农膜150吨；在此基础上，向区人民政府提出《关于要求增加农资保供储备的请示》并获得区政府正式批复，在完成应急储备指标任务的基础上，在省内首家增加保供储备1000吨。推进“配方肥替代平衡肥”行动，全区完成上级下达任务的75%左右，促进肥药减量增效，推动农业保供增收。

提供农业社会化服务。举办春耕、双夏送肥下乡支农惠农活动，现场为农民提供技术指导、病虫害诊治50多次，发放宣传资料4000多份。为农户提供测土配方、统防统治、飞防服务等保姆式服务，承接水稻、水蜜桃等作业面积5.7万亩。新领办组建的松岙民利农机专业合作社开展一条龙农机服务，为松岙、裘村及莼湖等镇农户服务优惠烘干稻谷202万余千克，优惠金额12多万元。

开展各类涉农技术培训。举办香榧种植、茶树种植、番薯种植和水产养殖等实用人才培训活动9期，培训人员403人次；配合宁波市供销社培训中心完成农旅民宿经营、名茶系列制作技术、区域特色农产品、奉化水蜜桃网络直播等培训，总计14期573人次。

【供销服务】 组织开展直播带货。培育农合联网红团队，形成以宋小赞、卓雅芝等一批有一定影响力的农合联网红代表，通过抖音账号对奉化当地的芋头、草莓、土鸡蛋、油焖笋等优质绿色农产品进行直播带货，全年为农户直接售卖农产品5700多万元。

开展惠农促销活动。协办2022奉化水蜜桃文化节“桃源结谊在奉化”蜜桃集市开市仪式；实施“供销+邮政”进专业村、进基地、进合作社便农降费活动，帮助桃农寄送快递20多万单，直接减少物流费用支出400多万元。举办大堰番薯进大型商超连锁销售及网络营销活动，在线下与宁波大润发开展营销合作，在奉化、海曙、江东及舟山等10家连锁超市设立“香薯”专柜促销；在线上打通邮乐购和宁波市供销电商淘宝、京东宁波馆等网销渠道，截至2022年底，售出8600多千克大堰香薯，销售额达10万多元。

特色产业品牌推广。汇聚“奉农优选”知名品牌，在宁波海曙的第六空间生活馆开设直营窗口，产品涉及米、油、茶叶、海鲜、休闲食品等140个品类。茶产业农合联开展“第三个国际茶日”等促销活动，会员在“甬茶杯”比赛中获得2特3金4银的好成绩，进一步打响名优“奉茶”知名度。

【信用服务】 分层推出“粮农贷”“育农贷”“蜜桃农合通贷”“农旅盈”“农户小额普惠贷款”等五大春耕信贷产品，满足农业企业、种粮大户、农民个人等的信贷需求。引入多元化服务平台，与农业银行合作的“甬农贷”等服务项目。截至2022年底，新推荐会员68户，累计向农业经营主体发放贷款3.2亿元。探索开展特色农业保险服务，竹笋产业农合联为农户5000余亩竹林加入气象保险。

【基层组织建设】 推进产业农合联组织体系整体重塑试点，以区水蜜桃产业农合联改革为切入口，创新构建以产业发展、供应服务、品牌建设、科技创新为链条的组织体系，打造以区农商集团为龙头，金融、农技部门协同，专业合作社、家庭农场、生产加工企业及销售商代表等各方加入的新型产业农合联。在全省首创实施产业农合联述职制度，组织水蜜桃、竹笋、茶、草莓、柑橘、花木等6家产业农合联向区农合联会员大会进行述职、接受评议。开展供销专干试点工作，招聘3名供销专干，分别派驻在未建立基层供销社的大堰、尚田、西坞等镇（街道），具体负责当地基层农合联日常事务工作，协助推进农事服务中心、数字农合联、村级服务社等服务平台的日常运营管理及农业产业、品牌促销、信用保险等服务。

【数字农合联建设】 完成数字农合联pc端、微信小程序“浙农服”“浙里办”之“浙农服”等上线工作，平台注册登录用户数592名，其中农合联会员546名，覆盖全区12个镇（街道），年访问量1580人次；完善平台服务功能，建立线上农技专家库，已有33位农技专家入驻平台为全区农户提供技术支持。

【“两废”回收】 配合做好2019年以来的“两废”回收专项督查检查。2022年度回收农药废弃包装物量27.93吨，年度回收率在90.68%以上，已无害化处置量24.03吨；回收废旧农膜129.63吨，年度回收率达到99.71%，无害化处理126.4吨。

【奉化区农民合作经济组织联合会第二次会员大会召开】 10月26日，奉化区农民合作经济组织联合会第二次会员大会召开。宁波市农合联常务副理事长、执委会主任徐挺，奉化区委副书记、区委政法委书记徐震宇，区人民政府副区长张巍出席并讲话。大会审议并通过奉化区农合联第一届理事会工作报告、监事会工作报告，新增水蜜桃、茶、竹笋等六大产业农合联负责人述职汇报和研究审议水蜜桃产业农合联改革发展方案两大议程。

大会选举产生新一届理事会、监事会和执行委员会，副区长张巍当选为区农民合作经济组织联合会第二届理事会理事长，选举朱正天为常务副理事长，毛立明、孙继峰、何义为副理事长。选举缪盛雷为区农民合作经济组织联合会第二届监事会监事长，应才元为常务副监事长。第二届理事会聘任朱正天为执委会主任，邬春茂为执委会副主任。

（陆文武）

工业投资公司

【概况】 2022年，区工业投资集团有限公司（以下简称区工投集团）以深化市场化改革为突破口，不断加大老旧工业园区改造与小微园区建设、产业投资、政策性融资担保等各项重点工作推进力度。集团下辖宁波市奉化区工贸实业有限公司、宁波市奉化区中小企业融资担保有限公司、宁波市奉化区锦浩投资管理有限公司、宁波市奉化区工业科技投资有限公司、宁波市奉化区锦贝建设投资有限公司、宁波奉化工投创业投资有限公司、宁波锦星园区管理有限公司7家全资子公司。

【深化改革推进高质量发展】 2022年，区工投集团结合公司实际开展“六比六严、提能正风”、党风廉政建设、“清廉国企”创建、文明单位创建等一系列活动，将党建与企业发展统筹谋划，进一步提升工作效能，加快各项重点工作任务落实，助力集团深化改革推进高质量发展。一年来，集团在不断开拓金融市场、拓宽融资渠道的同时加强资金管控，提高资金使用效率，并通过深挖自身潜力、有效盘活存量资产、加大项目投资力度等方式不断做大做强集团资产规模，AA信用评级工作按计划稳步推进，至2022年底，集团资产规模超46亿元，比2021增长45.5%。

【园区建设与重大项目服务保障】 在加快推进萧王庙大埠工业园、尚田印家坑小微产业园等园区项目建设的同时着力保障区级重大项目建设，盘活区域内存量工业地产。2022年，集团为茗山云谷产业综合体项目终止及后续企业征收拆迁提供相关资金保障4.5亿元，力保区级重大建设项目平稳过渡；出资3.5亿元对原华扬铝业公司的资产进行收购，谋划打造高标准生命大健康专业园区；整体租赁爱伊美厂区，通过改造提升打造电子信息科创园，建设新发展平台，进一步提升全区项目落地的承载能力。

【产业投资】 在做好集团直接投资的锐泰科技、奔野重工、帝亚一维等即将上市项目的投后管理的基础上，拓展产业投资新渠道。2022年，集团完成屋顶光伏一、二期项目招标，总投资0.75亿元，装机容量约17.98兆瓦，牵头组建大宗商品集中采购平台、宁波市知识产权交易服务中心等，在多领域推动全区产业转型升级。与村镇合作联营，全力助推乡村新兴产业发展，与溪口、裘村、岳林、江口、西坞、萧王庙、尚田7个镇（街道）平台服务公司进行合作联建村级光伏项目，与舒前村合资共建大宗商品集中采购平台，与温州文成县合作在区域内建设“消薄飞地”等。

【服务企业助推发展】 发挥政策性融资担保公司在经济下行期间的逆周期调节作用，破解中小企业融资难题。至2022年底，区中小企业融资担保公司在保企业860多家，在保余额16.68亿元，均创历史新高。2022年疫情防控期间，集团按照有关文件精神，共计减免房屋租金近130万元，更是通过网络、电话等方式积极主动为区中小微企业融资担保公司提供融资担保服务，全年共计减免相关担保费用1000多万元，保障区域内中小微企业平稳过渡，被宁波市中小企业信用担保协会评为2022年度优秀担保机构。

（张　玲）

旅　游

综　述

2022年，全区旅游经济加速提振，全年接待国内外游客493.67万人次，实现旅游总收入70.3亿元。产业布局持续优化，服务体系不断完善，获评浙江文化和旅游总评榜十周年文旅融合发展县、首批长三角高铁旅游小城。旅游品质不断提升，浙江宁波湾省级旅游度假区获省政府批复设立，溪口—滕头景区获评省智慧景区，3家旅游驿站获评省级旅游驿站。

旅游业

【概况】 2022年，区文广旅体局共实施文旅项目89个，项目总投资372.66亿元，全年累计完成投资66.55亿元，完成年度计划的109%，半年度文化和旅游投资推进综合指数位列宁波第一。

【规划建设】 推进“1+4”旅游规划编制，印发《奉化区“十四五”文旅体融合发展规划》。推进文旅资源普查，挖掘梳理文旅资源单体及优集区。优化“山海联动”资源结构。加快溪口—滕头景区、黄贤森林公园、宁波湾旅游度假区等核心旅游产品提升，浙江宁波湾省级旅游度假区获省政府批复设立，溪口—滕头景区获评省智慧景区，3家旅游驿站获评省级旅游驿站。指导大堰建设省AAAAA级景区镇，大堰村、岩头村建设乡村旅游共同富裕示范村，青云村列入全省首批AAA景区村庄培育名单。持续推进旅游驿站、省级AAA级旅游厕所、智慧景区、无废景区、市红色旅游融合示范区、市红色旅游教育基地等创建工作。牵头推进2022年“甬临新韵展示线”“云上连山风景线”“浪漫岁月寻芳线”“欢乐桃马逐梦线”4条精品线路创建。2022年，累计完成总投资12.69亿元，完成率达88.5%。共实施“微改精提”项目244个，计划投资9.1亿元，实际完成投资9.1亿元，解决问题数8638个。“微改造”综合评价指数由2021年的全省第33名升至2022年第一季度全省第四名，奉化区省AAAA级景区城实践案例获评省旅游业“微改造、精提升”2021年度最佳案例奖，42个项目被评为宁波市“微改造、精提升”示范项目。举办“2022年浙江省文化和旅游重大项目宁波分会场集中开工及全市文化和旅游重大项目开工仪式”，持续推进宁波湾省级旅游度假区、弥勒圣坛、应梦里、蒋氏民国文化中心等重大旅游项目建设，打造文旅城市品质标杆。

【产业融合】 指导专业乡村运营团队入驻乡镇和村庄，打造乡村建设运营品牌，2家运营团队获评市星级乡村旅游运营团队，1家入围培育单位。开展“万户农家旅游致富”计划，排摸“扩中”“提低”农户430家。加快民宿集聚化打造。推进溪口环雪窦山民宿集群、大堰最美乡愁民宿集群、滨海风情民宿集群、城乡接合区块民宿集群建设，新增市级民宿集聚区3个。成立民宿经济促进会，承办宁波市民宿服务品质提升培训班，推动民宿规模化、标准化发展。推进非遗主题民宿、红帮文化主题酒店等精品住宿开发，溪口恒大、华侨城酒店和桃源宾馆等业态建设。持续做好花庭·东山上、和园·质野、冷西小栈等民宿争创等级民宿和叶级客栈工作，打造特色住宿新品牌。在疫情频发的大环境下，区里全力保障市场供应，全年，奉化区限上住宿业营业额达到3.6亿元，同比增长19.59%。举办形式多样的文旅促消费活动，推动文旅惠民措施落地。在“留奉过春节”“惠享蜜桃季”“欢购奉城·惠享金秋”等活动中，发放文旅消费券200余万元，拉动旅游消费600余万元。金钟广场获评2021年度市级夜间文旅消费集聚区。策划三条精品旅游线路，开展2022奉化夏季旅游产品发布暨23度商量岗高山避暑节、2022初心第一课红色旅游线路发布暨松岙丰收节等全域旅游节事活动，营造休闲度假氛围。奉化区获评浙江文化和旅游总评榜十周年文旅融合发展县、首批长三角高铁旅游小城。滕头生态酒店入选2022年省“百县千碗”美食旗舰店名单，溪口应梦园酒店、武岭园饭店（惠政店）入选2022年省“百县千碗”美食体验店名单，滕头诚悦农庄获2021“诗画浙江、百县千碗”最具品牌影响力体验店，深度拓展奉化旅游品牌力。

【行业管理】 督促行业企业做好疫情防控，落实“小门”管控，强化防疫基层培训。开展多轮次、高频率、全覆盖的疫情防控工作检查巡查，加大查处力度，督促文旅经营单位落实好各项防控措施。顺利通过国家文化和旅游市场信用经济试点工作，开拓文旅市场监管数字化新路径，在品质酒店、A级景区和网吧三类文旅主体中落地应用场景，优化文旅市场信用评价制度，提高行业监管水平。深化“双随机、一公开”检查，加强执法保障。2022年，共出动检查3663人次，检查文化等各类经营场所1446家次，办理案件144起，其中一般程序办结46件，累计没收财物179件，罚款66万元，共计处理有效投诉225起。

【数字化改革】 对滕头大数据中心进行平台改造，加快文旅数据仓建设，对奉化旅游大数据平台进行场地搬迁。推进千里眼平台专线，在弥勒文化园、马头村、博物馆、黄贤、联步青云等旅游景区扩充视频监控数量，提升安全监控水平。推出外地游客短信提示、奉化旅游视频彩铃、微信朋友圈广告，推动文旅行业数字人民币落地。

【安全防范】 做好节假日、重要会议保障期的安全防范、防汛防台风工作，举办2022年“安全生产月”活动，开展特种设备、文旅新业态、多元化消防安全等专项检查和“除险保安”大排查大整治行动，确保文旅体行业市场安全稳定。

（王璐婷）

宁波溪口雪窦山名山建设管委会

【概况】 2022年，已持续九年的雪窦山佛教名山建设取得阶段性成效。区域基础设施全面完善，生态环境质量明显提升，旅游业态不断丰富，服务功能不断强化，旅游品质明显提升。

【工程建设】 2022年，完成投资1.46亿元。雪窦山风景名胜区优化调整报告编制成功获批，名山公园带富行动计划（2023—2027）编制工作完成。文殊院、瀑布院、法华寺等寺院加快建设。完善弥勒圣坛运营体制，移交雪窦山佛协运营，大慈之门五子戏弥勒、大慈宝殿圆雕和浮雕顺利落成，内部龙华法堂完成安装，兜率天宫金身佛像正在安装，于年底落成。

【文化活动】 承办高层次活动。第15届雪窦山弥勒文化节开幕式暨“梦应雪窦山”禅乐音乐会在雪窦山弥勒圣坛举行。2022雪窦山弥勒文化节顺利举办，以“慈行天下、和乐人间”为主题，

2022“梦应雪窦山”弥勒文化书画展在弥勒圣坛博物馆举行。成立溪口雪窦山自媒体联盟平台，举办首届“DOU来溪口”短视频大赛，连续三年亮相第六届杭州未来生活节，进一步开拓沪杭等省外客源市场。雪窦山影响力得到进一步拓展。

（顾浩豪）

宁波滨海旅游休闲区开发建设管理中心

【概况】 2022年，宁波滨海旅游休闲区实现固定资产投资33.15亿元，全年引进重大产业项目3个，引进宁波市外境内资金13.14亿元，浙商回归实到资金12.11亿元。

【建设推进】 2022年2月，“浙江宁波湾省级旅游度假区”获省政府批复设立。核心区规划总面积25.28平方千米，其中陆域面积11.30平方千米、海域面积13.98平方千米。功能定位为“康养旅居城、运动大景区”，目标为“宁波国际化旅游消费中心”和“现代化滨海大都市新地标”，争创“长三角滨海旅游目的地”和“国家级旅游度假区”。

以“生命健康”为龙头，运动休闲、文化旅游、滨海度假为特色服务业的区域新兴产业体系逐步构建，天妃湖景区、欢乐滨海文旅小城、国际医疗健康中心、时光宁波主题乐园为核心的四大功能分区逐渐成形，华侨城“欢乐滨海”等重大项目的引领性作用发挥突出，优质康养旅居特色项目全线启动，水上体育特色品牌知名度持续打响，“欢乐滨海”成为网红打卡地。医疗健康中心三级综合医院、光大养老产业项目、“时光宁波”度假社区、华侨城商业街区和酒店项目引进落地并加速推进。统筹配套建设全面铺开，游客服务中心主体结顶，休闲营地、假日码头基本完工，再生水厂可实施部分完工，沿海观光线竣工通车，福海路生态修复工程完工，阳湖东路、莼裘线等道路提升工程完工。

【文旅打造】 坚持“绿色发展”和“健康美丽”要求，立足资源禀赋、围绕滨海特色，深化“文—体—旅”融合发展，持续培育医疗、运动、旅游、度假、养老五大核心功能，以补链、延链、强链推动滨海特色产业链集群集聚发展，“运动之海、休闲之湾”的“宁波湾·奉化玩”区

4月22日，天妃湖帆船营地

4月22日，天妃湖帆船营地签约授牌仪式

5月17日，宁波湾文体中心项目开工仪式

域美誉度持续深化。

宁波湾天妃湖水上运动基地发展进入快车道，“桨板运动营地”和“帆船运动营地”已落户基地并投入运营，帆船、桨板、摩托艇等各类水上运动体验活动，和青少年桨板夏令营、防溺水安全教育活动、帆船培训体验等系列活动，吸引广大青少年体验水上运动的魅力。

“运动人的家园”，集“体育教育、运动旅游、赛事研学、文化科研、休闲度假”功能于一体的文体旅综合体“宁波湾文体中心”项目全面启动建设，总投资约5亿元，总用地面积61.7亩，建筑总面积约6万平方米。主要包括综合运动体验中心、运动人生活中心以及各类运动场馆，功能涵盖体能训练、全民健身、文化展示及活动、体育教学及培训等。

天妃湖气象观测站及户外气象科普基地建成并投入使用。天妃湖气象站也是全市唯一的户外气象科普基地，获评宁波气象部门“最美气象站”，观测要素有气温、气压、湿度、风力和风速等，便于广大游客了解气象基础知识及相关科普服务内容。

2022年8月，区域授牌获得“婚姻文化基地”并举办2022宁波湾“七夕爱情之夜”亲青恋交友晚会暨“一生锁爱”天妃湖集体颁证典礼，吸引了上百人参与活动现场。未来，区域将依托资源优势，原创打造以爱情为主题的宁波湾福桥，围绕触电—相恋—携手一生开展丰富的幸福文化多彩活动。

8月4日，浙江宁波湾省级旅游度假区“婚姻文化基地”授牌仪式

8月4日，2022宁波湾“七夕爱情之夜”

【品牌培树】“宁波湾”“天妃湖”“六码头”三大文化地标影

响力提升。2022年，接待游客总量超50万人次（其中国庆假期，累计接待游客超9万人次）。全面提升“宁波湾·奉化玩”品牌知名度，并入选首批奉化区短视频拍摄创作基地。

区域体育运动品牌帆船、桨板、赛艇、铁人三项、越野行走、海上马拉松等一系列宁波湾自主运动IP品牌深入推进。顺利举办海上嘉年华、福文化节等各项年度品牌活动；成功承办铁人三项、龙舟、公开水域游泳、桨板、沙滩腰旗橄榄球、皮划艇和赛艇锦标赛等国家级、省级重大赛事；成功举办“世界读书日”“2022宁波湾‘七夕爱情之夜’”“宁波湾鸟类摄影比赛”“‘看见·宁波滨海’美术作品展”等文化活动。

（颜颖颖）

6月18日，2022宁波湾“海风四季杯”全民龙舟精英赛举行

12月10日，2022宁波湾桨板精英赛举行

6月20日，2022年浙江省青少年皮划艇激流回旋锦标赛举行

7月3日，“宁波银行奉化支行杯”全国社区运动会（宁波赛区）奉化站暨2022天妃湖首届公开水域游泳邀请赛举行

7月14日，2022年浙江省青少年赛艇锦标赛举行

9月10日，2022宁波湾“滨海华侨城杯”小勇士铁人三项赛举行

12月10日，2022宁波湾沙滩腰旗橄榄球精英赛举行

城市建设与管理

城乡规划

【概况】 2022年，区自然资源和规划分局，履行自然资源要素保障职责，高质量推进国土空间规划编制，为全区发展大局发挥作用。

是年，区自然资源和规划分局获2021年度“承办建议好单位”、区政务公开和党委系统信息工作考核先进单位。

【规划编制】 推动国土空间总体规划编制，取得自然资源部对区“三区三线”划定成果的批复。本轮划定永久基本农田16.86万亩，生态保护红线45.78万亩，城镇开发边界15.9万亩，潜力空间3.01万亩，其中集中建设区2.41万亩、弹性建设区0.6万亩。完成《奉化区控制性详细规划实施评估》，启动编制并经修改完善《奉化区详细单元划分规划》，形成中期成果和区当年控规编制（调整）计划，有1个郊野单元规划、5个一般和3个简易程序，有序推动控规的局部调整。年完成8个控规和包括南山路北段地块、轨道交通站点周边区域、岳林街道大成路两侧地段、西坞白杜工业地块、宁南电力产业园、滨海新区租赁住房项目、溪口今日食品地块、江口中学等控规局部调整以及12个实施深化。

做好国土空间与专项规划对接，启动《奉化区社区生活圈及公共服务设施布局专题研究》。完成《奉化区路网一体化整合规划》编制和评审，编制《奉化区工业用地布局专题研究》。修改完善《奉化区大成东路两侧城市设计》《奉化区南山路核心段城市设计》，并于年底前形成成果稿和《奉化宁南城乡融合发展片区国土空间设计》。

【新农村建设和历史文化名城、名镇、名村保护】 推动村庄规划按需编制，优化提升村庄规划。方门、许家、金地、万竹、孔峙、下陈二村6个村庄规划编制入库，其中下陈二村、万竹村已取得批复。完成乡村全域土地综合整治与生态修复工程涉及行政村的村庄规划。编制《奉化区茗山智造园城西岙工业地块周边复合单元规划》，做好实用性村庄规划试点及驻镇规划师工作，已有2个乡镇入驻规划师，入驻率50%（达到省自然资源厅布置的入驻率25%的要求）。响应《浙江省村庄规划“一评估两覆盖三提升”专项行动计划》，科学评估现有村庄，并完成规划评估，为制定村庄规划管控全覆盖夯实基础。指导各镇（街道）编制“多规合一”的实用性村庄规划。

做好历史文化保护。联合区住建局、区文广旅体局，排查区历史文化资源512处，涉及建筑面积约50万平方米、古树1884株。配合市名城办做好历史文化名城名镇街区保护规划，实施评估报告（区历史建筑）调查。启动新一批历史建筑申报，联合有关单位，结合现场踏勘、镇（街道）申报等方式，提交5个建议历史建筑名单。按要求，尚田街道溪汪村唐氏宗祠、鸣雁村朱氏宗祠列入建议历史建筑名单，并已完成规划公示。顺利通过市名城办2020—2021年历史文化名城名镇名村保护专项资金绩效评估。

【规划服务和管理】 全年完成建设用地预审和规划选址审批52宗，建设用地（含临时建设）规划许可69宗，乡村建设规划许可4宗，建设工程规划类许可（含临时）134宗，工程设计方案42宗，规划审查意见39宗，规划条件30宗，临时用地审批35宗，国有划拨土地补缴出让金825宗，占用林地许可58宗，林木采伐许可37宗，森林植物检疫证核发1534宗，总计2859宗行政审批。同时，完成非许可事项（规划审查意见、划拨地块规划条件及变更、符合城乡规划证明等）220件。

做好规划方案审查、建设工程规划许可"一件事"改革，配合行政服务中心做好企业投资"帮小二"帮办咨询服务平台建设。推进自然资源规划领域的"多审合一、多证合一"改革。整合临时用地审批、临时占用林地许可和用地规划许可审批，推行建设工程规划许可证"告知承诺制"，简化建设工程规划许可审批步骤。实现低风险小型项目从申请赋码备案到竣工验收并取得不动产证全过程审批"最多15个工作日"要求。

（严倩骞）

基础设施和重点工程

【概况】 2022年，城投集团实施各类建设项目36个（亿元以上项目25个），其中续建21个、新开工15个（另有前期谋划24个）。全年完成固定资产投资31.2亿元，完成年度目标的101%，其中建安投资完成19.8亿元，完成年度目标的107%。集团公司获评2018—2020年模范集体，在前三季度区扩大有效投资"赛马"激励考评中获第二组第一名，其中茗山剡水精品线、医养综合体、南山路综合改造、宁波城市学院奉化校区（一期）、东部门户区安置房及茗山科创中心先后被评为一、二、三季度"红旗"项目。

【基础设施】 西圃南路（一期红线—弥勒大道）工程：道路全长2.08千米，宽40米。工程内容包括道路、桥梁及雨污水、电力、通信、给水、燃气管道等。总投资38021万元，2020年9月开工，2022年5月完工。

锦屏南路南延至甬临线道路工程：全长约720米，宽28米，用地面积约2万平方米。包括道路、桥梁、雨污水管道、电力、综合通信、路灯工程绿化等。总投资10557万元，2021年4月开工，2022年10月建成通车。

瑞凌二期配套道路（横一路，纵二路）：横一路（斯张河—纵二路）全长约432米，宽度20米。纵二路（柏香路—横一路）长约160米，宽度20米。总投资6196万元，2021年4月开工，2022年7月建成通车。

2021年区背街小巷提升改造包括河头路、茗山路、长岭路、居敬路、长春路等道路改造，两侧建筑立面、商铺店招及部分场地环境整理等。总投资10428万元，2021年7月开工，2022年10月完工。

人才公寓项目：位于圆峰路延伸段以东，倪家碶河以南，东环路以西，长汀东路以北，两面环河，总用地面积13164平

人才公寓

方米，容积率2.2，总建筑面积41245.09平方米，其中地上建筑面积28921.4平方米、地下建筑面积12323.69平方米，总户数454套，地下停车位302个。总投资约30000万元，2020年5月开工，2022年7月竣工。

区阳光茗都西侧商住开发：总用地面积约10809平方米，总建筑面积约29093.54平方米，其中地上计容建筑面积约19932.36平方米，地下建筑面积约9161.18平方米。总投资约30985万元。2021年10月开工，计划2023年完工。

区茗山智造园一期：位于岳林街道，含天峰路大成东路—规划二路，全长约702米，标准断面宽44米；金峰路长汀东路—规划二路，全长约460米，标准断面宽度20米；瑞峰路长汀东路—规划二路，全长约326米，标准断面宽度24米。三条路均属城市支路，设计车速均30千米/小时。总投资约14000万元。2021年3月开工，计划2023年完工。

区茗山智造园及配套工程三期（正明路）：位于区锦屏街道，西起西锦路，东至西直路，施工长度约239米，道路红线宽21米。总投资约1100万元。2021年10月开工，计划2023年完工。

年度甬临新韵线综合改造：全长约30千米，北起江口街道鄞奉交界处，南至莼湖街道下陈，途径江口、锦屏、岳林、尚田、莼湖等街道。建设内容包括沿线绿化景观提升（包括中分带及道路两侧绿化带），沿线建筑立面提升（包含立面整理、色彩规整、破损修补、店牌提升等），沿线部分支路白改黑，部分架空管线下地或梳理等。总投资约15000万元。2022年9月开工，计划2023年完工。

浪漫岁月寻芳线综合改造：规划长度约21千米，全线以“浪漫岁月寻芳线”为主题，打造四段风景线，始点位于X301（“天下第一桃园”附近），终点于上畸线与X301交叉口，全段线路途经：良浪溪村、新建村、溪口古镇、畸南村和前葛村等历史人文区域；拥有泉溪江、乌石弄水库、世外桃源、剡江及周边山水田园自然资源。总投资约15000万元，2022年12月开工，计划2023年完工。

城区品质提升综合改造：大成路龙溪桥拓宽，宝化路西延道路工程。总投资约1500万元，2022年12月开工，计划2023年完工。

舒家荣安配套道路：位于大成东路南侧、金钟路东侧、时代璟悦府地块南侧、荣安地块周边，全长约530米。其中规划二路全长约160米，标准宽度16米；银晖路全长约370米，标准宽度为16米，道路等级按城市支路考虑。总投资约4855万元。2022年11月开工，计划2023年完工。

【重点工程】 省重点工程宁波市奉化区城投集团医养综合体——

奉化区中医医院

东部门户区

区中医医院总用地面积70665平方米。总建筑面积101103.47平方米，其中地上建筑面积77170.39平方米、地下建筑面积23933.08平方米。设置床位600张，车位932个，其中地下车位527个。总投资约67867.93万元。2019年3月开工，2022年6月竣工。

市重点工程东部门户区（一期）拆迁安置房建设：（S2地块）位于金峰路以东，倪家碶河以南，瑞峰路以西，长汀东路以北，总用地面积约52132平方米。总建筑面积162775平方米，总安置户数1076户，设机动车位1165个。总投资约85000万元。2019年11月开工，2022年7月竣工交付。

宁波市城市职业技术学院奉化校区

市重点工程南山路综合改造范围：茗山北路至甬临线，改造长度约计4.3千米，南起金钟路，北至茗山路，包含老波导门口与甬临线三岔路口改造，跨越县江、大成河等，由原先的双向4车道改为双向6车道，道路按58米至72米绿化控制宽度整体设计，同时改造现状桥涵4座，新建人行地道1座，道路全线改造为沥青路面。总投资约93507万元。2019年3月开工，2022年10月建成通车。

市重点工程宁波市城市职业技术学院奉化校区建设（一期）：位于萧王庙街道四明路南侧（奉化城西教育园区），西临绿城玉兰花园小区，东临诺德安达学校（奉化校区）。建设用地面积150亩，总建筑面积49819.48平方米，其中地上建筑面积49558.51平方米，地下建筑面积260.97平方米。主要建设图信行政综合楼、教学楼、理实一体化教室、学生宿舍（3幢）、食堂及其他附属用房。总投资4.2亿元。2020年9月开工，2022年10月完工。

南山路综合改造项目

市重点工程亭下灌区三干渠（倪家碶河）整治：倪家碶河及其支河4条，长度约为2591米，新开河道1条，长度约为710米，河道清淤3.3千米，实施新建、改建桥梁共7座，河道沿岸绿化等配套市政设施。总投资55436万元。2021年3月开工，2022年12月完工。

市重点工程区东部门户区（一期）拆迁安置房建设（S1地块）：位于金峰路以东，倪家碶河以南，瑞峰路以西，长汀东路以北，总用地面积约52132平方米。总建筑面积162775平方米，总安置户数1076户，设机动车位

明山剡水综合改造工程

1165个。总投资85000万元。2020年9月开工，计划2023年完工。

市重点工程茗山科创中心（经佳基地）：总用地面积约26255平方米（39.38亩），总建筑面积约9.68万平方米。总投资76000万元。2021年3月开工，计划2023年完工。

区重点工程宝化路东延一期（金钟路—东环线）：西起金钟路，东至东环线，全长约3.4千米，城市主干路标准，双向六车道。工程内容包括道路、桥梁、箱涵、管线、海绵、绿化景观、交通设施、公共空间、城市家具、路灯等。工程总投资104695万元。2020年12月开工，计划2023年完工。

区重点工程明山剡水（江口与海曙交界处起至溪口班溪高速出口）综合改造：线路总长约24.4千米，主要建设内容为沿线绿化景观提升、重点节点建设、村庄入口景观改造、立面提升、部分管线下地及梳理、沿线配套设施等建设。总投资15000万元。2021年12月开工，2022年7月完工。

（宋妁婷）

房地产管理

【概况】2022年，奉化区加强商品房预售管理，维护房地产市场正常秩序，强化物业行业管理，有序推进城镇危旧房监管，完善住房保障体系。

【商品房管理】2022年，办理预售证49件，总面积197.72万平方米，其中住宅60.23万平方米；房地产库存周期保持在20个月左右。年销售商品房117.86万平方米，同比增长-19.3%（排名宁波市第三）。根据房管中心网签数据，年成交二手住房2965套、32.63万平方米，面积同比减少20.97%。

【城镇危旧房监管】排查区内自建房安全，累计录入19万户（其中经营性自建房累计录入1.04万户），整治疑似危房130户；第一次普查区自然灾害综合风险房屋建筑，入库房屋建筑图斑231042个，总面积6795万平方米；调查登记并在省城房系统中录入建档第三轮城镇房屋；巩固提升全区农村房屋安全，复核“农村危房信息”，农村房屋共投保12.7万户；推进城乡房屋“保险+服务”，参保城镇房屋1227幢约281万平方米；幕墙保险房屋792幢约297.4万平方米，幕墙监管房屋223幢。纳入动态监测8851户，房屋194幢，涉及全区12个街道（镇）；安全鉴定审核房屋备案228件，评估城镇房屋倒塌风险125幢。

【保障房管理】持续扩大住房保障覆盖面，区累计保障住房受益家庭3.14万户，受益6.17万人；发放公租房保障货币补贴1439户，资金440.84万元；配租公租房轮候家庭18户；累计筹集保障性租赁住房4753套（间）。加强直管公房、公租房、人才租赁房后续租赁管理，年租赁各类房屋2013户，收取租金608.1万元，收缴率100%。其中直管公房807户，租金121万元；公租房1123户，租金358.96万元（金海家园1052套，租金341.03万元；南溪家园71户，租金17.93万元）；人才租赁房83套（宁波启航家园45

套、晶典新天地13套、启迪人才房25套），租金128.14万元。做好日常维修养护房屋，支出各类维修费用123.32万元。规范租赁行为，巡查入户调查，不符公租房居住条件的退房15户（金海14户、南溪1户）。

【物业管理】 奉化区有实施物业管理项目203个（已交付156个，未交付47个），管理总规模1610余万平方米，涉及总户数9.4万户，覆盖26.2万人，新建商品房小区物业覆盖率达100%。有物管处备案的物业服务企业61家，其中AAA级13家、AA级12家、A级14家、B级22家。1月5日，成立中共区物业管理协会委员会，下辖锦屏、岳林、溪口、方桥4个支部，物业服务企业党组织覆盖率达100%。2022年，惠政丽都物业被评为省、市“红色物业”，中山锦庭物业被评为市“红色物业”。

区成立业委会73个。按照分类分级考核，由物管处、属地社区、业委会共同参与，采取年度考核与专项考核相结合的方式，体现文明物业及垃圾分类、疫情防控、平安建设、执法进小区等要求，对全区物业小区进行分类考核。受理前期物业备案19个，收缴前期物业费约2000万；受理竣工备案项目42个，收缴保修金约10450万元，收缴专项维修资金约35722万元，开具专用收据30256张，缴存小区全部完成建账到户操作。完成16个物业前期论证和庭新雅园、桃李一品等18个物业前期管理招投标；改造并联合验收中南樾府、棠悦府、湖风雅园等28个项目及锦山明珠等3个老旧小区。完成春晖小区、广济公寓、金钟小区、广平小区、大田小区等5个物业导入工作，拨付补助资金1129356元。实施朝阳小区、桥东岸岳林东路—惠政路以东周边区块、新浦小区和丽江名庭等4个老旧小区改造，投资4230万元，改造涉及建筑面积35.51万平方米，惠及4184住户。区内电梯加装任务6台，完成7台。

【房产测绘】 预实测商品房、农居房、保障房等面积约76.5万平方米；综合测绘商品房、农居房、保障房、工业厂房等，年测绘面积约28.9万平方米；继续配合做好拆迁测绘和建档的历史建筑保护入库工作。完成商品房预测绘成果备案11个。

【白蚁防治】 签订新建房屋白蚁预防单129份，建筑面积约475.73万平方米；完成白蚁预防105个项目，总建筑面积331.04万平方米；回访复查项目21个，总建筑面积56.4万平方米。旧房白蚁灭治710户；完成西坞、白杜等11个传统村落及传统名镇（溪口镇）的白蚁灭治，并通过市站验收。

（孙赛寅）

建筑业管理

【概况】 2022年，面对疫情及持续经济下行压力，区建筑业产值逆势增长，年完成省内建筑业总产值149.67亿元，同比增长22.2%，增长率位列全市第3。全区有建筑业产值统计联网直报建筑企业116家，较同期新增14家，企业报批增项资质28项，年度内2家建筑施工企业完成总承包一级资质晋升，2家监理企业完成甲级资质晋升。区共有工程总承包二级及以上企业33家，其中工程总承包一级企业11家。由宁波建工工程集团有限公司承建的市第一医院异地建设（一期）项目获评“甬江杯”优质工程奖；由萧云建设股份有限公司承建的区锦屏中学迁建工程等18个工程获评区“锦山杯”优质工程奖；由萧云建设股份有限公司承建的区西河小区二期安置房等6个工程项目获评省标化工地，由宁波林丰建设有限公司承建的区集散中心北侧安置房I标段等10个工程获评市标化工地；由宁波元盛建设工程有限公司承建的区集散中心北侧安置房II标段等33个工程获评区标化工地；由萧云建设股份有限公司承建的区锦屏中学迁建等7个工程获评市建设工程结构优质奖，由浙江欣捷建设有限公司承建的区体育中心建设等7个工程获评区建设工程结构优质奖。

6月24日，区住建局首次采用“云观摩”形式在宁南贸易物流区65号地块项目开展区建筑施工标准化文明施工树标杆学标杆提升行动云观摩活动

【监管服务】 2022年区新增受监工程179项，建筑面积566.82万平方米，造价183.8亿元，新项目开工体量持续位居宁波市前列。引导和推动区域建筑领域系统性变革，推进建筑工业化、建筑节能与绿色建筑等各项工作，获省建筑节能与绿色建筑考核评估优秀县（市、区）荣誉。报建新建民用建筑均按一星级以上绿色建筑强制性标准建设，新建绿色建筑占比100%。区新建装配式建筑210.5万平方米，其中钢结构住宅装配式建筑15.5万平方米，城镇新建建筑中装配式建筑比例达到37.2%。

【质量安全管理】 2022年，新增受监工程150项，建筑面积437万平方米，工程造价158.7亿元（房屋建筑项目144项，建筑面积437万平方米，工程造价155.4亿元；市政项目6项，工程造价3.3亿元）。监督工程竣工验收158个，竣工约681.2万平方米，竣工验收一次性合格率为100%。特殊建设工程通过消防验收45件、验收备案8件。在建受监267个，建筑面积约1564.27万平方米。至年末，有起重机械699部（台）（塔吊286台，电梯269部，物料机144台）。

开展日常监督检查3756人次，检查工程约957项次，签发整改通知书629份、停工通知单38份，发现并整改质量安全隐患8948项。约谈企业9家次，约谈责任人员38人次。对存在严重违法违规建设行为的项目，提起11起行政处罚建议。共受理投诉219起，其中涉及质量142起、涉及安全生产文明施工68起、其他9起，办结率100%。

加强巡查力度，稳步推进桩基工程质量、住宅工程质量及住宅工程竣工分户验收。整治安全文明生产薄弱环节和重大危险源隐患，专项督查“质量月”情况，确保全年工程质量安全。

改进监管方式，继续推行“网格化、清单化、常态化”监管体系。充分运用智慧住建云服务平台，实现全区在建项目监管信息实时录入、检查记录实时上传、工人考勤实名联网。建立建筑工地安全生产日常监督情况数据库，提升监管实效。改变随机抽查方式和检查力度，对工程质量及原材料“一查再查”，强化工程和管理人员规范质量管控。完善住宅工程验收管理和监督，管控全装修住宅的分户验收，确保涉及民生工程质量稳定可控。

全区建设工程获各类工程共82奖项，其中省标化工地6个，市“甬江杯”优质工程奖1个、建筑工程结构优质奖7个、建设工程安全文明施工标化工地10个，区建筑工程结构优质奖7个，“锦山杯”优质工程奖18个，建设工程安全文明施工标化工地33个。

【建筑节能】 加强新墙材、建设用砂、预拌混凝土、预拌砂浆、预制构件生产企业原材料使用和质量安全监管。年监管检查上述认定备案企业和在建工程300余家（次），抽检产品136份，发放整改通知书15份。3月，为确保区建筑石料市场稳定有序，打击非法盗采石料进入，会同交通运输局、公安局（交警大队）、自然资源和规划分局等联合协作，在区边界及重点路段执法检查，防止不合格建设用砂、石料、流入区内市场。排查整改全区12家预拌混凝土生产企业清洁生产、废水处理、粉尘噪声处理、固废处理等入市级问题库2个，结合中央生态环境保护要求，跟踪问效，督促企业推进整改。

检查产品的检验室、堆场及质量，处理不符合相关条件的4家新墙材备案企业，通过年检换证。相继创建宁波市奉化松和砂场和宁波市田湾砂业有限公司两家天然砂企业。加大机制砂生产量供应，简化备案流程，3家机制砂企业上线，纳入在线监管平台。

促进建筑垃圾资源化产业可持续发展。完成培育两家建筑垃圾资源化利用企业，现区有12家建筑垃圾资源化利用企业。年底，区建筑垃圾资源化利用企业共消纳建筑渣土51.35万吨，烧结砖8254万块标砖，陶粒18.8万米^3，建筑拆除、装潢垃圾再生骨料（水稳层）53.43万吨，生产混凝土标砖3403万块。

【城建档案管理】 2022年，审核、接收工程建设项目122个，单体工程815个，扫描资料71836份，开具档案证明书122份。整理立卷4937卷。年末，共有城建档案67108卷。施工现场，各楼盘工程档案及时保质保量交存。撰写“喜迎二十大·档案颂辉煌”主题征文及《2022年城建档案利用实例》《2022年建设工程竣工项目档案接收清单》《1986—2022年接收、利用、编研等案卷目录汇编》《基层作风巡查自查自检工作材料汇编》等编研材料。提供查档299人次，调阅档案1897卷，提供复制件4276份，接待城建档案业务咨询327人次。

（琚灿芬）

城市综合管理和服务

【概况】 2022年，奉化区综合行政执法局以安全、干净、有序、便捷和人民满意为目标，将精细化管理贯穿全时空，强基础、增设施、理体制、优机制，不断美化城区环境，提升城市品质。

【城市安全运行】 建立健全安全运行机制。摸清道路、桥梁、照明、供水等领域，从根本上消除事故隐患。整治3.31千米城市道路起伏不平段、7处“桥头跳”等民生实事，“净化”和“靓化”大成路（新桥骨科医院门口）等8条人行道，确保80座管辖桥梁维修保养及排水畅通。公示水质，强化日常水质检测及水质全分析，出厂水、管网水综合合格率均达100%。

【市政公用监察】 9.8万安检燃气安全入户，整改明通五金、华信小区2处占压管道及2360处瓶装气用户安全隐患。严厉打击未落实安全责任、不落实实名制销售、非自有产权瓶重装等违法违规行为。累计检查3100余次，处罚273件，其中由行政处罚案件涉嫌违法移交给公安机关衔接案件2起，处罚69.2万元。关注高层建筑用气，累计排查1409户，签订承诺书1327户，整改219户，消除隐患200余处，并将相关违法线索移交消防部门。餐饮企业、机关食堂等用气单位安装安全数字化防控系统和高层建筑警报系统智能监测，餐饮聚集区等重点场所力争实行“瓶改管”。安装燃气报警器2120家，完成13处“瓶改管”，更换5060户居民金属软管；万达2号楼、万达10号楼、梅里达单身公寓、润和大厦、金城大厦、力邦广场、财富公馆等安装瓶装燃气禁用设备。

【城乡规划拆违除患清零】 拆除存在安全隐患、影响市容市貌和群众反响强烈的违法建筑。强化属地源头管控，杜绝新增违建，确保长效管控落到实处。2022年共拆除违法建筑132.78万平方米，完成“三改”88.39万平方米，分别完成市办下达年度任务的165.98%和144.90%。

【“大综合一体化”行政执法改革】 将住建、水利、环保等24个领域1329项执法事项划转至综合行政执法局。整合9个部门共27人集中办公，重塑执法协调指挥机制。实施镇街全域“一支队伍管执法”，将814项行政处罚权赋权属地。下放行政执法权限，通过“常驻+随叫随驻”形式，确保85%以上执法力量锁定在镇（街道）使用。探索“集成联合”执法监管模式，完善多跨协同闭环处置，拓展执法监管“一件事”场景61件，累计检查“综合查一次”1541次，发现即整改各类存在问题。

【数字化改革】 构建城市精细化管理“一图展示”，区城市精细化综合管理协同应用项目（一期）已完成初步建设。强化城市基础设施建设“一件事”，促进移交、管理、养护各环节间90起相互配合和有效衔接。开发“行政审批许可证一码扫”平台，实现执法人员、网格员、市民对行政审批许可全程监督，已发放电子许可证62张。推进非现场执法、手持终端移动执法、互联网+监管、掌上执法、“一码通”等数字执法应用，不断提升执法办案精准度、便民性。开展非现场执法929件，手持终端掌上执法量占比达79%，列入全省数字法治系统应用。利用智慧城管平台上报各类城市管理问题111798件，解决率99.81%。

【执法监管】 管控执法监管源头，紧贴市民需求与城市管理执法难点，常态化开展整治噪音、油烟、垃圾分类、犬类等街面秩序管理，加大市容乱象管控和民生顽疾治理力度。办理行政处罚案件5260件，同比增长70.17%。区综合执法条线案件解决率为72.41%，列全市第一。“马路办公”例会28起，44名“陪跑长”及70余名“跑长”干在一线，常态化巡查监管和跟踪督办，发现22135个问题，解决率为99.88%。

【市容环境卫生管理】 完善道路精细化保洁制度，提高作业质量标准，增加洒水频次，保洁车、雾炮车对重点路面实施巡回抑尘、反复冲洗，力争“道路见本色”。

成功创建4个“席地而坐”城市客厅，力争6个街道达到“干净街道”等级。落实市容环境卫生责任区制度，17条示范路、3个示范街区、1条省级示范街已完成现场验收。拆除27座老旧公用电话亭，靓化城市立面。

实现城乡生活垃圾分类100%覆盖，生活垃圾分类收运处置一体化格局逐渐形成，城镇生活垃圾总量增长率-1%，分类处理率82%，回收利用率70%，新创15个省级示范小区。逐步完善餐厨（厨余）垃圾、有害垃圾及其他垃圾一体化分类收运处置。规范“定时定点”投放，“公交化”全覆盖收运处置厨余垃圾，年处理量达51395.89吨；148个小区，开通7条收运其他垃圾线路，关停长岭、城东、东郊等10座城区中小型转运站。4月，张家岙生活垃圾填埋场一期改造工程通过验收；核查整治非正规垃圾堆放点；区生活固废转运站于7月试运行，日均转运量230吨。

中塔路、长汀路等81条道路进行绿化补种、修剪、除草、防病虫害。养护绿地177万平方米，新改建立体绿化2处，新增立体绿化1800平方米。迎国庆节、党的二十大等重大节庆、活动时，宁兴城市广场、岳林广场、高速出口布置大型主题花境，形成绿彩相融、花色相间的“奉上花城”。设计建设居敬社区南侧公园、洪浪潭三期公园两个口袋公园；改造长春路跟南山路交叉口、宝化路与西直路交叉口东南侧、西苑路3个小微绿地景观建设。新增绿地32.57公顷，其中公园绿地11.2公顷。

开展市政道路常规和“脱空”检测，保障市民安全出行。修复坑洞754处，维修车行道8712.6平方米、人行道6619.2平方米，更换侧石538米，整治树穴728个，修复隔离桩865根，修复处理桥梁日常养护700余次。确保照明设施运行正常，完成照明质量功能14438套、景观照明234232套；提升华侨豪生、华信等楼宇灯光秀设计，展现城市夜景之美。修复重点路段排水管网，完成桥西桥东岸路、大成路、中山路路段排水管网修复和设施改造。新建雨水管网8.106千米，新改建污水管网6.18千米，提标改造5.67千米，雨污分流改造5.1千米；清淤疏通排水管网572.08千米，排查管网231千米，修复雨、污水井盖642只，增补缺失防坠网678顶。做好排水许可承诺制办证，累计排查排水户900余户，发放排水告知500余份；接收排水许可申请300户，现场踏勘300余户，发放许可证275份。

（竺 斐）

征收拆迁

【概况】 2022年，区征收（拆迁）办分析研判征收拆迁资金、土地、房源等要素，精准谋划签约建筑100万平方米以上的年度计划，围绕城中村改造、成片危旧房改造建设等征迁，推进大面积签约，落实片区化改造。完成西岸、新鲍（鲍家）等20余个村（单位）及宁南片区部分企业等征收拆迁签约，面积108.22万平方米，22个拆迁区块签约清零，超额完成年度100万平方米的目标任务，锦屏、江口、方桥、西坞等地完成量平均达20万平方米。

【创新驱动】 率先在国内实施探索房票政策，全面理顺房票印发、受理、结算、兑付等工作流程，建立数字化管理系统，实现房票实时兑付，保障征迁户切身利益，成为市宣传推广样板。至年底，已有岳林、锦屏零星解危和瑞丰（一期）、庄家畈、横里埭（丁家埭）、下陈（顾家庄北）、西岸、新鲍（鲍家）、陈王（上陈）、儒江（含陡门桥）、虞家奋、后顾和尚桥头村旧村改造、老车站、费家塘头区块、循环经济园区等16个征迁单位实行房票安置，签订房票2191张，需要发放房票26亿元。其中，已发放房票324张，票额3.79亿元；已兑付263张，3.15亿元，完成房地产交易商品房170套、建筑面积约19500平方米，购房额3.25亿元。实行征收拆迁与房票安置联动，鼓励拆迁户选择房票安置，实现年度房票签约30亿元目标。从而拉动20万平方米住房，实现存量住宅有序进行，促进商品房销售平稳。

【体制机制改革】 搭建“数智平台”，建立征收拆迁服务管理信息（“智征收”）。入户调查、测绘评估、协议签订、协议审核、资金发放、搬迁腾空、旧房拆除等系列线上操作，确保征迁补偿安置公开透明、顺畅流转和有效监督，形成征收拆迁业务全过程闭环管理。

健全征迁安置房管理，消除漠视、侵害群众利益的工作态度，实施统筹管理机制，加快落实征迁安置。截至2022年底，完成南山路中段、原中医院及周边、中塔、小路街、老城区等征迁区块（项目）约2216户被征户回迁安置。

【法律服务保障】 联合区法院等部门，在全市率先改革涉及重大工程项目补偿安置协议司法确认试点。2022年，累计审结司法确认案件853件，行政协议发案量同比下降61.4%，预防和化解房屋征收（拆迁）行政争议，保障年度100多万平方米征迁。

区征收办作为司法确认具体实施单位，经试点并总结提炼，形成一套司法确认工作流程。出台《宁波市奉化区房屋征收拆迁补偿安置协议司法确认申请工作指导意见（试行）》；引入第三方法律服务机构上门服务，实地指导、规范司法、确认申请文本、强化业务培训、做好宣传推广等系列工作。区征收（拆迁）办的改革创新，得到最高法院、省高院、省司法厅等充分肯定和市内外推广。

（裴 凯）

消防救助

【概况】 2022年，区消防救援大队立足本职，排查城区安全隐患，加强居住出租房消防安全管理。发挥镇（街道）消防联络群基层力量，开展消防安全大排查大整治、除险保安、百日攻坚等行动，紧盯重点领域、重点场所，实施系统、源头、精准治理，防范化解重大安全风险。2022年，大队获区“青年文明号”称号；一人获全国消防行业职业技能竞赛应急救援第十名；获评第六届全国119消防先进个人以及总队“优秀共产党员”；一人获评总队“优秀团干部”“奉化好人”以及“宁波好人”称号。处置“2·22”尚田百胜休闲公司火灾、“3·8”方桥街道精宏超硬金属厂火灾事故。成功救援“7·17”莼湖翡翠湾休闲渔船侧翻事件，解救被困人员20余人。

【火灾防控】 2022年，共接报火警301起，成灾37起，无伤亡，直接财产损失280余万元，火警数比上年同期上升0.6%，经济比上年同期损失下降14.78%。

联合区住建局，全面排查区241幢高层建筑，整改风险隐患364处，整改率87.5％；解决金钟财富广场瓶装燃气违规入户、水景苑小区消防自动设施瘫痪等重大风险隐患点；协同经信局，聚焦分隔出租、违章搭建等危险性重点，全面排查区4000余家工业企业；累计排查合用场所21815处，挂牌整治68家，处罚12家，责令三停21家，劝离违规住宿人员3328人，违规率从年初的19.4%下降为5.1％；完成达标创建大型商业综合体，“密室逃脱”“剧本杀”场所等纳入消防信用建设；排查自建房16487幢，消除各类隐患24861处，问责不力人员3人。增设集中电动自行车充电桩37处，处置非标电动自行车11起，打击消防违法行为752起，强制拖离76辆，对违法行为“零容忍”。

联合应急、环保等部门排查涉及危险化学品企业20家，分级分类确定裕隆化工为重大危险源，精准防控涉危企业的各类安全风险；先后4次联合综合执法和属地镇街道，整治重点场所安装燃气泄漏报警器、“瓶改管”工程，提升燃气安全智能管控。溪口镇葛竹村建成全市首个“智慧村落”，融合燃气自动报警、云端连线、同步信息等功能，为古村加上消防安全“双保险”。

以安全生产月、“119”消防宣传月为契机，开展系列宣传活动8期，已有40625人在消防宣传云平台注册。

【练兵备战】 2022年，大队共接处警748起，出动队伍941队次、车辆1948辆次、10844人次。聚焦重要场所演练实战化，实地调研辖区冷库、重大危险源企业、不放心区域、火灾高危单位等，切实摸清底数，制作预案和信息卡，组织实战演练110余次。针对涉危企业，搜集基础信息20家。修订完善重点单位数字化预案232家次，开展通信专项测试，进行二维、三维建模152家，制作农村、小区作战信息卡106份。对城区24处天然水源、1275个市政消火栓实地排查测试，在传统消火栓的基础上加装智能定位、水压监控等功能，为“智慧水源一张网”建设提供数据。台风季期间，提前对接“西江”“岩头”漂流基地，征用2000余艘漂流艇，建立装备共享机制，奠定应急装备基础。组织队站骨干参加摩托艇驾驶员培训、复训及无人机培训，协助支队完成全国新能源及化工产业灭火救援技术培训，参加全市水域救援专业队场景式实战。

【党建工作】 区消防救援大队支部严格对标基层党组织操作规程，针对疫情防控，整顿作战训练安全和星级队站建设，加强支部对外沟通交流。走访金峨、滕头等辖区党建示范单位，聆听二十大代表傅平均关于党建工作的认识，汲取工作经验与做法。重视党员模范带头作用，组织“宁波好人”徐程与“全国119先进个人”刁亚魁演讲典型故事分享会，以“身边事”激励“身边人”。

逐人签订《党风廉政建设任务书》，建立教育档案32份，针对重点人员、岗位、时段开展酒精测试、休假督查，八小时外抽查16次。

（胡慧颖）

交通运输

综　述

2022年，奉化区交通运输工作在统筹抓好疫情防控和交通发展的前提下，深度融入现代化滨海大都市建设，完成年度目标任务。区交通运输局先后获区治超工作年度考核优秀单位、区承办建设好单位、区安全生产和消防工作目标管理责任制考核优秀单位、“十佳”优秀许可案卷优秀单位等各类先进荣誉团体奖26项，16人次获区级以上各级各类先进荣誉，其中一人获省级抗疫先进个人。

基础设施建设

【概况】 奉化区全面融入宁波西枢纽、主城区的发展目标，以“两环”干线公路网为重点，打造更为便捷高效交通运输服务网络。2022年，完成交通固定资产投资20.1亿元，总量排名各县市区第二。S203省道（一期）、沿海旅游观光线栖凤至鸿峙段、石沿段、松岙段等建成通车，奉溪线、奉钱线（西坞高速至西坞段）、石溪线、大沙线等8条县道公路提升改造，村道公路程家至东山、方门至梅山建成通车。截至年底，区公路总里程1386.70千米，路网密度109.36千米/百平方千米。按行政等级：其中国道87.20千米（3条），省道73.78千米（3条），县道459.16千米，乡道378.25千米，村道388.31千米。按技术等级：其中高速公路55.40千米，一级公路166.65千米，二级公路112.90千米，三级千米158.75千米，四级公路893.01千米。

【交通强区建设】 锚定交通强区目标，包装S312沿海中线、S204西环线南延2个项目列入省重点。争取到沿海中线、西环线南延、S310、S203等变更延伸土地指标增补稳定耕地740亩，“以奖代补”奖励资金2982万元，并以专班推动、赛马亮灯等协调督查加快建设。至年底，宁波南部交通枢纽及配套一期、滨海大道改扩建、S203、S310、四明路东延、连山快速路一期等，均按既定节点推进建设。其中S203省道（二期）、S310省道奉化G228至S203段两个省市重点项目和S312连山快速路（一期）、G15高速奉化收费站改建、西环线甬山隧道段公路3个亿元以上重点项目均顺利完成年度任务。2022年10月底和11月，宁波南部交通枢纽及配套一期、市发展改革委立项的S312沿海中线先行段滨海大道改扩建，已分别开工建设。

【“四好农村路”建设】 完成农村公路新改建里程约19.42千米，总投资约13275万元；县道奉溪线、下横线获评市级“四好农村路”示范路。

养护农村公路里程85.02千米，总投入约25774万元，其中县道41.34千米，大中修比例为9.5%；乡道23.41千米，大中修比例为6%；村道20.26千米，大中修比例为5.4%。维修四座3类桥梁和溪南线、直高线等2个边坡整治。推进建制镇15分钟上高速；采用道口关闭、交叉口优化等形式；加快连山快速路建设进度；区乡镇通三级及以上公路覆盖率达100%。

规范农村公路建设程序，提高建设质量，规范资金使用，提高补助力度。出台《奉化区乡村公路管理养护绩效考核办法（试行）》，深化十几年来的管养绩效机制，突出路域环境和路况指标两个关键点，使乡村公路发展更符合“四好农村路”2.0版的要求，区级额外投入150万用于乡村公路管养绩效考核。

【城乡公共交通建设】 完善公交服务体系，组织完成区“十四五”公交专项规划。年新开公交线路4条，优化公交线路4条，投入新能源公交车20辆，新能源出租车23辆。为化解在郊区工作的市民通勤和特殊群体出行难题，缓解高峰期客运压力，开通铭朗服饰至绿城玫瑰园企业、尚田至达岙岭、莼湖公交站至葵湖村公交、松岙共4条专线；为满足农副产品物流中心区块改造需要，延伸257路公交线路至方桥卫生院；调整258路公交线路，解决葛岙移民小区（锦轩尚都）周边居民出行；调整228路、229路，将宁波第一医院方桥分院西站点，延伸至方桥东站。2022年，新改建公交停靠站60个，其中港湾式10座，智能候车亭5座，加强站立式公交安全风险管控，全面评估行径三级及以上公路的公交线路。

交通运输管理

【概况】 2022年，完成水路运输总周转量1128479万吨千米，同比增长10.7%，全市排名第五。完成邮政业务总量76160万元，同比增长10.2%，增幅列全市第四。因统计口径调整、城区限货等政策因素和受疫情高速收费大幅度下降等影响，公路运输总周转量年完成499215万吨千米，同比下降12%；运输相关行业营业收入同比下降4.9%，全市排名第九。

【法治交通】 2022年，交通运输系统法治建设（信用）工作考核、年度执法比武总成绩，双双获全市第一。严格执行规范性文件前置审查和备案审查制度，合法性审查和备案实现100%覆盖。年累计办理合同合法性审查67份，重大案件法制审核17件，法律咨询6件，信用修复1起，行政诉讼1起。完善公路治超执法流程图和监督要点，并结合数字助廉，将交通执法、重大工程纳入阳光监管和“浙路品质”智控平台，实现线上监督预警与线下核查处理深度融合。检查线上案卷12次、线下集中评查4次，检查案卷150余份。甬运政罚〔2022〕1796号获评年市交通运输十佳行政处罚案卷。推进“大综合一体化”改革，下放执法事项8项，申领双主体执法证38本。认领交通运输“监管一件事”相关事项并按要求配置场景，同时做好“监管一件事”的“综合查一次”，完成率保持在100%。严查站场、运输、维修、港口水运等企业1516家次，“亮剑”治超“百吨王”，监管危化品运输，整治学时造假及过度维修乱象，创建“平安工地”。严打“黑车”，累计处罚“黑车”35起、违规出租车54起、“滴漏撒”419起、治超1881起、其他493起。处罚案件共2882起，其中非现场执法案件占比66.7%，超额完成市区两级考核目标。

【公路与运输管理】 推进农村公路“建、管、养、运”一体化发展，完成第二轮养护市场化招标。1条国道和3条省道共33000平方米沥青罩面，累计修补路面坑洞13860平方米，灌缝244800延米，沥青局部罩面224000平方米，提升路面平整度。县道日常小修投入约1360万元，更新标线14730平方米，新增标牌85套；投入130万元，更换桥铭牌及桥梁与护栏搭接，加强农村公路安全防护。

修复台风水毁地质灾害点30处。整治江拔线省道平面岔口，在全省试点成功。强化闭环管理机制，保障疫情期应急运力。改造提升5个“一点多能”

农村物流服务点和1个“多站合一”综合服务站，发放农村物流点补助资金17.56万元；全面“体检”客运、公交企业，巩固“两客”车辆整治成果。落实交通民生行业奖补帮扶政策，发放北斗导航终端、“三检合一”、疫情及纾困资金707.62万元、燃油补助及农村客运补贴资金851.1万元、出租车油补33.36万元，确保运输行业奖补帮扶；建成出租车管理服务中心，提升智能化服务水平。

【港航航政管理】 聚焦招商投资，港航产业稳健发展。航运物流营收达2.2亿元，水运固定投资突破1.07亿元；新增双山港点和船厂大列山岛等岸线布置；对接宁南新城管理中心，协调落实方桥港区改造提升；结合本地实际，推行“以商引商”工作模式，成功引进1家水运企业落户，新落户企业新增运力2.5万吨，年累计兑现奖补资金420余万元、岸电设施补助资金176万元；组织辖区内7家航运企业评定水路运输企业信用考核等级，其中2家获得“2022年宁波市航运企业信用评价A类企业”。

完成方阳桥整治并销号；完善码头作业污染防治设施，改造辖区3艘船舶受电系统，落实长江办环保督察整改销号；以“除险保安”为重点，联合区交通执法队开展除险保安百日攻坚等各类专项检查21批次；协助区海港口岸疫情防控专班制定常态化防控；排查和检验渔船“船图不符”“船证不符”989艘次，数据报送完成率100%；探索试行“区、镇、村”三级渔船联合检验模式，区渔检工作相关做法先后被央视2套、宁波电视台1套专题报道。

【安全生产】 聚焦交通运输安全生产薄弱环节，强化安全风险管控，完成“安全生产综合治理三年行动”，区交通运输局获年度区安全生产和消防安全考核优秀单位。累计开展各类综合性安全生产检查10次，组织检查组355组次，1145人次，检查企业948家次，发现并整改隐患669条，全年保持零事故。做好自然灾害天气应对，及时修订防台防汛预案，强化应急保障，加强应急物资、机械设备补充和检修，完成“轩岚诺”“梅花”等台风防御。

【工程质量监督】 强化“服务项目、服务基层”，开展“质安文化进工地”“啄木鸟小分队”活动，帮助项目参建各方，提高沥青面层病害处理。2022年，抽检原材料监督12次，强化工程原材料质量控制。在宁波交通工程建设集团有限公司S203省道奉化段公路工程（金峨至应家棚段），承办2022年宁波市平安百年品质工程现场会。以S203省道等3个项目为试点，压实“浙路品质”建设应用主体责任，推进“浙路品质”电子打卡、质量工单、数字验收三大场景应用及安全码推广。探索危大工程施工安全交底场景应用。落实电子打卡预警情况处理闭环工作要求，全面清理落后工艺、设备和材料。加大隧道九台套、桥梁工程数控设备、小型构件预制安装等先进设备工艺，推进施工机械化。2022年，S203省道奉化段公路工程（金峨至应家棚段）、S310省道奉化G228至S203段公路工程获评市级平安百年品质工程优秀合同段，S203省道奉化段公路（金峨至应家棚段）获市级平安百年品质工程优秀监理办、优秀班组、优秀工地试验室等荣誉。区交通运输局获评市级平安百年品质工程建设考核优秀，列全市第一，获年度宁波市交通建设工程执法技能比武团体二等奖。

【行政审批工作】 落实“最多跑一次”改革，规范程序，简化手续，提高办件质量，提升办事群众和企业的满意度。应用全省交通运输行政审批2.0版统一平台，推进许可案卷标准化管理。深化“互联网+政务服务”，推广应用电子证照，承接网约车许可等企业和群众办事高频事项，提升窗口服务质量。全年交通行政审批窗口受理、办理、办结各类行政许可和其他行政权力事项8408件，办结率100%。

【机关党建工作】 学习党的二十大精神，成立交通运输行业党委、快递行业妇女联合会。成功创建局机关党委、机关四支部、机关七支部等4个区级“五星级”基层党组织。公路中心、港航中心分别创建为宁波市“五星级”“四星级”基层党组织。

（楼锡飞）

奉化火车站

【概况】2022年，奉化火车站职工齐心协力，克服疫情不利影响，落实防疫政策和旅客运输要求，注重服务质量，宣扬社会文明风气，各项工作平稳有序。受疫情影响，客流量与2021年相比，有所降低。2022年共发送旅客25万人次，其中春运（1月17日至2月25日）2.7万人次，春游（3月18日至4月17日）0.8万人次，清明（4月2日至4月5日）0.2万人次，“五一”（4月28日至5月5日）0.18万人次，端午（6月2日至6月5日）0.35万人次，暑期（7月1日至8月31日）6万人次，中秋（9月9日至9月12日）0.5人次，国庆（9月28日至10月8日）1.5万人次，比2021年降低35%。

【服务质量】引导职工提升服务质量意识，树立“以服务为宗旨，待旅客如亲人”的服务理念，使用“十字”（您好、请、谢谢、对不起、再见）文明用语，践行“三个出行”（安全、方便、温馨出行）服务目标，让旅客体验更美好。

作好防台应急服务，“轩岚诺”“梅花”等台风来临前，及时做好预案，线上线下同步进行，做好向旅客解释及退票改签等工作，确保台风期间正常运行。

【安全生产与疫情防控】做好“4·8”“6·20”“10·11”“12·26”等时间点有关调图，及时向职工传达，组织培训、考试，及时编制客运“一日一表”，确保调图期间相关工作组织有序。党的二十大期间，做好安全保障。

为旅客测温验码，对境外输送人员以及温度验码异常人员及时做好路地联系，确保转运工作正常有序。常态化检查疫情，及时分地点分时间定时检测消毒工作以及测温仪器。做好自身以及对进站旅客的防护，尤其是在密集场所、时间段加强监督检查，耐心劝导旅客测温及正确佩戴口罩等相关工作。及时关注地方政府和上级铁路部门对防疫阶段性、临时性的要求，确保疫情管控及时有效及车站正常运转。

提高安全意识，经常开展安全检查，及时排查站内存在隐患，加强季节性安全控制。节日运输前，充分做好各项准备。及时传达上级命令，签收客调命令，确保车次安全到达及开出；加强服务设备设施检查、实名制验票及查堵“三品”。盯控车站重点列车，强化应急处置。

（范　婷）

宁波鄞奉海事处奉化海巡执法大队

【概况】宁波鄞奉海事处奉化海巡执法大队有执法人员7名，管辖航运公司12家，其中体系公司6家、非体系公司6家，码头1座。2022年完成任务总数1412项，派遣执法单元647组，出动执法人员1521人次；开展陆上巡查458次，巡查里程44022千米，巡查时间1406小时；船舶安全监督检查249艘次，其中船舶安全检查33艘次，走访检查29家次，发现各类违章503项；检查防抗台86次、寒潮大风110次、能见度不良82次、新造船舶试航2艘次。

【巩固“三年行动”推动“商渔共治”】会同区农业农村局商讨涉海涉渔“遏重大”安全管理机制，联合巡航象山港水域，重点检查商渔船交汇密集区和事故多发水域具体通航环境，检查锚地船舶锚泊是否遵守防污染规定，清除水上影响船舶航行的渔网等碍航物，切实保障船舶航行安全区域沿海公共航路上渔船电子海图。促成奉化籍渔船统一更换新式插卡式AIS系统，与区农业农村局建立长效共建机制，信息互通，定期通报本籍渔船违规占用浙江沿海公共航路情况。

面对商渔碰撞事故多发严峻形势，海事执法人员现场为渔船船长授课，讲授商渔船碰撞事故特点和避免碰撞相关知识，结合省沿海船舶航行和水文气象、航道等情况，介绍浙江沿海公共航路“三纵六横”规则与航法。

【整治象山港北岸非法砂石作业】 象山港北岸海岸线曲折绵长，船舶非法冲滩作业点数量多、分布广、隐蔽性强，非法组织船舶冲滩卸载海砂的现象时有发生。而且，该类船舶往往存在超载、无证、缺配和故意关闭AIS等严重违章行为，严重威胁海上交通安全。为切实整治非法砂石作业点安全隐患，区海巡执法大队打破常规时间执法限制，采取“三随机”（时间、人员、目标）弹性巡查机制，实现安全隐患风险点全覆盖；完善信息化监管手段，布设CCTV视频远程监控，提高象山港北岸掌控力度，构建多部门合力执法，建立联动执法长效机制，随时实时监督和精准打击。

【强化船籍管理】 及时开展船舶滞留、事故险情后走访，帮助消除安全隐患；与管理人员深入分析船舶滞留原因和应采取的纠正措施；检查船舶体系运行有效性、维护保养等工作，发现问题要求立即整改。关注约谈奉化鑫通达航运有限公司，严格落实未取得SMC证书船舶的安全保障措施，细化和完善船舶点验制度，点验台账抽查，帮助所属黑名单船舶脱黑。

【辖区水上防台风】 保障24艘拆解船、扣押船安全防台风，其中，拆解船舶13艘。第11号台风前夕，联合当地政府逐一落实全部船舶安全防控措施，并于台风后加快拆解11艘。辖区拆解船舶存量仅余2艘。扣押船舶11艘，通过书面通报等形式，督促厦门、宁波海关和奉化公安三家扣押单位落实船舶防台风主体责任。在第12号台风正面影响期间，未发生船舶断缆、漂失情况。

（吴成锋）

水利　水务

综　述

2022年，奉化区在省水利工作综合考核中完成水利投资19.71亿元，列宁波市第一。葛岙水库工程建设指挥部获评省立功竞赛先进集体，区水利工程质量安全管理服务站被评为省水利建设工程质量监督先进集体。农业水价综合改革，获年度省工作绩效评价优秀。

工程建设

【概况】 2022年，奉化区完成面上水利投资2.08亿元。实施面上水利工程有河湖库塘清淤、小型水库除险加固、山塘分类治理、农饮水提标改造、中小河流治理等项目。

【面上工程】 加强山水林田湖草综合、系统、源头治理，整治创建美丽河湖水环境，构造蓝绿交织、健康和谐的生态型河岸空间。年完成河湖库塘清淤20万米^3、中小河流治理4.5千米。东江（后张闸至三江口）、剡江（畸山至萧王庙橡胶坝）获评年度省级“美丽河湖”。大堰镇获评年度市级“水美乡镇”；溪口片通过省级“美丽河湖片区”创建验收。完成8座水库除险加固、整治山塘23座；叶夹岙、小灵峰等19座山塘入选市年度“美丽山塘”。

【农村水利】 坚持农田水利管护与农业节水工作并重，全年完成8座农业灌溉更新升级示范泵站机埠（堰坝水闸）、1个改革示范灌区灌片、2个农民用水管理示范主体、2个示范村创建任务，其中前葛1号泵站等9位入选省农业水价综合改革“五个一百”优秀典型案例。实施“农业灌溉工程更新升级行动”，年超额完成省定84座机埠泵站（堰坝水闸）升级改造和27座千人以下农村水站数字化建设。更新改造121.2千米农水供水管网，完成省民生实事工程任务的127.6%。

（张雨薇）

水务管理

【概况】 区水利部门实行最严格水资源管理制度，优化涉水行政审批，抓好水利建设监管，加强防御水旱灾害，筑牢防汛减灾安全堤。

【水事管理】 完善取用水监管，98家取水户实行计划用水制度，实现计划用水全覆盖。严格行政审批，全年水利窗口共受理办件事项152件，其中属生产建设事项的有水土保持方案审批（报告书）39家、设施验收报备39家、登记表23家、报告表31家。属管理范围内建设事项的有河道临时工程施工方案审批1家，水利工程新建建筑物、构筑物和其他设施2家，审批河道工程建设方案12家；取水许可（申请）5户。年累计治理水土保持1.9平方千米。

严格落实水政巡查制度，整治乱挖、乱建、乱倒等水事违法行为。全年累计巡查1500余人次，联合各部门执法检查29次，发出责停通知书18份、责改通知书17份，受理举报投诉件13件。整治“甬水清”江河湖库环境，整改清四乱37个、清水岸35个、碍洪21个。

【水工程监管】 区水利部门层层签订安全生产责任书，压紧压实项目法人主体责任。运用岁末年初安全生产大检查、排查，及时发现、分析、整改检查中发现的质量和安全风险隐患。运用定期检查、突击抽查、工程“飞检”等措施，巡查和抽查受监工程256次，检查352人次，先后下发工程建设质量监督检查意见书77份，整改通知18份，完成整改526个；集中“飞检”45次52组，飞检覆盖率达100%。全年未发生水利在建工程质量与安全事故。授权水利产权证书（含不动产权证书、海域使用证书）颁证率约98%，物业化率100%。

【水旱灾害防御】 制定水旱灾害防御各类预案，落实职责。按照“汛前检查、汛中巡查、汛后复查”要求，在各镇（街道）、水工程管理单位完成全面自查的基础上，全方位督导检查。3月初，全面检查区防汛准备、工程安全度汛、水利工程风险隐患及“短板”整改等情况；5月，对各类预案编制、山洪灾害、监测预报预警等方面的防汛防台风险隐患排查再整治；7月底，针对小流域山洪、水库山塘、堤防海塘、在建涉水工程等安全状况大排查，确保汛期安全。全年共出动检查1800余人次，抽查水利工程200余处。汛期启动水旱灾害防御Ⅳ、Ⅲ、Ⅱ、Ⅰ级等逐次响应共7次，做好监测预警、巡查检查、水库河网调度等工作。

（张雨薇）

奉化区水投集团

【概况】 2022年，区水投集团聚焦“跨越发展、二轮攀高”目标，累计完成固定资产投资约15.2亿元，整治甬江防洪东江剡江奉化段堤防、改造龙潭滞洪分洪区，续修县溪河道。新建山隍河治理、剡江南塘堤防和飞跃塘提标加固、外山咀塘提标、柏坑水库扩容等5项工程。应急启门河东排、倪家碶泵站两个项目；大埠工业园区排涝、区海塘安澜及配套设施提升及剡江江口中学段堤防等前期3项工程启动。

【续建工程】 2018年9月，市发展改革委批复整治甬江防洪和东江剡江奉化段堤防（二期），总投资15.95亿元。至2022年，该工程善德闸站、西坞泵站、山隍泵站、上游段河道（高楼张至葛岙水库）约13千米河道等整治全面完工。

总投资为12.92亿元的917亩龙潭滞洪区，包括土地改良、灌溉排水设施、智慧温室、农植物种植、商业配套及安置房等分滞洪区改造和分洪河道建设，通过近一年半的努力，美丽田园示范区（滞洪区）成功完成。

龙潭新村安置房完工。

2022年，总投资5191万元，县溪（大堰党校至长潭桥）河道治理河长1.83千米，新建3座堰坝，已完成主体90%工程建设。

【新建工程】 总投资6181万元，整治剡江南塘（后竺桥至周村）2.7千米堤防，新建周村一体化泵闸一座，设计流量为8米^3/秒。工程可缓解内河排涝压力，至年底基本完工。

总投资1.3亿元，提标加固莼湖飞跃海塘1.4千米至50年一遇，改造2座水闸。年底，完成海堤加高和上陈江闸主体，已完成总工程量的75%。

总投资4974万元，治理山隍河1.75千米河道，因政策处理原因，推迟到10月份开工建设，年底，完成河道护岸基础处理总工程量的20%。

8月，投资1485万元，开工建设外山咀462米海塘提标加固，标准提高至50年一遇，年底基本完工。

柏坑水库扩容工程。总投资11.8亿元，新建混凝土重力坝，分为主坝和副坝，主坝长242米，最大坝高90米；副坝采用混凝土挡墙形式，长50米，最大坝高3.2米。扩容后总库容3542万方。用地1617.14亩，临时用地63.74亩，涉及搬迁人口20户55人，拆迁7296平方米。2020年4月21日获市发改局立项批复，2022年9月，临时道路、导流洞、老坝拆除等先行工程开工，2022年年底完成40%，主体工程完成施工图设计。

【应急和前期项目】 按照度汛要求，2022年5月，整治启门河，该河河长1.25千米，新建启门泵，设计流量15米^3/秒，总投资0.79亿元，至年底，完成总工程量的90%。

在倪家碶河和县江交汇处新建1座排泵站，设计流量8米^3/秒，总投资1834万元。5月开工建设，年底完工。

另有总投资676万元的大埠工业园区排涝工程，年底项目完成前期批复以及剡江江口中学段堤防工程，总投资1277万元，年底，完成核准批复。

（张旭锋）

五水共治

【概况】 2022年，奉化区治水办严格落实省、市关于“五水共治”相关部署，全力推进“五水共治”工作。全区15个县控以上断面水质优良率连续三年达到100%。其中，县江水质连续三年保持在Ⅱ类水水平，高出目标考核水质一个档次；甬新河、三江一级支流和入海河流考核断面全部达标；“五水共治”“大禹鼎”考核继续位列全市第1名，河（湖）长制考核位于全市第一等次。其中，区级河（湖）长履职得分以965.5分排名全市第一；区级河道履职得分排名中，奉化区27条区级河湖（全市共有285条区级河湖），在全市前10名中占到7条，在全市前30名中占到15条。区域水生态环境持续向好，在全省“五水共治”群众满意度测评中排名全市第二。

【建立工作机制】 建立以区委副书记为奉化区总牵头人，各镇（街道）副书记为本镇（街道）牵头人的“五水共治”工作制度，进一步压实各镇（街道）责任，因地制宜、因地施策解决好水环境问题，可协调解决跨分管领导、跨领域、跨部门的工作，从而加强对全区“五水共治”工作的领导。该工作机制在宁波市走在前列。

【问题整改】 制定印发《2022年度全区“五水共治”“找寻查挖”专项行动方案》，高规格召开专项行动部署视频会议，全年开展4轮自查、1轮县级互查及1轮市级互查，共上报市办问题583个、重点问题（宁波市治水办认定的）7个、市级互查问题（省治水办认定的）4个。2021—2022年两年间，奉化区上报问题的数量、质量及整改销号进度都居于全市前列，连续两年在“找寻查挖”专项行动考核中位列全市前两位，区治水办获评2022年市级“找寻查挖”专项行动突出集体。

【数智治水】 为进一步建立健全区地表水环境质量监测评价及预警响应体系，奉化区陆续建设并投入使用奉化区物联网水环境在线综合监测管理系统，共规划4期，预计总投资2718万元。前三期均已完工验收，覆盖全区68条重要河道的水质自动监测，占全区列入宁波市监测的重点河道的59.1%。通过实现水质监测——问题反馈——整改销号的工作闭环，实时跟踪管理，发现数据异常、水质下降问题，及时督促相关镇（街道）第一时间加以处置。自运行以来，反馈整改并销号问题累计42次，实现重要河道水质的实时化、动态化、数字化监管。

【对外宣传】 组织开展“五水共治”群众满意度宣传，与区融媒体中心深度合作，围绕“世界水日”“世界环境日”“世界海洋日”活动主题，在《奉化日报》及掌上奉化等区级媒体宣传美丽河湖治水成果，线上线下齐发动，治水宣传深入人心，确保治水宣传“抬眼可见”“举足即观”，分发满意度宣传单近25000份，定制礼品18000余份，营造浓厚的治水爱水护水氛围。奉化区连续两年在全省“五水共治”群众满意度测评中排全市第2名。着力挖掘打响治水品牌，获评市“五水共治”示范基地2家，其中龙潭美丽田园示范区获评省“五水共治”实践窗口（全市仅2个入选），打造水环境助力共同富裕成果省级案例1个。

（罗亚男）

邮政 通信 信息

中国邮政集团宁波市奉化区分公司

【概况】 2022年，中国邮政集团有限公司宁波市奉化区分公司（以下简称奉化分公司）认真贯彻落实集团公司和省、市分公司决策部署，各项工作均取得积极进展。全区邮政实现业务总收入1.38亿元，同比增长15.3%。年末储蓄余额达到46.72亿元，新增6.43亿元，创奉化历史最好成绩。完成寄递业务收入4985万元，同比增长12%；完成传统业务函件收入215.51万元，集邮业务收入173.67万元，报刊业务收入601.68万元；实现农产品销售额1051万元。

【助力水蜜桃“销售+寄递”】 7月3日，奉化邮政“水蜜桃揽收专车”亮相“桃源结谊在奉化”水蜜桃文化节开幕式，奉化分公司与区供销社合作推出“团队作战、基地布点、运输畅通、运费降低”四大举措，投入冷链专车4辆、负责接驳运输揽收车36辆，开通邮政航班水蜜桃专线31条，确保“宁波地区当日递、省内周边城市次日递，省外边远城市隔日递”限时服务。同时，奉化邮政分公司通过邮政微邮局、邮政速递EMS、浙江电信等微信公众号、官方网站、直播平台等新媒体多渠道推广销售奉化水蜜桃。2022年，奉化分公司累计销售水蜜桃1.95万箱，共计销售额163.8万元；累计快递发运水蜜桃18.9万单，计57万千克。该惠农项目也得到了政府部门的支持，获得奉化农业农村局补助5万元。

【推进三级快递物流体系建设】 2022年，奉化分公司在全区叠加快递包裹投递的中邮驿站199个，便民服务站248个，并与区公交公司开展合作，通过农村公交车辆排班优化、改装车辆等方式于年底成功开辟首条从奉化公交西站至公交大堰站的“客货邮”合作专线，将邮政及其他社会快递运输到大堰站后统一由大堰邮政投递，或安排村邮站自提。三级物流体系邮快合作进村模式在全区覆盖率达到70.32%，累计完成全年代收代投80万件，取得良好社会效益。

（蒋武岭）

中国电信股份有限公司奉化分公司

【概况】 2022年，中国电信股份有限公司奉化分公司（以下简称奉化电信分公司）落实集团“云改数”转战略，有效推动各项重点工作落地。企业经营收入利润稳步提升。2022年，完成主营业务收入23052万元，同比增长率11.06%；在主量产品发展上，移动用户数达到22.6万户，宽带用户数到达12.2万户，电信电视用户数达到7.2万户。

【加快基础网络建设】 2022年，奉化电信分公司完成46个XGPON

（一种新型媒体存储方式）千兆小区的网络建设和改造工作，共割接1277个PON口到XGPON网络，实现城区的XGPON网络覆盖率超70%。6月，根据市公司要求开展“端网匹配”改造工作，完成1540多个XGPON光猫更换，存量匹配率14.09%。关于5G建设，全年安装开通5G室外基站113个，开通率309%，超额完成任务；新建39套BBU（基带处理单元），新增中原堆叠机房，解决葛岙水库基站拉远距离过大无法开通的问题；共计完成52个室分点位的建设开通，开通率67.67%。

【赋能数字化疫情防控】 奉化电信分公司全力做好防疫通信服务保障工作。疫情之初公司对内多次召开党委、办公会议进行紧急部署并成立疫情防控工作小组，确保本单位疫情防控不懈怠、不疏漏，工作运转不停摆、不延误；对外积极承担社会责任，助力当地政府以及相关防疫部门合力抗疫，全力保障通信畅通。疫情防控期间，奉化分公司累计保障视联网会议110余场，紧急开通各类应保障电路70余条，为各街道安装调试固话500余门。充分发挥党员的先锋模范作用，成立党（团）员突击队，累计安装门磁设备5100余套。

【BC融通新打法】 建立护校安园协同智治二期（一期签约并入选浙江省教育领域数字化改革创新试点项目、浙江省基层智治系统优秀案例库、浙江省基层治理“一件事”一本账S0和宁波市基层智治系统“一本账S1”入选宁波十大数改，获省市领导批示肯定，在央视、《中国教育报》、浙江新闻等多家媒体宣传报道），组织党内组织生活项目二期（一期签约并作为2022年最佳应用子场景）、周宣访应用项目（数字文化重要应用理论在线子场景）。

【服务提升】 以服务文化建设、服务体系建设、服务能力提升三大工作为抓手，不断改进服务措施。持续强化服务质量管理，坚持开展总经理接待日，营业厅打造“爱心翼站”，设立爱心专区，桥西岸路电信营业厅“爱心翼站”获2022年浙江省“最美工会户外劳动者服务站点”称号。

【乡村振兴】 奉化电信分公司发挥行业优势落实乡村振兴工作，2022年，重点做好溪口镇里村结对帮扶工作。公司党委制定走访联络制度，深入帮扶结对村走访，了解村庄发展情况，了解项目实施进度，在人、财、物上给予大力支持，确立以村民赋能、就业帮扶、数字化乡村建设等为目标的工作计划表，结合村情、民情，充分发挥电信平台的自身优势，在提升农村生活品质、提高农民收入上发挥应有作用。全年3次对结对帮扶工作开展情况进行研究、审议，党委班子实地走访5次，开展慰问活动7次，收到结对村锦旗1面、感谢信1封，内部信息平台报道6次，《奉化日报》、掌上奉化等媒体宣传2次，签约信息化项目1个，结对帮扶工作初见成效。

（陈　浏）

中国移动通信集团浙江有限公司奉化分公司

【概况】 2022年，中国移动通信集团浙江有限公司奉化分公司（以下简称“奉化移动”）全面贯彻落实党的二十大精神，坚定捍卫“两个确立”，坚决做到“两个维护”，围绕全区“跨越发展、二轮攀高”发展要求，高质量推进现代化滨海大都市健康美丽新城区建设，争当驻奉央企和信息服务业模范生。

全年通信服务收入4.08亿元，增长8.8%；连接规模达到105.8万，其中个人移动通信用户数48.6万、固定互联网接入数14.8万、物联网连接数42.4万，行业份额稳居首位；全年上缴奉化本地税收突破1000万元，持续升级区内规模最大、质量最优的“双千兆”网络。

【数字基础设施建设】 千兆5G基站建成超731座，全省率先实现行政村及以上100%覆盖，全国率先规模商用5G VoNR技术

（在5G网络上承载语音），5G终端用户数突破24万；千兆光网已覆盖用户数超7万，升级10G-PON端口达35%，千兆用户数达4.5万，份额60%以上，持续保持业内领先地位。在全省率先落地区县级算力节点，实现核心算力规模超42万核vCPU（虚拟内存）、机架超1.1万架，助力政府提升资源共享水平。同步全面规划启动“甬链”二期国产化改造，助力奉化区块链产业蓬勃发展。配合上级公司积极推进互联网国家骨干直连点（宁波）建设工作，推动区域成为国家重要通信枢纽。

【数字变革】 奉化移动响应区委、区政府“数改”号召，组织专家团队入驻“数改”项目专班，深度参与数字化改革项目，谋划推进“数字铭牌”“浙里甬有安居房地产全过程监管应用子场景”等数字化改革项目。承建区级视频共享平台、积极谋划区级物联网平台，构建统一的物联、视联感知建设规范体系，为行业发展和基层治理提供一体化的数智能力支撑。

主动融入应用场景创新升级。党建统领整体智治方面，主导建设区级智治专题门户，创新打造区人大“五个日”、国有资产监督等特色应用；数字政府方面，持续探索政府服务的场景应用，打造物联网水环境监测系统、水文基础能力提升系统应用；数字经济方面，赋能产业智慧化转型，助力奉化制造业“腾笼换鸟、凤凰涅槃”攻坚行动方案，打造纸包装行业（奥迪斯丹）、汽配行业（祥晋汽车、海威汽车）等行业未来工厂样板；数字社会方面，打造以数字门牌为底座的数字社会领域场景应用，锻造未来社区、未来乡村和智慧园区三大领域能力，重点打造溪口镇上白村未来乡村样板案例，持续推进第三批未来乡村及未来社区样板的建设工作；数字文化方面，聚焦文化产业传承与创新，重点参与“乡里乡亲”“文旅大数据中心”等应用建设及运维；数字法治方面，聚焦社会治安防控体系及“五统一”建设，承建方桥街道等各级公安天网。

【5G+服务】 2022年共建设5个5G工厂，对接73家企业信息化建设规划，打造“奥迪斯丹”纸箱包装行业5G首例标杆并被央视报道，建设“海威汽车”汽配行业5G数字智慧工厂等优秀案例，积极推动5G应用百花齐放。在工信部全国5G绽放杯中获得宁波市唯一一个国际赛奖项。围绕“未来工厂+产业大脑”建设，推进“1+1+10+N”5G+工业互联网行动，深度参与并推进奉化汽配、气动行业数字化改造建设，推动传统制造业转型升级。与怡诺产业园合作推进5G+智慧园区项目，拟建成奉化区内首个5G园区专网+光网络全覆盖的智慧园区；与滨海管委会签署5G+智慧湾区战略合作协议，双方一道探索湾区内的5G+智慧物联应用及智慧湾区的运营管理工作。

【巩固重要服务保障防线】 重点保障全区疫情防控等工作机构短信通知，健康驿站等场所的网络和宽带电视，各乡镇（街道）基层防疫工作人员及重点场所防疫监控。在全区营业厅设立“移动之家”，为广大户外劳动者提供休憩服务站点；开展“站店听音”650余次，了解客户对通信服务的诉求；义诊小区宽带500余场，进一步提升客户网络感知；开展中老年智能手机科普活动，覆盖8000余人次，助推“银龄”群体跨越数字鸿沟。

实施“C·三能计划”，探索应用网络能源统筹策略与智慧节电技术，实现基站机房的光伏、4/5G、空调、储能自智运维全覆盖，年化节电超100万度。

面对超强台风“轩岚诺”和“梅花”，集结抢修人员超200人次，为宁波市率先实现网络全面恢复的区；打击电信网络诈骗，月均拦截涉诈号码超150户，联合公安累计开展反诈骗宣传100余场，筑牢网络安全屏障。

自2020年起，奉化移动牵头奉化区文明城市空中线缆整治行动，三年累计投入整治费用超640万元，整治人力超150人。其中2020—2021年，累计整治38个农村、10个农贸市场及主要道路90千米，投入费用560万元；2022年，处理待整治点位1471处，范围覆盖全区8个街道、4个乡镇，投入费用61.5万元。在近三年文明城市检查中获得空中飞线零扣分的好成绩。

（蔡芳琪）

中国联合网络通信有限公司宁波市奉化分公司

【概况】 2022年，中国联合网络通信有限公司宁波市奉化分公司（以下简称“奉化联通”）推进混合所有制改革和全面互联网化运营，以市场和业务为导向，推进5G融合应用和创新发展，聚焦新媒体、工业互联、物联网、车联网、教育、医疗等领域，促进各行各业数字化、网络化、智能化发展。

2022年，奉化联通收入主营达到7939万元，通服收入6607万元，获宁波联通“清廉浙江、联通先行”示范点、宁波联通先进基层党组织称号。

【助力智慧城市建设】 2022年，奉化联通与政府同频共振落实中国联通的五大主责主业，完成多项智慧城市与“数改”项目建设，截至10月，新兴ICT项目已完成693万元，完成时序进度98%，已签约项目金额达1198万元，签约指标完成率96.4%。

助推区政府数字化改革，为综合行政执法局设计区级精细化平台，7月，落地区政府视频共享；参与奉化区政府矛盾调解“1234”应用场景建设；继续深化E键联办，打通多个系统壁垒，实现与车管所、不动产中心、银行等多部门多跨协同执法办公，打造新执法体系。

通过前期“五水共治”平台带动大联接发展，纳入环保局监控的污染企业；将建材中心33家单位监控和扬尘数据接入区住建局的扬尘监测平台；市、县联动，与区政府、安橱公司签订三方战略协议，完成数字乡村“金峨村”建设，同时在11个乡镇（街道）部署智慧公厕新应用。奉化联通与区大数据中心、区公安局紧密合作，共同搭建安全稳定的视频共享平台；与溪口旅游集团在大数据以及基础业务方面紧密合作，建设“应梦里”智慧旅游项目。

通过支局属地化办公，积极对接市监局、区应急局、派出所以及各个乡镇（街道），在多个业务领域取得突破。签约计生协健康监测项目，为奉化400多名失独老人提供居家健康服务。

2022年，在做好自身防疫抗疫工作的同时，公司通过安装门磁、健康ETC、数字哨兵、防疫监控，部署云通信业务、场所码多码合一场景等业务，积极参与防疫抗疫。

【队伍建设】 2022年，奉化联通深入开展党的二十大学习及党史学习教育，坚持党建引领，坚持高质量发展。1月1日，公司组织党员及青年参加东门广场升旗仪式，深入大堰农村开展信号改善及通信服务工作。与中通服、招行等开展党建联建活动，走进博物馆，学党史，悟心得。与区退役军人事务局联合开展“5G直播带货助残拥兵活动”，上榜《宁波晚报》、“学习强国”学习平台等媒体。与卫生健康局、“锋之社”“失独老人志愿者服务平台”试点百位老人居家健康监测服务，获得“浙江计生协会”报道宣传，被评为奉化区数字化最佳应用。

（王　萍）

金融

综述

2022年，全区共有银行业金融机构28家、保险支公司25家、证券公司营业部7家，另有小额贷款公司2家、担保公司1家、典当行5家、民间资金管理企业1家。金融机构深入贯彻落实国家和省、市、区稳住经济大盘一揽子政策和推动经济稳进提质的工作要求，聚焦“跨越发展、二轮攀高”，以“竞跑竞绩、进位进阶”为主线，打好助企纾困和稳进提质金融“组合拳”，推进奉化经济持续稳定发展。12月末，全区银行业金融机构本外币各项存款余额1152.44亿元，比年初增加99.61 亿元，同比增长9.46%，其中人民币存款余额1132.89亿元，比年初增加103.57亿元，同比增长10.06%。本外币各项贷款余额1377.25亿元，比年初增加198.27亿元，同比增长16.82%，其中人民币贷款余额1374.00亿元，比年初增加198.80亿元，同比增长16.92%。不良贷款余额4.55亿元，不良率0.33%。保险行业实现保费收入14.81亿元，同比增长2.39%。保险赔付支出6.17亿元，同比增长1.61%。金融业税收收入50931万元，同比增长14.80%，其中金融业地方税收收入22381万元，同比增长18.40%。金融业增加值482881万元，同比增长6.70%；金融业占第三产业比重为14.91%；金融业产值占GDP比重5.32%。

根据区“四上一提一整（上规、上市、上云、上榜，提质，整合）”的行动方案，加大制造业中长期贷款支持，加大融资贴息政策支持。创新无还本续贷产品，延长贷款实际使用期限。截至年末，制造业贷款余额246.3亿元，同比增长17.3%，其中制造业中长期贷款余额85.4亿元，同比增长63.8%，占制造业贷款的34.7%。制定出台《奉化区纾困助企融资财政贴息实施细则》及具体操作指引、操作流程、规范性套表等。截至12月末，全区有1292家小微企业通过财政贴息获批贷款20.38亿元，7期累计拨付财政贴息资金2817.6万元。

创新产品、优化服务、赋能数字，有效扩大普惠覆盖面，推出金融消薄增收“强村贷”，推广“惠渔贷”渔船抵押贷款。至年末，全区普惠小微贷款余额254.8亿元，同比增长32.6%。通过政银资源整合，为村集体经济组织提供光伏开发、新农村改造、项目建设提供精准化支持。

持续推进政策性农业保险产品开发，全年新增猕猴桃气象指数保险、黄精干旱气象指数保险等3个新险种试点，累计上线政策性农险险种70余个。创新推出全市首个政策性高标准农田综合保险项目试点，通过区财政补贴方式落实高标准农田建后管护资金来源，进一步巩固莼湖街道高标农田建设成果，保障粮食生产“长治久安”。

推动政策性融资担保义务高质量发展，出台《宁波市奉化区支持金融业高质量发展的若干政策》《宁波市奉化区政策性融资担保机构资本金补充办法》《关于〈奉化区财政专户管理暂行办法〉的补充通知》等，由区财政一次性安排2000万元用于政策性融资担保公司风险补偿和业务补助，将融资担保规模纳入国库现金存放指标体系。制定《宁波市奉化区中小企业融资担保有限公司2022年度绩效考核评价办法》，对融资担保公司进行年度考核，实施量化监督管理。

工商银行奉化支行等3家银行上榜宁波市奉化区2022年度“高质量发展贡献榜”，获得重大贡献奖。区金融发展服务中心通报表彰2022年度奉化区金融工作综合先进单位6家，其中银行机构5家，保险公司1家；单项先进单位13家，其中银行机构10家，保险公司1家，证券行业2家；地方金融组织先进单位2家。

中国人民银行奉化支行

【概况】 2022年，中国人民银行奉化支行围绕“强党建、重担当、求实效、争一流”工作理念，根据上级行工作会议精神、区委区政府战略决策部署，结合奉化经济金融发展实际，认真贯彻落实稳健中性货币政策，助力支持稳经济大盘，防范化解金融风险，持续优化金融服务，推动奉化经济高质量发展。继续主持年度银行业金融机构综合评价，农业银行宁波奉化支行、建设银行奉化支行、交通银行宁波奉化支行、宁波银行奉化支行、奉化农商银行、浙商银行宁波奉化支行等6家银行获得A类行称号。

【金融运行】 信贷总量平稳增长，同比增速小幅放缓。年末，全区本外币各项贷款余额1377.25亿元，比年初增加198.27亿元，同比多增4.69亿元，余额同比增长16.82%（同比下降2.82个百分点），高于全市平均增速3.25个百分点，增速居10个县（市、区）第4位。从贷款结构看，企业贷款余额平稳增长，票据融资增速维持高位。企（事）业单位贷款余额877.64亿元，比年初增加162.44亿元，同比增长22.71%，增速同比上升4.73个百分点。其中短期贷款余额357.27亿元，比年初增加68.26亿元，同比增长23.62%，增速同比上升11.13个百分点；中长期贷款余额497.80亿元，比年初增加89.57亿元，同比增长21.94%，增速同比上升0.96个百分点；票据融资余额18.69亿元，比年初增加6.10亿元，同比增长48.49%，增速同比上升42.51个百分点。需求不足预期转弱，住户贷款增长乏力。住户贷款余额499.61亿元，比年初增加35.83亿元，同比增长7.73%，增速同比下降14.58个百分点。其中短期贷款余额118.22亿元，比年初增加12.88亿元，同比增长12.22%，增速同比下降4.42个百分点，表明居民收入和收入预期较弱，支出意愿不足，对消费信贷的需求减少；居民中长期贷款余额381.39亿元，比年初增加22.95亿元，同比增长6.40%，增速较上年同期下降17.68个百分点。

存款增速稳中略降，企业存款同比少增。年末，全区本外币各项存款余额1152.44亿元，比年初增加99.61亿元，同比少增37.28亿元，余额同比增长9.46%（同比下降5.49个百分点）。从存款类别看，住户存款保持高位增长。住户存款余额580.46亿元，比年初增加103.40亿元，余额同比增长21.68%。其中住户活期存款余额186.74亿元，比年初增加24.39亿元，同比增长15.02%；住户定期及其他存款余额393.72亿元，比年初增加79.01亿元，同比增长25.11%。全区常住居民人均可支配收入为54462元，同比增长5.6%，增速有所放缓。企业存款同比少增。企业存款余额363.43亿元，比年初增加13.95亿元，同比少增53.67亿元，余额同比增长3.99%（同比下降19.98个百分点）。其中企业活期存款比年初增加13.35亿元，同比少增1.89亿元，余额同比增长7.86%（同比下降2个百分点）；企业定期及其他存款比年初增加0.60亿元，同比少增51.78亿元，余额同比增长0.33%（同比下降40.76个百分点）。

精准滴灌重点领域，更好

服务实体经济。金融支持民营企业较好。年末，全区民营企业贷款余额405.65亿元，比年初增加36.22亿元，同比增长9.80%，在企业贷款中的占比为46.95%，有效支持民营经济稳中有进。金融支持普惠小微较快。普惠口径小微贷款余额255.48亿元，比年初增加63.92亿元，同比增长33.01%，高出各项贷款增速16.19个百分点；贷款户数16341户，同比增长23.52%。其中首贷户新增1526户，新增贷款18.57亿元。制造业贷款支持有力。持续加大制造业领域的信贷投放力度，对相关链上企业给予融资支持，努力提升制造业中长期贷款占比，为全区推进制造业产业链体系现代化注入金融活水。制造业贷款余额246.28亿元，比年初增加36.32亿元，同比增长17.30%。其中中长期贷款余额85.36亿元，在制造业贷款中的占比为34.66%，占比比年初提高9.83个百分点。金融支持绿色、科创、乡村振兴等领域较稳。辖区绿色贷款余额114.18亿元，同比增长33.14%，高出各项贷款增速16.32个百分点。持续推广知识产权质押融资，推动智产融资增量惠企，完成质押金额17亿元，受益企业62家。以促进农民农村共同富裕为目标，推动乡村振兴金融服务水平不断提升，涉农贷款余额225.40亿元，比年初新增23.16亿元，同比增长11.3%；农户贷款余额129.62亿元，比年初新增6.84亿元，同比增长5.4%。

不良风险总体可控，金融生态稳中向好。年末，全区不良贷款余额4.55亿元，比年初增加0.15亿元；不良率0.33%，比年初下降0.04个百分点。不良未大幅异动表明风险金融运行状况总体平稳，未因疫情防控政策优化调整、经济增长承压出现不良贷款规模性增长的情况。从潜在风险看，年末关注类贷款余额5.21亿元，比年初减少2.66亿元，关注类占比为0.38%，占比较年初下降0.29个百分点，不良贷款趋势性风险可控。

【金融支持】 加强窗口指导稳总量。充分运用“财政+金融”政策工具，出台助企纾困稳进提质行动方案，制订金融支持疫情防控“十项举措”，成立稳经济工作专班，推动全力稳定总量供给。执行区政府出台5000万元贷款贴息政策，惠及小微企业1200余家，撬动信贷增长20亿元；多方面争取专项财政贴补政策，加大重点领域信贷支持，全年共新申报支小再贷款2.5亿元、科技再贷款4.04亿元、设备更新改造再贷款980万元、交通物流再贷款935万元，发放普惠小微支持工具激励金1728.54万元，成功落地辖区首笔碳减排支持工具贷款1亿元，带动碳减排量0.97万吨；指导政策性银行运用政策性开发性金融工具，补充重大项目资本金3.41亿元，带动总投资35.61亿元；排查符合8000亿元政策支持项目2个，累计投放贷款25.59亿元。助企纾困等相关工作获区领导批示肯定，并被多家媒体宣传报道。

强化精准滴灌优结构。以“首贷服务提升年”为牵引，主动对接相关部门，组织开展金融支持服务业推进会、金融支持稳进提质专题会、文旅企业融资对接月、银企恳谈会等活动，重点抓好个体工商户融资服务，通过专场对接、“十圈百场”走访、“整圈”授信等，完成对接1.3万户，授信24.32亿元。牵头完成的首贷中心建设标准通过“全国团体标准信息平台”正式发布。持续开展制造业中长期贷款提升专项行动，年末中长期贷款余额85.37亿元，同比增长63.76%，占比同比提高9.83个百分点。推进科创金融服务提升专项行动，助力人才银行发展，推广知识产权质押融资，累计完成质押金额17.23亿元。推进低碳绿色金融服务提升专项行动，出台专项奖励政策，专题研讨并推进排污权质押贷款创新。开展乡村振兴金融服务提升专项行动，积极推动农村信用体系建设，大堰镇以及下属社家畈村、董家村首获省级信用镇、信用村称号。

推动减费让利降成本。2022年，全区新发放普惠小微贷款加权平均利率4.74%，同比下降40个BP，处于历史低位。做好普惠小微阶段性减息工作，共为辖区2家法人机构发放激励金931.19万元。指导金融机构减免相关费用，全年共减费让利3902.61万元，惠及企业3523家。做好征信服务费减免工作，免收7月至12月动产融资统一登记系统企业应收账款融资登记服务费、征信系统10类查询费。指导金融机构合理延长按揭贷款还款期限，主动减免逾期利息和罚息，累计办理个人住房贷款延期金额3379.73万元。推动金融机构在跨境国际结算手续费、结售汇汇率和融资利率等方面给予企业实质性优惠，外汇减费让利349万美元。督促法人机构持续加大支付服务减费让利工作力度，惠及1814家小微企业和个体工商户。

【普惠金融】 推进金融服务工作。持续推动金融知识进校园活动，全年累计开设49期课程，覆盖约1.5万人次。与区文旅集团合作，依托电影下乡开展送金融知识下乡活动，累计播放140场次，受众4500余人。发挥金融调解室作用，成功调解纠纷28起。结合“云闪付”消费券活动，推动辖区移动支付增量扩面，新增完成辖区水费、有线电视等公共事业缴费移动支付应用改造情况并进行预验收，全力做好浙江省“移动支付应用示范县（市、区）”验收申报准备工作。持续深挖农村地区移动支付潜力，完成批量调整87个助农金融服务点，支持移动支付的服务点占比达85.8%。努力提升经理国库水平，建立退税减税政策落实联动协调保障机制，全年共办理各类退税业务10.72万笔、金额54.87亿元，助力国家利民惠企政策精准落地。积极构建国债服务长效机制，持续推动国债下乡，全年对5个国债承销网点开展现场巡查4次，累计销售9552.68万元，其中国债下乡销售1903.48万元，实现辖区国债下乡全覆盖。加强金融科技管理，认真做好辖区重要时期网络安全保障工作，开展系列应急演练，加强网络安全提醒，提升科技服务水平，完成萧王庙街道的棠云菜场、林家村桃子批发市场、前葛菜场以及莼湖街道下陈菜场等4个智慧支付菜（市）场验收，提升便民支付水平。

提升征信服务水平。进一步优化征信查询代理点布局，新增2处乡镇征信自助查询代理点，努力为边远地区提供便利的征信查询服务。积极开展“6·14”信用记录关爱日征信系列专题宣传活动，认真开展“征信修复”乱象专项治理百日行动，与相关部门建立协调共享机制，全面排查辖区14家注册名称或经营范围带有“征信”等字样的企业，并督促整改。积极推广基于中征应收账款平台的供应链金融，联合出台专项奖励政策，至年末，服务中小微融资金额5.48亿元。完成辖区首笔中征应收账款融资服务平台数字证书确权融资业务，发放应收账款质押贷款200万元。

推动外汇便利化政策落实。持续推动贸易外汇收支便利化试点扩容提质，指导辖区试点银行积极参与，全年新增试点企业10家，累计有15家。持续扩大资本项目收入支付便利化政策覆盖面，12月末，累计办理资本项目收入便利化业务金额达2301万美元，覆盖全辖近94%的资本项目外汇收入支付使用，实现市场主体政策红利“应享尽享”。成功落地上限提升后全市首笔高新技术和“专精特新”企业跨境融资便利化试点业务，落地全市首批“多笔外债共用一个账户”业务，资本项目便利化水平不断提升。加大推广跨境金融区块链服务场景，融资笔数、金额同比增长33.08%和41.86%。推动贸易新业态业务稳步发展，辖区通过宁波银行与美国花旗银行跨境电商结算业务平台的签约客户16家，全年收汇笔数和金额同比增长349.43%和365.91%。落实服务贸易对外支付税务备案信息网上核验，优化“一次备案、多次付汇”流程。持续跟踪个人外汇便利化政策传导情况，加强对银行个人外汇业务的暗访工作，并对相关银行进行了集体约谈，督促整改。深化汇率避险“首办户”拓展工作，召开拓展工作推进会议，配套出台工作考核办法，积极对接落实“首办户”激励奖补政策，联合开展政策培训，覆盖企业230家，全年新增“首办户”完成年初目标。强化外汇政策宣传和服务，通过“外汇联络员”“政策辅导员”工作机制，累计进企844家次；拓展线上培训新载体，开展线上专场直播培训，覆盖全辖约1/3涉外企业；组织开展外汇网络有奖竞答活动，累计参与答题1600余人次，有效提高外汇政策宣传覆盖面。相关工作被“学习强国”省级平台、甬派App、《奉化日报》等发布宣传。

【**金融管理**】 常态化推进“反诈”工作。研究制定《奉化区2022年金融机构打击治理电信网络诈骗和跨境赌博违法犯罪工作方案》，进一步深化警银联动，协助公安机关精准识别2张宁波地区银行卡信息并成功帮助打掉两个“跑分”团伙。督促辖区银行机构加强反诈典型案例宣传及大额、异常转账行为风险提示，累计帮助群众止损80余万元。组织持续开展存量账户风险排查、关联风险排查等，累计对约115万个存量账户采取相应风险管控措施，综合运用督导、约谈等管理措施，压实压紧金融机构主体责任。营造全民反诈浓厚氛围，累计发送宣传短信170万余条，开展现场宣传活动覆盖10万余人次，2次组织开展电信网络诈骗防范宣传情况交叉互查。努力压降涉案账户数，涉案账户压降保持全市第二。

提升货币流通、反洗钱、金融统计工作成效。加强货币流通管理，继续做好疫情防控常态化下的现金供应，对大额现金管理试点情况进行评估；积极组织开展整治拒收人民币现金工作，全年累计排查处置拒收人民币举报线索4起，集中访查各类现金服务主体16家；加大反假货币工作力度，严格落实“三色预警”工作机制，强化银警联防，收缴假币实物2643张，金额23.90万元。进一步凝聚各方洗钱线索挖掘和案件共商工作合力，建立与公、检、法和监委打击治理合作协议，联合举办洗钱线索研判暨洗钱定罪理论实战培训会，移送起诉涉毒品的洗钱案件2起。持续做好金融统计工作，紧密围绕金融统计数据治理深化年活动，组织开展核查5次，反馈问题信息3715条并逐一整改，编制支行金融统计工作应急操作手册，开展应急演练，完成紧急情况下统计数据异地报送。

全力防范化解各类金融风险。建立地方法人机构风险防控处置工作机制，督促风险机构持续改善关键性指标，成功实现“亚健康”机构脱帽清零。加强对法人机构资产质量、盈利能力、流动性等领域风险监测，及时关注各类苗头问题。按季开展法人机构央行评级工作，做好存款保险费率测算及阶段性费率上调。重新修订辖区金融机构突发事件应急预案，指导法人机构开展应急演练。做好重点地区、重点人群常态化存款保险宣传工作。妥善处理全市首例房地产预售资金监管依申请信息公开，加强多方协调沟通。提升外汇事中事后管理能力，做好“五重一大”和“四特”日常监测工作，全年上报货物贸易业务异常线索87条，涉及金额28704万美元。防范跨境资金风险，针对关键领域、重点环节和主体开展监测，加强对辖区企业赴境外上市情况及大额资本金快进快出异常情况等的持续追踪。成立房地产良性健康发展工作专班，持续做好恒大、蓝光等风险项目“保交楼”金融支持，申报保交楼专项借款8100万元，用于恒大溪上名都项目建设。多次召开房地产金融工作座谈会，做好辖区重点风险项目排查，商讨、完善商品房预售资金监管制度，全力保障项目交付。因城施策实施好差别化住房信贷政策，指导合理确定最低按揭利率要求，首套房、二套房按揭利率均已降至政策下限。持续关注个人住房贷款领域风险，引导机构做好合理应对。

（李　罡）

银行机构

【**概况**】 2022年，全区银行业金融机构共有28家，比上年增加2家。政策性银行1家、大型国有银行6家、全国性股份制商业银行11家、城市商业银行8家、农村商业银行1家、村镇银行1家。至年末，共有经营网点150家，包括28家各金融机构营业部、63家二级支行、30家分理处、26家储蓄所（代理网点）、3家社区支行；自助银行177家，配置ATM（含CRS）机262台。在职员工2045人。工商银行奉化支行、建设银行奉化支行、奉化农商银行等获得重大贡献奖，入列宁波市奉化区2022年度“高质量发展贡献榜”。5家银行机构获评2022年度区金融工作综合先进单位；10家银行机构被评为专项先进单位，其中普惠金融专项先进单位、首贷户拓展专项先进单位、数字人民币示范专项先进单位、重大项目融资专项先进单位、无还本续贷专项先进单位各2家。

【中国农业发展银行宁波市奉化区支行】 2022年末，全年存款余额为6.32亿元，较上年减少42.34%；贷款余额为41.73亿元，较上年增加4.67%。不良贷款率为0%。实现经营收入3172.68万元，较上年减少22.47%；实现经营利润2355.99万元，较上年减少7.13%。经营网点1家，即支行营业部。在职员工17人。被区金融发展服务中心评为2022年度重大项目融资专项先进单位。

（沈樟博）

【中国工商银行股份有限公司奉化支行】 2022年末，本外币存款余额为77.33亿元，较上年降低1.05%；本外币贷款余额为143.75亿元，较上年增长9.5%。不良贷款率为0.43%，较上年降低0.04%。实现经营收入39599万元，较上年增长7.41%；实现经营利润33970万元，较上年增长8.65%。经营网点8家，其中支行营业部1家、二级支行7家；自助银行9家、ATM（含CRS）机16台。在职员工171人。

先后成功落地首笔渔船贷业务，帮助渔民维修渔船；落地分行首家数字人民币线下商圈收单场景，实现数字人民币线下扫码收款；办理区内首笔“国担快贷”业务，支持制造业、小微企业、科创企业、民营企业等；开立分行首个本外币合一账户，提高客户的开户环节便捷度。

上榜宁波市奉化区2022年度“高质量发展贡献榜”，获得重大贡献奖；获得2022年度宁波分行人力资源业务工银成就集体奖和运行管理业务工银成就集体奖；被区金融发展服务中心评为2022年度银行数字人民币示范专项先进单位。

（戴宇航）

【中国农业银行股份有限公司宁波奉化支行】 2022年末，本外币存款余额124.14亿元，较年初增加7.28亿元，增长6.2%；本外币贷款余额为135.54亿元，较上年增长11.12亿元，增长8.9%。全年处置不良贷款2284万元，不良率下降至0.032%，较上年降低0.013%。实现经营收入43738.45万元，较上年增长1059.15万元，增长2.5%；实现经营利润总额32339.91，较上年减少3002.87万元，降低8.5%。经营网点12家，其中二级支行11家、支行营业部1家；自助银行14家、ATM（含CRS）机24台。在职员工215人。

完成首笔电子营业执照开户，开立首个本外币合一账户，提升用户业务办理的便捷性。为浙江东领创新保险科技有限公司在本行开立账户，与区首个保险金融创新示范区项目建立合作关系。启动“千网项目”，提升网点专业营销能力。成功发放首笔银团置换贷款，宁波奉环再生能源有限公司获得项目融资贷款13002万元。首家数币支付智慧食堂在萧王庙街道办事处正式上线。一卡通校园缴费项目落地奉化武岭中学。接连中标基本医疗保险专户、长期护理保险专户，中标奉化区高等级公路建设管理指挥部账户公款存放。与区农业农村局合作的“农省心·金融宝”投产上线，成为该平台首家合作银行机构。

开展分行“春天行动”取得成效，被评为综合营销活动优胜集体、零售业务专项营销活动贵金属业务先进集体，获得对公业务专项营销活动“专精特新”与科创企业营销优秀奖、“春蕾计划”普惠专项营销优胜奖、投行业务营销杰出贡献奖。被区金融发展服务中心评为2022年度金融工作综合先进单位。获得人民银行奉化支行银行业金融机构综合评价A类行称号。

（武思敏）

【中国银行股份有限公司奉化支行】 2022年末，本外币存款余额为84.93亿元，较上年增长4%；本外币贷款余额为104.4亿元，较上年增长11%。不良贷款率为0.53%，较上年降低0.02%。实现经营收入30000万元，较上年增长1.7%；实现经营利润18600万元；较上年降低3.2%。经营网点6家，其中二级支行5家、支行营业部1家；自助银行13家（其中依附式6家，离行式7家）、ATM（含CRS）机21台。在职员工137人。

该行获得总行中银劳动奖，市分行先进集体称号、金融“开门红”竞赛金奖，被区金融发展服务中心评为2022年度银行普惠金融专项先进单位。

（张琪琪）

【中国建设银行股份有限公司奉化支行】 2022年末，本外币存款余额为92.68亿元，较上年降低4.45%；本外币贷款余额为149.47亿元，较上年增长13.98%。不良贷款率为0.06%，较上年降低0.56%。实现经营收入41992万元，较上年增长4.26%；实现经营利润33075万元，较上年增长2.19%。经营网点8家，其中二级支行6 家、支行营业部 1家、分理处1家；自助银行9家、ATM（含CRS）机32台。在职员工159人。成功回收顺利压铸件厂、兴银建设有限公司2笔已核销贷款，合计2167万元。该行上榜宁波市奉化区2022年度“高质量发展贡献榜”，获得重大贡献奖；被区金融发展服务中心评为2022年度区金融工作综合先进单位。获得中国人民银行奉化支行银行业金融机构综合评价A类行、区外汇局银行外汇业务合规与审慎经营评估A类行称号。区公积金管理中心业务委托银行考核第一。

（李建行）

【交通银行股份有限公司宁波奉化支行】 2022年末，本外币存款余额为31.27亿元，较上年增长27.58%；本外币贷款余额为47.89亿元，较上年增长13.05%。不良贷款率为0.02%，较上年降低0.005个百分点（降幅为10.28%）。实现经营收入16500万元，较上年增长18.52%；实现经营利润11237万元，较上年降低0.7%。经营网点3家，其中二级支行2家、支行营业部1家，自助银行5家、ATM（含CRS）机10台。在职员工43人。

该行被区金融发展服务中心评为银行首贷户拓展专项先进单位，获得中国人民银行奉化支行银行业金融机构综合评价A类行、区外汇局外汇业务合规与审慎经营评估A类行称号。

（王雨军）

【中国邮储银行股份有限公司宁波奉化区奉化支行】 2022年末，本外币存款余额为55亿元，较上年增长1.85%；本外币贷款余额为46.2亿元，较上年增长9.9%。不良贷款率为0.18%，较上年增长0.03%。实现经营收入15716万元，较上年增长10.57%；实现经营利润6942.96万元，较上年增长34.41%。经营网点30家，其中二级支行3家、支行营业部1家、代理网点26家；自助银行30家、ATM（含CRS）机33台。在职员工72人。

该行支持实体经济，开拓普惠金融。宁波分行首笔科技信用贷成功落地，支持浙江恒基永昕新材料股份有限公司；新增宁波力品格工业机械有限公司为专精特新贷款企业；为浙江美源新材料股份有限公司开立首笔国内信用证；宁波分行首笔数字人民币代发业务落地宁波时代立创电器有限公司。成功发放首笔线上信用户贷款、首笔个人产业链贷款。

该行被区金融发展服务中心评为2022年度银行数字人民币示范专项先进单位。

（胡琼丽）

【广发银行股份有限公司宁波奉化支行】 2022年末，本外币存款余额为19.07亿元，较上年增长5.59%；本外币贷款余额为28.16亿元，较上年增长18.97%。不良贷款率为0，较上年降低0.04%。实现经营收入8569.16万元，较上年增长6.52%；实现经营利润11577.52万元，较上年增长384.05%。经营网点1家、即支行营业部；自助银行1家，ATM（含CRS）机1台。在职员工19人。

该行获得2022年度广发银行宁波分行运营工作先进支行、优秀经营机构、投行业务先进机构、保银协同先进机构等荣誉。

（屠文萍）

【上海浦东发展银行股份有限公司宁波奉化支行】 2022年末，本外币存款余额为11.66亿元，较上年降低16.2%；本外币贷款余额为17.58亿元，较上年降低19.8%。不良贷款率为0.008%，较上年增长181万元。实现经营收入6972万元，较上年降低18.5%；实现经营利润6281万元，较上年降低16.6%。经营网点1家，即支行营业部；自助银行1家、ATM机3台。在职员工23人。

6月10日，该行迁址到奉化区中山东路299号万达广场1幢。该行获得2022年度浦发银行宁波分行先进集体称号，被区金融发展服务中心评为2022年度普惠金融专项先进单位。

（沈天谊）

【中国民生银行股份有限公司宁波奉化支行】 2022年末，本外币存款余额为15.61亿元，较上年降低25.1%；本外币贷款余额为19.34亿元，较上年增长1.5%。不良贷款率为0.06%，较上年降低0.18%。实现经营收入6448万元，较上年降低1.3%；实现经营利润5379万元；较上年增长214%。经营网点2家，其中支行营业部1家、社区支行1家；自助银行2家、ATM机3台。在职员工30人。

该行获得2022年度民生银行宁波分行先进经营机构称号，被评为2022年度宁波市金融系统“五四红旗团支部”。

（傅盼盼）

【中国光大银行股份有限公司宁波奉化支行】 2022年末，本外币存款余额为15.54亿元，较上年增长3.88%；本外币贷款余额为28.04亿元，较上年增长25.63%。不良贷款率为0%，较上年无变化。实现经营收入8990万元，较上年增长17.30%；实现经营利润6920.18万元，较上年增长20.21%。经营网点2家，其中支行1家、社区银行1家；自助银行2家、ATM（含CRS）机3台。在职员工22人。

首笔城市更新贷款业务获批，并实现投放。

（周晓晓）

【招商银行股份有限公司宁波奉化支行】 2022年末，本外币存款余额为10.4亿元，较上年增长29.53%；本外币贷款余额为34.22亿元，较上年增长14.35%。不良贷款率为0.0033%，较上年降低53.68%。实现经营收入5873.53万元，较上年降低3.17%；实现经营利润5314.69万元；较上年降低5.92%。经营网点1家，即支行营业部；自助银行1家、ATM（含CRS）机2台。在职员工16人。

（唐　绮）

【中信银行股份有限公司宁波奉化支行】 2022年末，本外币存款余额为31.30亿元，较上年降低16.25%；本外币贷款余额为36.02亿元，较上年增长14.28%。不良贷款率为0.01%，较上年增长14.28%。实现经营收入8160万元，较上年增长3.17%；实现经营利润6126万元；较上年增长37.54%。经营网点2家，其中二级支行1家、支行营业部1家；自助银行2家、ATM（含CRS）机3台。在职员工28人。优化法人厂房按揭政策，首笔企业经营用房贷款业务落地。该行被区金融发展服务中心评为2022年度重大项目融资专项先进单位。先后获得宁波市2022年度青年文明号、中信银行宁波分行2022年度普惠法人业务优秀支行、普惠个人业务优秀支行、机构业务先进支行、零售业务优秀支行、零售负债业务优秀支行、风险管理综合考评优秀支行、运营管理优秀支行等多项荣誉。

（赵　阳）

【平安银行股份有限公司宁波奉化支行】 2022年末，本外币存款余额为7.8亿元，较上年增长3%；本外币贷款余额为17.3亿元，较上年降低0.5%。不良贷款率为0%，与上年同。实现经营收入3958万元，较上年增长11%；实现经营利润3262万元；较上年增长11%。经营网点1家，即支行营业部；自助银行1家、ATM（含CRS）机2台。在职员工11人。

（毛诗楹）

【浙商银行股份有限公司宁波奉化支行】 2022年末，本外币存款余额为27.35亿元，较上年增长18.81%；本外币贷款余额为55.68亿元，较上年增长34.82%。不良贷款率为0.32%，较上年增长128.57%。实现经营收入20343.57万元，较上年增长42.35%；实现经营利润17841.95万元；较上年增长37.08%。经营网点1家，即支行营业部1家；自助银行2家、ATM（含CRS）机2台。在职员工28人。通过纾困贷集群申报，共发放纾困贷383户，6.84亿元。

该行获得人民银行奉化支行2022年度银行业金融机构综合评价A类行称号，被区金融发展服务中心评为2022年度奉化区金融工作综合先进单位、无还本续贷专项先进单位。

（张　倩）

【恒丰银行股份有限宁波奉化支行】 2022年末，本外币存款余额为13.29亿元，较上年增长116%；本外币贷款余额为19.69亿元，较上年增长51.58%。不良贷款率为0%，与上年同。实现经营收入5824.2 万元，较上年增长21.52%；实现经营利润4574.17万元；较上年增长2.7%。经营网点1 家，即支行营业部。自助银行1家、ATM（含CRS）机2台。在职员工25人。

该行获得2022年度恒丰银行宁波分行“最美奋斗者”团队荣誉称号。

（吕　冉）

【兴业银行股份有限公司宁波奉化支行】 2022年末，本外币存款余额为17.40亿元，较上年增长3.76%；本外币贷款余额为46.12亿元，较上年增长18.64%。不良贷款率为0%，较上年持平。实现经营收入17143.73 万元，较上年增长9.46%；实现经营利润13600.73万元；较上年增长1.52%。经营网点1家，即支行营业部；自助银行1家、ATM（含CRS）机2台。在职员工22人。

（裘家琦）

【华夏银行股份有限公司宁波奉化小微企业专营支行】 2022年末，本外币存款余额为0.84亿元，较上年增长68%；本外币贷款余额0.83亿元，较上年增长0.83亿元。不良率为0%。实现经营收入180万元，当年亏损106万元。经营网点1家，即支行营业部；自助银行1家，ATM机2台。在职员工10人。

（黄明伦）

【宁波银行股份有限公司奉化支行】 2022年末，本外币存款余额为153.2亿元，较上年增长22.4%；本外币贷款余额为105.1亿元，较上年增长14.4%。不良贷款率为0.20%，维持低位。实现经营收入25701万元，较上年增长14.7%；实现经营利润11872万元，较上年增长8.2%。经营网点11家，其中二级支行10家、支行营业部1家；自助银行9家、ATM（含CRS）机9台，在职员工222人。年初，起搭建“美好生活”平台，致力为客户提供更实惠、更全面、更稳定的服务。联合线上亲子活动平台，开展“‘宁’是小小银行家”主题公益活动。先后举办2场外汇普惠金融服务活动直播会。该行获得宁波银行企业文化先进机构称号。被区金融发展服务中心评为2022年度金融工作综合先进单位、无还本续贷专项先进单位。获得人民银行奉化支行2022年度银行业金融机构综合评价A类行称号；在区外汇管理局银行外汇业务合规与审慎经营评估中被列入A类行。

（王巧玲）

【上海银行股份有限公司宁波奉化支行】 2022年末，本外币存款余额为12亿元，较上年增长32%；本外币贷款余额为24亿元，较上年增长2%。实现经营收入6376万元，较上年增长4%，实现经营利润4421万元，较上年增长17%。经营网点1家，即支行营业部；自助银行1家、ATM自助取款机1台。在职员工26人。支行开业十周年，策划开展“迎新年，庆周年，奉甬先锋，风雨同行”主题庆典活动。

（陈　莹）

【浙江泰隆商业银行股份有限公司宁波奉化支行】 2022年末，本外币存款余额为9.32亿元，较上年增长114.93%；本外币贷款余额为10.67亿元，较上年增长98.26%。不良贷款率为0.77%，较上年增长0.32%。实现经营收入4932.1万元，较上年增长69.08%；实现利润总额2026.18万元；较上年增长16.68%。经营网点2家，支行营业部、二级支行各1家；自助银行2家、ATM（含CRS）机2台。在职员工52人。

甬派App报道支行通过知识产权质押贷款等融资方式，助力企业经营发展的做法。支行与怡诺（宁波）科创园管理有限公司和宁波奉化区凤麓企业孵化器有限公司签订“伙伴银行”合作协议，为两大园区内企业提供金融服务。奉化区政府网以“加大纾困力度 优化融资服务‘伙伴园区’‘伙伴银行’首场对接会举行”为题展示支行及其他两家同业机构参与对接的情景。支行与奉化区广告协会举行授信仪式，授信金额1亿元。为支行平台搭建、渠道拓展打下坚实基础。支行与奉化万洋众创城签订“伙伴银行”合作协议，进一步扩大支行区域内合作领域。

（孙　丽）

【台州银行股份有限公司宁波奉化支行】 2022年末，本外币存款余额为6.32亿元，较上年增长65.19%；本外币贷款余额为6.18亿元，较上年增长74.98%；不良贷款率为0.3%，较上年降低0.02%；实现经营收入2107.82万元，较上年增长19.99%；实现经营利润1473.53万元，较上年增长33.21%。经营网点1家，即支行营业部；自助银行1家、ATM（含CRS）机1台。在职员工30人。

加强区域内特色重点产业集群扶持力度与融资对接，全力支持小微企业、个体工商户等。全面实施“连续贷+灵活贷”机制，推出“超级自助甬易贷”产品，加大无还本续贷、延期还本续贷、中长期贷款、年审制贷款等推广力度，对暂时受困企业不盲目抽贷、压贷、断贷。常年开展“金融服务进村居”公益活动，推出“村居易贷·兴农卡”拳头产品，持续打造“乡村振兴特色银行”。线上、线下联动，开展各类公益宣传，持续、深入地普及金融知识。

获得总行级2022年度服务营销优秀支行，分行级2022年度先进集体、不良贷款“三无”先进单位称号。

（方小苇）

【浙江稠州商业银行股份有限公司宁波奉化支行】 2022年末，本外币存款余额为5.86亿元，较上年增长74.40%；本外币贷款余额为3.83亿元，较上年增长17.85%。不良贷款率为0.08%，较上年增长0.08%。实现经营收入1231万元，较上年增长24.41%；实现经营利润286万元；较上年降低38.36%。经营网点1家，即支行营业部1家；自助银行1家、ATM（含CRS）机1台。在职员工17人。

（毛淑萍）

【杭州银行股份有限公司宁波奉化支行】 2022年末，本外币存款余额为5亿元，较上年增长19%；本外币贷款余额为32亿元，较上年增长392%。不良贷款率为0.17%，较上年增长0.08%。实现经营收入5781万元，较上年增长350%；实现经营利润5269万元，较上年增长500%。经营网点1家，即支行营业部；自助银行1家、ATM机2台。在职员工27人。

推出全套智慧园区管理系统，为小微园区提供资源管理、运营管理、设备管理和数字化展示等系统功能，结合园区需求提供个性化开发服务。为园区制造业小企业提供厂房抵押贷款、按揭贷款、创业担保贷款、企业信用贷款及出口易贷等全方位融资服务，进一步降低企业融资成本。截至年末，普惠小微金融贷款余额近2亿元。

（裘央央）

【徽商银行股份有限公司宁波奉化支行】 2022年4月7日，宁波银保监局同意徽商银行股份有限公司宁波奉化支行开业。4月29日，中国人民银行奉化支行同意受理徽商银行股份有限公司宁波奉化支行开业前期事项请示。5月25日，徽商银行股份有限公司宁波奉化支行正式开业。至年末，本外币存款余额为7.61亿元；本外币贷款余额为9.00亿元。不良贷款率为0.00%。实现经营收入2410.33万元；实现经营利润973.94万元。经营网点1家，即支行营业部；自助银行1家、ATM（含CRS）机1台。在职员工14人。

（龚宜升）

【浙江民泰商业银行股份有限公司宁波奉化小微企业专营支行】2021年4月，宁波分行正式成立奉化支行筹备组办公室，全面开展开业准备工作。2022年8月12日，宁波银保监局同意民泰银行奉化支行开业批复。8月16日，浙江民泰商业银行发文设立民泰银行奉化支行。9月6日，民泰银行奉化支行正式开业。

开业当日实现存款9198万元。到12月末，存款日均7615万元，存款余额8233万元；贷款余额3783万元，贷款日均3424万元。不良贷款率为0。实现经营收入49.73万元；经营亏损262万元。经营网点1家，即支行营业部；自助银行1家、ATM（含CRS）机1台。在职员工24人。

（王　霞）

【宁波奉化农村商业股份有限银行】2022年末，本外币存款余额为265.47亿元，较上年增长17.91%；本外币贷款余额为203.31亿元，较上年增长18.04%。不良贷款率为0.87%，较上年降低0.03%。实现经营收入123717.31万元，较上年增长2.90%；实现经营利润13914.00万元，较上年增长12.51%。经营网点46家，其中二级支行16家、支行营业部1家、分理处29家；自助银行64家、ATM（含CRS）机83台。在职员工550人。

开展普惠金融“蜜桃大讲堂”活动。联合区农业农村局、区供销社等部门，组织融资对接座谈会，掌握农村产业结构动态，促进春耕备耕生产。创新推出“专精特新助力贷”“专精特新知产贷”“蜜桃共富贷”。银行、大堰镇党委举行“政银惠农”党建联盟推进会暨“三共三富”乡村振兴专项行动签约仪式。

出台金融助力“十五条”举措，增加信贷投放20亿元，助力“专精特新”企业、“凤麓英才”企业、个体经济等主体，为实体经济解困输血。

联合政务办及奉化区行政服务中心开展业务培训，打造“就近办、掌上办、自助办、上门办”政务服务合作新场景；向基层延伸应用“一网通办”政务服务2.0，实现政务服务普惠化、均等化。

推出共富舱项目专项贷款，支持宁波顺源农业科技有限公司发展红托竹荪。通过农村集体资产股权质押，发放首笔“蜜桃股权贷”。打造“强村贷”拳头产品，提供光伏开发、新农村改造、项目建设等方面的资金支持，首笔140万元“强村贷”落地投放。

与宁波溪口气动智创产业园区签订“伙伴银行”合作协议，综合授信该园区3.2亿元；探索解决企业融资难题新举措，将原先的丰收E贴变更为极速贴现。加速推进票据综合融资服务能力，为宁波奉化比亿达轴业有限公司办理首笔10万元票据直贴业务。

参加全省农信系统“走千访万”劳动竞赛，分获省、市农信系统二等奖。被宁波市公安局授予市先进保卫组织称号。荣登宁波市奉化区2022年度“高质量发展贡献榜”，获得重大贡献奖；被区金融发展服务中心评为2022年度金融工作综合先进单位、首贷户拓展专项先进单位；获得人民银行奉化支行2022年度银行业金融机构综合评价A类行称号。

（李　昕）

【宁波奉化罗蒙村镇银行有限责任公司】2022年末，全年存款余额为7.11亿元，较上年增长24.08%；贷款余额为7.32亿元，较上年增长17.87%。不良贷款率为2.64%，较上年下降了0.29个百分点。实现经营收入5494.12万元，较上年增长14.13%；实现经营利润1509.03万元，较上年增长42.13%。经营网点2家，包括银行营业部，1家二级支行，在职员工35人。

（李　霞）

保险机构

【概况】2022年，全区共25家保险支公司，其中财险支公司18家、寿险支公司7家。至年末，保险支公司实现保费收入

14.81亿元，同比增长2.39%。其中财产险保费收入7.14亿元，同比增长3.48%；人身险保费收入7.67亿元，同比增长1.40%。保险赔付支出6.17亿元，同比增长1.61%。其中财产险赔付支出4.63亿元，同比增长7.59%；人身险保费支出1.54亿元，同比减少12.95%。区金融发展服务中心通报表彰中国太平洋财产保险股份有限公司奉化支公司为2022年度奉化区金融工作综合先进单位，中国人民财产保险股份有限公司奉化支公司为2022年度奉化区保险创新示范专项先进单位。

【中国人民财产保险股份有限公司宁波市奉化支公司】 2022年，全年实现保费收入28899.92万元，较上年增长6%，其中车险保费13724.56万元、非车险保费15175.36万元，分别较上年增长12.19 %、25.62%；理赔支出12463.7万元，较上年增长14.06%，其中车险理赔9493.2万元、非车险理赔2970.5 万元，分别较上年增长16.57%、6.70%。营业网点8个。从业人员54人，较上年减少7人。

农险事业部参加区农业农村局牵头建设的“农省心”项目“承租宝”模块建设，促使支公司农险政企合作进入新阶段。积极探索政策性农险创新险种，引导养猪户投保“生猪价格指数保险”，共承保养殖户11户，承保生猪 54236头，提供保险保障金额5424万元。完成农房监测和救助保险续保工作，共保障农村住房12.7万户。

开展电动车保险续保与扩面销售，制定针对性产品方案，引导电动自行车所有人投保第三者责任险、驾驶人员人身意外险、伤害保险等，全年完成保费21万元。贯彻落实区应急管理局《关于明确2022年度安全生产责任保险有关要求的通知》与分公司相关工作部署，着力推动安全生产责任险扩面，全区207家工贸企业投保安责险，保额42亿元。

推出出租房综合责任保险、家财险等产品，提高出租人与承租人抵御各类风险能力。配合区医疗保障局做好“天一甬宁保”的推广工作，全年完成保费318万元。

台风“梅花”定损赔付2266户，赔款125.85万元。

获区金融发展服务中心通报表彰为2022年度奉化区保险创新示范专项先进单位。

（吕淑冰）

【中国太平洋财产保险股份有限公司奉化支公司】 2022年末，实现保费收入20909万元，较上年增长11.35%，其中车险11110万元、非车险9799万元，分别较上年增长12.03 %、10.6 %。理赔支出8873万元，较上年下降3.54%。其中车险7097万元，较上年下降11.69%；非车险1776万元，较上年增长52.84 %。营业网点2个。从业人员 52人，比上年减少1人。

获区金融发展服务中心通报表彰为2022年度奉化区金融工作综合先进单位。

（卓　园）

【中国平安财产保险股份有限公司宁波市奉化支公司】 2022年，实现保费收入10260.6万元，较上年增长13.7%，其中财产险业务9563.6万元、人身险业务697.0万元，分别较上年增长14.2%、7.1%；理赔支出6690.37万元，较上年增长5.0%，其中财产险业务6647.20万元、人身险业务43.17万元，分别较上年增长6.0%、–55.3%。营业网点1个。从业人员15人，比上年增1人。

启用尚田街道梅岭下村居家养老服务站，并开展平安产险“乡风文明100行动”共建活动，落地平安产险“乡风文明100行动”项目。平安产险宁波分公司向梅岭下村捐赠3万元，用于购买村居家养老服务中心的桌椅、空调等。

（傅　洁）

【中国人寿保险有限公司宁波市奉化区支公司】 2022年末，共完成股份保费2.4亿元，同比基本持平，市场份额37.3%。其中个险标保达成1177.5万元，较上年同期增加10.5%，位列宁波市综合性支公司排名第三；期交保费3615万元，位列宁波市综合性支公司第二；10年期保费1820万元，同比增长133.45%，位列宁波市综合性支公司第三。

大短险保费1901.7万元，其中法人业务776.3万元，占比54%，同比增长13.9%，为公司第一大业务险种。银保渠道期交保费791万元，同比增长39.8%；达成线上线下融合业务747.7万元，预算达成率127.8%，同比增长66.7%，是宁波市唯一达成多元渠道各项指标的支公司。全年赔付案件3869笔，赔付金额1088万元。营业网点有3家，包括区支公司、溪口风景区支公司和莼湖营销服务部。在册从业人员139人。

中国人寿保险（集团）公司授予支公司2022年度“协同发展先进单位”铜奖。该公司被中国人寿宁波市分公司、广发银行宁波分行等金融机构评为2022年度综合金融先进单位。

（应竹波）

【太平洋人寿保险股份有限公司宁波市奉化支公司】 2022年末，实现总保费收入19969万元，较上年增加6.2%，其中新保保费4354万元，较上年下降24.3%；理赔支出1158.41万元，较上年下降5.5%，其中长险赔付739.82万元，较上年下降15.1%。营业网点1个。从业人员 133人，较上年末减少70人。

（葛盛良）

证券营业部

【概况】 2022年，全区共有7家证券营业部，与上年相同。1—12月，证券代理交易总额2565.49亿元，同比增加21.89%。12月末，证券投资者资金账号数为73647户，客户资产总额为132.03亿元。共有从业人员71人。2家营业部被区金融发展服务中心评为2022年度证券行业先进单位。

【光大证券股份有限公司宁波奉化中山东路证券营业部】 2022年末，累计股票基金交易量711.57亿元，同比下降16.74%；托管市值94.07亿元，同比下降39.7%。新开户数529户，同比下降48.23%；客户总数38013户，同比增长3.14%。融资融券余额4.36亿元，同比下降26.33%。从业人员20人，比上年减少1人。该营业部被区金融发展服务中心评为2022年度证券行业先进单位。

（叶　勉）

【中泰证券股份有限公司奉化南山路证券营业部】 2022年末，累计股票基金交易量199.03亿元，同比上升0.01%；托管市值9.23亿元，同比下降5.50%。新开户数1126户，同比上升91.17%；客户总数9192户，同比增长16.27%。融资融券余额0.38亿元，同比下降27.70%。从业人员16人（其中含经纪人6人），比上年增2人（员工新增5人，退休1人；经纪人解约2人）。

（陈金蕾）

【中国银河证券奉化岳林路营业部】 2022年末，累计股票基金交易量75.10亿元，同比减少12.89%；托管市值3.18亿元，同比减少8.36%。新开户数562户，同比减少46.27%；客户总数6743户，同比增长9.09%。融资融券余额0.12亿元，同比减少7.69%。从业人员8人，比上年增加1人。

（施路泽）

【浙商证券股份有限公司宁波奉化南山路证券营业部】 2022年末，累计股票基金交易量108.58亿元，同比上升91.63%；托管市值2.27亿元，同比上升11.27%。新开户数295户，同比下降38.03%；客户总数1843户，同比增长19.06%。融资融券余额585.81万元，同比上升435.28%。从业人员6人，比上年增1人。

（张　倩）

【财通证券股份有限公司宁波奉化大成路证券营业部】 2022年末，累计股票基金交易量215.68亿元，同比下降23.05%；托管市值10.32亿元，同比上升9.79%。新开户数243户，同比下降55.82%；客户总数3048户，同比增长8.67%。融资融券余额0.26亿元，同比上升333.33%。从业人员13人，比上年减1人。被区金融发展服务中心评为2022年度证券行业先进单位。

（陈　彦）

【方正证券股份有限公司宁波奉化中山东路证券营业部】 2021年8月11日注册建立。注册地址宁波市奉化区万达广场3幢20–21号。2022年末，累计股票基金交易量33.94亿元，同比上升1466%；托管市值0.77亿元，同比上升104%。新客户数2485户，同比上升723%；客户总数2787户，同比上升823%。融资融券余额0.02亿元，同比上升328%。从业人员8人，比上年增加1人。

（周　莉）

经济综合管理

发展和改革

【概况】 2022年，奉化区发改局积极应对疫情冲击和宏观环境影响，切实履行各项职能，全力开展“全民共富优享”“扩投资优结构”“服务业优先发展”等专项行动，为奉化建设现代化滨海大都市健康美丽新城区贡献发改力量。

【融入重大战略】 做好长三角一体化、“一带一路”、象山港保护利用、海洋经济“四大建设”相关工作，印发《2022年奉化区推进长三角一体化发展工作要点》《奉化区推进“一带一路”建设2022年工作要点》《奉化区2022年象山港区域保护和利用工作计划》，统筹推进重点任务、重点平台、重点项目建设，与嵊州、新昌签订《甬绍(奉化、嵊州、新昌)特别合作区》合作协议，浙江宁波湾旅游度假区被评为省级旅游度假区。

【经济运行监测分析】 区发改局通过高效高频运作经济运行监测联席会议，对增量谋划、重大事项实行每月滚动更新、挂牌督办、闭环管理，做到破难有思考、工作有举措、落实有回应。高质量实施月度晾晒机制，对经济发展指标、GDP支撑性指标、镇（街道）争先进位指标每月采用图文和绿红灯形式晾晒完成情况。

【助企纾困】 发布应对疫情影响稳链纾困助企30条措施，发布贯彻落实扎实稳住经济一揽子政策21条措施。共计落实各项税费退、缓、减38.6亿元，其中累计退还留抵退税21.2亿元，办理缓缴税费13.2亿元，新增减税降费4.2亿元。

【共同富裕】 制定出台《区委社建委工作规则》，在全市率先召开全区社会建设工作会议。重点针对群英绘共富、全域幸福颐养等工作，进行专题研究部署。制定出台《奉化推进高质量发展建设共同富裕特色区考评办法（试行）》，打造评估、考核、督查闭环式工作链条。围绕共同富裕四大领域标志性成果、重点工作“1+7+N”和重大改革“1+5+N”体系，完成共同富裕系统架构图绘制，梳理形成标志性成果17项；重点工作73项，其中落实类27项、细化类26项、特色类20项；重大改革41项，其中落实类21项、细化类13项、特色类7项。加强标志性成果顶层设计，建立标志性成果区级领导抓总、部门牵头推进机制。滕头乡村振兴学院、老年共享食堂两项区级标志性成果列入市级标志性成果，数量居全市前列。省委副书记黄建发到宁波调研共同富裕首站即到奉化，对奉化推进共同富裕工作予以高度肯定。“七彩巧富”巾帼创富工程，获评市共同富裕首批最佳实践案例，涉重大工程项目补偿安置协议司法确认改革的相关做法，在最高人民法院《行政审判通讯》中刊登，来料加工“阳光行动”获得宁波市市长汤飞帆的批示肯定。

【信用建设】 健全信用查询、信用承诺、信用应用、信用修复等制度建设和流程管理。系统性组织开展信用承诺报送并公示，2022年报送3500余条信用承诺信息。指导各部门按照规范流程为企业开展信用修复，全年累计为26个企业和1个自然人完成信用修复。积极对接“天一分”用于奉化信用旅游守信激励场景。

【社会事业】 组织全区涉及民生部门开展民生同城化项目摸排，对标宁波大市标准水平或市中心城区标准，找出奉化区存在的差距，提出项目同城化达标目标，做出成本测算，提出同城达标实施举措和时间，梳理形成60个新一轮民生同城化计划项目。

【营商环境建设】 制定出台全区2022年优化营商环境重点任务清单，会同区工商联对评价营商环境报告和评价反馈意见及评价体系进行认真分析，组织区经信局、区科技局、区金融发展服务中心等9个部门对反馈问题和提升举措进行专题研究，明确进一步优化营商环境的下步举措，确保相关工作持续推进。

【“一城两镇”建设】 积极向上对接，详细了解“一城两镇”考核最新形势、验收要求，与岳林街道、溪口镇等相关单位密切联系，切实形成工作合力，聚焦各项细化考核指标，倒排时间节点，逐项达标推进，茗山智创小镇完成省AAA级景区景观评审、小镇客厅初步方案，落实保障资金1200万元，并完成省级实地检查；完成溪口小城市培育试点2021年度考核情况省级实地复核。

【服务业优先发展行动】 制定服务业优先发展行动方案，紧紧围绕“双倍增”开展工作，务实谋划思路举措，新引进服务业项目19个，引进服务业浙商回归到位资金25亿元。新增规上（限上）服务业企业29家，其中限上企业22家、规上企业7家。宁南新城现代服务业创新发展区被列入省级试点。

【大项目统筹】 区发改局牵头建立区重大项目“四大办”推进机制，持续强化“每周例会、半月协调、月度会商、月度专题”推进机制，全年累计召开区大项目统筹办例会18次，协调具体事项76项，出具会议纪要16个。其中《奉化区：“1244”统筹机制助推项目跑出“加速度”》信息得到汤飞帆市长批示及肯定。2022年，全区完成固定资产比上年增长13.7%，增速较上半年提高3.7个百分点，绝对值、增速分别排全市第四位、第三位；建安工程投资完成252.2亿元，增长9.9%，绝对值、增速均排全市第三位。

【项目审批】 区各审批部门积极推进“区域统一审批”和3.0平台应用，全区平台应用率、网上申报率、网上审批率、平台出具率均为100%。全速推进重点产业项目“拿地即开工”机制，从“准入到摘牌”“摘牌到开工”两个阶段推进事项，统筹并行招商洽谈、做地供地和设计审查三条主线，通过全程并联代办，实现政府工作与企业工作同步推进、同频共振，确保企业在拿地后“最多20天”完成项目开工建设。

【产业转型升级】 区发改局积极与市高技处、区统计局对接企业纳入战新统计的规则等工作，梳理符合条件的企业，指导企业纳入战新统计。推荐指导海上鲜、迈臣科技、波星通等优质企业申报2022年度宁波重点领域新兴产业和战略性新兴产业发展专项资金，共获资金补助929.76万元。

【粮食物资】 出台《奉化区粮食订单工作实施细则》，根据储备粮和产粮能力，确定粮食订单总量。每月开展政策性粮食巡察，每季度开展“一符四无”粮仓安全鉴定，确保库存粮食数量和质量零隐患。出台年度储备粮轮换计划和相关利费补贴办法，确保每月底库存粮不低于总规模的70%和储备粮油常储常新。

【保障价格稳定】 做好22项民生商品价格监测，定期发布民生商品价格监测信息，合理引导市场价格预期和民众均衡消费。积极推动全区农业水价改革，实施电力接入工程费用分担机制，进一步优化用电企业经营环境。严格履行定价职责，规范前期物业、公墓销售、停车等价格收费行为。

【保障行业安全】 下发《奉化区2022年油气长输管道保护工作要点》，组织公安、应急管理、综合执法等部门联合检查14次，现场检查辖区内油气管道保护涉及的第三方施工8次，完成辖区内所有的II级以上高后果区的安全隐患排查督查，管道沿线加装视频监控设施8处，加装更新“三桩一牌”105处，完成占压管道沿线安全隐患1处。同时运用分布式光纤振动预警系统，实现奉化区域内天然气长输管线全覆盖。

【能源管理】 进一步加强对区域内重点用能企业(单位)的管理，组织完成申报2022年宁波市重点节能改造项目计划10个，大力发展清洁能源。2022年，全区各类光伏并网户数已达到1930个，总装机容量达19.46万千瓦，月发电量1460万千瓦时左右。进驻的光伏开发建设企业36家（其中奉化本地企业20家），基本形成以国家电网系统为主，本地小微企业为补充的光伏开发建设生态。

（何皆梁）

财 政

【概况】 2022年，奉化区实现财政总收入107.15亿元，自然口径增长-10.7%，同口径增长（剔除增值税留抵退税）0.1%。一般公共预算收入69.30亿元，自然口径增长-6.6%，同口径增长（剔除增值税留抵退税）2.0%，占财政总收入比重为64.7%。税收收入54.52亿元，自然口径增长-15.2%，同口径增长（剔除增值税留抵退税）-4.8%，占一般公共预算收入比重为78.7%。一般公共预算支出107.32亿元，比2021年增长13.7%。

【组织财政收入】 区财政局密切关注经济形势和收入进度，健全财税联席会议机制，不断加强收入预期管理、动态监控和结构分析，抓好全年组织收入，严格非税征收，保质保量完成各项经济指标。全年非税收入14.78亿元，比2021年增长49.1%。

【服务经济发展】 落实落细中央各项组合式税费支持政策，全年累计完成退、减、缓税（费）43.84亿元，其中留抵退税22.11亿元；新增减税降费8.32亿元；累计办理缓税缓费13.41亿元，政策红利持续释放，有效扩大税源。

做好惠企政策资金兑付和招商引资项目财政结算，全年兑付各类政策性资金8.86亿元，同时调整和加快产业政策兑现程序。2022年上半年，全区产业政策兑现进度达97.4%，企业保经营信心持续增强。

创新“财政+金融”扶持模式，出台《奉化区纾困助企融资财政贴息实施细则》，统筹安排5000万元财政资金用于市场主体贷款贴息，全年撬动贷款规模达20.30亿元，惠及企业1250家，财政资金杠杆作用充分发挥，小

2月17日，奉化区财政局组织召开全区财政工作会议暨全面从严治党工作会议

微企业融资难问题有效缓解。

支持稳就业，全年“薪资保”累计授信金额1.85亿元，惠及企业职工3.7万人。

【支持社会事业发展】坚持惠民兜底，全年民生支出累计完成80.22亿元，比2021年增长13.6%，占一般公共预算支出的74.8%，教育、医疗、社保、养老等基本公共服务标准化、同城化加快推进。

全年社会保障和就业支出18.93亿元，比2021年增长21.2%，主要用于各类群体社保、城乡居民最低生活保障、社会养老服务、困难群众补助、残疾人补贴、就业扶持等。

全年教育支出16.29亿元，比2021年增长1.8%，主要用于教师队伍建设、薄弱学校改造提升、帮困助学、教育综合发展和现代职业教育提升等。

全年卫生健康支出7.46亿元，比2021年增长-16.4%，主要用于疫情防控、医院亏损补助、保障基本药物补助、推进公共卫生服务均等化、保障医护人员补贴、落实计生奖扶政策和完善医疗保险制度等。

全年农林水支出12.15亿元，比2021年增长34.7%，主要用于农产品有效供给、农村人居环境提升、农业产业发展、促进农民收入增长等。

全年科学技术支出5.73亿元，增长21.4%，主要用于支持招商引资、科技政策兑现和“小而美”企业培育等。

全年城乡社区支出7.68亿元，比2021年增长136.5%，主要用于城区市政工程维建，公路提升改善，道路、隧道、路灯管护，花木养护和环卫保洁等。

【财政改革】积极推进各项试点工作，大堰镇项目入围宁波市农村综合改革支持共富乡村集约创新示范建设试点项目，“费控及电子会计档案系统项目”列入2022年度宁波市会计数智化试点等项目名单，深入探索招商引资领域绩效管理和绩效目标实质性审核试点工作。

打造电子票据、数字人民币应用改革示范点卓有成效。2022年，推进并完成社会组织和非税收入一般缴款书电子化改革，实现政府非税收入、医疗收费、社会组织、公益捐赠等全领域全票种覆盖；2022年12月，全区第一笔通过数字人民币缴纳的非税收入落地，实现数字人民币在区非税收入收缴领域的首次应用。

打破专家地域限制，实现异地专家共享，顺利完成宁波市首个政府采购远程异地评标项目。

制定《新一轮镇（街道）、园区财政管理体制》，理顺区镇两级财政分配体制，实行“统筹兼顾、分类施策、激励引导、发展优先”的财政管理体制，充分调动镇街道增收节支积极性，推进区级和镇（街道）财政与经济良性运行、协调发展。

【财政监督】严格预算管理，强化预算刚性约束、执行分析和动态监控。严格直达资金管理，全年中央直达资金支出进度98.2%，惠企利民资金的有效性和精准性大大提高。

积极盘活存量资金，及时清理、削减无法支出和支出进度偏慢项目资金7.81亿元，定期清理收回支出指标2.13亿元。

加强政府性资源统筹管理，将国有资源处置收益全面纳入预算，完成资产处置收益6.70亿元。

建立健全评审管理长效机制，全年完成评审项目351个，累计净核减率5.47%，累计净核减额达16.02亿元。

深入开展全过程预算绩效管理，全年安排事前绩效评估、事中绩效跟踪、事后绩效评价等项目共计90个，核减金额11.27亿元，调减财政资金1.26亿元。

坚持问题导向，组织开展财政监督检查5个，收回财政资金1784万元；对标专项整治8项重点任务及42项细化问题抓好自查整改，确保财政资金使用规范、安全、高效。

对全区所有主管部门和镇（街道）占有、使用、控制的各类资产进行清查盘点，汇总清查资产原值为261.74亿元，将可供盘活的低效资产全面纳入区级资产池管理，待进一步盘活。

多途径、多渠道向上争取更大额度专项债券，全年争取到22个项目专项债券35.80亿元，撬动有效投资292.32亿元。加强债务风险防控，债务风险等级维持在黄色。

【队伍建设】 区财政局以“财政政策提质增效、财政管理迭代升级、财政保障精准到位”为工作定位，以“手续最简、环节最少、成本最低、效率最高”为目标，梳理并调整业务职能9项、优化系统流程17项，有效减少机关“内部循环”，全局整体工作效率有效提高。

设置“党建+财政”文化长廊和特色晾晒墙，开展“一支部一品牌”创建活动，积极探索新形势下“党建+财政”融合推进的新方法，推动党建和业务工作深度融合。

制定印发《宁波市奉化区财政局深化作风建设开展“六比六严、提能正风”行动实施方案》《宁波市奉化区财政局关于开展“五问五破争一流、五比五先攀新高”机关作风建设专项行动的实施方案》，大力弘扬践行真抓实干优良作风，获“六比六严、提能正风”行动工作考评优胜单位。

8月10日，区财政局召开“五问五破”机关作风建设专项行动动员部署会

有效整合在职党员干部，先后派出100多名干部参加社区“我们的家园”、文明城市创建等多次志愿服务活动，疫情防控期间，累计派遣78名干部驰援抗疫工作，开展志愿服务400余人次，志愿时长超2800小时，支援街道5个、村（社区）超60个，获评战疫先锋团队。

（周露璐）

税　务

【概况】 2022年，奉化区税务局完成税收收入92.02亿元，比2021年下降17.5%，扣除留抵退税因素还原税收114.13亿元，下降5.4%。树牢“税费皆重”理念，稳妥推进医保市级统筹和经办系统省级集中管理、城乡居民社保“统模式”上线工作，组织社保基金收入41.71亿元，增长12.7%。有序承接土地出让金等4项划转项目，组织非税收入2.56亿元，下降7.9%。

2021—2022年奉化区税务局税费征收一览表

表23 单位：万元

征收项目	2022 年	2021 年	差额	同比增减
一、国内税收合计	920194	1114819	-194，625.00	-17.46%
1. 国内增值税	412266	481229	-68，963.00	-14.33%
2. 企业所得税	225045	296073	-71，028.00	-23.99%
3. 个人所得税	55203	58680	-3，477.00	-5.93%
4. 契税	95265	106643	-11，378.00	-10.67%
5. 土地增值税	31648	66008	-34，360.00	-52.05%
6. 城市维护建设税	25870	32821	-6，951.00	-21.18%
7. 房产税	24158	16585	7，573.00	45.66%
8. 城镇土地使用税	15846	11032	4，814.00	43.64%
9. 车辆购置税	13329	17126	-3，797.00	-22.17%
10. 印花税	7230	9037	-1，807.00	-20.00%
11. 车船税	4793	4563	230.00	5.04%
12. 耕地占用税	3943	4455	-512.00	-11.49%
13. 消费税	4574	4819	-245.00	-5.08%
14. 资源税	602	3960	-3，358.00	-84.80%
15. 营业税	292	1684	-1，392.00	-82.66%
16. 环境保护税	130	104	26.00	25.00%
二、其他收入合计	461652	415316	46，336.00	11.16%
1. 非税收入	25608	27793	-2，185.00	-7.86%
2. 社保基金	417065	369965	47，100.00	12.73%
3. 工会经费	0	1302	-1，302.00	-100.00%
4. 职业年金	18979	16256	2，723.00	16.75%
三、收入总计	1381846	1530135	-148，289.00	-9.69%
四、出口退税	181800	196600	-14，800.00	-7.53%

【重点环节、重点行业减负】 2022年，全区累计办理新增减税降费及退税缓税缓费43.8亿元。其中，落实大规模增值税留抵退税22.1亿元，办理各项缓税缓费13.4亿元，新增减税降费8.3亿元。

2022年新增减税降费及退税缓税缓费统计表

表24 单位：万元

序号	政策内容	受惠金额
一、	增值税留抵退税情况	221109.9
二、	新增减税降费情况	82980.9
包括 1.	加大小型微利企业所得税减免力度	15059.0
2.	扩大"六税两费"享受范围优惠	10319.6
3.	小规模纳税人3%征收率销售额免征增值税	13475.2
4.	增值税小规模纳税人"六税两费"优惠	5933.7
5.	提高制造业研发费用加计扣除比例	6130.5
三、	缓税缓费情况	134409.9
合计	一+二+三	438500.7

12月12日，区税务局召开2022年度"邀您与税同行 共话清廉税务"特邀监督员座谈会

4月1日，区税务局走进区融媒体中心FM99.4资讯音乐电台，开展第31个全国税收宣传月启动仪式

【办税服务】 区税务局主动排摸符合优惠条件的纳税人、缴费人，进行分析筛选，优化政策办理流程，对新政办理均实现纳税人"一键申请"、税局端"批量受理"，提升退税效率。2022年，区税务局留抵退税工作进度位居全市前列，党的二十大代表傅平均谈减税降费、制造业缓税等多项亮点工作被税务总局简报录用。全区"非接触式"办税缴费事项拓展至233项，涉税服务事项网办率在96%以上。打造纳税服务2.0版，集成"玲玲e站""红光工作室""零窗"智慧办税厅等多个特色阵地，为新政办理提供线上答疑、预约服务、远程帮办、问办协同服务。自防疫政策优化以来，大力采取云辅导、云办理等"非接触式"办税缴费服务，保障疫情防控期间纳税服务不断档、退税减税不延误。

【宣传辅导】 区税务局坚持广泛

11月7日，区税务局召开纳税人缴费人座谈会

宣传和精准推送相结合，通过税收大数据体系向符合条件的纳税人定向推送政策明细账，覆盖全区纳税人缴费人12500户次，发送短信6万余条。发挥奉化税务纳税服务品牌效应，密集开展系列税宣活动。全年已通过各类载体线上线下解答涉税咨询1000余次。针对辖区拟上市企业、招商引资落户企业、重点税源企业等重点主体，建立纳税服务“专班专员”机制，以律师、注册会计师、税务师、税务骨干为核心，打造立体式、专家式团队，实行一对一精准联企，开展“一企一策”定制服务，帮助企业实现合规经营、健康发展。打造中央媒体和地方媒体、主流媒体和新媒体相结合的四维宣传矩阵，多层次、多形式密集刊发新政相关宣传报道。充分运用税收大数据优势，对政策落地情况进行实时跟踪监测，从政策效应、经济影响等不同纬度开展数据把脉、深入分析。2022年，共向市区两级党委政府报送经济分析材料10篇，获领导批示6篇。

【荣誉】 2022年，区税务部门所获集体荣誉：区税务局溪口税务所办税服务厅和莼湖税务所办税服务厅获一星级全国青年文明号称号；区税务局获第29届大学生电影节“中国税收”特别单元新锐作品奖和第三届全国青少年普法视频征集活动三等奖；区税务局江口税务所办税服务厅获评浙江省巾帼文明岗；区税务局团委获评青少年工作成绩突出共青团组织；区税务局溪口税务所团支部获评宁波市五四红旗团支部；区税务局机关党委、区税务局溪口税务所党支部、区税务局岳林税务所党支部获评宁波市五星级基层党组织；区税务局机关第一党支部、区税务局机关第五党支部、区税务局第一税务所党支部、区税务局莼湖税务所党支部、区税务局锦屏税务所党支部、区税务局江口税务所党支部获评宁波市四星级基层党组织；区税务局机关第二党支部、区税务局机关第三党支部、区税务局机关第四党支部、区税务局退休第一党支部、区税务局退休第二党支部、区税务局退休第三党支部获宁波市三星级基层党组织；区税务局岳林税务所、区税务局红光税务工作室、区税务局溪口税务所办税服务厅、区税务局莼湖税务所办税服务厅、区税务局江口税务所、区税务局第一税务所、区税务局“智税”服务团队获宁波市青年文明号称号；区税

10月11日，区税务局举办“喜迎二十大 奋进新征程”入党宣誓仪式暨对党忠诚教育活动

务局莼湖税务所获宁波市工人先锋号称号；区税务局江口税务所党支部获宁波市基层思想政治工作优秀案例二等奖；区税务局岳林税务所党支部“税惠助农，共富先行”案例获宁波市主题党日“红点案例”；区税务局溪口税务所获评宁波市清廉建设典型基层单位；还有10个单位获得区级集体先进和荣誉。

个人荣誉：吴钢、张经元、钱淑颖、孙梦莹、叶一超、张挺、杨羚、刘岳奇、王威、胡丹获2020年宁波市税务局专业骨干；马丽获得“喜迎二十大 甬青建新功”2022年宁波市共青团党团知识竞赛一等奖；另有5人获得区级个人先进和荣誉。

（金昊哲）

统　计

【概况】 2022年，奉化区统计部门全面贯彻落实区委、区政府和统计系统重大决策部署，紧紧围绕中心工作，以提高统计数据质量为核心，充分发挥统计服务、统计咨询和统计监督的整体功能，全面加强各项建设，在统计产品与服务、统计基础建设、统计调查与监测、统计法制建设等方面取得新进展。奉化区统计执法检查1例获全市统计执法优秀案卷；奉化区统计局法制工作在各区（县）考核中获优秀等次；奉化区统计局获评2022年度扩大有效投资暨重大项目建设成绩突出集体；1人获评2022年宁波市级平安护航党的二十大成绩突出个人，1人获评第三批战“疫”先锋个人，1人获评2022年度扩大有效投资暨重大项目建设成绩突出个人。

【统计产品与服务】 2022年，共编印《奉化统计月报》11期、《奉化统计》27期、《奉化领导干部统计手册》300册、《2021年奉化区国民经济和社会发展统计公报》150份、《奉化统计年鉴》250本，发送区委、区政府及各相关单位；加大区政府信息公开平台更新力度，月、季、年度统计数据和资料及时上网，促进数据、信息资源跨部门、行业共享，全年公开文件、数据、分析及动态信息等298篇；运用“奉化发布”、《奉化日报》等平台发布工作动态、统计数据、政策解读的图解版等信息资源，拓展深化公开领域，提高统计服务水平；每月及时整理出主要经济指标，于15日以《奉化统计月报》形式推送给区领导及相关部门负责人，为领导及时掌握奉化经济发展动向与趋势提供便利；开展统计知识走进区委党校课堂系列活动，7月在“乡邑课堂”开展专题讲座，提升各级党政领导干部对统计工作的认知度和理解度，积极展示统计语言；通过资料发送、最多跑一次程序、浙政钉等途径对外提供统计咨询服务，在区政府信息公开网上答复网友提问与提供统计服务，全年咨询人数共500多人次，提供统计数据1000多个。

【统计专项督查】 统计部门深入贯彻学习习近平总书记的重要指示批示精神及《关于深化统计管理体制改革提高统计数据真实性的意见》《统计违纪违法责任人处分处理建议办法》《防范和惩治统计造假弄虚作假督察工作规定》等文件精神，区委、区政府、各镇（街道）相关重点部门组织学习《关于更加有效发挥统计监督职能作用的意见》《应知应会》手册等重要内容。制定印发《关于印发奉化区防范和惩治统计造假弄虚作假责任制实施办法的通知》（奉党办〔2021〕54号），明确统计造假弄虚作假责任制责任内容和要求。

【基本单位名录库建设】 2022年，名录库工作采取“一库在线、基层维护、适时更新、共建共享”的维护更新模式，不断夯实统计工作基础。有序推进准“四上”企业（规模以上工业企业、资质等级建筑业企业、限额以上批零住餐企业、规模以上服务业企业）单位核查确认工作，做到“先有库，后有数”。与工商、税务、编办、民政、质监等部门强化对接，配合做好企业“五证合一”后的信息更新工作以及新老登记注册模式的衔接。做好名录库维护工作。梳理往年“四上”企业审批过程中存在的问题，增强对2022年新增单位名录库的信息核查，提前做好“四上”调查单位月度审核入库的准备工作，进一步规范流程、强化责任，加强各专业合作，及时协调申报过程中呈现的问题，严把审批资料关，确保上报单位资料的准确性和及时性。

【统计教育培训】 常规业务培训方面，重点加强镇（街道）、部门和重点企业统计人员培训指导，通过季度例会、专项统计会议、年报会等形式加强对基层统计人员业务培训，农业、工业、能源、科技、投资、房地产、建筑业、贸易业、服务业、劳动工资等专业对全区镇（街道）、部门及企事业单位1937名统计人员进行了业务培训，培训场次达40场。统计继续教育方面，加强推广省局开发的网络平台，推进统计继续教育培训工作落实。

【统计调查与监测】 开展多项常规调查，涉及农业、工业、能源、科技、房地产开发、投资、建筑业、服务业、贸易、消费价格、住户调查、人口变动抽样调查、劳动力调查、住户收支调查等多项内容；做好“双底线”指标、GDP支撑性指标、高质量发展指标、共同富裕统计指标以及“奉化五年大变样”项目等监测和评估；2022年共开展8项社情民意调查，内容涉及5‰人口抽样调查、采购经理调查、工业生产者价格调查、劳动力调查、企业运行监测、平安浙江群众安全感满意度调查、全面从严治党调查等。进行农业、工业、服务业、投资、科技等领域重点监测工作，在《奉化统计月报》中发布规模以上工业主要经济指标分镇（街道）、宁波各区县（市）主要经济指标等监测项目。2022年，根据各项调查与监测数据，共撰写统计信息分析、调研文章81篇，《奉化区2021年GDP支撑性指标运行情况分析》《投资增速全市第一》《关于奉化区采矿业纳规入统的调研报告》等5篇获区主要领导批示，《奉化区聚焦“乡村振兴”全力提升县域社会经济统计数据质量》在国家统计局工作网上发表。

【统计法制建设】 结合《关于更加有效发挥统计监督职能作用的意见》文件精神和工作实际，制定完善全年法治工作要点和双随机检查任务，共完成执法检查71家，其中双随机55家，承办案件4件，警告并罚款4件。组织“全面弘扬法治精神 深入推进依法统计”普法橱窗等统计法治宣传工作，依托统计执法检查、企业年报会议、统计人员培训等讲解统计法相关知识，并分发统计法宣传资料、宣传品，扩大普法面，不断增强统计调查单位负责人和广大统计人员统计法律意识和统计改革发展意识。2022年，共举办统计培训班57期，培训1343人次，面向全区机关单位及各镇（街道）分发统计督察宣传手册、以案释法宣传手册1500余份。组织开展“12·4”全国法制宣传日（国家宪法日）、“12 · 8”统计法颁布纪念日、“浙江省法制宣传月”等宣传活动，依托统计e家、统计开放日活动等平台开展统计法制宣传。

【重大普查前期准备工作】 开展第五次全国经济普查（简称“五经普”）筹备及前期工作，组织召开“五经普”工作部署会，主动加强与各部门、乡镇的协同对接，提前筹建高素质的普查工作队伍，充分蓄积镇（街）、村（居）的网格力量。及时跟进各级第五次全国经济普查筹备办、经济普查办工作步调，研究谋划经费预算、办公场所、“两员”补贴、人员配备、数据处理等关键保障措施。加强与兄弟县（市、区）交流经济普查经验，学习先进做法，守牢统计e家主阵地，宣传经济普查相关信息，累计宣讲200余人次，形成“线上+线下”联动的宣传体系，进一步扩大第五次全国经济普查的区域影响力。

（夏雪儿）

审　计

【概况】 2022年，奉化区审计部门共完成审计项目44个，查出管理不规范金额11.34亿元，节约工程进度款4.18亿元，节约建设资金0.35亿元。移送司法机关、纪检监察机关和有关部门处理事项3件。全年完成调研课题11篇，提交审计专报24篇，撰写信息78条，审计报告和审计专报获区领导批示53人次。

【专业审计】 财政审计。在区本级财政预算执行和其他财政收支情况审计中，结合违规兴建楼堂馆所情况、地方政府招商引资优惠政策及执行情况等6个专题，促使财政部门边审边改，非税专户利息、土地出让金专户利息收入余额4.05亿元上缴国库，推进区政府及有关部门制定或修改制度26项，追责问责17人。

投资审计、项目竣工决算审计。全年完成奉化中学迁建工程、奉化区圣墩村拆迁安置房项目等6个竣工决算审计项目，工程送审总投资22.56亿元，在建设单位委托社会第三方进行审计后出具的工程竣工决算报告基础上再净调减建设资金0.35亿元。

重点项目跟踪审计。跟踪审计弥勒圣坛工程、甬金高速溪口东至甬台温高速姜山连接线一期工程等13个重点工程项目，审核工程总投资85.23亿元，节约工程进度款4.18亿元，提出审计意见或建议725条。

【经济责任审计】 2022年，完成3个镇（街道）14个部门共19位领导干部经济责任审计。在萧王庙街道开展领导干部自然资源资产责任审计。与区委组织部联合出台《宁波市奉化区经济责任审计成果运用会商研判操作办法（试行）》，明确会商研判的操作流程，将原先一年一次的综合研判强化为个体研判加综合研判相结合的模式。制订《宁波市奉化区区管领导干部经济责任审计结果反馈实施办法（试行）》，明确A类审计对象的反馈会邀请分管区领导出席，将反馈审计结果和审计整改有机结合。

【政策执行审计】 完成储备粮管理、人才用房保障、公共卫生服务体系3个专项审计项目。公共卫生服务体系项目让近1300名特困、低保、低边适龄妇女享受“两癌”免费筛查优惠；人才用房保障项目提出建立全区人才公租房管理平台、动态审核人才享受安居补助信息等建议，并跟踪督促相关单位落实整改，推动全区人才“住有所居”；储备粮管理项目推动区政府出台《宁波市奉化区粮食订单工作实施细则（试行）》等制度5个，移送奉化区纪委、区监委事项1项。

【审计管理】 审计整改。做好“七张问题清单”工作，积极主动上报重大审计问题，及时反馈问题整改情况，全年纳入省级问题清单1个、纳入市级问题清单13个，纳入区级重大审计问题清单46个，推送市级示范案例1个。加强对问题整改责任单位的指导督促，积极协调各行业主管部门牵头做好清单问题全区范围自查自纠、专项整治等举一反三行动，推动出台规范性文件15项。健全完善制度，出台《建立健全审计查出问题整改长效机制的实施意见》《宁波市奉化区审计整改责任追究办法》。借力推进整改，首次向区人大常委会报告财政同级审计反映问题整改情况。全年审计整改率为94.41%，整改督促被审计单位通过上缴、调账或追（收）回、清退、拨付等方式整改问题金额11.51亿元。

内部审计。修订《奉化内部审计操作范本》，整合相关内审法律法规、更新内部审计实务操作办法、统一内审报告模板。深化实施“经责审+内审”模式，在区教育局、区农林局等单位开展“教审结合”模式，实现了资源统筹、成果共享。强化优秀项目自查自评，评选出3个奉化内审优秀项目、4个表彰项目，并推荐3个项目参评市级优秀项目。加强内审工作宣传，做好《浙江省内部审计工作规定》的学习宣传和贯彻落实，在区政府常务会议上将该规定列为学习内容，在《奉化日报》上整版刊登；制作《微光也有力量》内审工作短视频，积极展示内审工作风采。

【干部队伍建设】 通过淬炼干部“三大核心能力”打造专业化的审计队伍，机关党总支获评五星级基层党组织。核心政治能力方面，以微型党课、课题调研、“审计大讲堂”等形式进行党的理论宣讲和审计职责授课，不断提升党员干部政治素养。核心业务能力方面，积极开展“赛马”“比拼”活动，通过晒绩，强化干部在爱岗敬业、业务水平、工作效率方面做到“三争先”。年初，选取局级10个重点项目，实行“挂图作战”，每月对项目进度、项目成效、整改情况等进行公示，对信息、专报录用情况开展比拼。核心实战能力方面，全面深化导师帮带制，实行导师结对“一报告一评议一评选制”，通过导师指导、汇报帮带成果和年末评选优秀导师来实现年轻干部导师帮带全覆盖，快速提升干部能力。

（周海亚）

国有资产管理

【概况】 2022年，奉化区国资国企系统围绕区委、区政府“竞跑竞绩、进位进阶”工作主线和“跨越发展、二轮攀高”总体要求，把握“争速争进争一流”工作主基调，以党的政治建设为统领，加快构建新发展格局，不断推动国资国企高质量发展，全力助推全区高水平打造共同富裕特色区、高质量建设现代化滨海大都市健康美丽新城区。2022年，全区入表的国有独资及国有控股企业135户，区属国有企业资产总额2200.74亿元。

【重点项目建设】 国有经济服务大局作用不断提升，区文旅集团联合出品的电视剧《问天》入选全国“五个一工程”奖，第三十二届浙江电视“牡丹奖”，获得第33届电视剧“飞天奖”提名奖；区城投集团的“宁波城市职业技术学院奉化校区建设项目（一期）”被宁波市住房和城乡建设局评为宁波市建设工程结构优质奖；区体育中心项目获评“宁波市建设工程结构优质奖”，并成功入选第四批宁波市“席地而坐”城市客厅示范区域名录；区水投集团建设的鱼山、大欧泵站工程相继被宁波市建筑协会、宁波市水利协会评为“甬江建设”杯优质工程奖、“它山堰”杯水利工程优质奖。

2月24日，区属国企工作会议暨全区国资监管工作会议召开

【深化国企改革】 研究制定《全面深化区属国有企业改革攻坚三年行动计划（2022—2024年）》，从薪酬改革、机构人员管理、业绩考核等领域深化修订一系列国企改革配套制度，持续推进“1+N”国企改革政策体系落实落细。国企资信评级加速推进，宁波宁南新城国有资产经营管理有限责任公司获评AA+。有序推进奉化国资“一区一屏”综合监管平台建成投用，以个性模块开发嵌入式同步推进国企财务一体化管理，在推动实现国资监管数字化、专业化、网络化的基础上，实现实时监管、精准监管、有效监管。坚持“简政放权”和优化“管资本”原则，抓实中心班子联系企业制度，“点对点”架起企业“三服务”桥梁，指导企业全面提升主体实力、经营活力、内生动力。不断完善法人治理结构，有力保障董事会权力回归，推行“外部董事+专职监事+驻企专组”新模式，引入外部力量进点履职，筑牢企业风险“防火墙”。

【党建引领】 按照“管资本就要管党建”的原则，全面实施“企雁先锋”工程推动国有企业党建整体建强，形成国资国企“大党建”管理机制，完成全区54个基层党组织、583名党员统一归口管理；坚持“一盘棋”推进党课理论宣讲，党委班子带头宣讲76

次，青年宣讲团“点单式”巡讲36次；多次推优参加省、市、区各级微党课比赛，获省一等奖1个，市一等奖1个，区特等奖2个、二等奖及以下5个。结合“一企一品一阵地”推进2022年清廉国企创建，区投集团“项目云”平台、区城投集团“清廉工地”建设、区工投集团“担保纾困”品牌、区文旅集团“联步青云”阵地集中展现企业廉政文化和清廉阵地建设成效，形成清廉国企示范体系。创新组建国资国企“党建共创”联盟，探索形成基层党建共建合作机制，擦亮国企党建“金名片”。

【履行社会责任】 深入落实助企纾困，积极兑现国有经营用房租金减免政策，为1505户个体工商户和微小企业承租户减免租金总额1723.19万元；积极参与疫情防控，在疫情防控中，国资国企共投入志愿者2100人次，参与社区、村及重要道路、关卡设点防控工作；累计派出车辆69台次，统一运送人员3000余人，扎实做好疫情防控隔离人员转运保障工作；坚持做好对口扶贫工作，全区11家区属企业与甘洛县11个村签订5年共建协议书，通过市场主导、资源共享等措施，积极推进两地发展；8家集团（公司）助力“山海协作”，区工投集团与文成县兴村发展投资有限公司合作共建“消薄飞地”项目。

（何好斌）

公共资源交易

【概况】 2022年，奉化区级公共资源交易平台累计受理各类交易项目1157宗，成交金额116.31亿元，节约金额10.11亿元，增收金额1059.10万元。其中，工程类239宗，成交金额98.21亿元，节约7.95亿元；采购类647宗，成交金额15.01亿元，节约1.95亿元；产权类109宗，成交金额9866.06万元，增收252.11万元。“以云为媒”跑出交易加速度相关做法在《中国改革报》刊出。

【“不见面交易”平台建设】 以招投标主体需求为导向，打造全类别线上交易场景，对房屋建筑、市政基础设施类工程建设项目全面实行电子化交易，完整覆盖勘察设计、施工、监理各个环节。通过“CA身份认证”线上平台获取、制作招标文件，省去投标文件纸质印制费，创新推广“电子保函”代替缴纳保证金，为企业投标全面降本提速。2022年，共完成房屋建筑、市政工程电子化交易218笔，为企业节约材料印制、交通费、住宿费等相关成本1900余万元。

依托政府采购云平台，通过交易系统开发、硬件监控共享和流程优化再造，打造“线上开评标+远程实时看”虚拟开评标大厅，实现政府采购项目从采购公告发布、供应商加密投标、线上直播开标和专家智能评标全过程电子化，创新开展线上询林讲标，打通政府采购不见面交易“最后一千米”。2022年，已完成政府采购电子化交易项目329宗，不见面开标比例达100%。

基于“政采云”平台组成统一的线上评标现场，实现“远程异地不见面”评审工作。通过“政采云”平台，异地抽取评标专家，评审全过程两地在线双向沟通，同步评审，在线打分，在线共同确认评审结果并打印评审报告。全过程留痕留档，严格保密评标专家与项目信息，对参与评审活动的各方主体均进行录音录像，保障供应商公平、充分竞争。奉化区人民检察院物业管理服务项目以远程异地评标方式完成，为全市首例主场在宁波的远程异地评标项目，相关做法得到区领导批示及肯定。

【全流程立体式监管体系】 依托全流程电子化招标平台，应用全程监控、预警、追溯和监管功能，现场实时抓取IP地址、mac地址和加密锁序列号等投标人信息，根据大数据动态比对结果开展线索核查。2022年，共对两家串标单位给予相应行政处罚，对6起开评标过程中出现问题的招标人和投标人进行警示约谈，对区重点项目评标造成重大实质性影响的6名专家开具监督意见书。

加强与区纪委、区监委的协作配合，首创工程项目招投标领域协作配合机制，成立协作配合工作小组，聚焦风险预警、协作配合、结果反馈等重点环节，建成“双向互通”监督模式。联合区纪委、区监委在全区12个镇（街道）开展工程建设招投标领域自查督查工作，压实业主单位主体责任，规范招投标行为。

深入推进工程建设项目标后评估工作，在房建、市政、交通等领域随机抽取项目，对招投标五方责任主体行为检查评价，对问题代理机构和招标人作出约谈处理。评标后开展评标专家“一标一评”、招标代理动态考评。2022年，共对19家招标代理机构进行扣分处理，对22名评标专家进行扣分并上报宁波市平台。

（沈　磊）

市场监督管理

【概况】 2022年，奉化区市场监督管理工作全面贯彻落实党的二十大精神，推动质量变革、效率变革、动力变革，为加快建设现代化滨海大都市健康美丽新城区、奋力打造中国式现代化区域模范提供市场监管力量。

【安全监管】 市场监督管理部门以省级食品安全示范区创建为总抓手，进一步推动落实党政同责，新增四星级食安办和三星级食安办各4家。开展“守底线、查隐患、保安全”、农村假冒伪劣食品整治、食用农产品“治违禁控药残促提升”、农产品质量安全整治等专项行动，集中解决食品安全领域突出问题。在餐饮单位的粗加工、烹饪等重点场所安装摄像头，实现后厨阳光化，累计建成网络餐饮阳光厨房1176家、检查入网餐饮单位3003家次，完成14次重大活动食品安全保障工作，做好全区31个集中隔离点和19家供餐单位的餐饮食品安全监管工作。开展打假治劣“药剑”、含兴奋剂药品、口腔服务领域等专项检查，严格落实药店疫情防控措施，排查风险隐患。指导辖区专业市场和农贸市场开展疫情防控，做好进口冷链食品和进口水果的疫情管控工作，落实生产经营单位的三证一码、专区专柜、人员防护、场所消杀等防控要求。

奉化区星级食安办一览表

表25

四星级	三星级
裘村镇食安办	锦屏街道食安办
方桥街道食安办	岳林街道食安办
江口街道食安办	松岙镇食安办
西坞街道食安办	尚田街道食安办

【提升执法效能】 制定规范性文件《宁波市奉化区市场监管领域轻微违法行为包容审慎监管规定》，明确对符合条件的28种违法行为不予处罚，对符合条件的18种违法行为减轻处罚。做好全区“互联网+监管”工作专班牵头工作，全区掌上执法率达到99.9%，处置完成举报投诉、基层综治、风险预警、告知承诺事件1815件。持续开展重点领域“铁拳”“亮剑”执法行动，加大食品安全、知识产权保护、消费维权等领域的执法力度。共立案查处各类违法违规案件1717件，结案1631件，比2021年分别增加92.9%、91.4%，其中万元以上案件246件，罚没款额为803.3万元。强化行政执法和刑事司法衔接，畅通案件查处和信息共享渠道。

【推进民生项目】 积极配合年度市民生实事工程“甬有食安”项目落地，稳步推进辖区6家农贸市场的检测能力提升、浙食链应用、经营环境改善等工作。创建省放心市场4家、星级文明规范市场3家、五化市场创建工作1家，宁波蔬批市场创建省AAA级食品安全规范化农批市场。建成网络餐饮阳光厨房1176家，超过目标数的68%，提前完成该项区级民生实事，有力保障校园、老年食堂等重点餐饮单位食品安全。推动生鲜店铺安全、卫生、规范经营发展，在全市率先打造小菜行规范化样板街区1条，树立行业标杆样板10家。加大食品安全责任保险推进力度，扩大“三小”等领域商业险保障覆盖面，全年投保主体503家，商业险保费累计达124.79万元，集体食堂、农村家宴、农贸市场等重点领域参保比例继续保持100%，在禽蛋制品、千层饼、非遗食品、雷笋产业等领域不断推广商业险，保费额超预期目标的21%。新投入运行2家三星“民生药事服务站”，更好地发挥零售药店的便民、服务、科普效用，提升人民群众购药用药的体验感和获得感。

2022年度“药事服务站”创建单位一览表

表26

单位名称	地址
浙江友禾大药房有限公司宁波奉化万达店	奉化区中山锦庭3幢5、6号
宁波市奉化区惠仁开心大药房	奉化区锦屏街道南大路97号

【放心消费】 优化消费投诉举报处理机制，强化责任担当，突出首问责任，共计受理、分流、处置、回复回访各类消费举报投诉信访事项2905件，其中投诉类2025件，调解成功1822件，为消费者挽回损失89.69万元。完善消费纠纷诉调对接机制，联合法院建立消费纠纷共享法庭，进一步扩大诉调对接范围，已累计办理诉调对接案件5起，为消费者挽回经济损失7.1万元。“3·15”期间，组织现场咨询活动、发布2021年消费维权十大典型案例，向消费者生动呈现消费维权法律知识。推进消费维权社会共治和消费矛盾纠纷维权自行化解机制，已建成放心消费单位2117家，其中无理由退货单位890家、放心工厂275家、放心街区6个，培育放心消费乡村4个、放心消费社区1个，设立消费维权服务站56家。落实经营者消费维权主体责任，健全社会化消费维权网络体系，鼓励大型专业市场、街区设立先行赔付制度，有7个街区（商超、市场）建立先行赔付制度，90家企业成为ODR（消费纠纷在线化解）企业。加强动态管理，委托第三方机构实行常态化线上抽检，进一步提升放心消费建设质量。

【优化营商环境】 推动商事登记制度改革提速，完善“一件事”办理，全方位覆盖企业开办、市内跨区迁移、歇业备案、注销等生命全周期。提高注册登记标准化、规范化、便利化水平，2022年，辖区市场主体总数突破7.6万户。持续推动企业年报申报精细化管理，2021年企业年报公示率达96.2%。牵头成立奉化区扶持个体工商户纾困发展联席会议，发布《关于扶持个体工商户纾困发展的若干意见》，扎实推进个体户纾困帮扶工作，在税费减免、国有房产租金减免、电价优惠、失业保险稳岗返还、金融帮扶等方面抓好政策落实。联合区财政局印发促进商贸流通业和制造业高质量发展的实施细则。力促宁波市知识产权交易服务中心（“甬知交”）落户奉化，加快宁波知识产权创新资源集聚、配置和运用转化。2022年，全区新增发明专利授权量307件，比2021年增长66.85%，增速位列全市第二，有效发明专利拥有量达到1432件。9家企业被认定为国家知识产权优势企业和首批浙江省知识产权示范企业，数量居宁波市前列。新增浙江制造1个，新增“品字标”企业9家、卓越绩效管理验收企业2家、“同质同标同线”企业3家、绿色产品认证企业3家、培育30家企业建立首席质量官制度，14家重点企业入驻宁波保护中心“专利快速预审通道”，34家企业通过区块链公共存证平台，对98件发明专利及创造进行数据存证。召开质押融资政银企对接会、“入园惠企”等活动，创新推出知惠贷、知融贷、专利贷等多种知识产权质押信贷产品，促进知识产权质押融资拓户增量。召开奉化区专利许可对接会暨专利许可培训会，开放首批许可专利30件，唤醒高校“沉睡专利”。

奉化区2022年度国家知识产权优势企业奖补项目一览表

表27

序号	企　业	奖补项目
1	宁波秉航科技集团有限公司	国家知识产权优势企业
2	星宇电子（宁波）有限公司	国家知识产权优势企业
3	宁波创跃园林工具有限公司	国家知识产权优势企业
4	宁波霍科电器有限公司	国家知识产权优势企业
5	宁波吉田智能洁具科技有限公司	国家知识产权优势企业
6	浙江锐泰悬挂系统科技有限公司	国家知识产权优势企业
7	宁波利安科技股份有限公司	国家知识产权优势企业
8	宁波松科磁材有限公司	国家知识产权优势企业
9	宁波奔野重工股份有限公司	国家知识产权优势企业

【助推产业发展】 将建设“数字浙江”与打造质量基础“一站式服务”相结合，引导气动产业向集成化、高端化、智能化与绿色环保的方向发展，稳步推进工信部关键基础件创新成果产业化公共服务平台和浙江省气动产业创新服务综合体建设，激发气动产业核心动能。打造“医用气体供应质量追溯系统”，运用信息化手段探索“非现场”远程监管模式，囊括质量管理、非现场监管、黑匣子监控预警、档案形成等功能，有效解决跨时空监管难题，被列入奉化区2022年度十大数字化改革项目之一。

（邬乐婷）

物价管理

【概况】 2022年，奉化区物价管理部门按照区委、区政府的部署要求，以“最美最好”为主题，围绕“两大计划”“六大会战”中心工作，加强市场价格监测和预警分析，强化成本监审与调查，积极稳妥推进价格改革，规范政府制定价格行为，完成各项工作任务。

【价格监测】 抓好重要民生商品保供稳价工作。重点对粮、油、肉、蛋、奶、蔬菜、煤气等34个品种民生商品价格进行监测，定期巡查、采集、跟踪和分析，通过宁波智慧民生价格平台和《奉化日报》发布民生商品价格监测信息，合理引导市场价格预期和民众均衡消费。贯彻落实省、市重要民生商品价格调控机制，区发改局牵头抓好重要民生商品保供稳价工作，每季度开展工作调度上报。做好农本调查与价格预测分析。在加强市场监测基础上，重点对生猪、草莓、水蜜桃生产成本、粮食销售价格进行调查与监测分析，并对其价格变动情况，收益状况进行分析，及时把握市场动态，当好政府参谋助手，研究提出解决问题的对策建议。

【价格与收费管理】 实施电力

接入工程费用分担机制。贯彻落实国办函〔2020〕129号文件精神，根据省市有关要求，进一步优化用电企业经营环境，出台《宁波市奉化区电力接入工程费用分担机制实施办法》。落实水资源费减征政策。贯彻浙政办发〔2022〕8号和浙发改价格函〔2022〕83号文件精神，转发《省发展改革委关于落实水资源费减征政策的通知》（浙发改价格函〔2022〕124号）文件，真正把水资源费减征政策传导到用水企业。规范普通住宅前期物业收费管理。按照质价相符的原则，对湖风雅园、中南樾府等24个新建普通住宅小区前期物业综合服务费标准进行核定。规范公墓销售价格。加强公共墓地价格管理，规范公共墓地价格及相关服务收费行为，核定河头公墓新墓型2021-B最高销售价格。规范停车收费。为缓解城区交通拥挤，优化公共停车资源配置，充分发挥价格杠杆作用，规范停车服务和收费行为，联合公安、综合执法以及市场监管等部门出台《关于进一步规范城区机动车停放服务收费管理的通知》。

【成本监审与调查】 开展停车收费成本调查。2022年2—3月，完成对区锦美公司机动车停放服务成本调查。2022年8—10月，完成滕头景区配套停车场收费成本调查。开展管道天然气配气成本监审。2022年4月13日至6月10日，完成对华润兴光燃气公司配气成本监审。开展岳林康养院养老成本监审。2022年8—10月，完成对岳林康养院床位费成本监审。

【专项治理】 规范转供电价格行为。按《省发展改革委省市场监管局关于进一步规范转供电价格行为有关事项的通知》（浙发改价格〔2021〕362号）要求，区发改局会同市场监管及供电部门进一步规范转供电工作。同时按《关于进一步深化燃煤发电上网电价市场化改革的通知》（发改价格〔2021〕1439号）文件精神，做好电价改革政策落实及解释有关工作。落实教育“双减”工作。按浙市监竞争〔2022〕1号文件精神，区发改局会同市场监管局和区教育局开展教育收费专项检查工作。并按浙教基〔2022〕46号文件精神，抓好相关工作落实。开展涉企违规收费专项整治行动。根据《浙江省涉企违规收费专项整治行动方案》（浙发改价格〔2022〕207号）和《市发展改革委关于深入贯彻落实〈浙江省涉企违规收费专项整治行动方案〉的补充意见》要求，区发改局牵头印发《关于深入贯彻落实〈浙江省涉企违规收费专项整治行动方案〉的通知》，并成立涉企违规收费专项整治综合工作小组，开展涉企违规收费专项整治工作，推动降费减负各项政策落到实处，进一步优化营商环境，有力支持稳经济和助企纾困。

（郭　辉）

安全生产监督管理

【概况】 2022年，奉化区应急管理局认真贯彻落实党的二十大精神和习近平总书记的重要论述，聚焦防范化解重大安全风险主线，全力守护人民群众生命财产安全，全区安全生产形势持续稳定向好，自然灾害防治工作实现稳中有序。安全生产方面，全年共发生并上报各类生产安全事故10起、死亡6人，与前三年平均数相比分别下降3.3%、21.7%，未发生较大及以上生产安全事故。自然灾害方面，连续四年未发生较大森林火灾，成功抵御台风“轩岚诺”“梅花”，实现“不死人、少伤人、少损失”的目标。2022年，区应急管理局被评为市安康杯先进单位。

【安全生产】 调整安委会成员，新纳入国资管理中心作为安委会成员单位。建立定期晾晒和指数会商研判机制，前三季度全区各专委会累计开展部署、协调、研判等会议72次，组织重点领域专项检查80次，协调解决重点、难点问题14项。建立工作清单制度。对照《“除险保安”安全生产和自然灾害专项行动方案》，每月下发任务书，将除险保安重点工作分解到各地各部门，并通过问题发现处置系统在线跟踪任务进展。

对标省“除险保安”月度评价指数要求，建立完善基层常态化巡查检查机制，从2022年3月开始，连续10个月完成八大重点领域6277家企业(场所)自查、检查、整改滚动式“3个100%”任务，累计排查整改隐患132733条，隐患整改率100%。开展“除险保安”平安护航党的二十大情况复盘总结提升行动，全面梳理“除险保安”和百日攻坚行动任务完成情况，查漏补缺制定整治提升任务45项，确保专项行动取得实效。强化重大隐患挂牌督办和整改验收。2022年，省、市挂牌督办16条重大隐患整改完成率100%，省“除险保安”每月暗访隐患整改完成率100%。

安全生产综合治理三年行动圆满收官。立足三年取得重大突破的总体要求，紧盯思想认识、数字化建设、企业主体责任落实3个专题和危化矿山、道路交通等10个重点领域，精心组织，狠抓落实，挂图作战，组织各牵头单位扎实推进第二轮安全生产综合治理三年行动各项工作任务，截至8月月底，全区三年行动方案731项工作任务和48个工作目标已全部超前完成，完成率100%。

保持安全生产领域执法高压态势。组织开展全区安全生产大排查大执法大教育行动，强化风险隐患底数排摸，重点领域执法处罚，常态化开展警示约谈教育和典型案例曝光，推动企业落实安全生产主体责任。全年累计立案处罚221起，比2021年增加31.5%，罚款556.12万元，比2021年增加27.5%、移送追究刑事责任案件2起，实名曝光82家。

开展基层应急管理体系标准化创建。加强基层应急管理体系建设，各镇（街道）已完成应急消防管理所更名并挂牌，组织架构进一步完善，基本实现镇（街道）、社区（村）、网格“一盘棋”；基层应急所人员按照3—5名的核定编制数基本配备到位。全区基层应急消防管理所在岗人数48人，消防工作站在岗人数50人，政府专职消防队在岗人数108人。

提升企业本质安全水平。一是融合推进企业安全标准化和诚信机制建设。2022年，全区已成功申报新建三级标准化企业50家，延期复评61家；督促全区3867家企业、7家中介机构按要求开展安全生产承诺工作。二是持续推动一般工贸行业企业投保安责险，重点推动涉及危险化学品使用、“三场所三企业”和近三年发生过亡人事故的风险较高的企业，实现全覆盖。全区累计702家企业投保安责险。三是危化品使用人员安全知识测试系统全面推广，采取“1+N”题库模式，有效提升员工危化知识水平，涉及易燃易爆危化品的重点工贸类企业全部测试完成。

【增强全民安全素养】 开展“我把安全带回家”主题教育活动，被《人民日报》客户端报道。将安全生产月主题和学校的安全文化相结合，共有600多名小学生作品在奉化书城和文化广场展示。将获奖安全标语和安全主题漫画设计到信封上，内装安全生产领域倡议书、明信片等，使之成为拥有“安全文化”传播功能的专题信封，作为小学生文章刊登的奖励，营造良好的社会氛围。组织80余名企业负责人代表参加“遵守安全生产法，当好第一责任人”专题培训，促进企业知法守法。

【防灾减灾】 组织开展防汛隐患大排查。整改风险隐患95处。落实省长王浩“六个必须”，开展“十项是否任务清单”排查整治行动，累计发现整改风险隐患108处，派发整改督办单2份。夯实基层防汛包片工作责任制，更新公布322名镇村防汛责任人。全面梳理更新3334名基层防汛网格责任人，实现定格定人定责监管。明确2支社会应急力量，建立重点镇（街道）“一专多能、一队多用”的综合性应急救援队伍。累计已组建应急救援队伍72支、1578人。全面完成防汛物资清查，落实储备排水泵车、抢险机具、救生器材、棉被、生活应急包等应急物资，明确物资在哪里、有多少、找谁调。开展防汛演练。区防指办联合溪口镇政府在董村开展小单元防汛应急演练，重点突出村社应急处突的能力；在仁湖公园开展应急队伍比武竞技，进一步提高抢险救援队伍实战能力。

高质量落实“防、避、抢、

救”防御措施，取得梅雨期、突发性强降雨、11号台风“轩岚诺”和12号台风“梅花”防御工作的全面胜利。其间共印发防御工作清单12期、重点风险管控指令6期。发布预警防汛防台信息情况12期。准备排水泵车13台、小型排水泵312台，抢险机械45辆、抢险机具3000余件，橡皮艇105艘，卫星电话91台，应急发电机197台，棉被、生活应急包等生活救灾物资27000余件，全区共转移各类危险区域人员8万余人，紧急安置人员3万余人。形成台风“梅花”防御应对复盘评估报告，完成21类43项的全面整改提升清单任务。

开展标准化体系建设。根据省、市加快推进基层防汛防台体系标准化建设要求，确保在主汛期之前投入实战。区防指办及时制定“5+1”标准化体系建设实施方案，明确镇（街道）组织责任体系，至年底已全部完成。推进避灾场所规范化建设。在完成169个避灾场所的规范化建设的基础上，继续推进35个避灾安置场所的规范化建设。加快推进综合减灾示范社区建设。根据省、市创建工作要求，拟推荐2个社区创建国家级和省级综合减灾示范社区，切实发挥好综合减灾示范社区的示范引领作用，提高社区综合防灾减灾能力。

【森林防灭火】 区森林防火指挥部汲取多地森林火灾教训，联合六部门开展野外火源专项治理行动，坚持动态化排查、清单化管理、销号式整治，建立健全森林火灾隐患自查自纠长效机制。对318名护林员实行“网格化”管理，并配发GPS卫星定位护林巡查手机网上实时监管。清明节等重要节点，全区增派1000名佩戴红袖章的村级护林员，在各进山路口、公墓、乱坟集中地等“严防死守”，野外违规用火行为大幅减少。开展森林防灭火拉动演练，11支森林防灭火队伍共132名队员同场竞技，提升队伍实战能力和应急响应救援水平。同时，通过“一听、二查、三看、四督促”的方式，对12个镇（街道）及部分重点单位开展秋冬季森林防灭火工作督查。

【应急救援】 加强应急指挥平台建设与管理。改造建设应急指挥中心，提升配备卫星便携设备和移动视频会议系统，提升可视化指挥调度能力；推进基层应急指挥平台建设，全区12个镇（街道）全部完成基层应急指挥平台建设；强化全区应急指挥可视化调度建设，推进各镇（街道）视频会商系统、可视化单兵和卫星通信电话建设与配备，建设指挥调度机制，有效保障偏远乡镇在突发情况下能第一时间调度。建强应急救援力量。按上级要求建设1个临时起降点。持续培育区级层面的2支社会应急救援力量，为队伍申请配备必要的防护和救援装备物资，组织备勤6次，自行或指令执行任务20余次，出动400余人次，组织参加宁波市社会应急救援队伍及无人机驾驶技能培训2次。印发《宁波市奉化区应急救援队伍建设管理办法》，统筹推进全区17支专业应急救援力量规范化建设，重点推动海上应急救援队伍建设和救援机制建设，完善队伍信息化管理。

【防疫物资保障】 2022年，为消灭本土疫情和支援外地疫情防控，根据区防办指令，快速进入应急状态，全流程做好医疗防疫物资保障工作。全年，共采购各类疫情防护物资70余万件，发放90余万件。

（林邵龙）

生态环境保护

综　述

2022年，宁波市生态环境局奉化分局首批通过省级全域“无废城市”建设评估，获评三星级“无废城市”（“无废城市”建设相关做法被《中国改革报》报道），获2021年度美丽浙江、美丽宁波考核优秀县市区，获宁波市生态环境系统改革创新优秀案例三等奖；获2022年度全省深化“千万工程”建设新时代美丽乡村（农村人居环境提升）工作优胜县和省级健康养殖示范县等荣誉；承办全省2022年度生态环境保护执法大练兵技能比武活动；在宁波市大比武中获得集体二等奖、个人二等奖、三等奖各1项，全省大练兵获得个人三等奖。

环境质量

【空气质量】 2022年空气质量达标天数比例（优良率）为92.9%，同比下降4.4个百分点。全年中度污染（四级）天气1天，无重度污染（五级）以上天气。大气环境质量评价的6项常规污染物浓度较2021年同期均有所下降，二氧化硫、二氧化氮、一氧化碳和PM_{10}指标均达到国家一级标准，$PM_{2.5}$、和臭氧指标达到国家二级标准。其中$PM_{2.5}$平均浓度25微克/米^3，与2021年持平。

【酸雨】 2022年，共采集雨水样品87个，在87次降水中，有50次为酸雨，降水中pH值最低为4.28，最高为6.53，酸雨率 57.5%，高于2021年酸雨率（37.3%），与2020年的酸雨率（55%）基本持平，呈现夏季低、冬季高的特点。

2021年奉化区环境空气质量表

表28

统计天数	AQI 指数分布天数					优良率
	一级（天）	二级（天）	三级（天）	四级（天）	五级（天）	
365	163	176	25	0	0	92.9%

2021年奉化区城区酸雨监测情况表

表29

酸雨率	降水 pH 值			质量状况
	最小值	最大值	均值	
57.5	4.28	6.53	5.25	轻酸雨区

【地表水环境质量】 2022年1—12月，全区区控以上监控断面15个，Ⅰ类占6.7%，Ⅱ类占66.7%，Ⅲ类占26.6%，水质优良率100%，功能区达标率为100%，全区地表水综合评价水质为优，全区千吨万人饮用水水源地水质状况总体良好。

【污染减排】 科学推进污染减排与总量控制，落实主要污染源总量减少和强制性清洁生产企业审核，完成10家强制清洁生产企业审核及年度减排任务。

环境管理

【环保审批】 2022年，共办结各类建设项目环评事项398件，其中建设项目环境影响评价文件审批140件（报告书10件，报告表130件）。零土地技改备案项目19件；“规划环评+环境标准”降级登记表备案88件。网上登记表备案151件。

【环保管控】 严格落实《宁波市奉化区“三线一单”生态环境分区管控方案》，强化源头准入；三横经济开发区和滨海新区实施“区域环评+环境标准”改革试点，符合准入条件的建设项目环评实行降级管理；强化排污许可证登记、发放工作，2022年共发放排污许可证166家（次）。

【环境执法】 将全区划分成4个片区，每个片区确定2名执法人员和3名协管员。将辖区内企业根据污染程度重轻分为重点监管、一般监管和特殊监管对象，并分层次进行监管。借助污染源在线监控系统实行24小时在线监控值守，实时掌握企业排污情况。开展冬季大气环境专项执法、平安护航复工复产攻坚、有机废气百日攻坚行动、危险废物三年专项行动、“两小”企业综合治理提升等专项行动，共计出动执法人员10713人次，检查企业3571家次，立案101起，全年共作出行政处罚案件84起，处罚金额1001.8503万元；强化公安环保联动，开展跨部门联合执法，共移送公安2起；推进“互联网+监管”工作模式，全年度双随机检查企业304家；以大综合一体化改革为契机，开展重点专项及跨部门双随机检查112家次。

【环保督察】 象山港避风锚地第二轮中央生态环境保护督察反馈问题和波导长龙、垃圾填埋场2个长江经济带警示片披露问题全面完成整改销号。省委生态环境专项督察交办的11件信访件全部办结。

【环境监测】 围绕构建现代化的环境监测监控体系，加大投入，不断优化完善区域环境监测网络，持续做好软、硬件的升级改造。

【信访调处】 2022年，共受理办结各类环境信访投诉337件，办结率100%，同比下降18.4%。

污染防治

【水环境整治】 提升水质环境，推进“污水零直排区”建设、美丽河湖建设、涉水污染源头治理、饮用水源地划分等工作。完成5个“千吨万人”以上饮用水水源保护区规范化整治；“千吨万人”及以上集中式饮用水水源地水质达标率为100%。三个省控断面完成走航排查和水体分析，编制“一点一策”治理实施方案，区控以上断面水质达标率100%；张家工业园完成“污水零直排区”创建，等待市级验收。奉化经济开发区“污水零直排区”标杆园区培育工作有序推进，完成经济开发区水质监控设施安装联网。实施象山港综合整治工作，清理海漂垃圾开展入海污染源排口专项排查整治工作，并建立排口名录。

【大气环境整治】 2022年，共整治提升涉VOCs低效设施企业50家，源头替代10家；积极推进工业炉窑整治工作，完成英朗建材废气处理设施整治提升；持续打好柴油货车污染治理攻坚战，全年共完成4次路查路检，抽测非道路移动机械150辆，抽测加油站36家，会同交通部门、交警大队积极开展重点行业入户检查和I/M制度联合巡查工作。持续推进产业绿色转型，全年共累计淘汰落后产能涉及企业32家，整治“低散乱污”各类问题企业125家。

【土壤整治】 2022年，共完成36家重点行业企业用地土壤污染自行监测、有毒有害物质排放报告、土壤污染风险隐患调查，着力推进重点行业企业土壤污染防治，并完成8家在产重点行业企业土壤管控方案编制，完成27个地块的场地调查。

【危废治理】 小微危废签约入网企业1212家，覆盖率108.6%（基数1116家），一般工业固废签约入网企业4456家，覆盖率103%（基数4292家）。32家危废重点单位视频监控联网，33家危废企业“浙固码”赋码，实现危废管理的智能化全过程封闭管理。加强涉疫医疗废物应急处置。建立涉疫医废应急处置体系，积极对接枫林公司、环保科技等应急处置单位之间涉疫医废清运处置。

【辐射监管】 强化废源收缴、处置，加强辐射监管单位的环境监管及监督性监测，强化辐射事故应急处置。2022年，完成1家企业的废源处置，专项检查25家核技术利用单位。

环境优化

【生态示范创建】 全国首个生态环境教育特色镇试点项目花落奉化大堰，成功创建全省首个“零污染村庄”，奉化跻身全省首批三星级“无废城市”，央视二套、十三套专题报道奉化“无废乡村”等典型做法，在全国打响了“无废城市”建设的奉化品牌。大堰镇生态环境教育特色镇建设取得阶段性成效，获评宁波市生态环境系统改革创新优秀案例三等奖。成功申报大埠村、畈头村、金峨村、马头村等4个村为浙江省第二批低（零）碳试点单位。新增1家省级生态文明教育基地。

【环保服务】 持续开展“生态环境议事厅”“环评集市”等六个一服务工作。2022年，累计开展议事厅9场、环保知识大课堂10期、发送“一企一信”525封、组织环评集市4期、凤凰行动服务企业40家次。

【环保宣传】 在全区重要公共场所及交通要道悬挂宣传横幅、电子显示屏滚动播放宣传片。组织开展“美丽奉城”——奉化区生态环境质量公众满意度有奖竞答网络直播。动员各镇街道、部门进村、进社区、进企业开展满意度宣传活动。打造“鱼跃奉化——奉化河道生态养护工程”宣传品牌，在龙津尚都西门口县江段、溪口武玲广场剡江段及象山港海域分批增殖放流活动，将240多万尾鱼苗投入县江及剡江河岸，4亿余尾（粒）鱼苗种“入住”象山港。此类增殖放流活动对渔业资源恢复、水生生物群落结构优化、生态修复发挥积极作用，同时也是一次引导全社会“共建生命共同体”“共建清洁美丽世界”的有益探索。

（张玉红　单碧芬）

教育　科技　卫生

教　育

【概况】 2022年，全区有中小学校和特殊教育学校51所、幼儿园72所。全区中小学和特殊教育学校在校学生55528名、幼儿园在园幼儿14448名，其中普通高中学生6623名、中等职业学校学生4039名、初中学生13845名、小学学生30949名、特殊教育学校学生72名。中小学和特殊教育学校专任教师3826名、幼儿园专任教师1176名，其中普通高中专任教师669名、中等职业学校专任教师325名、初中专任教师1094名、小学专任教师1717名、特殊教育学校专任教师24名。

2022年，初中毕业生4353人，升入普高2202人，升入职高2146人，升学率99.86%。

【政治生态建设】 全力抓好意识形态工作，守牢理论武装阵地，全系统组织开展党的二十大精神等各类专题学习200多场次，局机

2月25日，奉化区教育局为新一批前往四川省凉山彝族自治州甘洛县支教的教师们举行集体送行会

3月17日，奉化区师生在第十六届宁波市中等职业学校（技工学校）技能大赛上获得12金28银51铜，奖牌数再创新高

4月29日，区教育系统5位选手参加2022年奉化区青年理论宣讲大赛暨微型党课决赛，获得3个一等奖、2个二等奖；区教育局获最佳组织奖

5月18日，里约残奥会射箭“双金王”周佳敏到莼湖街道中心小学指导学校射箭特色办学工作

关组织“青年干部讲坛”主题宣讲20余人次，在各级微型党课大赛暨“我最喜爱的习总书记的一句话”主题宣讲大赛中，获市特等奖1项、区一等奖4项和二等奖3项，制作常规类、文艺类微型党课50余节供基层学习。中小学校党组织领导的校长负责制学校增至41所，覆盖率达到85.4%，相关工作在全市教育党建会议上作典型交流，并获省厅、市教育局领导充分肯定。新增党总支、党支部12个，102个基层党组织完成换届。开展“一学校一品牌、一支部一特色”活动，培育形成党建和业务双融双促的特色基层党组织30个，民办学校“党建入章程”、党建指导员派驻制度建设、党组织班子成员和学校管理层“双向进入、交叉任职”等工作受到省市督查组肯定。开展作风建设专项督查20余次，检查学校单位50多家；对16家学校进行基层作风巡察，建立问题清单，督促逐一销号、建章立制，推进“基层权力”规范运行；开展两轮师德师风重点问题专项整治，开展侵害学生身心健康问题专项整治，2022年，共处理违规违纪教师10人次，其中降低岗位等级1人次，记过2人次，行政警告处分2人次，党纪警告处分5人次。对7000余名编内编外教职工违法犯罪记录进行全面查询，共辞退有违法记录的编外人员 6人。

【基础教育】 与浙江师范大学合作打造区域标杆学校浙师大附属奉化实验学校进展顺利；省民生实事工程——跨地区教共体结对帮扶工作圆满完成，受到省教育厅好评；2022年，中考普高录取分数超过宁海、象山，中考在全市排名前500名的学生17位，高考尖子生培养取得进一步成效；出台加快班主任队伍建设、学生关爱行动、中小学生研学积分打卡等文件。开展“童心向党”等红色主题系列活动230多次，举办首届校园文化建设工作现场会、首届心理健康活动节，评选第二批区级研学实践教育基地（营地）5家，组织各类学生文体赛事12项，新增劳动教育示范学校（基地）区级13家、市级6家。义务教育优质均衡发展水平监测4项主要指标均位列全市第一层次，省基础教育生态监测得分高出省平均3.08分。

举办校园文化建设工作现场会两次，举办首届心理健康活动节，与宁波市第一医院合作成立区学生心理诊疗与研究中心；加大思政教育、心理健康教育进课堂力度，举行全区心理教师座谈会，“奉心而化”心理教师团队被评为区优秀志愿服务组织。滕头学生社会实践基地新时代传统文化艺术馆群落成。

公办幼儿园在园幼儿占比较上年提升6.2%，达到51.4%，普惠性幼儿园在园幼儿占比达到97.1%。全年新增省一级幼儿园3家、省二级幼儿园6家，获评中国美育教育特色基地幼儿园2家，获评2022年省先进教研组2家，市先进教研组3家，1项课程获评省幼儿园精品课程1项，5家幼儿园入选宁波市品牌课程建设实践园。

【职业教育】 新增市校企共建紧缺专业1个，完成职业技能培训12000多人次，其中4700余人获得各类技能等级证书，完成省市考核任务。获评省级示范基地2项，获评宁波市中职学校第一批职业体验基地创建优秀名单和优秀职业体验项目1个，在市职业技能大赛中获16金16银45铜的成绩，奖牌数创历史新高。25名中职学生（其中职教中心16人、工贸旅游学校9人）被本科院校录取。

1100余位城乡社会人员完成学历进修。增设老年教育实体班17个（共121个），开展社区教育进文化礼堂行动455场；新增市终身教育双高建设项目4个，奉化区参赛选手获5金8银4铜（全市共15枚金牌），金牌数和奖牌总数居全市第一。

【基础设施建设】 举办区扩大有效投资推进重大项目现场会，浙师大附中迁建、溪口中心小学迁建项目竣工投用，锦江幼儿园投入使用；凤鸣未来学校新建项目顺利完成主体工程；高级中学教学楼及报告厅建设工程、锦屏小学改建工程顺利推进；江口中学迁建速度领先。投入1390万元，更新电脑室、云机房、移动录播和同步课堂等中小学教育技术装备，实现创新实验室、录播教室、无线校园、多媒体教学一体机四项全覆盖，网络会议、线上教学、网络教研实现常态应用，5所学校入围创建“智慧校园标杆学校”，技术服务教育能力不断提升。

【教师队伍建设】 全年参与交流的骨干教师、普通教师53名；定向浙师大、杭师大培养初高中教师20名；招聘在编教师101名，招聘合同制幼儿教师99名。全年派遣优秀教师援疆、援川支教13人次。2023年评选首届区级名校长5名、区级骨干校长10名，获评宁波市骨干校长4名。新增省特级教师3人、市级骨干教师12人。非试点学校获评高级教师66名，通过率超宁波平均值。入选甬江育才工程领军人物10名，入选总数和各层次人数均创历届新高。青年教师、新教师在宁波市首届青年教师教学基本功大赛中1人获一等奖，7人获二等奖。教师个人获省一等奖以上各类荣誉39项。获评省教育科研先进集体1个，4个学校获评市教育科研先

6月27日，奉化区青少年在第14届浙江省青少年科技创新大赛上获得一等奖2项、二等奖1项、三等奖2项

进集体。高层次人才培养工作在宁波作典型发言，结合区相关人才政策，新评特级教师一次性30万元奖励给获评教师、评选团队和相关学校，特级教师的年考核奖励提高到城区8.6万元、农村9.6万元，力度全市领先。各类高端人才选拔及早谋划，组建指导团队开展多轮集训。高级教师评审通过率达到80%，在全市居领先位置。

【浙江省中小学学籍管理培训和研讨会在奉化举行】 7月21—22日，2022年浙江省中小学学籍管理培训和研讨会在奉化举行。浙江省教育厅基教处副处长鲍铁虎，宁波市教育局副总督学何倩，奉化区教育局党委书记、局长何彪，宁波市教育局基教处处长许琳，奉化区教育局党委委员、副局长陈鲁焕及各设区市教育局基础教育处负责人和学籍管理干部参加现场会议。各县（市、区）教育局学籍管理干部线上参加培训。

【浙江师范大学附属奉化实验学校合作办学签约暨揭牌仪式举行】 9月9日，浙江师范大学附属奉化实验学校合作办学签约暨揭牌仪式举行。浙江师范大学党委书记郑孟状、副校长林一钢、宁波市奉化区委书记胡永光和部分区委领导参加。

【宁波市终身教育技能大赛举办】 12月10日，宁波市终身教育技能大赛在奉化职教中心举行。宁波市教育局党委委员、副局长王飞，宁波市教育局终身教育与民办教育处处长章敏杰等出席开幕式。奉化选手在市职业技能大赛中获16金16银45铜，奖牌数创历史新高。

【奉化二中建校70周年校庆】 12月11日，奉化二中建校70周年校庆盛典在二中体艺馆举行。宁波工程学院党委书记吕忠达，奉化区委副书记、区委政法委书记徐震宇，奉化区教育局党委书记、局长何彪，莼湖街道党工委书记滕晓君等出席。

【“双减”工作取得阶段性成果】 松岙中学、实验小学、龙津实验学校、莼湖中心小学等4所学校获评宁波市义务段课后服务课程建设示范学校，实验小学、锦溪小学、新城实验学校、班溪小学4所学校的实践案例入选浙江省“双减”优秀实践案例。龙津实验学校获省中小学优秀作业案例一等奖。

（李　蓉）

科　技

【概况】 2022年，奉化区科技局以“竞跑竞绩”“进位进阶”为主线，结合“十四五”科技创新发展规划，推动高质量发展、构建新发展格局，在高新技术产业增加值、规上工业企业研发投入、高新技术产业投资等科技创新指标争先进位，为区域高质量发展提供科技支撑。2022年，共推荐上报国家高新技术企业98家，新增高新技术企业85家，实现历史突破；新增浙江省科技型中小企业156家，超额完成宁波下达的130家任务数。组织开展“小而美”苗子企业培育专项行动，2022年，62家小而美苗子企业主营业务收入达24.6亿元，同比增长21.2%。区科技局获五星级基层党组织称号、2021年度区级机关招商引资工作考评第二名、第十一届中国创新创业大赛宁波赛区优秀组织奖。

【科技创新】 2022年，全区新增省级高新技术企业研究开发中心6家，新增省级企业研究院3家。至年底，全区累计拥有省级企业研究院9家、省级高新技术企业研究开发中心51家、宁波市级企业研究院11家、宁波市级工程（技术）中心146家、区级工程（技术）中心286家。

全年推荐国家级人才工程4项；推荐省级人才工程1项、省领军型创新创业团队2项；推荐海外工程师年薪资助项目3项，其中2项获得资助；推荐2人申报2022年“茶花友谊使者”，其中1人入选。

【科技计划】 全年6个项目获宁波市重点研发计划暨“揭榜挂帅”项目立项，1个项目获宁波市重点研发计划暨“揭榜挂帅”第三批项目（重大应用场景）立项。修订完善《宁波市奉化区科技计划项目管理办法》，共征集39个关键核心技术难题，30个项目列入申报指南。共获市级重大专项2项、市级公益类计划项目5项。

【科技支撑】 2022年，共获市级重大专项2项、市级公益类计划项目5项，累计获批资金688万元。

【科技金融】 以科技信贷为抓手，为全区中小微企业提供科技金融服务。至年底，区科技信贷风险池共放贷7家企业9笔贷款，累计放贷1725万元。成功帮助金耀裕通等17家企业解决融资6500万元。

【科技合作】 加强产学研合作服务作用。支持企业与高校、科研院所整合互补性资源，鼓励企业申报宁波科学技术奖。2022年，组织实施奉化区产学研项目41项，科技创新券项目2项，组织申报宁波科学技术奖4项。

【创新创业平台】 发挥启迪科技园企业孵化功能，2021年以来，园区开展各类培训交流10余场，审核园区招商项目6个。全区新增市级众创空间3家，新增市级孵化器1家，推荐申报省级孵化器1家，省级众创空间1家。

（胡　杨）

宁波市奉化区重点研发计划暨“揭榜挂帅”项目立项情况一览表

表30

序号	专项名称	项目类型	指南方向	申报项目名称	申报单位名称	项目所有合作单位	前三位负责人姓名	所属地
1	关键核心基础件专项—高端模具与先进成型领域	产业链关键核心技术攻关	新能源汽车底盘悬挂系统零部件的轻量化及冷成形技术	新能源汽车底盘悬挂系统零部件的轻量化及冷成形技术	浙江锐泰悬挂系统科技有限公司	中国兵器科学研究院宁波分院，大连理工大学宁波研究院	张文会，白玉，杨阳	奉化区
2	关键核心基础件专项—核心零部件领域	产业链关键核心技术攻关	高精密异形不锈钢粉末冶金件关键技术研发及产业化	高精密异形不锈钢粉末冶金件关键技术研发及产业化	浙江恒基永昕新材料股份有限公司	中国兵器科学研究院宁波分院，浙江工商职业技术学院	王远鑫，冯宏伟，李雄伟	奉化区
3	机器人与高端装备专项	产业链关键核心技术攻关	小家电双臂协作机器人智能装配关键技术研发及产业化	小家电双臂协作机器人智能装配关键技术研发及产业化	宁波利安科技股份有限公司	浙大宁波理工学院，宁波韦尔德斯凯勒智能科技有限公司	张志远，张敬良，邱翌	奉化区
4	先进材料专项专项—金属新材料与稀土磁性材料领域	产业链关键核心技术攻关	新能源汽车用非热处理强化压铸铝合金及其复杂构件的产业化研究	新能源汽车用非热处理强化压铸铝合金及其复杂构件的产业化研究	宁波海威汽车零件股份有限公司	湖南大学，宁波大学，浙江万里学院	徐世伟，王斌锋，刘文	奉化区
5	现代农业专项	智慧农业与农机装备	基于卫星通信的海产交易服务平台及渔业大数据中心建设关键技术	基于卫星通信的海产交易服务平台及渔业大数据中心建设关键技术	宁波海上鲜信息技术股份有限公司	宁波诺丁汉大学，诺丁汉（宁波保税区）区块链有限公司	叶宁，乐仁龙，任剑锋	奉化区
6	现代农业专项	品种选育与粮食安全	特色水蜜桃新品种选育及绿色高效栽培技术研究示范	水蜜桃新品种选育及绿色高效栽培技术研究示范	宁波市奉化区水蜜桃研究所	浙江大学，宁波市农业科学研究院，宁波市奉化区泓盛农业发展有限公司	陈妙金，石艳娜，陈昆松	奉化区

2022年度宁波市奉化区重点研发计划暨“揭榜挂帅”第三批项目（重大应用场景）拟立项项目表

表31

序号	项目名称	申报单位	负责人	场景领域	区域
1	高通量卫星通信服务在海上智慧港口多跨场景示范应用	浙江波星通卫星通信有限公司	杨帆，韩群燕，王建峰	智慧港口	奉化

宁波市奉化区2022年度“揭榜挂帅”项目一览表

表32

序号	项目名称	单位名称	合作单位	产业领域
1	基于高纯度高相变潜热石蜡的定形相变材料开发及产业化	中科优选新材料（浙江）有限公司	—	先进材料
2	基于硫化诱导的超高分子量聚乙烯前缘保护 LEP 膜	宁波腾燊科技发展有限公司	—	双碳科技
3	DMS 系统专用电致变色材料及器件的研发	宁波铼康光电有限公司	—	先进材料
4	高效超精钕铁硼柔性切割、异形研磨技术的研发及产业化应用	宁波市信泰科技有限公司	中国科学院宁波材料技术与工程研究所	先进材料
5	晶界扩散工艺制备高丰度稀土烧结钕铁硼 45UH 磁体工艺的研发	宁波松科磁材有限公司	—	先进材料
6	单面轻薄型降温涂层布产业化关键技术开发	浙江双盾纺织科技有限公司	济南大学	先进材料
7	用于高温合金高速切削的协同增韧复合材料刀具开发及产业化	宁波艾赛德航空科技有限公司	江西理工大学	先进材料
8	中大电流接触器 $AgSnO_2In2O_3$ 电触头材料开发及产业化应用	宁波东大神乐电工合金有限公司	中南大学	先进材料
9	碳化物致密陶瓷片	宁波欧翔精细陶瓷技术有限公司	—	先进材料
10	新能源汽车动力电池热失控抑制复合材料研发及产业化应用	宁波卓翔科技有限公司	—	先进材料
11	七色高保真绿色印刷应用关键技术	宁波市新兆印业有限公司	浙大宁波理工学院	双碳科技
12	面向高端自动化智能装备的通用驱控一体控制系统	宁波韦尔德斯凯勒智能科技有限公司	—	机器人与高端装备（含精密仪器设备）
13	高性能无刷充电马毛剪的研制	宁波霍德智能科技有限公司	浙江纺织服装职业技术学院	机器人与高端装备（含精密仪器设备）

续表32

序号	项目名称	单位名称	合作单位	产业领域
14	光伏电站智能飞行清扫机器人关键技术研究	浙江拓华能源科技有限公司	浙江万里学院	机器人与高端装备（含精密仪器设备）
15	无人船智能航行及远程监测关键技术开发	宁波泰博达无人船技术有限公司	—	机器人与高端装备（含精密仪器设备）
16	大载荷高寿命光伏发电调姿系统关键核心技术开发	宁波帕瓦莱斯智能科技有限公司	浙江万里学院	机器人与高端装备（含精密仪器设备）
17	液压举升设备用气动液压泵关键技术研发及产业化	宁波市奉化区南方机械制造有限公司	—	关键核心基础件
18	自供动力源耐高温超高压气动集成单元关键技术研究	宁波宇恒能源科技有限公司	浙江万里学院	关键核心基础件
19	圆弧齿形高压低噪音螺旋液压泵的研发	宁波布赫懋鑫液压技术有限公司	—	关键核心基础件
20	高强度轻量化铝合金电池盒箱体的研发及产业化	浙江祥晋汽车零部件股份有限公司	—	关键核心基础件
21	高精密高密封新能源汽车电控系统散热桥的研发及产业化	宁波金耀裕通汽车零部件有限公司	—	关键核心基础件
22	强抗扰低成本全固态车载近场环视激光雷达芯片关键技术开发	宁波飞芯电子科技有限公司	浙江机电职业技术学院、浙大宁波理工学院	数字创新
23	高采样率高灵敏度分布式光纤声波传感技术开发	宁波联河光子技术有限公司	—	数字创新
24	面向不同环境的高可靠性 PCBA 电路板制造技术研究与产业化	浙江同芯微智能科技有限公司	—	数字创新
25	基于数字孪生的复杂场景时空感知关键技术研发及应用示范	宁波天宸启桦教育科技有限公司	—	数字创新
26	低代码工业元宇宙数字应用（可视化）开发平台	几立智能科技（宁波）有限公司	—	数字创新
27	基于 5G+AIOT 的共富植物方舱关键技术研究	宁波云笈科技有限公司	浙江万里学院	数字创新
28	高功率芯片冷却器的研发及产业化	宁波市哈雷换热设备有限公司	—	数字创新
29	数字裁切高端装备智能终端云端协同人工智能服务平台	宁波瑞利时数控科技有限公司	—	机器人与高端装备（含精密仪器设备）
30	超高响应速度 AI 智能提升系统的研发及产业化	宁波中皇机电有限公司	—	机器人与高端装备（含精密仪器设备）

2022年度市级农业与社会发展科技项目一览表

表33　　单位：万元

序号	计划类别	项目名称	实施单位	补助经费
1	2022年度宁波市社会公益研究项目	基于多重PCR毛细电泳片段分析方法进行幽门螺杆菌的鉴定、毒力及耐药分析	宁波市奉化区人民医院（宁波市奉化区人民医院医共体总院）	4
2	2022年度宁波市社会公益研究项目	叶菜专用LED灯具及其光照精准调控技术研发与应用示范	宁波亚茂光电股份有限公司	20
3	2022年度宁波市社会公益研究项目	水产加工有机废弃物利用关键技术及示范	宁波今日食品有限公司	20
4	2022年度宁波市社会公益研究项目	竹笋延时加工关键技术研究与产业化示范	宁波市中林竹产业研究院	20
5	2022年度宁波市社会公益研究项目	宁波市既有建筑外墙面寿命预测及空鼓检测修复技术与应用	宁波市凯弘工程咨询有限公司	20
6	宁波市重点技术研发项目	基于卫星通信的海产交易服务平台及渔业大数据中心建设关键技术	宁波海上鲜信息技术股份有限公司	300
7	宁波市重点技术研发项目	水蜜桃新品种选育及绿色高效栽培技术研究示范	宁波市奉化区水蜜桃研究所	300

宁波市奉化区2022年度产学研项目经费安排表

表34　　单位：万元

序号	企业名称	项目名称	补助金额
1	宁波松科磁材有限公司	高剩磁高矫顽力烧结钕铁硼关键技术开发	20
2	宁波大昌药业有限公司	中药/茶速溶饮片的制作工艺研究与开发	30
3	宁波大昌药业有限公司	新型多孔材料用于中草药有效成分高度提纯技术开发	30
4	宁波市奉化博龙机械制造有限公司	高精度低噪音锥齿轮检测工艺及专用检具的研发	2.2
5	宁波鉴合科技有限责任公司	新型复合生物纳米材料酶活性检测试剂的开发	2
6	宁波鉴合科技有限责任公司	新型侧流层析农药残留检测试纸的开发	4.4
7	宁波市博坤生物科技有限公司	触摸痕显色分子的设计与合成	2
8	宁波奉化精瑞钢球有限公司	民用车雨刮器轴承钢球研发	2.1
9	宁波市昕伊达能源设备制造有限公司	差压式波纹管气密封检测设备的研发	6
10	宁波甬兴电子有限公司	高端ITO靶材用高纯氧化铟纳米粉体制备技术开发	7.04

续表34

序号	企业名称	项目名称	补助金额
11	宁波市万茂电器有限公司	智能油烟机关键技术的研发	2.1
12	宁波管通机械有限公司	集成组合过滤高压盖板总成仿真分析与优化设计	2.2
13	宁波光远致信生物科技有限公司	原材料化学性能及材料结构性能的测试及评价	4.8
14	宁波南海化学有限公司	丙烯酸树脂的技术开发及应用研究	3
15	宁波申山新材料科技有限公司	强耐老化压敏胶带的研制	2
16	宁波晨光威腾自动化机械有限公司	CGWT 新制氧机电磁阀的研发	2.2
17	宁波市鑫潮自动化元件有限公司	轨道交通高性能 XDNC 系列气动元件的研发	2.1
18	宁波领科新材料科技有限公司	聚酰亚胺特种工程塑料的研发	5
19	宁波海特创电控有限公司	650V 氮化镓（GaN）功率 HEMT 器件的开发	10
20	宁波鲍斯能源装备股份有限公司	基于机器视觉的智能工件识别关键技术研究与开发	10
21	宁波赛派科技有限公司	低烧土烧结钕铁硼晶界优化关键技术研发及产业化应用	8
22		高性能钕铁硼生产工艺开发	8
23	宁波银瓷新材料有限公司	定向烧结连续纤维自增韧氮化硅陶瓷的开发	4
24		氮化硅陶瓷轴承球表面缺陷检测装置的开发	5
25	奉化市赛派磁电有限公司	大容积钕铁硼磁铁原料混合机的开发	4
26	宁波飞芯电子科技有限公司	激光器驱动芯片开发	2
27	宁波精科机械密封件制造有限公司	高温集装式机械密封系统及检测装置开发	10
28		新型中高浓度浆液密封系统及测试装置开发	6
29	星宇电子（宁波）有限公司	基于 ISIGT 优化集成系统的真空发生器结构设计	2.4
30		电磁阀的在线检测及自动化装配成套系统设计	8
31	宁波术有磁电科技有限公司	磁铁多线切割机备料用粘接机器人	4
32	宁波善德电子集团有限公司	通用信号处理单元	2
33	宁波霖华塑胶有限公司	基于区域链的塑料产品生产追踪平台	5.868
34	宁波一品生物技术有限公司	γ 射线辐照氧化铁等着色剂的灭菌工艺研究	3
35	浙江锐泰悬挂系统科技有限公司	汽车三角臂、控制臂和稳定杆焊接技术研究	4.62
36	宁波朗辉工具有限公司	新能源智能割草机平台的研发	3
37	宁波东大神乐电工合金有限公司	Ag 基电接触新材料成分优化及氧压分析	10
38	宁波蓝释电子科技有限公司	基于强化学习的控制系统软件设计	2
39	宁波凯航电子科技有限公司	防浪涌电磁阀系列线圈的研发	2.2

续表34

序号	企业名称	项目名称	补助金额
40	宁波利安科技股份有限公司	新型成像光学技术——浙江大学利安光学联合研究中心	30
41	宁波丞智科技有限公司	机器人去毛刺工具库及工艺专家库开发	10
	小计		253.228

宁波市奉化区2022年度创新券经费安排表

表35　　单位：万元

序号	企业名称	项目名称	补助金额
1	宁波集联软件科技有限公司	车载中控核心板 EO1P 生产软件	0.06
2	宁波腾格尔木业有限公司	一款具备销售、体验及场景控制的手机 APP 技术开发	9.9
	合计		9.96

2022年奉化区拟推荐宁波市科学技术奖项目一览表

表36　　单位：万元

序号	项目名称	主要完成单位	主要完成人	拟提名奖励等级
1	基于集成相控阵列天线的全固态车载激光雷达发射组件关键技术研发	宁波飞芯电子科技有限公司、浙大宁波理工学院、浙江大学	雷述宇、吴尧锋、黄强盛	一等奖
2	高精度电气比例阀与高集成智能化真空发生器关键技术研发及产业化	星宇电子（宁波）有限公司、国家气动产品质量监督检验中心、浙大宁波理工学院	曹建波、朱东杰、章苗英、陈广景、刘文、刘丽娇、胡小雄、毛乾辉、王春鸽	二等奖
3	HK0205 胶带自动粘贴设备	宁波霍科电器有限公司	陈剑伦、江红军、肖建平、阎子文	三等奖
4	含投影可视化双刀头柔性材料数控切割装置及系统	宁波瑞利时数控科技有限公司	林贺盛、周平浩、吕森丰、贾巧莲、李冰、孙守光、张长利	三等奖

卫生健康

【概况】 2022年，全区卫生健康工作紧紧围绕“十四五”改革发展目标任务，结合省、市、区工作要点，以疫情防控和健康奉化建设为主线，强化“奉有善育”“奉有健康”两大品牌建设，不断提升卫生健康服务能力。至2022年底，全区共有各级各类医疗卫生机构484家（不包括宁波市第一医院）。医院13家，其中公立医院4家、社会办医院9家。急救站、卫生监督所各1家，采供血点1家。乡镇卫生院（街道社区卫生服务中心）共11家。社区卫生服务站、分院共24家。医务室16家，转制卫生院8家，诊所107家，门诊部15家（其中社会办14家），独立设置社会办医学检验实验室1家，村卫生室286家。全区各级各类医疗机构核定床位2806张（不包括宁波市第一医院），每千常住人口医疗机构核定床位数4.86张（按七普57.75万人口计）。全区医疗机构全年共诊疗7804022人次，办理出院67746人次，平均住院日为10.6天。区级公立医院门急诊均次费用和住院均次费用分别为189.54元和7837.55元，同比上升3.2%和3.1%，增长率均控制在5%以内。2022年，全区共出生1928人（统计口径：以男方户籍地统计上报为主；未登记结婚的，双方均为本省户籍的由女方户籍地上报，一方省外户籍的由男方户籍地上报），同比减少144人，减少6.95%，其中二孩及以上出生585人，同比减少106人。孕产妇死亡率为0/10万，婴儿死亡率1.5‰。

【疫情防控】 坚持"动态清零"总方针，"外防输入、内防反弹"，根据病毒变异特点和疫情形势变化不断动态优化调整防控策略措施。定点医院、亚定点医院建设和救治工作扎实到位，400张新冠定点医院床位投入使用。

【资源配置】 区中医医院迁建项目、裘村镇卫生院改造项目、莼湖街道社区卫生服务中心桐照分院迁建项目建成投用。松岙镇卫生院迁建项目完成竣工验收，西坞街道社区卫生服务中心迁建项目完成中间结构验收。区医疗健康综合体项目和区中医医院传染病楼建设进程加速，锦屏街道社区卫生服务中心改造项目实施。谋划区妇幼保健院的迁建项目。

【综合医改】 持续强化"三医联动""六医统筹"综合医改。全面落实国家组织药品集中采购和医保谈判药品任务要求，协调推进医保支付方式改革、医疗服务价格调整、药品供应保障体系建设等工作。出台《奉化区实施公立医院综合改革奖惩办法的通知》《关于进一步推进公立医院综合改革工作的指导意见》和《奉化区公立医院综合改革优秀科室考评办法》等文件，全年区级公立医院门急诊均次费用和住院均次费用增幅控制在5%以内，医疗服务收入占比达到36%以上，实现收支平衡。聚焦区域医共体建设"一家人、一盘棋、一本账"核心体制机制，区域和基层医疗卫生服务能力提升，印发《区域医共体紧密程度评价标准和监测指标（试行）》《区域医共体紧密程度考核评分标准（试行）》等文件，健全绩效考核评价体系，强化考核结果运用。2022年，区域就诊率99.36%，基层就诊率67.34%。

【基层卫生】 基层医疗机构实施契约式家庭医生制服务率达到100%。全年家庭医生收费签约居民总数8.32万人，完成重点人群签约8.07万人。基本公共卫生项目经费达到人均97元，服务均等化更加普及。项目宣传力度不断加大，居民知晓率和参与度稳步提高，居民规范化电子健康档案覆盖率达79.72%，老年人健康管理率达66.39%，全区基本公共卫生服务项目综合达标率为97.37%，公共卫生均等化服务水平全面提升。2022年，全区高血压患者规范管理率64.98%，控制率达64.03%；2型糖尿病患者规范管理率66.73%，血糖控制率达63.65%。

【卫生监督】 开展"蓝盾先锋——争先创优促进位"系列活动，在2022年全省卫生行政执法效能监测中，获评A档次县（市、区），并获评浙江省卫生健康执法规范化建设单位。全年共出动执法人员1186人次，检查医疗机构近1000家次，共立案82起，停业整顿23家，罚款5万余元。综合监管智慧化、法治化、精细化。对全区范围内3200多家经营单位不间断开展健康执法监督，全年共立案322起，结案301起，分别较2021年同比下降13.44%，14.49%。结案案件中，一般程序案216起，简易程序案85起，罚没款共计1709280元，实际执行罚没款1682980元。

疾病预防

【传染病防控】 全年无甲类传染病报告，报告新冠肺炎病例226例，新冠病毒感染无症状感染者70例。报告处置聚集性疫情106起，突发公共卫生事件14起。结核病防治核心指标圆满完成。规范预防接种，加强疑似预防接种异常接种反应监测，全年无死亡、群体性接种反应等重大事件报告。在宁波市范围内率先开展肺结核传染期免费住院隔离治疗。

【精神卫生综合管理】 社会心理服务体系建设和精神卫生综合管理工作稳步推进，制定非本地户籍严重精神障碍患者管理治疗工作实施方案，完善集门诊和住院患者补助、本地和非本地患者补助于一体的"一站式"补助系统，实现即时结报系统人群全覆盖，实现"数据多跑路，群众少跑腿"的"最多跑一次"要求。长效针剂、严重精神障碍患者同伴支持和失智老人筛查等项目稳步推进。成立精神卫生专科门诊，设立宁波市心理咨询治疗中心奉化服务点。

【妇幼保健】 城乡妇女免费"两癌"检查有效实施，其中宫颈癌筛查10908例、乳腺癌筛查11080例。出生缺陷综合防治扎实推进，完成孕前优生健康检查2056人，产前筛查3043人，新生儿疾病筛查2063人，新生儿先天性心脏病筛查2041人。高危孕产妇妊娠风险评估管理扎实开展，全年发现户籍高危产妇1475例，住院分娩率100%。2022年，共有户籍产妇1965例，未发生孕产妇死亡。0—3岁儿童发育监测与筛查有效落实，全年共筛查户籍儿童10370人次。实施高危儿分级管理及早期干预，管理高危儿童4096人，高危管理率100%。完成20家村（社区）婴幼儿照护服务指导点。

【爱国卫生】 组织开展爱国卫生月、"筑牢防线、守护健康"爱国卫生集中行动等群众性爱国卫生活动，宣传普及文明健康生活方式，城乡整体环境明显改善。新创建省卫生村37个，实现省卫生村全覆盖，创建省健康村131个。创建健康促进金牌学校2家、银牌7家；创建健康促进医院10家、健康促进企业10家、健康促进机关50家、健康支持性环境30个。居民健康素养水平达到39.3%，较上年提升3.5个百分点。区里选送的杨世荣家庭获省健康家庭大奖赛二等奖、宁波市健康家庭大奖赛一等奖。加强病媒生物防制技术指导，创建宁波市级除"四害"村12个；江口、萧王庙、裘村3个镇（街道）实现病媒生物控制水平B级达标。

【婴幼机构】 公共场所母婴设施标准化建设推进，新建母婴设施6家，改造升级母婴室7家，累计已建35家母婴设施，公共场所母婴设施标准化配置率达到100%，均按三星级及以上标准配置。积极推进奉化区高质量发展建设共同富裕"奉有善育"行动方案。采取公办民营、民办公助等形式大力发展普惠性婴幼儿照护服务，幼儿园托幼一体化发展加速，建立健全3岁以下婴幼儿社会化照护服务体系。2022年，新增大堰镇建成一家托育机构（大堰镇中心幼儿园），新增托位568个，其中普惠性托位448个。全区共有各类托育服务机构48家，提供托位2056个，其中社会办营利性托育机构12家，提供托位583个；幼儿园托育部36家，提供托位1473个。全区每千人口拥有托位数为3.52个。认真执行计划生育家庭奖特扶政策，2022年，新增奖扶、特扶对象9522人，其中新增农村双女户奖扶对象3001人，独生子女奖扶对象6463人，特扶对象58人，实发人数44938人，合计需发放6248.016万元。

【无偿献血】"街头为主、团体为辅、应急为补"工作模式进一步强化，探索去指标化无偿献血募集新模式。奉化万达爱心献血屋开展"血缘"志愿公益服务项目，采集量达总量的55.53%。独创爱伊美集团"5.20奉献血生命之礼"、新乐集团"卷袖之爱"两个企业献血品牌。开展社会层面、溪口镇、江口街道和西坞街道等4次应急献血活动，重点保障疫情防控期间临床供血。整合区红十字会、区疾病预防控制中心资源，把无偿献血宣传与红十字会的"三献"工作、疾控中心的传染病防治工作有效融合，推行生命健康教育知识进校园活动。通过"大健康"理念共同倡导敬畏生命、护卫生命，提升高校师生的献血积极性。2022年，全区8542人参与无偿献血，采集血液1991270毫升（1.99吨），同比增长9.17%。其中全血采集4805人次，1553070毫升，同比增长1.00%，血小板捐献1541人次，2191治疗单位，同比增长53.11%。

【工作亮点】 创新实施计生特殊家庭居家健康监测项目。首批100位失独老人戴上智能手环，实现区计生协会、暖心家园社工、结对志愿者和帮扶对象的多方互动，让失独老人享受全天候健康关怀。“青鸟探巢农村失独老人幸福晚年”志愿服务项目获2022年全国青年志愿服务项目大赛银奖。

加快“互联网+”与基层医疗卫生的深度融合。完善基层补偿机制改革信息化平台，把“线上问诊、远程配药、协同门诊、点单护理”等云医院服务纳入补偿机制改革，以适当补助基层医疗卫生机构，同时云医院服务项目纳入分院绩效考核指标，直接和基层医生的绩效挂钩，促进云医疗服务向基层站点和家庭延伸，深化远程医疗和健康管理服务。2022年，累计在线图文问诊31390人次，线上护理门诊509例数，线上处方24649张。

（骆丽丽）

文化　体育

综　述

2022年，奉化区以构建城乡一体、区域均衡、人群均等的现代公共文化服务体系为目标，实施软硬件双提升的文化振兴工程。区级公共文化设施得到有力的提升，乡镇综合文化站、村（社区）综合文化服务中心等基层文化设施进一步改善，各类群众性品牌活动和文化惠民活动持续开展，为全区人民带来文化享受。同时，以征战第十七届省运会和巩固省体育现代化区创建成果为重点，扎实推进群众体育、竞技体育、体育产业高质量发展，取得佳绩：以全省第一的成绩获“浙江省竞技体育突出贡献奖”，环浙步道服务应用列入省2022年数字化改革揭榜挂帅项目。

公共文化服务

【公共文化设施建设】 全面构建品质文化“创新圈”。高质量推进省市级民生实事项目，建设完成90个“15分钟品质文化生活圈”、2个城市书房、2个乡村博物馆、1个文化驿站。建成传统工艺工作站1个、非遗工坊9个，非遗体验基地、传习所7个。

7月5日，2022年浙江省第二届龙狮运动进校园研讨会暨奉化布龙发展高峰论坛在奉化举行

【文化产品供给】 做优“一人一艺”全民艺术普及等公益培训，举办“诗画江南 活力浙江”第二届浙江省旅游歌曲大赛颁奖盛典、“蜜桃集市”百姓大舞台、“花开盛世 福满奉城”扇面进民宿巡展等文艺演出和展览讲座，全年共计开展文化惠民活动1088场，服务群众28.14万人次。舞龙《奉化布龙》被评为“第十五届中国民间文艺山花奖·优秀民间艺术表演作品”入围作品，原创小戏《算账》获省第十一届群众戏曲小戏大赛金奖，原创歌曲《心中的誓言》获省“五个一工程”奖，原创歌曲《奉陪》《幸福的地方》获“诗画江南 活力浙江”第二届浙江省旅游歌曲大赛金奖。

【全民阅读推广】 举办第八届巴人读书节、春芽故事会、凤麓（微）讲堂等线上线下阅读推广活动871场次，“凤麓之声”朗诵团获2022年第二批浙江省“最美阅读团队”称号。2022年，共新增图书35044册，读者借还96.87万册次，借还人次11.71万人次，送书下乡6.45万册。

文化传承

【奉化博物馆取得历史性成绩】 奉化博物馆“山海交响——奉化历史文明展”获第十九届（2021年度）“全国博物馆十大陈列展览精品”“新时代博物馆百大陈列展览精品”等全国性荣誉，被省人民政府评为“文物工作成绩突出集体”，记区级集体三等功1次，区文广旅体局获集体嘉奖。3个常设展和3个主题馆共接待观众22.8万人次。举办“文物保护：时代共进 人民共享”2022文化和自然遗产日浙江主场（奉化）系列活动启动仪式，创新开展“文明的守护神”夜宿博物馆、“营造团”冬令营、“宋韵探博”等各类社教宣传活动300余场次，参与人数2.2万人次。

【文物保护】 完成蒋氏宗祠西厢房、钱潭庙修缮工程，推进奉中圣大房修缮工程和南渡广济桥保养维护，制作安装第九批奉化区文物保护点标志碑，完成G15高速奉化段、状元岙抽水蓄能电站、王家岭地上地下文物遗存调查，开展奉化江流域先秦遗址文物调查与勘探。开展文物专项安全大检查行动，对各级文物保护单位（点）进行检查，共计出动627人次。

【非遗传承】“奉化艺韵”传统工艺工作站被评为省级传统工艺工作站（创建）名单，荣昌祥进入省级非遗工坊（创建）名单，雪窦山文化传承生态保护区纳入省级文化传承生态保护区名单。红帮裁缝技艺受邀参加浙江省文化基因解码工程成果展和第七届中国非物质文化遗产博览会。75集短视频《奉小布讲非遗》总浏览量超过700万次，收获点赞12.2万次、粉丝7.7万个，切实让群众共享非遗保护成果。

体育现代化区建设

【全民健身公共服务体系建设】 印发《宁波市奉化区全民健身实施计划（2021—2025年）》，高质量推进18项市民生实事工程，建成社区多功能运动场7个、百姓健身房9个、全民健身广场1个、体育公园1个，顺利完成99.12千米的环浙步道提升工程。全年新增体育场地面积7.4万平方米，人均体育场地面积达4.04平方米。开发打造“户外运动服务应用”，开启智慧步道“2.0时代”，促进小步道大场景、小步道共富裕。

【奉化IP品牌赛事打造】 举办第三届海峡两岸体育舞蹈公开赛、“两岸共跑212”、2022宁波湾全民龙舟精英赛、天妃湖首届公开水域游泳邀请赛等赛事活动100余场，完成浙江省运动休闲基地、桃花马拉松省级品牌赛事创建，商量岗获评浙江省十大户外露营基地。牵头谋划并组织开展奉化区首届全民健身运动会，全年超过10万人次参与各级各类赛事活动，奉化区经常参加体育锻炼人口（不含学生）占总人口比例达30.6%。以体育中心建设为契机，促进国家奥体中心与区体

7月24日，2022年第三届中国·宁波奉化海峡两岸体育舞蹈（国标舞）公开赛在奉化举行

育中心运维项目合作。

【公益技能培训】 举办滑雪、桨板、马术等8项“一人一技”公益技能培训班和20场“体卫融合”全民健身大讲堂，参训人数超3000人次。录制10期“一人一技”全民健身云讲堂，总阅读量超380万人次。全面提升社会体育指导员履职服务率，激活指导员1558人，履职率26.6%。全面铺开国民体质监测工作，完成2168人监测任务，区国民体质监测中心列入2023年省星级监测中心评价试点项目。2022年，国民体质合格率94.1%。

【竞技体育综合实力提升】 在2022年浙江省第十七届运动会中，奉化区158名运动员参加比赛，在街舞、举重、拳击、射击、皮划艇激流回旋等项目中取得佳绩，共获得金牌33枚。

承办省青少年皮划艇激流回旋锦标赛、省青少年赛艇锦标赛、省少年儿童田径冠军赛等青少年赛事13场，组织小学生田径冠军赛、中小学生田径运动会等区级比赛12场，切实推动中小学运动队的梯队建设。

命名11家社会力量体育机构为新一轮后备人才基地，两年内共输送31名运动员到市级直属训练单位，其中吉事街舞输送的曾莹莹参加街舞世界锦标赛，吉事街舞俱乐部获评“2018—2021”年度浙江省群众体育工作成绩突出集体。由社会力量训练基地输送的运动员在省运会上获金牌10枚。

【体育产业经济活力激发】 2022年，奉化区录入到国家体育产业名录库的体育企业共223家，个体经营单位210家。2021年全年实现总产值48.77亿元，增幅18.3%。

以成功创建省运动休闲基地再提升工程为抓手，推进西坞街道完成浙江省运动休闲乡镇的前期申报工作，推送商量岗高山滑雪基地和秉航科技体育用品制造成功列入市体育名品培育单位。

为体彩发行提供基础服务保障和市场宣传助力，2022年，完成体彩销量1.54亿元，提前完成市级销量任务。

（王璐婷）

5月17日，宁波湾文体中心项目开工仪式举行

区融媒体中心

【概况】 2022年，奉化区融媒体中心上榜2022年度浙江省县(市、区)传媒集体单项奖“融媒中心20强”，获评2022年度浙江省有线广播电视运营服务质量省级优秀单位。

【体制改革】 整合6个科室，组建大活动部和建设管理部；将下属国企广电网络公司纳入考核体系，实现绩效考核全覆盖；调整采访部、融媒编发部、新媒体部等13个部门的关键绩效指标系数，出台《新媒体增量绩效考核办法》；出台《学科带头人和“项目制”实施方案》，设立短视频、新闻外宣、重大主题、摄影摄像、信息技术、产业经营等16个学科项目；组建短视频专业创作团队5支，安排专业培训52期。

【主题报道】 紧扣“党的二十大”“共同富裕特色区”“疫情防控”“经济社会发展”“文明典范城市创建”等重大主题，在新闻主频道、主频率、《奉化日报》、掌上奉化客户端等平台，开设“二十大精神在身边”“奋进新征程 建功新时代”“共同富裕新征程”“从严从实 全力打好疫情防控战”“奋力打造全国文明典范城市”“竞跑竞绩 进位进阶 加快建设现代化滨海大都市健康美丽新城区”等20多个主题专栏，精心策划大批具有典型意义、典型事件、典型人物的全媒体全方位系列报道，累计刊播稿件5000余篇次。聚焦“疫情防控”“防台抗台”等重大突发民生主题，推出H5、手绘长图、短视频等形式多样的融媒产品。2022年，在掌上奉化、奉化发布、奉化头条、抖音等平台推送原创作品432条，最高点赞数1万余次；2022雪窦山弥勒文化节——圣坛灯光秀播放量23万次，复刊、建台30周年手绘长图点击量超20万次。

【舆论监督】 拓展舆论监督栏目的深度、广度和锐度，重点关注部门作风建设、文明典范城市创建、社会环境建设等领域的热点难点问题，通过问题曝光、政策解读、群众提问、部门答复等方式，打造“记者观察”“记者视点”等舆论监督品牌栏目，刊播《垃圾遍地 污水直排 机场南路旁工棚环境脏乱差》《那些被曝光的问题现在如何 诺德安达门前仍有积水 茗山江修复管道略有渗漏》等报道100余篇。在“锦溪杂谈”“奉川走笔”刊登《办好民生小事切不可留“尾巴”》《权责模糊导致产生卫生死角》新闻评论120余篇。

【外宣工作】 全年在中央、省级各媒体刊播稿件200余篇。央视《新闻联播》播发7篇，其中《傅平均：做乡村振兴的“领头雁”》和《团结奋进新征程 共创历史新伟业——二十大代表继续分组讨论二十大报告》在《新闻联播》播出，时长30秒以上；央视其他频道播发62篇；浙江卫视播发90篇；“浙江之声”播发56篇。在“学习强国”平台的宁波分平台供稿录用394条，省平台录用173条，中央平台录用6条。

【精品创优】 全年37件作品获省、市新闻奖项。《小故事里的大情怀〈德德下乡日记〉字字真情记录一位基层干部的赤子之心》《跟着崔译文姐姐讲文明》两件作品获浙江新闻奖三等奖；《奉化日报》推送的通讯《小故事里的大情怀〈德德下乡日记〉字字真情记录一位基层干部的赤子之心》获浙江省县市（区）新闻奖一等奖，为宁波县市区报刊类唯一；《光伏发电“飞入寻常百姓家”奉化打造全省首个新能源“超级大脑”助力实现“双碳”目标》获浙江省县市（区）新闻奖二等奖；《此心安处是吾乡 这个春节，我们过得挺好》等4件作品获浙江省县市（区）新闻奖三等奖；《解码滕头系列报道》等4件作品获得宁波新闻奖广播、电视、报刊、新媒体等各类奖项一等奖；《奉化设区五周年 记者五度看奉化——一起走过的 不只是时光》等10件作品获宁波新闻奖二等奖，《奋进的五年 辉煌的成就》等14件作品获宁波新闻奖三等奖。

【融媒平台建设】 掌上奉化客户端升级再造与“奉化发布”“奉化头条”平台在疫情通报、抗灾救灾信息滚动、日常便民服务等多项城市服务功能上，做到以技术贴近奉城民生、以传播服务百姓生活，实现流量与影响力正增长。奉化发布为奉城百姓传播重大消息与民生信息，在4—5月的疫情严峻期发布10余篇高浏览量稿件。“奉化头条”爆款文章《奉化这位在县江边摆摊的少年，我们找到了》实现33000次阅读量，2000次以上转发分享，受到全国媒体关注报道。“短视频”《春天来奉化赏花》《四明盛雪 愿君安康》等获宁波市短视频竞赛月评十佳作品；微信公众号内容，《菜场投入“防疫管家”》《志愿者变身“饲养员、园丁”》《奉化这位在县江边摆摊的少年，我们找到了》等推文成为“朋友圈”爆款。掌上奉化客户端8—10月3个月内用户装载量增加8万，装载总量突破21.3万，11月、12月新媒体指数考核连续2个月进入全省20强（11月排名第13，12月排名第17）。开展“社区点单”“假期托管”等特色活动400余场，累计服务社区居民18万余人次。

【安全刊播】 进一步健全节目审查机制、重播重审机制，加大对播出节目的内容监管力度。及时完成电视播出、电台播出和DVB三个等保系统检测工作和升级，确保系统运作无漏洞。提升网络信息安全防护等级，全面巡检掌上奉化App的WAF应用防护系统、综合日志审计系统和数据库审计系统，升级系统版本与规则库版本至最新版本，最大程度保障App的运行安全。完善融媒体中心、广播电视台、网络管理、发射管理、有线网络等五个方面17项预案，进一步健全安全播出应急等制度，完善奉化区融媒体中心安全播出突发事件应急预案、各项管理制度，开展安全播出应急演练，提升队伍应急处突能力。全年圆满完成元旦、两会、春节、冬奥会、冬残奥会、国庆和党的二十大等各个重保期的安全刊播保障工作。

【网络技术】 推进GPON网络网管系统建设，完成网管系统建设方案制定，实现电脑PC端和手机端对GPON网络和设备的管理与运维。推进数字电视环网监测系统建设，建立数字电视环网接收机的网管系统，实时监测预警环网故障，及时推送信息至相关负责人员。启动人防隐蔽场所应急发布系统建设，对接区人防办和人防区域建设单位，确立人防应急广播建设方案。实际勘察人防区域4个。

【产业发展】 2022年，《奉化日报》发行19875份，与往年基本持平。有线电视在线正常使用用户139848户，双向点播业务用户 11036户，宽带用户7295户，新开户2009户，营业厅共受理112365笔业务，呼叫中心受理故障和咨询电话122823次，故障派单50130次。全面启动未来社区数字化建设项目，搭建区、街道“两级驾驶舱”和社区服务终端，完成金钟、南溪等未来社区数字化建设项目（青云社区待基层自治性质调整后验收通过），并在宁波20余个申报项目中取得第三、第五和第六名的成绩。11月29日，奉化区融媒体中心举行中国广电5G手机信号测试活动，首次采用“掌上奉化”现场直播选号模式，标志着奉化地区正式启用中国广电5G手机号，奉化广电进入电信行业全业务时代。发展大型活动、会展服务、技能培训等业务，策划执行《奉进有我 青向未来》《松岙丰收节》等活动20场次，拍摄《数字助跑共富路》《浙十年 多彩滕头》等宣传片30余个，持续擦亮媒体品牌。依托公众媒体优势，推出“挚爱994，610宠粉节”直播带货专场，不断拓宽产业路径。从一老一少两个群体入手，通过开展小记者、老爸老妈才艺秀、十年品牌“囡囡好声音”第十季升级为“声动少年——奉化区第一季少儿主持人大赛”等活动，大大提升活动供给，取得较好的宣传效果。

【党风廉政建设】 开展“五问五破争一流 六比六严攀新高”作风建设专项行动，党委书记、各党支部书记、各部室负责人共完成主题大宣讲34次，分级分类开展“对标找差距 融媒体发展必有我”主题大讨论，共梳理出领导班子问题5个、科室问题58个、个人问题240个，均已完成整改。举办“作风建设大家谈”演讲比赛，召开在职党支部组织生活会。开展党风廉政教育，组织观看警示教育片，主动防范廉政风险。不断完善政府采购、工程建设、仓库管理、合同管理等内控长效机制，坚决筑牢内部管控防线。按照区委巡察办的统一部署，完成中心下属溪口广电站和西坞广电站的二级巡察工作。

【复刊建台30周年】 9月至12月，奉化区融媒体中心开展“三十而立正当时，踔厉奋发启新程”30周年系列活动，庆

12月28日，奉化区融媒体中心复刊建台30周年座谈会召开

祝《奉化日报》复刊、广播电视建台30周年。系列活动包括护航党的二十大安全生产大检查、“学习宣传贯彻二十大精神”系列活动、记者节活动、“印迹30”——融媒历程展、“三十而立正当时，踔厉奋发启新程”座谈会、“30周年”系列宣传等。12月28日下午，奉化区融媒体中心复刊建台30周年座谈会在华信天港禧悦酒店4楼召开，奉化区委书记胡永光、宁波市委宣传部常务副部长徐方出席会议并讲话，奉化区委副书记、区长魏建根主持，奉化区委常委、宣传部部长屠雪松参加会议。

（刘　声）

社会生活

精神文明建设

【概况】 2022年以来，奉化区深入贯彻落实市委争创全国文明典范城市工作部署，对标找差，提标提质，推动各项工作落实落地。

【全国文明典范城市创建】 对标高标准常态化要求，全域全民推进文明典范城市创建。印发区创建全国文明典范城市百日攻坚行动方案、全国文明典范城市创建“点线面”责任落实闭环机制和区领导联区包片督导文明典范城市创建工作等文件。召开全国文明典范城市工作推进会5次、协调会12次，区四套班子主要领导和区文明委领导通过“四不两直”、现场办公、重点督办及召开专题调度会等形式，对包片区域督导检查累计超过50余次。组建新一批创建专班，健全日检查、周通报、月回头看制度，对所有点位完成四轮督查，累计下发通报73期，发现问题24174个，整改率95.3%。依托“浙里甬文明”，落实专人负责，发动全区各镇（街道）和部门网格开展文明城市检查，不定期进行通报排名，年末累计发现问题35187个，整改35121个，整改率99.8%，全市排名第5。区政协制定“创建全国文明典范城市百日攻坚行动”民主监督活动方案，组织政协委员参与文明典范城市创建。开展文明典范城市创建百日攻坚，实施社区（小区）、公益广告、农贸市场、行政村等专项整治，委托第三方开展专项测评，社区（小区）、行政村已完成专项测评。推进线乱拉整治，由区住建局牵头，对城区社区（小区）、背街小巷共198个点位线乱拉进行再次梳理、整治，完成2轮集中整治，文明城市创建省测成绩全市领先。

【新时代文明实践中心建设】 推进大堰新时代文明实践示范线和国网供电宁波市奉化区分公司文明实践分中心建设，奉化区供电文明实践分中心已完成建设。启动新一批新时代文明实践示范所（站）评选，经实地测评、台账审核、问卷调查等程序，共评选

3月4日，“奉邑十礼”暨创建文明典范城市十大志愿服务行动启动仪式 在区老年大学举行（裘晨露 摄）

出1家示范所、10家示范站。制定实施《“浙江有礼 美在奉化”市民文明素质养成行动方案》，开展“奉邑十礼 从我做起”实践活动，举办“奉邑十礼”启动仪式，大力推进“文明润万家”“文明储蓄罐”等特色项目，培育“方桥八礼”镇级有礼品牌。“青鸟探巢”“文明一点”文明实践案例，编入《浙江有礼·省域文明新实践案例汇编》，开办“文明一点”3期、文明大讲堂10期、“文明储蓄罐进校园”5期，实现老中青群体宣教全覆盖。围绕理论宣讲、政策宣讲、志愿服务、家园日等主题，全区各镇（街道）及相关部门开展“光盘行动”“网上祭英烈”“移风易俗·文明祭扫”“文明旅游”“致敬劳模”“工匠宣讲”等实践活动1.2万场。

【选树道德典型】 组织开展身边好人评选活动，共获评“奉化好人”25名、“宁波好人”16名、“浙江好人”2名。做好“新时代好少年”推荐评选工作，共评出115名区级“新时代好少年”，1人获宁波市级“新时代好少年”。启动第六届“最美奉化人”评选，完成道德模范一条街和崔译文道德工作室建设，崔译文受邀登上2023年央视春晚。组织开展春节、元旦、清明、重阳等“我们的节日”主题活动，联合区关工委开展假日学校暨春泥计划活动。

【志愿服务工作】 积极开展全区“五个最”志愿服务先进典型表彰，印发全区文明实践志愿服务激励办法并推广实施，兑换物品3475件。举办第三届新时代文明实践志愿服务项目大赛，11个志愿服务项目分获金银铜奖。大红烙铁走千山项目和蒋家池头村分别获全国学雷锋志愿服务“四个100”最佳项目和最美社区，2个项目分别获宁波新时代文明实践志愿服务大赛铜奖和优秀奖，1个项目入围省志愿服务项目决赛。发动全区各镇（街道）和社会组织推广使用“志愿浙江”平台，定期开展培训和指导。

【基层文明创建】 修改完善奉化区文明单位、文明村镇创建管理办法，开展新一轮文明单位、文明村镇、文明校园、文明家庭创建。创成市级文明镇1家、市级文明村9家、浙江省最美家庭1户、宁波文明家庭8户、宁波最美家庭8户、区级文明校园2家、区级文明单位16家、区级文明村5家。

（薛丛川）

关心下一代工作

【概况】 2022年，奉化区关工委在区委、区政府的领导下，在宁波市关工委的指导下，以习近平总书记关于关心下一代工作的重要指示批示精神为指引，主动作为、创新务实、无私奉献，各项工作成效明显。

【专项活动】 开展“老少同声颂党恩、携手喜迎二十大”主题教育活动，以征文、演讲、书画、研学、讲座等形式，有力有序推进。为树立孝亲尊长好少年典型，联合团区委、文明办等单位开展奉化区第三届“十佳小孝星”评选活动。

【精准关爱】 发挥协会工作室“五老”骨干成员的优势和资源，做好失足失范青少年的帮教工作。2022年，阳光关爱工作室公、检、法、司退休的“五老”与30多名失足失范青少年结对帮扶，通过各种形式开展普法、矫

4月，在尚田中学开展“传承特色文化 弘扬民族精神”专题活动

3月5日，奉化区关工委关心下一代志愿者协会小志愿者们在仁湖公园举行“学雷锋”活动

6月，在假日学校举办关爱新奉化人口腔健康和结对助学活动

正、帮助就业等工作。运用关心下一代基金资源，依托区教育局关工委、协会各工作室“五老”力量开展“助你成才”圆梦行动。2022年，结对贫困学生31名，发放助学款30万元。结合争创全国文明城市、典范城市，广泛开展爱“我们的家园”系列活动。牵头组织“五老”赴大堰、松岙等偏远地区和民工子弟学校开展“送文化活动”，如写春联、吟诵古诗、书法讲座等。

【大关工模式】 建立“协会+政府部门+N”的工作机制。以“五老”骨干团队为核心，联合社会工作者队伍和志愿者队伍，建立大关工模式。相继与民主党派、知联会、新华书店、奉化牙科医院、爱尔眼科医院、乐享志愿者团队、宁波大学校友联谊会及爱心人士合作开展关爱服务活动20余场，投入资金150多万元利用基金收益组织实施“助你成才”“护苗行动”“科技扶苗”等项目5个，与相关单位和团体合作项目8个，如“阅读棒棒虫”“用爱筑巢 让视界充满爱”“走进培智学校 爱与温暖同行”“健康口腔 温暖向阳”“乡村美育 同心创彩”等，投入项目资金200余万元。

【“五好”关工委创建】 至2022年末，全区有关工委组织459个，其中镇（街道）关工委12个、村（社区）关工委322个、企业关工委79个和学校关工委46个，全区创建“五好”关工委291个，其中市级“五好”关工委121个，创建率63.4%，高出市平均创建率2个百分点。

【假日学校】 出台《关于稳慎开办2022年暑期“假日学校”的意见》，明确疫情防控、教学、

7月，萧王庙街道“假日学校”课堂

管理等方面要求，确保2022年暑期“假日学校”在疫情防控常态条件下仍是让学生开心、家长称心、社会放心的民心工程。

2022年，奉化区共举办“假日学校”205家，吸纳青少年超6000多人次，参与“五老”230余名，参与志愿者1000余名，实现各镇（街道）办学全覆盖。尚田街道办学经验在《奉化信息》中刊登，获得区委胡书记的肯定和批示；区关工委创新推出暑期“名优教师问诊解惑”项目在《现代金报》等媒体刊登，总结提炼相关办学经验在《火炬杂志》发表。

（韩　础）

社会事务管理

【农村组织】 2022年年末，全区有283个行政村。

2022年，区民政局联合纪委、农业农村局等单位实行村务公开督促检查制度，采用定期检查、抽样检查和举报检查相结合的方式，共督查检查98个行政村的村务公开栏、重大村务民主决策、“三资”管理情况等。明确问题反馈和结果应用，通报督查情况，要求各行政村逐条分析整改落实到位，并在下一次的督查活动中检查问题整改落实情况。为宣广各地村规民约、社区公约工作在基层社会治理、推动文明乡风中的做法及成效，2022年，启动“甬有善治·幸福有‘约’”村规民约、社区公约“双十佳”评选活动，大堰镇的后畈村、常照村，锦屏街道的锦山社区被评为优秀案例。

【社区管理】 2022年年末，全区有39个社区。2022年，持续深化推广社区“共享绘”民主协商议事项目，培养37名共享绘议事厅专职社工人才，汇集各类居民意见230余条，整改180余条，惠及辖区5万余名居民。

积极推进社区分类治理，总结提炼本地优秀社区工作法，推进“五社联动”建设。围绕“国庆节”“中秋节”“二十大”“重阳节”开展社区“邻里节”活动43场，参与人数达15.6万人次。深化清廉社区建设，推动“队伍保廉、制度固廉、监督促廉、文化育廉”融入社区治理的各方面和全过程，实现清廉社区全覆盖。根据省厅和市局部署要求，推荐第四批省级引领型农村社区5个、市级完善型农村社区25个。

2022年，公开招聘107名社工，年末实有专职社工363人，人数较上年增加32%，提前完成社区每万名城镇人口配置19名社工的要求。

【婚姻登记】 2022年，全区办理婚姻登记14410件，其中结婚登记2477对、离婚登记773对、补结婚证10977件、补离婚证183件。出具无婚姻登记记录3件。

【殡葬服务】 2022年，全年火化遗体4188具。根据惠民殡葬政策减免收费3948人、525.50万元。其中，骨灰盒费用减免788人、23.64万元；灵堂费用减免151人、23.96万元。

【养老服务】 至2022年年末，全区60周岁以上老年人口145154人，占全区总人口的30.45%。全区有养老机构22家，养老床位4829张，2021年无新建养老机构，减少床位230张。全年新增居家养老服务机构3个，其中市AAAAA级居家养老服务中心1个、居家养老服务站2个。年末，全区建成各类居家养老服务机构336个，其中镇（街道）级居家养老服务机构14个，服务覆盖全区所有老年人。继续开展居家养老服务机构等级评定，市AAA级居家养老服务机构56个，市AA级居家养老服务机构201个，市A级居家养老服务机构74个。组织全区养老机构安全员和护理员参加养老安全和消防演练培训，累计培训1200人次。

2022年，为17354名80周岁以上老年人发放高龄津贴1208.225万元，为430名60周岁以上老年人办理老年优待证。

（王幸幸）

民族宗教工作

【概况】 2022年，奉化区民族宗教工作以习近平新时代中国特色社会主义思想为指引，深入贯彻习近平总书记关于民族宗教工作重要论述精神，围绕铸牢中华民族共同体意识和推进我国宗教中国化这一主线，切实加强民族宗教工作依法管理，确保全区民族宗教领域和谐稳定。浙江佛学院获评首届全国宗教界先进集体，大慈禅寺获评市级重点佛教场所。

【民族工作】 加大少数民族优质农业发展项目扶持力度，将柑橘种植等2个项目推荐纳入市级专项资金项目库，落实帮扶资金6万元。继续深入贯彻落实全省“双百村”结对行动，加强与文成县结对村对接联系，指导结对村因地制宜发展特色优势产业，带动当地各民族群众增收致富。举办“奉甘心相连 云上年夜饭”活动，20余位留奉过年的彝族职工，通过视频连线方式与家乡亲人共享年夜饭，共祝美好新年。邀请土家族、布依族、畲族等少数民族群众参与公益助农宣传片拍摄，用镜头记录各族群众和乐共融美好愿景。11月8日至10日，承办浙江省铸牢中华民族共同体意识培训班。

【宗教工作】 强化党对宗教工作的领导，切实形成“一把手”主抓、“一盘棋”统筹良好工作格局。将宗教工作纳入区委重要议事日程，纳入区委统一战线领导小组“1+X”议事框架。

压实镇村两级宗教工作责任，“三人驻宗教场所”“网格员常态化巡查”等工作机制进一步完善，围绕宗教场所疫情防控、消防安全、房屋安全、防台抗台等开展全覆盖式巡查。结合“安全生产月”活动，组织开展消防技能对抗赛，会同消防部门举办宗教场所消防安全法规知识大轮训。

持续推进“精品寺院”创建，围绕政治上认同、社会上适应和文化上融合等方面要求，加强宗教界人士教育引导，推动宗教中国化持续走深走实。围绕“五个认同”教育，开展教职人员清明节祭扫英烈、国庆节升国旗等爱国主义教育实践活动，组织各宗教团体集中收看党的二十大开幕会。开展“文化润教提升年”活动，在佛教协会驻地设立“奉麓讲坛”。推出教职人员文化素养提升计划，举办首届僧伽书法素养培训班，开展“喜迎二十大、奋进新征程”书法展。

名山、名寺、名人、名校“四名工程”建设，雪窦名山对外知名度和影响力不断提升。浙江佛学院办学水平不断提高，学院人才培养力度进一步加大，2022年，共有16名研究生、52名本科生完成教学培养计划并顺利毕业。合作办学模式进一步深化，教学科研水平不断提升，联合复旦大学举办慈氏学术研讨会，设立慈氏学研究中心，持续挖掘名山文化软实力。

（舒达平）

奉化区慈善总会

【概况】 2022年，奉化区慈善总会（以下简称“总会”）共募集资金3113.95万元，同比减少29.3%。全区有215家企业为慈善事业捐款；有23家企业为有关部门牵头设立的慈善爱心基金捐款。至11月底，全区有5845人参加“慈善一日捐”，共捐善款164万元。2022年，全区12个镇（街道）分会共计募集善款1904.1万元，同比增长12.81%，其中溪口、西坞二家分会超300万元。

【慈善救助】 2022年，慈善救助支出3549.7万元，同比减少17.98%。救助慰问困难群众2868人次，发放慰问救助款180.7万元。临时急救性助困约3000人次，总计救助金额595.3万元。助老金额200.2万元，救助约4200人次。其中资助大桥基督教敬老院添置养老设施出资16万元；为癌症康复协会病人复查出资7万元；为莼湖、岳林街道两家老年食堂各资助10万元；与区卫健局合作开展“青鸟探巢”项目，为失独家庭资助10万元等。助学工作方面，总会支出190.9万元，重点资助困难高中生、大学新生和有关学校教学设备设施改善；与区妇联合作，为“圆梦同心”困境留守儿童项目出资10万元；奉化乡贤仇建平捐款160.1万元，用于溪口武岭中学学生奖学金和科技教学大楼建设；“宋”爱千里助学基金出资115万元人民币，资助奉化区贫困大学新生和困难高中学生。

全年为新农村建设拨付751.5万元。其中，西坞街道山下地村200万元，莼湖街道吉奇村96万元，裘村镇陶坑村50万元，尚田街道广渡村35万元，锦屏街道西圃村12万元。款项主要用于村修路、文化礼堂、老年食堂、村公益事业等，为新农村建设添砖加瓦。

2022年，全区有市级帮扶基地3家、区级帮扶基地4家。落实和拨付帮扶资金79万元，新发展区级帮扶基地1家。联合全区12个镇（街道）和经济开发区以及广大爱心企业，积极支援与奉化区结对的四川省甘洛县，对口援助金额共计416.5万元，资金用途包括购买森林消防车、结对助学、儿童康复基金等。

【义工服务】 2022年，组织各种便民服务12次，参与人数305人次。持续开展“和风抚芽”项目，举办“小鬼当家”“见识奉化”等活动，组织留守困难儿童采购生活用品，广泛接触社会，为留守困难儿童的身心健康提供帮助。

做好“善行奉安”服务项目，定期或不定期地组织义工对精神病患者进行服务和救助。全年为精神病人理发238人次，中秋节送月饼（价值2000元），组织相关的文娱活动1次，为病人提供书籍500册，定期为病人配送蔬菜14次（价值8000元），为10名特困病人发放救助慰问金8000元。

惠民义工服务工作站全年为市民提供理发、测血压、小家电和日常用品维修、磨刀、电动车充气等服务，免费为市民服务1000人次，其中免费为80周岁以上老人及病残人员服务120人次；低价为市民服务1000人次。积极探索义工服务新途径，设立义工之家，添置必要的义工服务设备，开展优秀义工的评选活动。完善义工管理制度，修订《义工服务补贴标准和费用报销规定》，慈善义工的社会影响力不断提升。

【慈善宣传】 通过报刊和电视等媒体广泛宣传爱心人士先进事迹、捐款捐物活动和慈善工作的经验做法，经常向《浙江慈善》和宁波《大爱》杂志投稿，宣传奉化区慈善工作的亮点和特色。2022年，《大爱》杂志第6轮特别报道确定奉化为报道重点。

通过各类慈善先进的推荐评选，激发广大市民为慈善事业作贡献的热情。亚德客（中国）有限公司董事长王世忠获浙江省慈善奖（个人捐赠奖）；罗蒙集团股份有限公司被评为宁波市最具爱心捐赠企业。4个慈善先进集体、2个优秀慈善项目、14名慈善先进个人和3名优秀义工获2017年至2021年度奉化区慈善事业出突出贡献奖。通过“慈善一日捐”、人大政协两会、便民服务和小主人活动等，加强与机关、企业、农村、社区、学校和家庭的联系，开展慈善宣传，营造慈善氛围。同时在部分村、社区设立慈善空间，推动慈善精神深入人心。9月5日，第7个中华慈善日，与区气排球协会联合开展“慈善杯”气排球邀请赛。

【自身建设】 建立办公会议通报商量制度，重要救助项目上会通过。根据实际情况，健全完善目标管理制度、财务管理制度、募集救助工作制度，不断提高总会工作的规范化。审计结果向社会公开，接受公众监督。切实加强对各分会的工作指导，增进与各分会的工作联系，明确工作任务和要求，推进工作开展。9月23日，召开第二次会员代表大会。大会审议通过理事会工作报告、财务收支情况报告，选举产生由115名理事组成的新一届理事会和会长、副会长、秘书长。

（吕　娜）

社会保障服务

劳动与就业

【概况】 2022年，奉化区人力社保局推进稳就业惠民生攻坚行动，全力稳企业、扩就业、保用工，全区城镇新增就业1.9万人，城镇登记失业率保持在1.84%的低位。

【公共就业服务】 落实社会保险“降、缓、返、补”政策，通过“免申即享”发放失业保险稳岗返还4951万元、一次性留工培训补贴474.5万元、一次性扩岗补助154.5万元，减征失业保险费2300万元，有力支持企业渡过难关。广泛开展“就业援助月”“春风行动”，推广用好重点群体帮扶应用场景，开发公益性岗位120个，帮扶失业人员再就业9216人，困难人员再就业2455人。加强用工监测服务，通过余缺调剂，妥善解决华扬铝业近百名员工安置问题，有效预防规模性失业风险。以区人才市场为牵引，在江口、滨海新区、方桥、溪口等企业聚集区域建成“零工市场”4家，形成“一体多翼”就业服务平台体系，全年为4.5万人次劳动者、7000余家次用人单位提供求职和招聘服务。加强东西部劳务协作，接收甘洛籍劳动者到奉就业5批次452人。至年末，有中西部22省脱贫人口2.55万人在奉稳定就业。

【创业带动就业】 深化创业服务品牌，为各类创业人员提供创业指导、资金支持、跟踪引导等“一条龙”服务，挖掘创业先进典型，营造良好创业氛围。积极鼓励、引导和支持城乡劳动者自主创业。全年发放创业担保贷款4977万元、各类创业补贴1100万元，全区新增创业实体12100家，带动就业42350人。

【职业技能培训】 出台《关于加快培育新时代奉化工匠队伍的实施意见》，分批分类开展技能培训32694人次，举办区级以上技能竞赛18场，新增高技能人才7018人，培育省、市新时代工匠74名，技能人才占从业人员比重超34.2%，居宁波市前列。

【和谐劳动关系建设】 围绕“平安护航二十大”目标，加大劳动纠纷预防处置化解力度。深入推进“和谐同行”行动，开展企业劳动用工体检400家，签订电子劳动合同1.5万份。

【劳动人事争议仲裁调解】 加强劳动争议处置化解，推进数字仲裁庭升级改造。全年仲裁结案率、调解成功率、网络办案率分别达到98%、89.2%、46.6%。

【劳动保障监察执法】 开展“绿色治欠”除险保安百日攻坚行动、根治欠薪冬季行动，重拳打击欠薪企业，先后为6038名劳动者追讨劳动报酬9280万元。聚焦欠薪治理难点堵点问题，创新打造“建筑领域安薪一体化智治系统”，进一步提升奉化区根治欠薪工作协同、监管、处置水平。2022年6月，顺利通过省“无欠薪”县（市、区）复评考核。

【议案提案和信访工作】 全年收到建议、提案主办件16件，所有建议、提案均按时办理完毕，主办件面商率100%。持续加大积案化解和初信初访办结力度，及时回应群众合理合法关切诉求。落实法定途径分类处理信访投诉制度，努力化解各类矛盾。全年共接访78次，快速答复办理1386件，完成书面信访答复4件，完成率和正确率均为100%。

【行政审批和工伤认定】 全年完成行政许可270件、行政确认9495件、行政给付34281件、公共服务事项112066，办结率100%。工伤认定2333件，劳动能力鉴定 2464人次。

（李静静）

保险保障

【概况】 2022年，奉化区认真落实企业职工养老保险全国统筹部署，顺利实现“国统”信息系统切换上线。深入推进全民参保计划，持续稳妥做好社保扩面工作。至年末，全区企业职工养老保险、工伤保险、失业保险参保人数分别为310461人、275225人、165358人，城乡居民基本养老保险和被征地人员养老保障参保人数分别为107256人和48664人。全区养老保险户籍参保率为99.3%。

【社保待遇提高】 全区101727名退休人员养老金调整金额于7月发放到位，平均每人每月增长103.06元，实现“十八连涨”。65385名城乡居民基本养老保险基础养老金待遇标准从每人每月310元再次提高20元，并补发1—11月养老金，全区城乡居民基本养老保险人均待遇达到545元/月。完善工伤待遇调整机制，一级至四级工伤职工工伤津贴提高到198元/月。完成2022年度新增退休人员的“预转计”工作。

【基金监管】 2022年，依托省市智慧监管平台排查疑点数据241条，查处失业保险骗保案1起3人，被骗领的失业金1.84万元全额追回。通过专人检查和交叉检查等方式，严格防控基金管理风险。内控监督检查每月一次以上，检查量均达到上月业务量的20%以上。开展问题排查，全面清查岗位廉政风险点，共梳理廉政风险点49项，同步制定相应的防控措施79条。

【经办服务】 做好工伤预防工作，工伤认定案件数量较上年减少5%。加强社保卡推广应用，广泛开展“社保卡十年，揭秘‘芯’身份”系列宣传活动，不断扩大“一卡通”影响力，全年新增实体卡1.35万张、电子卡9.1万张，应用功能由就医服务、社保缴费、待遇发放、补贴领取逐步向政务办事、交通出行、旅游观光、文化体验等领域拓展。推动窗口集成改革，工伤窗口进驻行政服务中心，实现申报受理、待遇结算“一站式”服务。深化“人社帮办站”建设，建立“好差评”一表单两回访机制，推进2.0事项“一网通办”，优化“一件事”办理，有力提升窗口服务效能。扎实开展“五问五破争一流、六比六严攀新高”作风建设专项行动、“廉政警示教育月”活动、“两走三服务”活动，常态化组织窗口练兵比武，打响“‘红’扬人社，为民先锋”品牌。1人在全省人社系统窗口单位业务技能练兵比武竞赛中被评为“人社知识通”。社保经办服务相关做法获省人社厅主要负责人批示和肯定，并在全省推广。

（李静静）

【社会福利和救助】 2022年，全区最低生活保障对象总数为5922户8000人，根据宁波市民政局、市财政局《关于调整全市最低生活保障标准的通知》，城乡居民最低生活保障标准自7月1日起进行调整，从1005元/月提高到1181元/月，全年发放最低生活保障资金9045.565万元。全区特困供养人员249人，根据市政府《关于进一步健全特困人员救助供养制度的实施意见》，特困供养基本生活标准自7月起从1709元/月提高到2008元/月，并落实特困人员照料护理费，全年发放特困人员基本生活保障资金和照料护理费825.9141万元。

元旦、春节期间，全区发放节日生活困难补助金1940万元；2022年，奉化区连续9次启动困难群众物价补贴机制，共发放困难群众基本生活价格补贴1176.5046万元；全区支出临时救助款424.1706万元，1727户困难家庭2939人次得到及时救助，较好地解决了城乡居民临时性困难。

年末，全区孤儿18人，困境儿童647人，孤儿及困境儿童基本生活保障标准自4月起，集中供养孤儿从原来的2580元/月调整至3024元/月，散居孤儿和困境儿童从原来的2064元/月调整到2419元/月。2022年，孤儿及困境儿童基本生活保障资金发放990.5万元。

（王幸幸）

医疗保障

【概况】 2022年，奉化区医保局坚持以习近平新时代中国特色社会主义思想为指导，牢牢把握以人民为中心的发展思想，持续提升医保治理能力和管理水平，不断在高水平打造现代化滨海大都市健康美丽新城区和共同富裕特色区中展现医保作为。2022年，全区基本医保参保人数47.31万人，户籍人口参保率99.74%。

【体系建设】 2022年是市级统筹实施第一年，奉化区基本医保政策与全宁波大市实现基本统一，允许非本地区户籍人员持居住证参加城乡居民医保，解决新奉化人后顾之忧，共享城市发展成果。按照市级统筹基金统收统支制度，实行统一基金预决算管理、统一基金收支管理、统一基金移交存放和统一基金分担机制的管理模式。截至2022年末，全区城镇职工基本医疗保险基金可支付月数为31个月，城乡居民基本医疗保险基金可支付月数为12个月，基金总体运行平稳。执行宁波市统一的医保定点医药机构协议管理办法，健全准入退出的动态管理机制，实现医保管理“同城化”。2022年，新增定点“两定”机构7家，退出2家，全区有定点医疗机构94家，定点零售药店134家。组织开展全区“两定”机构年度考核，将考核结果与“两定”机构医保付费决算挂钩，提高“两定”机构的主动控费意识，有效遏制基金使用的不合理增长。

【改革创新】 实现“智慧医保”上线，完成政策梳理、接口开发、数据迁移、贯标等工作，实行专班运行模式。推进支付方式改革，按照全省统一的DRGs标准和付费办法，全面实施住院费用DRGs点数法付费。加强预算绩效管理，健全完善基金内控制度和基金运行风险预警机制，防范基金风险，提高基金使用效率。推广电子凭证应用，组织召开医疗机构医保电子凭证推广应用工作部署会，深化中层干部基层联片工作机制，联络员定期到结对医院对医保电子凭证使用工作进行指导、协调和督促。截至12月底，奉化区的医保电子凭证结算率为49.7%，位列宁波市第一。

【待遇落实】 成立长期护理保险工作专班，筛查奉化区60岁以上老年人14万，完成失能等级评估12559人，确定1198人为重度失能人员。推进集中受理长护保险养老护理服务机构定点申请工作，已完成两批次20家，其中居家护理服务机构定点7家，机构护理服务机构定点11家，兼具居家护理服务和机构护理服务的机构2家。选取溪口镇作为试点，以点带面，稳妥推进全区长护保险工作。建立由各镇（街道）、宣传部、经信局、教育局等23个成员单位组成的“天一甬宁保”推进工作专班，统筹推进“天一甬宁保”推广工作。医疗救助政策落实率和符合条件困难群众资助参保率均达到100%。2022年，累计享受资助免缴成年人9157人，未成年725人，减轻困难群众参保费用负担707.53万元。联合区民政局、区农业农村局、区残联等相关部门开展2021年度困难人员个人自付5万元以上高额医疗费用化解行动，共为29人补助金额44.28万元。深入实施困难群众高额医疗费用补助政策，将符合条件的医疗救助对象个人自付费用年度累计超过3万元部分给予全额补助，实施医疗救助共188167人次，救助金额1344.5

9月22日，奉化区召开全区医保工作会议

11月29日，宁波市长护保险先行先试服务能力南部片区座谈会在奉化召开

万元。

【医保服务增效】 全面落实新冠肺炎疫情防控期间各项临时性医保惠民政策，全力做好特殊群体核酸检测费用保障。在疫情防控期间，积极实施“三区”内送药上门及代配药政策，为居民切实解决配药难的困扰。积极落实惠企纾困帮扶政策，对受疫情影响不能按时缴纳职工基本医疗保险费用的企业可申请缓缴。截至12月底，共有15384家单位申请缓缴职工医疗保险费用，合计13526.11万元。

窗口经办实现“无差别一窗受理”，拓展民生事项“一件事”联办、政务服务“一网通办”和“跨省通办”。进一步扩大异地定点医疗机构“一站式”结算报销范围，全区开通直接结算的医疗机构数量达到69家，开通率为74.19%。建立“15分钟医保经办服务圈”，打造区、镇、村三级医保经办体系，确保参保群众在家门口就可以办理医保业务。

开展基金监管集中宣传月活动，曝光典型违法案例，制作《医保有事说》节目，作为特色亮点报送省医保局。2022年，共检查定点医疗机构85家，定点零售药店119家，约谈定点医药机构26家，暂停医保协议5家，移交公安部门1家，追回医保基金116.95万元；行政处罚5家，罚款2.47万元。建立每月监测机制，要求医疗机构优先使用集采中选产品，各批次药品耗材均按时完成约定任务量，全年节约基金1500余万元。严格落实种植牙医保限价支付政策，已种植医保种植牙450颗，为群众减轻就医负担约300万元。

（邬芸俐）

气象服务

【概况】 2022年，奉化区气象局按全国、省、市气象工作会议精神和区委、区政府工作部署，推进气象现代化和防灾减灾“第一道防线”建设，为奉化区建设现代化滨海大都市健康美丽新城区贡献气象力量。

【气象防灾减灾服务】 全力做好历史罕见高温、强对流、台风“轩岚诺”和“梅花”等灾害性天气监测预报预警工作。圆满完成“大美宁波”建设现场会、水蜜桃文化节、首届区全民健身运动会等重大活动的气象保障任务。在台风“梅花”影响期间，首次推出奉化区防台气象信息快报表。2022年，共发布气象灾害预警信号188次，发送服务短信176.6万条。

【特色气象服务】 做好为农气象服务。建立“1+3+N”农业气象服务体系和“四个一”（1个服务团队、1个周年服务方案、1套服务产品、1个服务对象库）工作法。做好水蜜桃全生长周期服务，连续11年准确预报桃花花期，发布水蜜桃采摘气象指数，助力奉化水蜜桃获省“特优”气候品质证书；做好水稻关键农时的气象专题服务；推进黄精、猕猴桃等农产品气象指数保险工作；完成区“两会”涉渔建议提案办理。

优化生态文明气象服务。发布《空气负氧离子浓度等级图标》团体标准；编发2021年度奉化区气候公报；编制《宁波湾基本气象要素特征分析报告》，助推宁波湾休闲旅游产业开发；开展后畈村等气候康养乡村创建；开展“打卡最美气象站，打卡最美奉化秋色”系列活动，助力奉化美丽经济；实施人工增雨作业12批次。

【气象社会管理和防雷减灾】 积极贯彻行政审批制度改革部署；将雷电灾害防御纳入年度安全生产考核指标，将气象安全检查纳入部门联合检查和镇（街道）属地综合检查；联合区应急局对易燃易爆危化品企业开展双随机检查；联合区文广局对岩头、西江漂流景区开展安全检查；联合区综合行政执法局开展气球升放活动执法检查；全面应用“防雷安全风险码2.0”；实施防雷安全重点单位“一企一档”管理。

【气象科普宣传】 对全区防汛防台责任人开展气象灾害防御知识培训。建成宁波湾·天妃湖等5个“口袋”气象公园（综合智慧气象站），实现观测、服务、科普功能一体化。在世界气象日、防灾减灾日、国际减灾日开展线上线下科普宣传；在区政府宣传窗举办气象专题展览。联合区农业农村局、区新华书店走进锦溪小学，开展“话节气、知农耕”校园气象科普活动。由区气象局负责的小学科技项目分获区科技新苗培养计划二等奖和三等奖；1人制作的短视频获市应急管理宣传作品优秀奖。

（沈绿草）

11月初，宁波湾·天妃湖综合智慧气象站建成并投入使用

住房公积金管理

【概况】 2022年，宁波市住房公积金管理中心奉化分中心（简称中心）严格贯彻实行国务院《住房公积金管理条例》和《浙江省住房公积金管理条例》的规定，业务指标在宁波大市内争先进位，成效显著。该中心被评为2022年度“宁波市住房公积金目标考核优秀单位”，获“浙江省房地产协会社会工作突出贡献奖”。

【房改和住房补贴工作】 做好一次性住房补贴的查漏补缺和新职工的审批工作。2022年，审批出售公有住房89套，面积4042平方米；审批新职工住房公积金补贴366人。

【住房公积金归集和使用情况】 2022年，全区缴存单位1722家，缴存职工62228人。全年归集117258.25万元，完成计划的

101.96%，同比增长7.73%。

全年发放公积金贷款1239户，发放金额计46373万元，完成计划的115.36%，比上年增加17.58%；"公转商贴息贷款"发放269户，发放金额16859万元，完成计划的168.59%，比上年增加27.3%；两项贷款合计63232万元，完成年度计划的125.96%。历年累计发放住房公积金贷款16857户、金额45.31亿元，贴息贷款3494户、金额14.91亿元。

2022年，全区提取公积金85544.53万元，完成计划的100.64%，比上年增加3.09%。

【风险准备金及增值收益情况】 2022年，住房公积金业务收入7629.57万元，业务实际支出4224.12万元，实际产生增值收益3405.44万元，完成计划的136.22%，比上年增长55.78%。增值收益经财政部门审核后进行分配，提取风险准备金2043.27万元；提取中心管理经费549.32；提取公共租赁住房建设补充资金812.86万元。

【政策机制调整和改革】 6月2日起，奉化住房公积金调整贷款政策：职工按规定连续缴存住房公积金满2年，首次申请住房公积金贷款购买家庭首套自住房的，最高贷款额度由40万元/户提高至80万元/户。购买改善性第二套自住住房等其他情形申请住房公积金贷款的，最高贷款额度由20万元/户提高至60万元/户。按照国家生育政策生育二孩或三孩家庭，住房公积金最高贷款额度在上述基础上再上浮20%。职工个人住房公积金可贷额度由借款人及其共同借款人在申请贷款日缴存账户余额的12倍调整为15倍。7月1日起，住房公积金缴存基数调整。以职工本人2021年度月平均工资为基数，按5%—12%的比例计算住房公积金月缴存额。2022年，月缴存基数上、下限分别为36789元和2280元，不得高于上年度月平均工资的3倍。10月1日起，首套个人住房公积金贷款利率下调0.15个百分点，5年以下（含5年）和5年以上利率分别调整为2.6%和3.1%。第二套个人住房公积金贷款利率政策保持不变。

2022年初，中心组织召开区住房委员会会议，研究出台《关于推进住房公积金缴存扩面打造"奉有宜居"新城区的若干意见（2022—2026年）》，通过公文形式发送到各部门和镇（街道）。根据"以人为本、依法推进，实事求是、分类指导，全面规划、分步实施"的原则全面推进。

【创新公银业务合作模式】 中心与承办银行开展"服务实体经济、助力共同富裕"的战略合作。加强"联企跑企"，协同政策宣传；加强政策扶持，协同纾困惠企，给新缴存住房公积金人数50人以上或企业人数50%缴纳公积金的企业提供利率3.3%、最高额度3000万的低息信用贷款支持，给缴存公积金的职工提供利率3.8%的个人信用贷款支持；加强业务培训，协同岗位练兵；加强机制创新，协同服务便民，延伸公积金办理窗口。

2022年，全区新增住房公积金开户单位508家，新增缴存职工19722人；净增缴存职工7174人，净增人数指标创区历史新高，净增人数涨幅全大市第一，完成宁波市对奉化区考核任务的240%。宁波南海化学有限公司、宁波杰森绿色能源科技有限公司、爱伊美集团、沃腾玛尔洁具、南方机械等企业获批近3亿元企业低息贷款的支持，既保障了职工的合法权益，又实质性地帮助企业减轻了资金压力。

奉化"公银协作"扩面模式成为扶持民营企业实体经济、保障职工权益、助推共同富裕、履行社会责任的典型案例，在《奉化日报》、《宁波日报》、宁波新闻、浙江新闻、新华社、人民网等媒体平台被宣传和推广。

（胡飞虹）

退役军人事务

【概况】 2022年，奉化区退役军工作取得新进展。崔译文获第十四届"全国见义勇为英雄"、2022年"全国向上向善好青年"等荣誉称号。奉化区退役军人事务局（以下简称区退役军人事务局）被评为"全省烈士褒扬工作成绩突出单位”。区烈士陵园被列入“浙江省英烈文化思政课教学实践基地”。4名退役军人和2家军创企业入选宁波市退役军人五个“十佳”。

【完善服务体系】 2022年，奉化区在“三级五有”基础上，进一步扩大全国示范型退役军人服务中心（站）和“新时代枫桥式退役军人服务中心（站）”的创建覆盖面，围绕“全国示范型”和“省新时代枫桥式”标准，创建“全国示范型”退役军人服务中心（站），创建“省新时代枫桥式”退役军人服务中心（站），实现退役军人服务保障体系提质升级。

建立退役军人全生命周期服务管理“一件事”服务，涵盖国防教育、应征入伍、服役、退役、就业、优待、褒扬纪念七阶段，形成工作闭环。梳理退役军人全生命周期服务管理“一件事”改革事项目录（试行），摸排办事事项88个，与相关部门对接，做好军人退役“一件事”联办，组织退役士兵报到。

【双拥优抚】 2022年，区退役军人事务局紧扣“七一”“八一”春节等重要节点，做好走访慰问工作。按政策为现役义务兵的父母开展免费体检，落实244名享受抚恤补助待遇的优抚对象进行短期疗养；在建军95周年之际，首批“五大双拥阵地”陆续建成投用；为退役军人及“三属”对象提供“三优”服务，公交赋码16014人，地铁赋码16172人；按照“应迁尽迁、集中管护”原则，对31座零散烈士墓进行迁建并集中保护。

整合全区10家社会公益组织力量，将残疾退役军人的“困难清单”变为“服务清单”，通过“三改四陪五站”生活帮扶、“尊崇百星”精神关爱和“奉邑先锋”平台搭建等多元化服务内容构建起社会化关爱退役军人志愿服务体系，该项目获第三届浙江省最佳志愿服务项目银奖等荣誉。

7月25日，奉化区首批优待证颁发暨双拥阵地启用仪式举行

【专题活动】 2022年，区退役军人事务局为全面落实“六比六严、提能正风”行动要求，进一步营造全社会尊军崇军氛围，通过学理论，强担当，开启一轮“凝聚老兵”红色教育行动等活动，以思想政治为引领推动红心向党。筹备由机关、学校、企事业单位等代表参加的“9·30”烈士纪念活动，开展“网上祭英烈”“红色九月”“追忆英雄”等主题宣传活动。

【宁波市军创园平台】 2022年，区退役军人事务局逐步优化“1+8”战友式服务清单（“1”为战友式服务联盟，“8”为前期服务、基础服务、法律服务、金融服务、人才服务、产业服务、科技服务、一企一策服务），加强与海军工程大学等高等院校深化合作，支持优秀军创企业“走出去”交流。持续完善园区管理工作机制，制定园区企业考核办法，落实3年免费创业场地、退役军人创业税收优惠等政策，开展创业培训、链接资源政策等帮扶活动，加大高层次退役军人人才的引进，牵头召开高性能聚氨酯基复合材料的研究及产业化等项目落地推进会。2022年，引入12家涵盖智慧农业、电子信息、电商网商等领域的军创企业。

（王立奎）

镇 街道

锦屏街道

【概况】 2022年，锦屏街道区域面积44.03平方千米，下辖17个行政村、16个社区，户籍人口8.2万人，常住人口12.5万人。全年街道财政总收入12.93亿元。先后获得省卫生街道、省文明街道，宁波市平安护航二十大先进集体、宁波市平安创建基层标杆单位等省市荣誉。

【经济能级提升】 区属规上工业增加值增速7%、限上批发业销售额增速101%、限上零售业销售额增速9.3%、限上餐饮业营业额增速17.2%、限上社会消费品零售额增速14.6%、自营货物进出口总额完成率71.5%、实际利用外资完成率89%、研发经费支出完成率67.1%、当期其他营利性服务业工资总额增速50.4%和居民人均可支配收入增速6.7%。招引葆润、物产中大、东领保险、大普信用评级、海尔·海纳云、中汇税务、正立、禹顺、明亚基金等9个项目，其中葆润和物产在6月完成月度上规（限），前三季度分别实现规上工业总产值6482万元、限上批发业销售额9.5亿元。完成城西岙、山岭等8个农村生活污水改建项目，北街、西锦、上宋等5个省级善治村创建完成自建自评，西圃和山岭村创建为新时代美丽乡村精品村。成立锦屏“共富工坊”来料加工示范点，所有行政村全面完成30万元以上创收任务。完成弥勒文化园和区博物馆申报省级文创IP。推进“三资”管理数字化，实现浙江省农村集体经济数字管理平台和区纪委“小微权力在线审批子应用”全贯通全覆盖。

【城乡建设】 实现南山路中段危旧房改造一期项目、城里厢区块、桑园区块、塘下一期、朱家河征地、石柱村整村拆迁和零星解危房屋征收等项目扫尾清零；完成南山路中段、老城区区块的拆迁安置分房工作。启动老车站、西岸村、庄山、南山路中段二期四号区块、城西岙小微产业园等8个征收（拆迁）和改造项目，已完成体育场路93号及小路街55、57、59号零星解危、水凉河改造征收2个项目；西岸村签约如期完成。合计排查自建房9339户（幢），排查面积110.73万平方米，成功处置奉化区首例D级农村自建房危房（北街村）；完成广济路22幢、24幢房屋加固解危，自建房整改完成率100%。组织农房排查复核，整治农村老旧房屋100户；912处农村公共房屋完成“保险+服务”全覆盖。“三改一拆”拆违10.03万平方米、三改16.76万平方米，完成率分别为全年任务的125.4%、101.56%。完成广平小区老旧小区改造项目扫尾；实施朝阳小区、凉河小区、广济小区等3个老旧小区封闭式管理改造；推进盈水豪周边、阳光茗都西侧及锦山别墅等排水改造工程；配合农商集团开展南溪未来社区创建，进入扫尾验收阶段。文明典范城市创建工作高分通过省测，发现并处理各类问题6000余个。围绕“七周边两部位”，开展背街小巷、市场周边、社区小区等6个重点区域提升整治，垃圾分类和“牛皮癣”清理工作有序推进。深化精神文明建设，新时代文明实践基地、文化礼堂、文化站等基础设施全面升级。

【前期开发】 完成河头村一号二号地块、西锦村新锦屏中学南侧地块土地征收，同步保障西圃村康体健身中心、城西岙村养老院、长汀弥勒陈列馆等8个项目地块建设用地指标覆盖。与区资规分局对接，确保朱家河电子信息产业园、城西岙小微产业园等工业项目，金塘区块、弥勒文化园等文化产业项目，仁湖公园南侧、塘下村二期等住宅类房地产项目的用地性质。与城投公司合作编制城西岙溪岙区片郊野单元规划方案；长汀弥勒陈列馆重新办理项目用地预审与选址意见书；长汀综合文化中心（松鸣岙）项目已编入区民政局《奉化社区专项规划》；汇编上报“石柱村二号、三号、四号”、西岸村旧村改造、北街北山寺等14个项目，重点征迁项目顺利推进。城西岙二号地块通过住建、资规等相关部门论证；桑园新村地块完成土地拍卖；长岭和庐完成项目地块国有划拨相关手续，取得项目不动产土地证；朱家河M1工业地块进入场地清表阶段。

【惠民利民服务】“最多跑一次”服务大厅“现场办”“网上办”“掌上办”，标准型便民服务中心建设完成村、社区全覆盖，累计受理各类服务7000余件，已全部办结。“健康锦屏”建设完成居民重大疾病筛查，东关村、奉南村高分通过省级卫生村复评，“一老一小”健康服务不断深化。教育惠民工作方面，锦溪小学扩建工程全部完工，校园基础设施和文化建设持续推进，公办幼儿园覆盖率达到55%。关爱重点人群方面，完成街道残联换届，累计服务辖区残疾、低保、困难、未成年人员2000余人次，发放各类社保补贴50余万元。居家、社区、机构多层次养老服务体系建设基本完成。

【平安建设】 全年累计受理各级交办信访件428件次，办结率98%；国家级、省级信访积案全部完成系统结案；13个历史遗留问题化解12个。联合司法所、法院等部门全链条开展矛盾纠纷排查调处，协调处置庄山旧改、西河分房等群体矛盾纠纷。开展“平安三率”入户宣传，累计发放宣传物料8万余份。

持续推进基层治理四平台迭代升级，完成“141”体系组织架构上墙亮相；七张问题清单、防汛防台、e行在线、社区矫正四个省级应用顺利贯通融合；本轮网格优化调整顺利完成，网格地图入统工作有序推进，网格员“智管家”应用全面推广。全年共受理“12345”中心交办件1543件，处置率100%。“大综合一体化”执法改革稳步推进，814项执法事项已赋权至街道，人员已全部下沉。

2022年，街道共计出动检查1500余人次，巡查沿街店铺1.2万余家次，发现并整改隐患4500余处，依法纠正广平路、城基路等18家小餐饮“三合一”违法行为。完成辖区218家企业季度检查全覆盖，发现整改闭环隐患2600余个，发放企业安全生产责任书500余份，排查火灾隐患企业136家，隐患整改370处，有限空间专项整治企业12家、涉危企业整治11家。燃气安全整治不断深入，已安装400余处燃气报警仪。接收省、市、区级重大督查问题150余个，挂牌督办的水景苑小区、鸿运建材市场完成闭环销号。

【学习宣传】 开展“干部领学、支部研学、线上讲学”三级联动学习，广泛开展党的二十大精神及省、市、区委重大决策部署大宣讲、大宣传活动。截至10月底，注册党员在“学习强国”平台上持续学习，供稿116篇，有24篇被全国、浙江和宁波三级平台录用，其中《外应村：群山环抱的世外桃源》被浙江平台广泛推介；向区委宣传部上报舆情信息87篇，省平台综合录用1篇，另有15篇发布于各类媒体；先后向国家、省、市级媒体推送各类文稿37篇，其中《暗香浮动，玉兰花开春意浓》被央广网刊出，《风景独好，奉化有条数百米的玉兰带》等在甬派、甬上各大平台推送。“最美奉化人”“五最”志愿服务典型报送工作中，有5个团队和11位先进典型上榜。

【文化建设】 以农村文化礼堂、社区活动中心为阵地，开展“送文化”“种文化”“赛文化”活动。6个新时代文明实践基地全年开展志愿活动1980余次；完成14个文化礼堂省“礼堂家”平台基础资料和活动录入工作；推进14个村“农家书屋”全民阅读在线治理端基础数据录入工作；创建15个村社文化站“15分钟品质文化圈”；做好22个区级、14个市级、6个省级文明村（社区）的常态化复评测评工作。

【文明城镇】 围绕“七周边两部位”制定街道三大专项行动实施方案，提升背街小巷、市场周边、社区小区等6个重点整治。广平、朝阳小区和二招小区等老旧小区改造升级成功；发动3000余人次拆除乱搭建、破旧雨棚400多处，清理垃圾杂物500多车，清理沟渠、河道漂浮物200处，清除乱张贴2000多处；通过增设临时停车场、增划停车线、设置隔离桩和文明劝导、温馨提示等措施，有效缓解停车乱象；创新公益广告宣传载体，组织开展“奉邑十礼”“绿色消费”市民素质养成行动，顺利通过全国文明典范城市省测。

【基层党建】 依托党建引领共富，深入调研辖区内困难群体增收难问题10余次，串联整合辖区内党建联合体等优势资源，加大共富项目推进力度，通过镇街联合、村企联合、村村联合等，确保各村集体经济年收入50万元以上，经营性收入30万元以上。实施“红色根脉”强基工程，组建“绿动锦西”等6个党建联建，打造“阳光娇正”“红色速递”等7个红色品牌。在西圃、山岭村选派第一书记挂职锻炼，充实基层组织力量，夯实共富基础。

街道内部发展党员29名，提拔干部12名，组织参加区级培训3次、街道层级培训22次。组织38名发展对象在街道党群服务中心开展集中培训，做好446名流动党员排摸管理工作，完成435名党员党组织关系转入转出及3名出国留学党员保留党籍手续，完成5个超大党支部升格为党总支，1个党总支升格为党委。

持续推进“五定”改革，创建南溪未来社区1个。新建社区2个，完善“党委进社区、支部进网格、党小组进楼道、党员进住户”工作机制，指导37个小区全数成立小区党组织，物业、业委会党组织覆盖率分别达到86%和75%，获评2021年度宁波市红色物业党建工作示范点。持续推进“一社一品”服务品牌创建，进一步打响“七彩银辉”“邻里月月会”等品牌。持续推进社区“领头雁”建设，推荐并获评省级领军人物1名、市级兴村治社名师2名。

【纪检监察】 推进“五大比拼、五种风尚”为主线的“锦绩争先、拼搏有我”作风大提振行动，累计上门入户走访4000多户，解决民生问题2000多件。开展正风肃纪督查129次，共检查117个单位，发现问题10个，并发放2份督查通报。对党员干部存在的违纪违规问题提醒谈话38人，诫勉谈话5人，批评教育22人。立案23件，已全部办结。开除党籍1人，留党察看1年1人，严重警告处分4人，党内警告处分17人。

（沈永明）

岳林街道

【概况】 2022年，岳林街道区域面积31.5平方千米，下辖13个行政村、11个居民社区，户籍人口约4.7万人，常住人口约10.2万人。全年实现财政收入12.9亿元，规上工业产值74.8亿元。

【城乡建设】 2022年，茗山智造园二期、金钟公园、倪家碶强排站改造工程等约20个征地项目有序推进，完成征地427亩，迁墓128座。完成舒前2号拆迁区块村集体资产处置，前方路拓宽、宝化路东延（麻厂一期）、茗山智造园一期（鲍家）项目100%签约腾房。

【项目推进】 69个重大项目顺利

推进，其中中南樾府、桂语映月、大成东境等7个地产项目和锋成、瑞凌、麦博韦尔（三期）、瑞嘉（一期）等7个产业项目完成竣工验收。固定资产投资完成率120.09%。

【平台建设】 茗山智造园L形控规局调获市政府批复通过，推动完成国泰、移盟等红线图、经信准入等部分出让前期手续，完成浙天的挂牌和小镇客厅建设方案，小镇AAA级景区景观质量评审顺利通过，VI导视系统和数字化开发有序推进。

【助企纾困】 实施经济“助跑”2.0计划，组建以驻企干部、镇街帮办单位、新兴功能平台等为核心的助跑联盟，实行一月一走访、经济运行监测月分析、招商优商全周期服务、“轮值主席”等工作机制，常态化落实助企纾困工作。全年开展科技、法务等服务活动30余次，帮助解决各类问题200余件，助推9家企业技术改造项目通过验收，获得补助资金700余万元。

【宜居城乡建设】 常态化落实“家园日”活动、一月一督查、村社快整改、定期下通报等机制，深入推动生活垃圾分类，新增智能化收运村6个，开展“百日攻坚十大专项行动”。完成龙潭村、龙尚线沿线、甬临线沿线、机场南延沿线等区域基础设施和立面建设。深入推进农村文化礼堂建设，获评省农村文化礼堂建设示范街道。大力推进金钟未来社区建设，以“睦邻金钟，齐心未来”为创建主题，打造党建引领下邻里多元融合的数字化未来社区，成功创建省级未来社区。同步推进城乡风貌整治提升，金钟风貌样板区通过市级验收。加快实施丽江名庭、桥东岸路住宅小区老旧小区改造，完成秀水家苑栅栏式楼宇门及系统整体改造和龙津尚都电梯加装，新建老年食堂2处，建成朝夕·城市书房岳林分馆。推进东郊园区雨污混排整治，实施污水处理设施、水环境提升及河道清淤等项目，保障好东江剡江奉化段堤防整治（二期）、亭下灌区三干渠（倪家碶河）整治、倪家碶河泵站等工程建设；开展“无废城市”创建工作，完成第三方固废、危废签约企业548家，签约率90%，推荐上报无废工厂3家。

【平安岳林建设】 建强“一中心四平台一网格”，排摸化解社会风险隐患8件，历史遗留6件，成功化解欠薪案件382起，街道劳动人事争议调解中心获评省级荣誉。开展“综合查一次”行动50余次，扎实推进“除险保安”工作，共对19家企业进行警示约谈。多部门联动重拳出击整治消防安全隐患，积极打造天峰路消防安全示范街区。

【党建作风】 打造“金钟学堂”3.0版，创设岳林班子讲、岳林干部读、岳林青年说、岳林委员谈等学习载体，实行机关村社“同上一堂课”学习模式。实施“开局争先 领跑在前”“四个在前”作风建设专项行动，创设线办周例会、重点工作按月对账公示等工作机制，激励党员干部干事创业。做深“村社指导”体验式换岗，以“五个一”活动为载体，持续加大干部服务力；选派年轻干部到征地拆迁、疫情防控等急难险重、大战大考岗位上挂职锻炼，不断增强干部担当力。

（张　铮）

莼湖街道

【概况】 2022年，莼湖街道区域面积145.32平方千米，下辖39个行政村、1个居民社区、1个工业社区，2个居委会。户籍人口5.45万人，常住人口近9万人。全年实现财政收入38621万元。获评2021年度全省“五水共治”工作考核优秀乡镇（街道）；“打好渔业安全保卫战”获“浙江省乡村振兴十佳创新实践案例”；莼湖街道缪家村被浙江省民政厅评为第四批省级引领型农村社区。

【产业发展】 完成限上社会消费品零售额6550万元，为全年任务数的193%；限上批发业、限上餐饮业销售额同比增速分别达到79.5%、46.3%；实际利用外资额400.7万美元，位居全区前三。

大力推进农田水利设施建设，超额完成“恢复地类”后旱稻1500亩的种植目标。莼元谷物烘干加工中心完工投产，莼菇共富方舱成功产菇。莼菇、莼菜、莼米、莼桃、莼鲜等“莼品牌”实现产业化、品牌化发展，多平台先后报道，知名度不断提升。

【创新聚集】 全年申报“甬江引才”“凤麓英才”项目5个，新建宁波协诚电动工具企业博士站1个，新增高新技术企业苗子入库企业4家，浙江省科技型中小企业申报9家，新增有效发明专利14件。实现渔业智能化转型，加强精密智控建设，提前完成开捕大型渔船“浙渔安”设备100%安装。

【城乡建设】 镇西集聚点一期工程主体结顶；继续推进桐照渔港码头升级改造工程项目和牡蛎养殖区品质提升工程。持续贯通路网，完成降渚桥危桥改造工程，山海珑湾配套四条规划道路建成通车，莼裘线路面提升工程开工建设。深化“四好农村路”建设，3个年度项目均已完成竣工验收。费家塘头“低小散污”企业征迁顺利推进，完成D级城镇危房拆除。

【美丽乡村】 重点打造“大美宁波”美丽乡村现场会途经的18个村、5条道路、3个工业区及风筝博物馆等场景点位，全面展现莼湖美丽乡村建设成果。因地制宜推进农房梳理式改造4种模式，9个村共拆旧18.5亩，新建联排住宅103套，“3+1”套房15套。缪家村获评省级引领型农村社区，鲒埼村被列入浙江省千年古村落地名文化遗产。

【环境保护】 深入开展莼湖街道尾水治理项目维护工作，持续推进新希望、修造船厂等环保问题。持续推进污水零直排样板区块建设和农污终端提升。

【民生保障】 莼湖卫生院桐照分院建成并全面开院。完成敬老院公建民营及改造升级、兴化村路灯亮化提升、杨家村光伏发电移民扶持等民生实事项目。修建3座水库，完成3座“省民生实事”山塘建设，2座市计划山塘开工建设。养老服务中心按照市AAA级标准进行提升改造，已经具备生活服务、康复护理等六大功能。章胡村、兴化村创建市AAA级居家养老服务站。

【基层治理】 重点抓好涉海涉渔、道路交通、危化企业、自建房消防等领域，实现隐患排查全覆盖。创新“蓝海红帆”党建统领渔船编组网格智治模式，全年化解简易纠纷102件，救助渔船50艘，挽回经济损失2800万元。深化“1234”基层矛调模式，制定街道层面《实施方案》《考核办法》，全力打造“海上枫桥”莼湖样本，重点发挥道德庭、共享法庭作用，相关经验被央媒报道。

（周晓磊）

西坞街道

【概况】 2022年，西坞街道区域面积111.7平方千米，下辖23个行政村、1个居委会，户籍人口3.87万人，常住人口5万人。全年实现财政收入5.96亿元。街道上榜全省“我心中的最美小镇”50佳；获评2022年浙江省四星级乡镇（街道）食安办；街道现代农业综合服务中心被浙江省供销合作社评为第五批省级现代农业综合服务中心；街道总工会老李劳动关系调处工作室获全市首届工会劳动关系调处技能精英赛二等奖；金峨村获评全国第九批民主法治示范村和全省第二批未来乡村；蒋家池头村获2022年全国示范性老年友好型社区称号。

【工业经济】 1—12月，94家规上工业企业实现工业总产值81.3亿元、销售收入82.1亿元、利润总额29.8亿元。固定资产投资完成率144.89%，其中工业完成率101%。新引进项目41个，其中重大产业项目3个、零地项目3个。

【农业经济】 加速推进“稻生西坞·共富田园”西坞万亩方国家级现代农业产业园示范区和宁波市战略性蔬菜保供基地（宁波共富菜园）项目建设，顺利承办市备春耕生产暨科技下乡活动现场会，相关做法获省委常委、市委书记彭佳学肯定。

【旅游经济】 积极谋划乡村旅游业态引进，成功培育乡村民宿3家、乡村咖啡馆2家、乡村餐厅1家、研学体验地基3个、露营基地1个，升级金峨、蒋家池头夜间经济，街道入选宁波市乡村全域旅游示范区培育单位，指导金峨村完成创建全国AAA级旅游景区培育单位的准备工作。

【城乡建设】 重点项目指挥部紧扣时间节点有序推进政策处理工作，启门河东排工程10日内完成征地签约清零，奉化经济循环园区完成35家工业企业签约，尚桥区块完成78户签约，虞家奔整村拆迁实现100%签约。顺利承办“大美宁波”建设现场会，持续提升“三村两线”面貌，获市区两级领导肯定。加快城乡基础设施建设，推进西坞卫生院迁建和力邦社区拆除工程，同步实施庙后周、高楼张、王家汇“一户一表”改造工程。全力保障交通出行安全，集中开展道路隐患排查，累计整治隐患点107处，交通事故多发市级挂牌整治单位顺利摘帽。农村住房改造全面提速，累计完成雷山、税务场等6个村拆旧13亩，建新105套。积极探索村级集体经济发展新路径，谋划“金溪五村”共同富裕示范带，前3季度城乡居民可支配收入增速达7.3%。

【社会保障】 全面推进政务服务“一网通办”，全年受理各类服务审批事项32048件，办结率100%。救助体系更加完善，全年发放最低生活保障救助金659.27万元、集中供养救助金69.85万元、募集慈善款416.76万元，慈善救助177户，全年困难群众幸福清单送达和探访关爱率均达到100%以上。从严从实抓好常态化疫情防控工作，全力守护辖区群众生命安全和身体健康。教育质量大幅提升，西坞中心小学获评市中小学劳动教育示范学校，西坞中学中考成绩名列同类学校前茅。文化事业繁荣发展，邀请乡贤举办“迎新春文化下乡活动”，孔峙文化礼堂获评省五星级文化礼堂。建成区精细化管理，开展全国文明典范城市创建，建立“民呼我应”市政设施修复闭环运行机制，高效推动城镇设施修复完善。防范化解重大风险，充分发挥班子领导“日行万步”“周三下村”、夜巡志愿服务队等作用，成功化解区镇村三级全部9件历史遗留问题（区级3件、镇级3件、村级3件），顺利完成第五批信访重点街道销号，相关经验被市信访局、区委政法委录用刊登，并获市、区两级领导批示肯定。

【作风建设】 创新党建联建“村企结对”“强村带动”模式，承办全省深化党建联建机制暨党建引领“共富工坊”建设全面助力共同富裕现场推进会，相关做法被《浙江日报》专栏报道。开展“五问五破争一流、六比六严攀新高”作风建设专项行动，结合“周二夜学”组织集中大宣讲7次，出台《西坞街道干部平时考核管理办法（试行）》和《西坞街道编外聘用人员管理暂行规定》，加大干部选拔培养力度，37名轻干部赴重点工程指挥部进行压担，21名90后年轻干部到防疫一线、信访岗位锻炼，推动干部能力全面过硬。落实党工委主体责任和党工委书记“第一责任人”职责，严格执行“三专三书两报告”有关要求，全体班子成员签订党风廉政建设分工责任书，廉政建设责任体系进一步完善。加大力度开展正风肃纪专项行动，扎实推动审计和巡察整改落实落细，查处各类违纪违法案件29例，下发督查通报6起，处理党员21人，批评教育谈话52人。

（江宇婧）

尚田街道

【概况】 2022年，尚田街道区域面积154.6平方千米，辖31个行政村，1个居委会，代管4个由葛岙水库移民村撤村设居的社区居委会；年末，全街道共13785户，38282人；全年实现财政总收入3.62亿元。

【工业经济】 全年完成工业销售收入82亿元，规上工业总产值52亿元，外贸进出口总额18.7亿元。南方机械股权顺利拍卖，完成企业重组。加大企业招引落户，带动投资1.3亿元。

【农业经济与乡村旅游】 农产品技术成果转化，打响青农创客“双创”品牌。在人才引进、品种换代等方面落实“真金白银”奖励，被央视网、新华网报道。奉化曲毫获“中绿杯”特别金奖，水蜜桃在全市精品水蜜桃推选活动摘得3金1银，其中金奖数占全市1/3。成功举办草莓文化节抖音短视频大赛，“奉化尚田草莓季”话题播放量突破380万次，制定和推出六大草莓采摘精品线。因地制宜发展农家乐、民宿、采摘、研学等旅游体验项目，利用葛岙水库蓄水成景发展旅游、民宿、运动等多种业态，西岙村“乡见古月”民宿成功运营。土地资源有效保护。制止耕地非粮化非农化，做好“恢复地类”复耕整治后半篇文章，基本完成大户流转，全年水稻种植面积8000余亩。

【城镇建设】 甬临线至下鹊岙、水孔头至印家坑、方门至梅山公路顺利完工；开城街至镇西路完成白改黑；梅山路、下畈村、大岙至张家污水管网全部完工，上海工业园区污水管网进场施工。美丽城镇通过省级验收。逐项对照文明典范城市创建指标，加大面上整改和长效机制建设，推出“红黑榜”亮相台，以督促改实现文明创建“月底大见效”，累计开展各类整治25次，对标整改问题1300多个。开展长江经济带生态环境问题“举一反三”大排查大整改、低小散企业整治工作和再生资源专项整治、张家工业园区“污水零直排创建”三大行动，整治“低小散”企业85家，新建、改建污水管网9千米。全力推进卫片违法图斑整改，完成“三改”10.98万平方米，拆违8.67万平方米。

【社会事业】 将70%以上的可用财力用于民生事业发展，实施“消薄”项目7个，新增收益350万元，村经营性收入30万元实现全覆盖。布局来料加工点16个，惠及农户600余人，人均年增收1.6万元以上；农房改造“靶向村”许家村完成拆旧37亩，建成农房49套，二期59套联排正加快建设。服务供给持续增强。建成居家养老服务中心2家，全区首家以AAAAA级标准建设的梅山颐养中心运营投用。建成老年食堂8家，其中中心食堂2家，标准化老年食堂3家，餐服务老人数超380人。实现省卫生村全覆盖，完成尚田首批创建五星级村计生协（印家坑）申报工作。市级除“四害”村建设（大岙村）完成终极验收，创建示范健康素养进农村文化礼堂（推荐大岙村、尚二村）典型案例申报工作。完成30%以上大中型企业建设健康促进企业健康申报工作，新创健康企业一家（力星金燕钢球）。新建市级金地寺体育公园和省级畈头村多功能运动场、方门百姓健身房。

【重大项目】 葛岙水库工程打赢“拔钉清零”行动，4月19日大坝全线封顶、7月15日正式蓄水。保障甬金铁路工程顺利施工。旧城区改造一期项目，小学地块土石方工程已基本完成，地下室底板完成浇筑，主体1#、2#、6#楼已完成二层底板的浇筑；原街道办地块完成地面清理，改造成临时停车场。浙江锐泰扩建项目完成桩基工程，进入主体建设阶段。印家坑小微产业园项目，大堰企业安置地块厂房主体结顶。汪家安置小区二期项目，房屋主体已结顶。甬临线至王董公路提

2月23日，尚田街道召开农业产业座谈会（尚媛　摄）

9月23日，2022年尚田街道田园文化节暨“乡村共富”主题交流活动开幕（范佩佩　摄）

升改造工程完工通车。做好宁波铁场—西溪110千伏线路工程的政策处理工作。

【农业产业座谈会】 2月23日，尚田街道召开农业产业座谈会，组织街道草莓、茶业种植代表，群策群力共谋产业发展之路。宁波农科院、区农业农村局、区农商集团、供销社等相关部门参与。

【田园文化节】 9月23日，2022尚田街道田园文化节暨“乡村共富”主题交流活动在尚田街道双溪联村启幕。尚田街道田园文化节已经连续举办两届。活动汇聚了全街道优势农文旅资源，通过对特色农产品、乡村旅游产品、民俗活动等元素进行整合展示，唱响尚田街道乡村文旅品牌，助力乡村振兴。

（仇飞青）

萧王庙街道

【概况】 2022年，萧王庙街道区域面积80.6平方千米，下辖20个行政村1个居委会，常住人口3.18万，外来人口0.95万。2022年实现财政总收入2.4亿元，完成固定资产投资同比增长22.9%。获评省林业特色产业强镇和省“五水共治”（河长制）工作考核优秀乡镇。

【项目攻坚】 至年末，全域国土空间综合整治工作已完成塘湾、陈郎埭、后竺等村地类恢复33.33万平方米，种植水稻约20万平方米。剡禾村、潘村、青云村北侧整治提升工程已全部完工。塘湾村村庄退建强势推进，完成汪家、沈家、何家、前杨等自然村测绘评估。万亩方一期沟、渠、路政策处理全部到位。浙江药科职业大学二期项目7.8万平方米林地报批工作全面完成，迁移坟墓166座，基本完成公墓地基建。宁波城市职业技术学院奉化分院一期实践基地10.93平方米林地征用提前完成，围墙工程顺利实施，二期征地7.067平方米全部完成。

【产业发展】 1—12月，实际利用外资300万美元，完成率100%；宁波市外境内资金实到54856万元，完成率203%，同比增长68.8%；浙商回归资金到位19221.6万元，完成率101.2%，同比增长1.3%；完成限上批发业销售额13.7亿元，同比增长124.8%；完成限上零售业销售额3525万元。西岭制造产业园安珂森水下机器人、海睿医疗、茂诚汽车部件3个项目主体结顶，中烟仓储、鸿源无线终端、纵图微电子、福品荟礼品4个项目完成签约，引入竹韵竹材制品及叶志静院士先进材料项目，科程小微企业园全面完工。推出桃源汽车影院，新增“云山小筑”民宿，打造竹制品儿童体验馆和古法造纸体验基地，拓展延伸全域游线。青云村获评省首批金AAA景区村庄培育单位，“联步青云”获评国家AAA级旅游景区。

【城乡建设】 持续开展“治危拆违”“四边三化”。拆除违建32处，建筑面积7.8995万平方米，完成率158%；整治“四边三化”15处，拆除四明路，江拔线及弥勒大道周边的集装箱和农用设施用房。开展美丽乡村梳理式改造村创建，塘湾村、陈郎埭村、慈林村、云溪村、袁家岙村分别获得上级补助30万元，打造一村一品，美化村庄环境，提升硬件配备。“明山剡水”精品线全面建成。

【民生改善】 深化提质社会文化“3+1”工作，按照“6+X”“3+X”要求，每月活动完成率100%，全年开展各类活动100余场。通过完善资源服务，强化关爱帮扶，开展精准服务，精心打造“桃蹊志愿服务”品牌。省级农村文化礼堂服务平台“礼堂家”效能指数排名，稳居奉化区第一、宁波市第二。萧王庙农民中心居住区（青云片）二期项目、何应村农居房项目竣工交付，肖桥头整村拆迁二期主体结顶，云集小区三期开工建设，林家、杜郎坪等农房改造项目稳步推进。肖桥头村河道治理工程进度过半，马岙、孙家水坑、仙岭、狮岙、瓦窑岙等山塘水库除险加固开工建设。剡江南塘改造工程及奉化区岭丰二水厂原水管联通及二期扩建工程，政策处理全部到位，工程正常施工。后竺村、云溪村、棠村和里应、青云和塘湾4个生活污水治理项目完成竣工验收，移交第三方运营。全年通过E-宁波系统共上报事件25498件，同比增加80.9%。接到来电来访件数761件，通过跟踪督办，形成闭环机制，实现电话回访满意率95%以上。

【基层治理】 全年共受理上级转交办信访29批次42人次，历史积案全部化解。街道社治中心接待各类矛盾纠纷430起。治安案件立案212起，同比下降16%；刑事案件立案81起，同比下降11%。“道德庭”“共享法庭”积极参与矛盾调解和办结，全街道20个行政村实现“两庭”建设全覆盖，共调处各类矛盾纠纷139起。

【执纪问责】 上门入户访民情办实事，收集问题数126个，已解决124个。干部作风整治“导师帮带”、首问负责即问即办。周一夜访发现问题或事项170个，已解决166个。扎实开展村社干部党性党风教育年活动，整改“四不”问题418个，完成试点创建项目20个，完成年度重点任务114个，应收账款全部“清零”。开展新一届村两委会班子党纪党规和廉洁履职教育，2022年查处党员干部17名，其中警告5名、严重警告4名、留党察看2名、开除党籍6名。

（许光辉）

江口街道

【概况】 2022年，江口街道区域面积36.66平方千米，下辖22个行政村、2个居民社区，户籍人口约2.7万人，常住人口约8.5人。全年实现财政收入28亿元。获奉化区工业经济工作考评第二名、招商引资工作考评第二名、扩大有效投资工作考评第三名、征收拆迁工作考评第三名；获评美丽城镇建设省级样板、浙江省首批示范“共享法庭”和2022年度乡镇（街道）消防宣传先进集体（市级）等荣誉。

【经济建设】 全年街道规上工业实现产值394.8亿元、同比增长3.2%，实现利润42.7亿元、同比增长4%，实缴税金18亿元。秉航、联动U谷、启迪等产业园引进项目22个。助力农业科技创新，深化扶粮惠农，积极推广“双千”示范工程、推进粮食功能区及现代农业园区建设，获小麦绿色高产示范方区级第一名。完成“恢复地类”复耕整治1400亩及全部政策处理，全年实现农业总产值约2.8亿元。组织周村、柱石等9个经济薄弱村开展光伏电站建设，确保22个村的经营性收入均在30万元以上。批发业企业销售额74.7亿元，同比下降2.5%；零售业企业销售额17.1亿元，同比上升26.2%。

【平台保障】 完成中信三期、杜家畈、后胡、庄家畈等项目的征迁工作，征收土地2200余亩，拆迁企业19家、住宅496户，合计21万平方米。完成四明路东延、殡葬一体化、江口中学迁建等项目的政策处理，保障奉化大道、甬山隧道工程的施工进度。中烟

6月1日，江口街道举行奉化区第四届礼堂文化节启动暨蒋葭浦村党群服务中心启用仪式

二期、亚德客三期、联东U谷等顺利竣工，壹里科创云廊一期主体完工。中信创新工业综合体、启迪、联东U谷等工业园区新入驻投产企业98家。

【城镇建设】 持续推进三改一拆，拆除各类违法建筑65处，拆违面积约16.1万平方米。通过立面改造、河道整治等手段，后胡、蒋葭浦、张村、姜塔4个村成功申报市美丽乡村梳理式改造村，顺利完成三横工业园区雨污水改造。绿城、荣安、恒厚等优质地产项目投入市场，南浦、前胡、蒋葭浦、三横安置房陆续完工交付，新浦老旧小区改造工程如期竣工验收，群众住房品质明显提高。完成甬山景观提升工程、明山剡水综合改造工程，新增健身步道5000余米。完成甬临线、聚英路路面改造提升工程，加快推进四明路二期、江逸路等道路建设工程。

【社会管理】 持续推进特殊群体服务，为60岁以上老年人发放“防疫包”8900余个。加强社会治理创新，全面推进“共享法庭”建设，“基层治理四平台”完成迭代升级，承接文明城市检查、社区矫正、e行在线工作。妥善处置信访件，来信、来访、来电、网信合计349件，全部按期受理、答复和回访。化解历史遗留问题8件、社会风险隐患8件。确保三横改造项目稳步推进和甬山书苑、前横旧村改造遗留问题有序化解。

【组织建设】 各基层站所、村社、“两新”组织以党组织架构为依托，由联片、联企领导深入各村、企业上党课，开展党的二十大精神宣讲130次，覆盖党员8000余人次。116名街道干部职工下沉疫情防控、项目一线，稳妥处置本土疫情4起，顺利推进重点任务49项。组织村社干部集中培训6次、线上学习12次、外出考察1次，覆盖2000余人次。打造“两新”示范点1家，新增市级“双强六好”党组织1个、区级5个。创建“甬荟聚”社企党建联建品牌，打造联建服务“五站两中心”，迭代升级“联

6月16日，江口街道开展2022年江口街道第二届红卫士应急消防联盟技能“启迪杯”比武大赛

企跑企”行动，梳理解决疫情防控、土地厂房、人力资源等问题600余个。全年开展各类检查117次，发现问题98个，约谈6人，第一形态处理21人。重点查处村干部违纪违规、征地拆迁等领域问题，处理17人。成立督查室对重点项目、重点工作落实情况和机关效能进行专项督查，发布督查通报40期。

（钟启锋）

方桥街道

【概况】 2022年，方桥街道行政区域总面积26.99平方千米，下辖16个行政村，4个社区（实际运行2个），户籍人口2.58万人。2022年，财政总收入6590万元。

【工业经济】 全年实现规上工业企业产值30.4亿元，同比减少17.4%；规上服务业企业营收11.6亿元，同比减少2%。固定资产投资同比减少11.9%。其中安佳智能家居设备研发项目实现3周内落地既定目标；浙江昀宇科技等两个项目新开工并完成统计入库。1—9月，制造业投资达1亿元。完成康邦德生物新材料、谦川科技等优质项目招引落户。新挖掘26号地块、农副产品等项目。积极构建高层次产业格局，共招引涵盖生物新材料、芯片科技、人工智能等经营主体9个，包括谦川科技，果力智能等4个人才项目。

【征地拆迁】 100%完成丁家埭签约，下陈签约、后顾村签约剩余4户。新启动区块已签约户中，290户选择房票安置、9户选择货币安置。拆迁清零方面，2022年已完成龙潭墩、仓基区块腾空，有力推动港区110V进变线项目等净地交付。

【基础设施】 完成上师大附校15个标准科学实验室基础设施建设，顺利获评浙江省义务教育标准化学校。建立上三村“廉政教育基地”和“劳动教育体验基地”等终身学习体验基地。成立奉化区人才市场方桥分市场，为用人单位和求职者搭建供求平台，开发公益性岗位3个，方园社区被区评为2022年高质量就业村社。完成方桥卫生院公交候车站建设，完成农村公路“桥头跳车”整治工程，修复81处破损路面，农村、城市基础设施进一步提升。

栽种荷花新品种

【文旅提升】 主客共享“荷美乡村”上三村部分改造升级继续，共投入80万元用于村东河河道建设、村墙体文化、文化礼堂、公共厕所等，整村的环境、人居、生活各个方面全方位提升。做好三江口“勇立潮头 源起方桥”花海绿化景观项目养护。总结提炼“方桥八礼”，提升市民文明素质养成。

【基层党建】 通过“理论中心组学习”“三学三讲”“周一夜访”等系列活动，让党的思想理论扎根干部心中，飞入寻常百姓家。充分挖掘竺扬故居红色教育基地作用，深入推进奥迪斯丹、艾维洁具等“双强六好”党支部及各类企业党群服务中心建设。创新“东江田园”“三江风韵”等村域联合体工作机制，激发基层党建活力。开展“五问五兴、干事创新”机关作风建设专项行动，夯实思想、体制、执行三个基础桩；先行先试“大部制”改革，

9月8日，弘扬“方桥八礼”尚德社区志愿小队

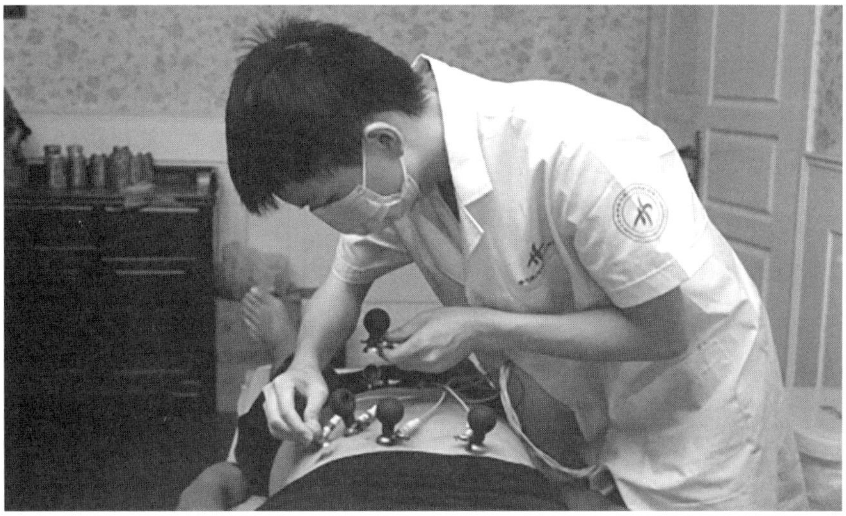

8月17日，社区卫生服务中心工作人员上门义诊

方桥街道稻谷丰收

推进基层管理体制改革。

【民生保障】 推进社会救助数字化改革，支出临时救助10.15万元，精准服务212户低保低边特困户。创建12家居家养老服务站，开展“我们在一起”困境儿童个性化社会支持体系建设，相关做法获市级媒体宣传报道。完成8个村整村家庭医生签约，全区首推军属健康服务签约福利，完成324名老年人自理能力专业评估和1.1万本地常住人口慢性基本筛查。处理劳资纠纷和劳动争议案件235起，处置涉案金额1538万元。完成城乡养老保险办理84件，失地保险办理129件。

早稻种植面积翻番，晚稻种植面积增幅超10%。开展劣地、三角地清理整合，引导各村种植油菜、蔬菜等经济作物，进一步提升农业生产水平。深化村企结对，分布式光伏一期1.6兆瓦项目并网发电顺利启动。开展全域村庄规划调研，对10个暂不拆迁村制定美丽提升计划，产业生态同步发展。开展现代化社区建设专项工作，配齐配强“1+3+N”网格治理团队，实现村社一体化发展。

【社会保障】 2022年持续加大矛盾隐患化解力度，6件信访积案已全部化解，8件历史遗留问题已化解6件，14件社会风险隐患已化解9件，派出所接警数量同比下降9%，受理治安案件同比下降12.5%，治安形势总体向好。

有序开展安全生产排查整治行动和“筑安”执法行动，累计检查639家次企业，发现隐患2689个，整改率100%。“遏重大”专项检查行动保持高压推进。

依托“浙江省应急管理全覆盖责任体系”“工业企业安全在线”等系统，进行“科技化、智能化、精准化”管控，对涉危涉化企业、有限空间企业、消防重点单位、建筑工地、农村消防等领域开展“三段式体检”，以检促改消除安全隐患。严厉打击安全生产领域非法违法行为，共执法检查企业25家，行政处罚5家企业，罚款金额9.7万元。举办“河湖长再出发”活动和净滩行动，公众巡查达11556人次，真正实现五水“共”治。完善提升“智慧水闸”数字化应用，加强防台防汛能力建设额，成功防御“梅花”台风。

（陈泽熹）

溪口镇

【概况】 2022年，溪口镇辖52个行政村，6个社区居委会，区域总面积380 平方千米。年末总户数29065户，年末总人口数75127人，全年实现地区生产总值57.6亿元；完成财政总收入7.13亿元。

【产业经济】 统筹落实省、市、区稳链纾困政策措施，扎实推进经济稳进提质，稳住经济基本盘。三次产业稳中有升，产业创新后劲增强。亚茂小微产业园改造、圣菲数字化车间建设等工业提升项目快速推进，11家企业完成技术改造。全年新增高新技术企业7家、科技型中小企业24家，高新技术企业占规上企业比例高达37.5%，高新技术产业投资同比增长40.4%。招商引资步伐加快。项目招引持续发力，数智制造产业园、夏蕙瑛艺术中心、锦绣奉化运营项目成功签约，航天铝基产业项目落地投产，全年引进亿元以上项目4个，实际利用外资889.4万美元。共享经济小镇平台新入驻企业131家，成功推荐“甬江引才”项目4个、“凤麓英才”项目4个。

【旅游格局】 加快重塑“雪窦名山、溪口名镇”，着力优化“东城西游、一心两翼”的全域旅游格局。名山体系不断完善。弥勒圣坛完成综合验收，2022雪窦山弥勒文化节在此开幕，成为文化旅游新地标。文殊院、瀑布院、法华寺等寺院加快建设，“弥勒文化园”核心项目逐步完工，名山魅力进一步彰显。名山公园带富行动计划编制完成，名山影响力提升行动加快推进。名镇品质不断提升。应梦里、杜鹃谷、梦在武岭揭幕开业，与核心景区形成资源互补。蒋氏宗祠周边地块改造项目一期正式动工，古镇区危旧房屋异地置换工作有序推进，问心园酒店、东坑村文化旅游、栖霞坑旅游综合开发等旅游配套项目加快建设。旅游内涵不断丰富。启动《溪口文旅产业发展规划》《雪窦山民宿集聚区发展规划》编制工作，民宿集聚区建设初有成效，现有各类民宿44家、床位1091张，雪窦山和岩头村成功创建“宁波市民宿产业集聚区”；和园质野、花庭东山、栖霞山居、奇遇谷、漫休谷等5家民宿列入浙江省首批“百县千宿”培育名单；商量岗旅游度假区获宁波首家“零碳景区”。溪口雪窦山自媒体联盟平台正式成立，首届“DOU来溪口”短视频大赛顺利举办，“来未来·溪口雪窦山”展馆连续四届亮相杭州未来生活节。

7月20日，全国首个以水蜜桃命名的共富公益基金在奉化溪口启动

【城乡品质】 最新国土空间“三区三线”正式批复，启动班溪、畸山、溪南、状元岙和中兴西路北侧等控规局部调整，完成栖霞坑村村庄设计、三石村村庄规划修编。启动全域国土空间整治潜力调查，建立可复垦用地潜力库930亩。城乡面貌接续焕新。“明山剡水风景带”成功列入省第二批城乡风貌样板区，溪口镇入选全省“我心中的最美小镇”50佳。统筹推进路网、水网、地下综合管网建设，基本完成老旧小区排水改造工程，镇区排水能力大幅提升；完成9条农村公路提质工程，提升农村公路里程数达20.6千米。全面开展城乡危房治理，排查城乡自建房34533户，基本完成1148户老旧农房改造。美丽乡村创建迭代升级。上白村被评为省新时代美丽乡村特色精品村并入选省未来乡村创建试点，东山村等16个村被评为省新时代美丽乡村达标村，新增1500亩“百万亩绿化”，“四明诗路”风景线完成设计方案，三石村等农房改造完成拆旧64亩，新建农居房481套。实施经济薄弱村孵化器项目二期，培育来料加工点20个、从业人员600余人，村集体经营性年收入同比增长15%以上，村集体经营性年收入30万元以下薄弱村全部消灭。

【民生福祉】 创建成功五星级文化礼堂与四星级文化礼堂各1家；溪口中心小学新校区、溪口实验幼儿园班溪分园投入使用；溪口实验幼儿园被评为浙江省一级幼儿园；顺利通过国卫镇复评、健康镇创建，区级健康村创建实现全覆盖。民生保障不断完善。溪口镇AAAAA级居家养老服务中心建成，溪口福利院实现社会化运营；创新打造“医路通”——数字化无障碍医疗志愿服务特色品牌，获宁波市新时代文明实践志愿服务项目大赛优秀奖。公共服务不断优化。依托政务服务2.0系统、政务服务自助终端等设备及甬爱e家公益服务平台，助推政务服务由8小时向24小时全天候服务不打烊转变；“流动便民服务小超市”多次上山提供公共服务，帮助山区群众跨越“数字鸿沟”。

【社会管理】 持续探索“1+4+X”基层管理体制改革，不断推进更高水平的平安溪口建设。完成平安法治风景线建设，全力推进历史遗留问题、社会风险隐患、信访积案动态清零，被评为“平安护航党的二十大成绩突出集体”。持续深化改革创新。“大综合一体化”行政执法体制改革经验获市区领导批示肯定和各级媒体报道，制定出台行政执法制度9项；成立溪口镇公益应急联盟，提高企业应急管理和安全生产高水平自治能力；多合一应急预案手册作为经验模板在全区推广。牢牢绷紧安全底线。高质量推进“护航1号”“护航2号”等安全行动，执法案均值全区第一。推广安全生产责任保险、企业安全生产社会化服务，投保覆盖率较上年增加约18%、企业第三方参服率增加约35%。

【成绩荣誉】 集体荣誉。省级集体荣誉12项：“奉化明山剡水风景带县域风貌样板区”被列入省级2022年度第二批城乡风貌样板区；溪口镇总工会组织的“气动行业数控车工职业技能竞赛”获评“全省百场最受好评的乡镇（街道、园区、产业集聚区）特色职工职业技能竞赛”；溪口镇食品安全委员会办公室获评2022年浙江省五星级乡镇（街道）食安办；溪口镇妇女儿童驿站获评2022年度首批浙江省三星妇女儿童驿站；溪口镇岩头村获评浙江森林氧吧；溪口镇任宋村、五林村、联胜村2022年创建“枫桥式”退役军人服务站。宁波市级集体荣誉14项，奉化区级集体荣誉7项。省级个人荣誉1项：任宋村竺永位获评全省优秀护林员。宁波市级个人荣誉8项，奉化区级个人荣誉7项。

（刘振华）

大堰镇

【概况】 2022年，大堰镇辖区面积129.5平方千米，下辖23个行政村，1个居委会，在册人口23985人，常住人口5471人。2022年实现工农业总产值6.13亿元、财政总收入1913万元，农民人均可支配收入16467元。大堰

5月27日，奉化农商银行与大堰镇共同开展“政银惠农”党建联盟推进会暨“三共三富”乡村振兴专项行动签约仪式

镇获评新时代·中国最美绿色生态小镇、美丽浙江十大样板地、第十二批浙江省生态文明教育基地、宁波市乡村旅游共同富裕示范区。全年累计接待游客67.5万人次、留宿12.4万人次，旅游综合收入1.3亿元。

【特色农旅】 实施“龙头企业+村集体+农户”的利益联结机制，以“高山中草药示范区”“云上共富舱”为重要载体，凝聚胡庆余堂、浙江医药高专等产业技术合力，打造“产、学、研”一体的农业联合体。新建里秧田等3家民宿，大堰村获评宁波市民宿产业集聚区。承办2022宁波市乡村旅游季启动仪式，助力大堰村创成市级乡村旅游重点村。

【生态教育】“两山实践”自然教育中心全面建成；清洁能源广场、户外露营基地、箭岭门楼改建等第二批专项债15个项目设计及招投标如期推进；完成南溪农光互补项目、箭岭光伏建筑（绿色建筑）项目设计方案。完成二轮生物多样性调研，大堰镇获评第六批宁波市生态文明教育基地、第十二批浙江省生态文明教育基地。“连山堰情”文明示范线获评市级大学生优秀社会实践基地。

【项目攻坚】“村域整治”行动计划试点启动，研究制定《奉化区大堰镇“村域整治”行动实施细则》，梳理70个自然村约1024亩土地资源，启动21个自然村约180亩的试点整治，两个月签约率超过50%。柏坑水库扩容工程顺利开工，完成涉大堰镇4个村1837亩土地征用、110座坟墓迁移及18户水库移民签约的政策处理工作。连山快速公路启动二期项目，完成一期的土地征用、坟墓迁移等前期工作，累计搬迁坟墓7座、征地38.2亩，二期已全面完成土地勘测、实地测绘及放样工作。

【党建赋能】 全新升级三市五地“全域锋领”党建联盟；部署成立“酵冠自然”党建综合体；指导注册“箭岭良耕”商标；“政银惠农”党建联盟落实共富授信额度1.8亿元。高标打造村级党建联建，成立由23个行政村入股的强村公司，投入4600万元购置滨海新区厂房，引进菌菇智慧方舱70个，各村集体经营性收入增幅在10万元以上。“云堰家工”数字化平台试运行。

【民生保障】 加速落实水质清源行动，投资266万元改造升级饮用水管网20千米，县溪河道整治工程完成总工程量的90%，箭岭村获评第一批宁波市“五水共治”示范基地。继续抓好“三改一拆”工作，全年累计完成拆旧1.2万平方米、建新1.5万平方米、危房解危7户，万竹等个6村创成市级安居示范村。新改建农村公路6千米、公厕16座，新建1家市AAA级居家养老服务站（社家畈）和8处邻里助餐点，A级及以上居家养老服务站实现镇域全覆盖。全面完成“甬宁保”、养老保险、医疗保险参保任务，累计发放低保、低边等帮扶资金1200余万元。大堰流动医疗服务入选区级最佳志愿服务项目。

【平安建设】 安全生产大排查大整治，300余个隐患点全部整改，燃气安全整治相关做法得到区委肯定性批示。化解社会风险

9月15日，杭州胡庆余堂集团有限公司、宁波市烟草专卖局（公司）一行到大堰考察，并赴区政府就中药材产业山区共富项目战略合作开展签约活动

9月27日，大堰镇柏坑水库扩容工程开工典礼举行

隐患、历史遗留问题分别达到8件和5件，初信初访化解率达到98%以上。全年侦破查处各类刑事治安案件32起，其中联合打击养老诈骗1起、抓获嫌疑人7人。率先启动“大综合一体化”改革，开展联合执法6次，破解专项问题2个，切实推动执法力量下沉基层一线。把牢防疫大关，实现大堰防疫态势总体平稳。

（邬丹盛）

裘村镇

【概况】 2022年，裘村镇行政区域总面积86.1平方千米，下辖16个行政村，34个自然村，1个居委会，常住人口2.6万人，外来人口5500余人。全年实现地区生产总值26.48亿元，增长4%；镇财政收支运行稳健，成功化解债务1.08亿元，一般公共预算收入1.84亿元。获市乡村全域旅游示范区荣誉称号。

【工业经济】 贯彻落实省、市、区稳链纾困助企30条措施，帮助解决事关企业发展的重大问题28个，积极引导宇翔新科、励丰家具、钰佳科技等企业完成技术革新，规上企业工业总产值预计突破10亿元，同比增长20.07%，出口交货值1.2816亿元，同比增长48.9%。增强“招商引资”力度，双招双引持续发力。引进宁波市外境内资金2742万元、浙商回归到位资金2642万元。

【特色农业】 不断优化公共基础设施，梳理式改造岭下村、吴江村、杨村村，完成7座农村公厕标准化提升，解危老旧农房610户。不断深挖农旅发展潜力，宁波湾成功获批省级旅游度假区。探索“元创裘村”数字化旅游发展新路径，打造“研学+游戏+露营”的消费新场景，形成旅游新业态，推出“求寸鲜”区域公共品牌，聚焦“一村一品”推进瓦缸烘虾、弥勒稻米、红托竹荪、白岩山茶叶等特色产业聚集发展。锚定“共同富裕特色区”建设，以山海农业公司为平台，围绕光伏发电、特色种养等优势，拓宽增收渠道，村级集体经济全年增收300余万元。依托侨商网络，与宁波市侨商会、香港侨商联合会签订结对协议，陶坑村成为宁波市侨联“百侨帮百村”首个试点村。创新开展政校合作，打造“一秋田”农创示范园。

【基础设施建设】 成立“宁波湾”“山居裘村”两大项目指挥部，抓住国土空间规划编制契机，系统构建“南旅北居”空间布局，谋划建设杨应区块，论证肖家坎整村拆迁方案，积极融入滨海区块前沿阵地。不断完善打造“两横两纵”交通路网，推进下横线、宁裘线“白改黑”提升工程，顺利完成镇区排水、主路网两侧景观、马松线道路等基础设施改造提升工程，推进各村污水连接配套、路灯亮化等民生工程。坚决保障滨海旅游区管理中心重大项目实施，2022年，完成246 座坟墓迁移与426 亩医疗地块政策处理，签约完成率90%。保障S203省道及沿海中线拓宽项目顺利推进。

【家园建设】 落地落实“蓝湾”保护。开展“一打三整治”专项行动，实现海漂垃圾专业化收集和沿海岸线环境卫生专人管理。实施“一河一策”专业化治理，不断提升河长制质效，全年清淤河道超2.7万米^3。开展“百日攻坚”专项执法行动，联合职能部门检查渣土车1506车次，办理建筑垃圾相关案件20余起。清退镇区两家养猪场，后续转产工作有序推进。翔鹤潭村成功创建省级美丽宜居示范村，庄下村入围省级美丽宜居示范村创建名单，裘村镇顺利通过文旅特色型美丽城镇省级样板验收。

【民生福祉】 实现1个居家养老服务中心和17个居家养老服务站社会化运营。优化医教资源配置，中小学基建改造、卫生院扩建工程顺利完工，投资总额超1000万元，为历年之最。瞄准“扩中”“提低”，积极开展职业技能培训，化解用工荒与就业难的突出矛盾，扶持退捕渔民培训就业。文化阵地建强建深，全民健身活动种类和人数位居全区前列，非遗保护焕发全新活力。

【政府建设】 持续周一夜访、周二夜学，提升政府系统执行力，联系区级领导、部门走访32次，解决“疑难杂症”22个，黄贤违建别墅经济责任处置进入清零阶段。聚力打造数字政府，深入实施“最多跑一次”改革，行政服务大厅办理各类事项6857件。严格贯彻民主集中制，主动接受人大依法监督、政协民主监督和社会监督，办理人大代表议案建议16件，人大代表票决的8个民生实事项目基本完成。

（竺钲栋）

裘村中心小学

11月，庄下村“弥勒六株”香米丰收

松岙镇

【概况】2022年，松岙镇区域面积70.6平方千米，其中陆域面积51.1平方千米、海域面积19.5平方千米，下辖11个行政村和1个居委会，户籍人口1.21万人，常住人口约8400人。2022年，全镇财政总收入2051.8万元，农村居民人均收入达到24206元。获评省深化“千万工程”建设美丽乡村示范乡镇；市廉洁文化教育基地；美丽城镇建设市级样板、集群化优秀案例；宁波市第二批红色旅游融合发展示范区和红色旅游教育基地；市优秀村庄设计称号。

【工业经济】2022年，完成规上企业工业总产值16.54亿元，同比增加10.16%；规上数字经济核心产业产值7.01亿元，同比增长44.65%；实现工业销售收入16.78亿元，同比增加12.12%；固定资产投资完成全年考核任务的126%；建安投资达到1.89亿元，完成全年考核任务的126%；实际利用外资达到383.5万美元，完成全年考核任务的191.5%；自营货物进出口总额已达到2.86亿元，同比增长74.93%，完成全年考核任务的158%。产业改造提升成果显著，松科磁材、杰森能源完成年度技改项目，产值同比增长51%、26%。五百岙村新中源区块一、二期顺利完工，新引入外资、规上工业企业1家。完成巫江博士团队“甬江引才”及伍文君博士团队“凤麓英才”项目申报，协助引荐海归博士1位，联合杰森能源完成1个省级人才项目申报。

【农业和农村经济】2022年，实现农村经济总收入20.18亿元，农村居民人均收入21082元。保障粮食生产安全，投资265万元完成总面积63.93万平方米恢复地类“千亩方”项目竣工验收。特色农业迭代升级，稳步推进正业兴农项目，完成200.67万平方米优质水稻种植，其中功能稻亩均产量达450千克，售价达60元/千克，实现农户增收500元/亩。种植红美人、绿美人、明日见等16个品种共计8万平方米，全镇柑橘种植面积达到233.33万平方米。强化农业人才培育，建立村社人才库，组织开展相关培训9期，培训学员250人次。全区首创村级合同监察监督“360”机制，全镇11个村累计将151份村级合同纳入动态监管，发现并整改各类风险点7个，并在全区推广，相关做法先后被《浙江法治在线》《宁波日报》等省市区媒体报道。推动建立村级合同合法性审查机制，确保村级合同“应审尽审”，累计审查村级合同103份，发现相关问题72个，全部完成整改，并对其中66份合同提出修改完善建议。

【第三产业】举办“初心第一课”红色旅游线路发布暨2022松岙丰收节、乡村旅游开游节、小小讲解员等中大型活动4场，“四色松岙”“浙东滨海红色旅游基地”等旅游品牌持续擦亮。投资600万元扩建裘古怀烈士陈列馆，完善卓兰芳纪念馆、卓恺泽故居基础设施配套。设计推出红色松岙文创伴手礼。成功孵化培育海沿、淡溪等民宿4家。投入48万元启动智慧旅游信息化建设暨红色教育基地提升项目，为游客提供“一站式”、个性化的旅游服务。做深校地共建，联合宁波财经学院象山影视学院共同开展红色资源开发，校地战略合作协议签订。全年累计接待游客团队780批，2.98万人次，被各级媒体累计宣传报道100余次。

【基础设施】全面融入奉化“525”综合交通建设目标，先后投入200余万元完成卫生院配套道路前期、松溪佳苑西侧道路、下横线至山下、上汪至新庵道路改造等一批交通基础设施项目，“两横两纵”道路格局基本成型，奉化滨海东大门交通区位红利逐步释放。农田水利基础设施日趋完善，全年投资9000余万元完成松溪、东溪、莫家河小流域以及大埠水库、大石坑水库治理工程5个，实现镇区所有主要河道及大型水库治理目标。五百岙大礇头边坡治理竣工验收。镇域水利

松岙松宁畈千亩良田

综合治理工程Ⅰ标试验段、Ⅲ标段开工建设，Ⅳ标段启动招标。保障重点区块投用，恒大小狮子口区块红线外市政基础配套完成水电工程建设。淡溪、街横、大埠、五百岙村获评市级安居示范村，大埠村获市级优秀村庄设计荣誉。巩固市级污水零直排区创建成果，污水处理厂提标扩容工程完成主体建筑建设，日处理能力扩容至5000吨，镇区范围污水收集实现全覆盖。以农村“双治”为抓手，实现垃圾分类减量化处理，垃圾中转站迁扩建工程顺利推进，再生资源智慧回收利用率达到70%。

【环境品质】 投入13.6亿元完成美丽城镇项目35个。投资1690万元完成黄岩头岸线整治修复及海洋生物多样性恢复工程。中央环保督察反馈长龙海岸问题实施整改，完成省、市、区三级验收。深入推进农村旧房改造，完成拆旧2万平方米，涉及农户136户，建新农房55套，建设面积9305平方米。“红领松溪、耕读田园”美丽乡村示范带整体项目完工，西岙村获评省级美丽乡村特色精品村，街二村获评市级美丽乡村示范村。力抓“河长制”“滩长制”落实，镇村两级“河长”共巡查河道600余次，护滩巡查250余次，开展安全检查100余次，整改问题42处，完成河道清淤3万余米^3。投入120万元开展松材线虫防治工作，清理病疫木919.62吨，松树打免疫剂13000剂。根治违建“顽疾”，完成房屋解危3户、旧厂区改造5000平方米、拆违1.02万平方米。完成农村自来水管网改造提升工程，自来水普及率在95%以上。

【文卫事业】 宁波滨海健康驿站落地投用，落实AB岗和传帮带制度，全力保障和服务健康驿站顺利运转，派遣镇干部80余人次进驻支援。积极开展暖心家园、健康讲座、读书活动、我们的节日等各类活动80余场次，惠及人群达4000余人次。开展新时代文明实践志愿服务活动60余次，街横村新时代文明实践站获评区级示范站。

【民政社保】 依托困难互助中心、慈善总会等平台，慰问困难群众310户，发放救助金22万余元，临时救助34户49人，发放临时救助金7.14万元。打造“红领松溪”共富工坊，利用街二村近2000平方米闲置厂房开展来料加工，有效解决200余名低收入农户就业问题。关爱“一老一小”，完成1家社工站及1家未保站建设，红领松溪爱国主义教育基地获评全区首个省级关心下一代教育基地。持续推进养老助餐服务，开展送餐400余次，新建老年助餐点3个，惠及老人8万余人次。大埠、街一、海沿村AA级居家养老服务站完成创建。投入18万元实施老年人居家健康监测服务项目，为全镇500名80周岁以上老年人配发集血压心率检测、定位、呼叫等功能于一体的智能手环。

【社会管理】 结合“除险保安”与消防安全大排查大整治专项行动，印发《松岙镇消防安全大排查大整治实施方案》。排查一般安全隐患800余个，全部闭环整改。排查自建房生产经营出租223家、沿街店铺80家、出租3人以上75家，共排查隐患问题145个，全部整改落实。建立11

个行政村微型消防站，2个企业微型消防站，组织村级志愿者队伍11支，筑起群众家门口的“防火墙”。改造老旧农房老化电力线路176户，升级改造居民、商户燃气连接软管及减压阀4000余户。全力组织开展专项斗争和专项整治，维护社会安全，打造和谐稳定社会环境。探索矛调、法律服务、信访接待三中心融合共建，一平台、一扇窗受理全品类纠纷，矛盾调解时间大幅度缩短，化解率同比提升50%，打造矛盾纠纷的化解“终点站”。出台《群体性事件应急处置预案》《突发事件应急预案》，全力维护涉房领域稳定。共化解历史遗留问题1个、信访难题2个，化解率达到100%。

【党建工作】 运用“学习强国”学习平台、周二夜学等载体，扎实推进学习教育。用好“三馆一园”宣传阵地，开展红色宣讲、主题党日等活动，开展基层一线大调研、问题差距大检视等22项任务活动。结合实际制定《全面对标、夺旗争星行动》实施方案，明确27项具体任务，逐一落实责任人和工作要求，效能提升取得实效。全年发展党员18人。加强干部梯队建设，出台实施年轻干部成长“青橘计划”，通过师徒结对“四带一保”法，帮助年轻干部培养良好作风习惯。建设清廉载体，卓兰芳纪念馆获评市级廉政文化教育基地，街横、街二村获评区级清廉村庄。健全完善财务管理、公务接待等内控制度，做到以制度管人、管事。加大监察审计工作力度，突出审计重点，完善监察机制，强化监督检查。加大各类违纪违规案件查办力度，2022年共提醒谈话5人，批评教育9人，通报批评9人，给予警告处分7人。

（王益宁）

人　物

先进人物

二十大代表　傅平均

傅平均，1973年5月出生，奉化萧王庙街道滕头村党委书记、村委会主任。作为滕头村的第三任"领头雁"，傅平均始终牢记习近平总书记"常青树不容易，一定要继续走在前列"的殷殷嘱托，首创"连锁滕头"发展模式，向外输送滕头的绿色产业、发展理念、经营思路，做大滕头绿色生态产业版图，推动滕头二次腾飞，助力国家精准扶贫。为破解滕头地域狭小、发展空间不足难题，傅平均与村"两委"班子多方调研，完善村庄建设规划，细化业态布局，以全域旅游为突破口，实施"乡村变景区、田园变公园、民居变民宿、农副产品变旅游产品"的新发展模式，并从全国各地招引优质项目、专业人才，谋划招引10多个项目，投资超10亿元。在传统产业基础上，他整合资源成立滕头控股公司，统筹布局生态和高科技等领域，为滕头产业发展注入全新活力。同时，傅平均依托滕头区域党建联合体，通过党建共建、项目共抓、治理共管，辐射带动周边村共同发展。紧跟国家脱贫攻坚步伐，他多次率队前往新疆库车、贵州晴隆、吉林安图、河北阜平考察，结对帮扶、助力发展。此外，依托滕头乡村振兴学院，向全国输出乡村振兴的"滕头模式""奉化做法"。傅平均还远赴黑龙江、湖南等地传经送宝，帮立"脱贫之志"、传授"脱贫之智"。2022年，滕头村社会总产值和村民人均可支配收入分别达到127.9亿元和7.8万元。2021年"七一"前夕，傅平均被授予"全国优秀共产党员"称号；2022年9月，傅平均当选为中国共产党第二十次全国代表大会代表。赴京参会履职期间，多次被中央电视台《新闻联播》等媒体报道。10月1日晚，央视《新闻联播》播出《二十大代表风采丨傅平均：做乡村振兴的"领头雁"》；10月19日晚，央视《新闻联播》播出《团结奋进新征程 共创历史新伟业——二十大代表继续分组讨论二十大报告》，傅平均在讨论中发言。

一等功臣　倪　磊

倪磊，中共党员，1985年8月出生，2001年12月入伍，2022年4月退役。2010年12月荣立个人一等功。2011年5月获得全军优秀士官人才一等奖，2011年7月被原舟山基地评为优秀共产党员。2011年 12月参加海军第十一次党代表大会，并受到胡锦涛主席接见。2012年1月获评全军和武警部队百名好班长。

新闻人物

世界技能大赛冠军　蒋昕桦

蒋昕桦，奉化西邬人，宁波技师学院汽车技术系重型车辆维修专业学生，汽车维修高级技师，全国技术能手。曾获得第一届浙江技能大赛重型车辆维修项目第一名；2020年，参加全国第一届职业技能大赛重型车辆维修项目，获得金牌；2021年获国家奖学金。“奉化工匠”代言人，第46届世界技能大赛国家集训队成员。2022年11月27日，在世界技能大赛特别赛奥地利赛区的比赛中，蒋昕桦获得重型车辆技术与维修项目金牌，实现中国队在该项目上金牌零的突破。蒋昕桦因此入选2022年度“最美浙江人·浙江骄傲”人物，并被评为2022年度“最美宁波人”。

2022年奉化区国民经济和社会发展统计公报

宁波市奉化区统计局
（2023年2月28日）

2022年是全面建设社会主义现代化国家、向第二个百年奋斗目标进军新征程的重要一年，是党的二十大召开之年，面对风高浪急的国际环境和艰巨繁重的国内改革发展稳定任务，奉化区委区政府认真贯彻落实国家、省、市级决策部署，坚持稳中求进工作总基调，顶住压力迎难而上，高效统筹疫情防控和经济社会发展，市场价格基本平稳，民生保障有力有效，人民生活持续改善，全区经济社会大局保持稳定。

一、综　合

地区生产总值。初步核算，全区实现地区生产总值907.28亿元，按可比价计算，比上年增长2.4%。分产业看，第一产业实现增加值35.98亿元，增长3.9%；第二产业实现增加值547.37亿元，增长1.0%；第三产业实现增加值323.93亿元，增长4.5%。三次产业之比为4.0∶60.3∶35.7，对GDP增长贡献率分别为6.7%、24.5%和68.8%。

财政收支。全年我区完成财政总收入107.15亿元，比上年减少10.7%。一般公共预算收入69.30亿元，减少6.6%，占GDP收入比重7.6%。一般公共预算支出107.32亿元，增长13.7%，

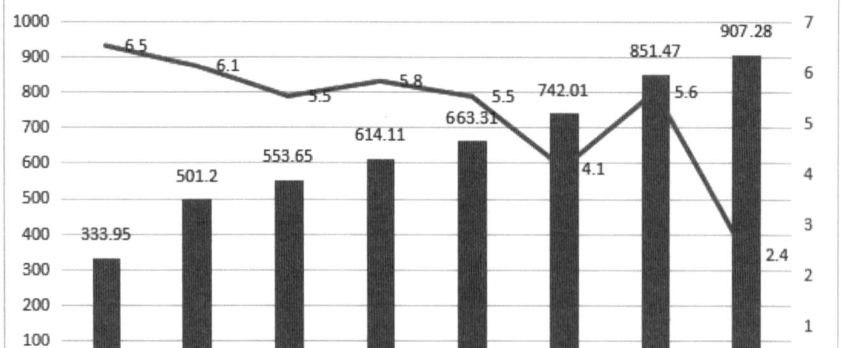

图1　历年地区生产总值（GDP）及增速

其中民生支出80.22亿元，占一般公共预算支出74.7%。

就业和再就业。全年城镇新增就业1.9万人，帮扶失业人员再就业9216人、就业困难人员再就业2455人，城镇登记失业率为1.84%。以区人才市场为牵引，在江口、滨海、方桥、溪口等企业聚集区域建成零工市场4家，全年为4.5万人次劳动者、7000余家次用人单位提供求职招聘服务。

市场价格。宁波市居民消费价格指数（CPI）累计上涨2.3%，涨幅比上年提高0.2个百分点。分类别看，食品烟酒价格上涨3.1%，衣着价格下降0.3%，居住价格上涨0.4%，生活用品及服务价格上涨1.0%，交通通信价格上涨5.8%，教育文化娱乐价格上涨2.2%，医疗保健价格上涨1.8%，其他用品及服务价格上涨1.5%。在食品烟酒价格中，粮食价格上涨2.9%，鲜果价格上涨15.7%，鲜菜价格上涨0.9%，猪肉价格下降6.0%。

二、农业和农村

农业生产。全年我区实现农林牧渔业总产值60.73亿元，比上年实际增长4.2%，其中农业增长0.2%，林业增长12.3%，畜牧业减少1.6%，渔业增长8.2%。实现农林牧渔业增加值37.44亿元，增长4.0%。完成粮食播种面积15.65万亩，粮食产量6.42万吨。成功引进15个优质小麦品种、8个高产早稻品种、23个优质、高产、食味佳的晚稻品种，育成推广新品种3个，示范推广面积1.75万亩，培育农业高新技术企业9个，建设农艺农机融合示范基地1个，农作物耕种收综合机械化率达到85.6%。累计推广配方肥4174.6吨，主要农作物测土配方施肥覆盖率达90.2%，秸秆综合利用率达97.5%，畜禽粪污综合利用率达98.5%，农产品质量合格率达99%以上。

新农村建设。我区获评“2022年度全省深化‘千万工程’建设新时代美丽乡村工作优胜县”、浙江省渔业健康养殖示范县。成功创建“2022年度浙江省美丽乡村示范乡镇”1个、“2022年度浙江省美丽乡村特色精品村”5个、“2022年度浙江省历史文化（传统）村落保护利用示范村”1个、国家级民主法治村1个、省级民主法治村（社区）8个、省级善治（示范）村36个。新建成清廉村居示范村14个。

水利建设。全年水利建设完成投资19.71亿元。葛岙水库工程、甬江防洪工程东江剡江奉化段堤防整治（二期）工程基本完工，倪家碶河整治工程完工验收。完成8座水库除险加固，23座山塘整治，中小河流治理4.5公里，河湖库塘清淤20万方。剡江（溪口橡胶坝——萧王庙橡胶坝）、降渚溪、东江（后张闸——三江口）成功创建省级美丽河湖。完成水土流失治理2平方公里。开展农村饮用水数字化建设，完成27座千人以下农村水站的二期项目，更新改造农水供水管网121.2公里。开展“农业灌溉工程更新升级行动”，完成34座机埠泵站、2座堰坝水闸升级改造。

三、工业和建筑业

工业经济。全年实现工业增加值492.85亿元，比上年增长0.2%。规上工业中32个工业行业大类有10个行业增加值实现正增长，行业增长覆盖率31.3%；实现规上工业出口交货值163.04亿元，同比下降5.0%，工业新产品产值率21.8%；新兴动能加速壮大，规上工业时尚产业、高技术制造业、新材料产业增加值分别增长7.5%、5.2%、3.6%；规上工业实现利润总额67.22亿元，同比增长0.8%，营业收入利润率为6.1%。年末规模以上工业企业营业收入上亿元企业达到156家。

建筑业。全年实现建筑业增加值54.62亿元，比上年增长7.9%。全区资质以上建筑企业118家，完成建筑业总产值161.53亿元，比上年增长17.6%。房屋建筑施工面积1049.5万平方米，比上年增长37.1%。

四、固定资产投资和城市建设

固定资产投资。全年固定资产投资比上年增长13.7%，分产业看，第一产业下降59.3%，第二产业增长30.8%，第三产业增长11.9%。项目投资增长24.4%，其中基础设施投资增长10.0%；完成房地产投资259.72亿，增长7.0%。民间投资增长7.5%，建安工程投资增长9.9%。商品房销售面积117.86万平方米，下降19.3%；二手住房成交3097套，成交面积33.82万平方米，比上年减少30.3%。

城乡人居环境建设。加快基础设施建设，成功入选2022年全省系统化全域推进海绵城市重点建设县（市、区）名单。明山剡水风貌样板区成功入选2022年度省城乡风貌样板区名单。金钟、南溪创成省级未来社区。加速村镇风貌新蝶变，圆满完成第一轮美丽城镇建设三年任务，江口、裘村获评2022年度美丽城镇建设省级样板；启动裘村吴江村申报中国传统村落工作。推进老旧住宅小区改造深化扩面，实施了新浦小区、朝阳花园等4个老旧小区改造。规范提升物业管理，73个物业小区完成业委会成立、换届等事宜。积极打造垃圾分类示范城市，已实现城乡垃圾分类100%覆盖，城镇生活垃圾总量下降1%，分类处理率82%，回收利用率70%，新创15个省级示范小区。全区厨余垃圾已实现“公交化”全覆盖收运处置，年处理量达5.14万吨；其他垃圾已开通7条收运线路共计收运148个小区。实施市政设施整改，全年养护绿地面积177公顷，新增绿地32.57公顷。全年累计清淤疏通管网572公里、排查管网231公里。

五、交通运输业

交通投资。全年完成交通投资20.1亿元，同比下降5%。沿海旅游观光线（松岙段）、大堰镇程家至东山、尚田街道方门至梅山、阳湖东路等9.34公里农村公路顺利建成，G228国道（东环线至方门段、下陈至宁海交界段）、S214甬临线（老波导至罗蒙段）、S309江拔线（溪口西至沙堤段）、奉钱线（高速出口至西坞段）、奉溪线、石溪线（新建至湖山段）、大沙线（公园北路至沙堤段）等54.2公里重要道路完成改造提升。年末，全区公路总里程1386.70公里，其中国道87.20公里，省道73.78公里，县道459.16公里，乡道378.25公里，村道388.31公里，路网密度达到109.36公里/平方公里。

交通运输。完成营业性公路客运量29.91万人次，同比下降58.7%，旅客周转量3063.7万人公里，同比下降40%；完成公交输送旅客1902.7万人次，下降22.4%；货运量3531万吨，同比下降11.6%；完成货运周转量49.89亿吨公里，同比下降12%；完成水上货物运输量691万吨，货物周转量112.85亿吨公里，同比增长22.3%和增长10.7%。

公共交通。公共交通线网不断优化，优化调整5条公交线路，发展“公交+”模式，先后开通10条专线，解决部分市民和特殊群体的通勤问题，缓解高峰期交通压力。打造我区首条客货邮专线，打通乡村物流“最后一公里”，加快推进客货邮融合发展。年末，全区共有营运公交车834辆，公交线路总长度2525.5公里，公交输送旅客1902.9万人次，下降22.4%。

六、贸易和旅游业

贸易业。全年实现商品销售总额比去年增长24.6%，其中限上商品销售额同比增长38.4%。实现社会消费品零售总额170.66亿元，增长5.3%；累计发放惠民消费券398.6万余张，补贴金额4082万元，惠及53万以上人次；先后开展3期“潮起县江”数币消费新体验活动，累计发放数字人民币150万元，4万余人次参与。

对外贸易、合作。全年完成外贸进出口总额286.7亿元，比上年增长9.0%，其中对其他区域全面经济伙伴关系协定（RCEP）成员国进出口总额46亿元，增长21.6%，服务贸易进出口总额增长105.9%。实现跨境电商出口额48.2亿元，同比增长23%。全年实际利用外资达1.20亿美元，同比下降9.1%。

旅游业。全年接待国内外游客493.67万人次，同比增长3.2%，实现旅游总收入70.3亿元，同比下降2.3%。全区国家AAAAA级旅游景区1个，国家AAAA级旅游景区2个，国家AAA级旅游景区5个。浙江宁波湾省级旅游度假区获省政府批复设立。国家AAAA级景区城实践案例获评省旅游业“微改造、精提升”2021年度最佳案例奖，雪窦山文化传承生态保护区被省文化和旅游厅纳入省级文化传承生态保护区名单。新增市级民宿集聚区3个；成立民宿经济促进会，推动民俗规模化标准化发展。

七、金融和证券

金融业。年末全区金融机构本外币各项存款余额1152.44亿元，比年初增加99.61亿元，同比增长9.5%；各项贷款余额1377.25亿元，比年初增加198.27亿元，同比增长16.8%。银行业金融机构不良贷款余额4.64亿元，不良贷款率0.34%，比年初下降0.04个百分点。

保险业。全年保险机构实现保费收入14.81亿元，同比增长2.4%；其中财产险业务收入7.14亿元，同比增长3.5%；人身险业务收入7.67亿元，同比增长1.4%。

证券业。全年证券经营机构证券成交总额2564.49亿元，同比增长21.9%。年末全区7家证券营业部。

八、科技、教育、人才

科技创新。全区新立项实施宁波市级以上科技计划项目6项。全年申请专利1842件，其中申请发明专利888件；授权专利3332件，其中授权发明专利346件；有效发明专利拥有量1450件。全年新增高新技术企业84家、省科技型中小企业156家，新增省级企业研究院3家，新增省级高新技术企业研究开发中心6家，新增省科技企业孵化器1家、市科技孵化器1家、市级众创空间3家；累计省级企业研究院达9家，省级高新技术企业研究开发中心达51家，宁波市级企业研究院达11家，宁波市级工程（技术）中心达146家，区级工程（技术）中心达286家。全年62家“小而美”苗子企业主营业务收入达24.6亿元，同比增长21.2%。

教育事业。全区现有中小学校和特殊教育学校51所、幼儿园72所。在校中小学和特殊教育学校学生55528名、幼儿园在园幼儿14448名，其中普通高中学生6623名、中等职业学校学生4039名、初中学生13845名、小学学生30949名、特殊教育学校学生72名。中小学和特殊教育学校专任教师3826名、幼儿园专任教师1176名，其中普通高中669名、中等职业学校325名、初中1091名、小学1717名、特殊教育学校24名。全区学龄儿童入学率、小学毕业生升学率均达到100%；初中毕业生升学率99.89%，基本实现了普及十五年教育。学校办学条件进一步改善。小学生均占地面积22.50平方米，生均建筑面积9.91平方米，每百生拥有计算机24台；初中生均占地面积48.98平方米，生均建筑面积21.06平方米，每百生拥有计算机38台；普高生均占地面积69.33平方米，生均建筑面积36.46平方米，每百生拥有计算机48台；中职生均占地面积33.09平方米，生均建筑面积25.23平方米，每百生拥有计算机39台。

人才工作。实施“人才强区”战略，全年新增各类人才2.1万人，其中博士64人、硕士551人。线上线下联动开展“全国选才”系列招聘活动，新引进大学生10932人。全面启动新时代奉化工匠培育工程，开展技能培训32694人次，新增高技能人才7018人。新建博士后工作站6家，招收博士后研究人员18人。

九、文化、卫生、体育

文化建设。持续打响博物馆全国十大精品展览金名片，3个常设展和3个主题馆共接待观众22.8万人次；开展各类社教宣传活动300余场次，参与人数达2.2万人次。“山海交响——奉化历史文明展”获第十九届（2021年度）“全国博物馆十大陈列展览精品”“新时代博物馆百大陈列展览精品”，被省人民政府评为“文物工作成绩突出集体”。奉化区文化馆获评国家一级馆。全年共计开展文化惠民活动1088场，服务群众28.14万余人次。新增图书3.50万册，读者借还96.87万余次，借还人次11.71万余次，送书下乡6.45万册。“奉化艺韵”传统工艺工作站被评为省级传统工艺工作站（创建）名单，荣昌祥进入省级非遗工坊（创建）名单，雪窦山文化传承生态保护区被省文化和旅游厅纳入省级文化传承生态保护区名单。

卫生事业。全区有医疗卫生机构484家，核定床位2806张，卫生技术人员4846人，其中执业（助理）医师2022人，注册护士2099人。基本实现县、乡、村三级卫生服务网络全覆盖，实现国卫镇创建全覆盖、省卫村全覆盖、市卫村全覆盖。4家公立医院37个学科分别与上海、杭州、宁波等地10家三甲医院建立长期合作关系。区域就诊率99.4%，基层就诊率达到67.3%。全年无甲类传染病报告，乙类报告发病率190.48/10万，同比下降13.5%。二级以上医疗机构实现互联网医院建设，所有公立医疗机构均已实现全省范围内医学影像检查资料和医学检验结果互认共享，精准互认率79.5%。开展各类健康巡讲1773场次，受教人群4.5万人。全区共有各类托育服务机构48家，提供托位2056个，其中普惠托位1606个，占比78.1%，每千人口拥有托位数达到3.52个。

体育事业。积极打造奉化IP品牌赛事，成功举办第三届海峡两岸体育舞蹈公开赛、“两岸共跑212”、宁波湾全民龙舟精英赛、天妃湖首届公开水域游泳邀请赛、第三届海峡两岸体育舞蹈公开赛等赛事活动100余场，商量岗获评浙江省十大户外露营基地。组织开展我区首届全民健身运动会，超过10万人次参与到各级各类赛事活动中，我区经常参加体育锻炼人口比例达30.6%（不含学生）。促进北京奥体中心经济公司与区体育中心运维项目合作。我区街舞列入省队区办项目，街舞选手曾莹莹参加街舞世界锦标赛，吉事街舞俱乐部获评“2018–2021”年度浙江省群众体育工作成绩突出集体。

十、人口、居民生活和社会保障

人口规模。年末，全区共有8个街道、4个镇、39个社区、10个居民区、283个行政村。年末全区户籍人口476570人，比上年减少1292人，其中城镇人口222905人。全年出生人口2122人，出生率4.45‰；死亡人口3798人，死亡率7.97‰；人口自然增长率–3.52‰。

居民收支。全年全体居民人均可支配收入54462元，比上年增长5.6%。其中城镇居民可支配收入67490元，增长4.6%；农村居民可支配收入41007元，增长6.6%。城乡居民收入比由上年1.68：1缩小到1.65：1。城镇居民人均生活消费支出47896元，农村居民人均生活消费支出25649元，分别比上年增长5.5%、7.3%。城乡居民恩格尔系数分别为29.8%、34.8%。年末，城镇居民人均住房建筑面积47.3平方米，农村居民人均住房建筑面积61.4平方米。

社会保险。稳步推动社保提质扩面。年末，全区企业职工养老保险、工伤保险、失业保险参保人数分别达310461人、275225人、165358人，城乡居民基本养老保险和被征地人员养老保障参保人数分别为107256人和48664人。全区养老保险户籍参保率为99.3%。

民生保障。年末，全区最低生活保障对象总数为5922户8000人，城乡居民最低生活保障标准从1005元提高到1181元，全年发放最低生活保障资金9045.57万元。特困供养人员249人，从1709元/月提高到2008

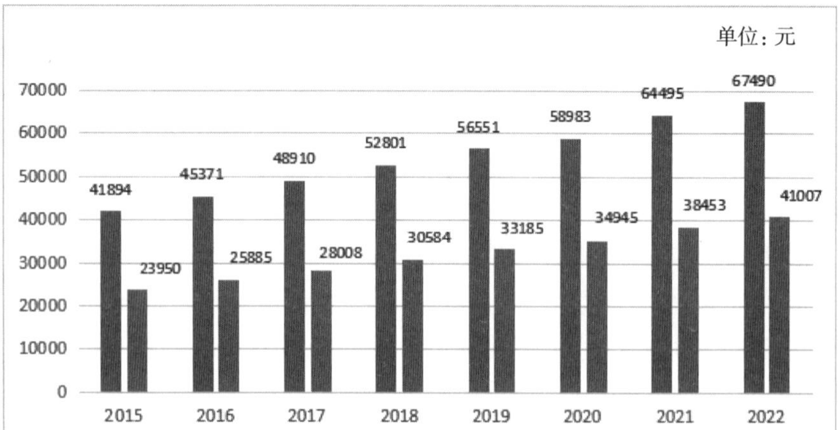

图2　历年城镇和农村居民可支配收入

元/月，累计发放特困供养资金825.91万元；累计发放临时救助金424.17万元，共临时救助2939人次；累计发放孤儿及困境儿童基本生活保障资金990.5万元。为17354名我区户籍80周岁以上高龄老人发放高龄津贴1208万元。全年养老机构现有床位5059张，每万名老年人拥有持证护理员达29.9人。建成居家养老服务机构334家，其中5A级居家养老服务机构3家、3A级57家。新建成标准化老年食堂20个，全区建成实体化助餐服务点96个，实际用餐人数达5000余人。

慈善事业。全年慈善机构募集善款3114万元，救助支出3545万元。区慈善机构累计募集已达46367万元，累计救助支出40579万元。

十一、资源环境、社会安全

生态建设。全年环境空气优良率为92.9%，PM2.5平均浓度为25微克/米^3，地表水环境功能达标率达到100%，15个县控以上断面地表水优良率达到100%。成功创建省级三星级“无废城市”，马头村、大埠村、畈头村和金峨村成为全省第二批低（零）碳试点创建单位。环境投诉量连续八年稳步下降，“1+X”环境监管模式服务企业1220家次。全面落实长江经济带生态环境问题“举一反三”大排查大整治行动，共排查入库问题80个。全社会用电量47.20亿千瓦时，比上年增长1.1%，其中城乡居民生活用电8.10亿千瓦时，增长22.5%。

平安建设。全年发生各类生产安全事故10起、死亡6人，同比持平；安全生产综合治理三年行动圆满收官，731项工作任务和48个工作目标全部超前完成。安全生产重大问题清单主动报送的19个市级问题、1个省级问题整改率实现100%。建立健全森林火灾隐患自查自纠长效机制，对318名护林员实行“网格化”管理。形成台风“梅花”防御应对复盘评估报告，完成21类43项的全面整改提升清单任务。进一步深化安全宣传教育，累计组织开展能比武、知识竞赛、企业联动互访等活动29场，参与2000余人次，向企业、村（社）内的群众发放安全宣传资料和安全宣传物品1.5万余份，全年产业工人培训约3.1万人次。新建2个安全生产（消防）宣教体验馆。

全年完成食品定量检测3473批次，其中检出不合格73批次。药品监督抽样230批次，检验均为合格，全年上报药品不良反应882例、医疗器械不良事件217例，化妆品不良反应116例。共查处各类经济违法违规案件1639件，其中药械化领域案件97件、食品领域案件1162件、移送司法机关案件6件。举报投诉中心和消保委共受理举报投诉3796件。全区信访总量（不含来电）为3212件人次（含上级登记954件人次），同比上升1.9%；其中来信224件（含上级登记181件），网上信访2264件，四级走访共218批/724人次，同比批次及人次分别上升21.8%和0.6%。政务服务热线平台受理群众来电、网上投诉共174328件，因受疫情件影响，同比上升53.5%。深入推进“和谐同行”行动，开展企业劳动用工体检400家，签订电子劳动合同1.5万份。加大根治欠薪工作力度，全年为6038名劳动者追讨劳动报酬9280万元。提升劳动人事争议处理效能，全年受理劳动争议1256件，仲裁结案率、调解成功率分别达到98.0%、89.2%。

注：

（1）本公报所列各项数据均为初步统计数。

（2）全区生产总值、各产业增加值绝对数按当年价格计算，增长速度按可比价格计算。

（3）规模以上工业企业指年主营业务收入2000万元及以上企业。

限额以上批发、零售、住宿、餐饮企业指：

批发业：年主营业务收入2000万元及以上；

零售业：年主营业务收入500万元及以上；

住宿业：年主营业务收入200万元及以上；

餐饮业：年主营业务收入200万元及以上。

固定资产投资指计划总投资500万元及以上项目。

部分政区、组织、机构全称简称对照表

表40

全 称	简 称
浙江省	省
中国共产党浙江省委员会	省委
浙江省人民政府	省政府
宁波市	市
中国共产党宁波市委员会	市委
宁波市人民政府	市政府
中国共产党宁波市奉化区委员会	区委
宁波市奉化区人民代表大会常务委员会	区人大常委会
宁波市奉化区人民政府	区政府
中国人民政治协商会议宁波市奉化区委员会	区政协
宁波市奉化区人民武装部	区人武部
中国共产党宁波市奉化区委办公室	区委办
宁波市奉化区人民代表大会常务委员会办公室	区人大办
宁波市奉化区人民政府办公室	区府办
中国人民政治协商会议宁波市奉化区委员会办公室	区政协办
中国共产党宁波市奉化区纪律检查委员会、宁波市奉化区监察委员会	区纪委监委
中国共产党宁波市奉化区委组织部	区委组织部
中国共产党宁波市奉化区委宣传部	区委宣传部
中国共产党宁波市奉化区委统一战线工作部	区委统战部
中国共产党宁波市奉化区委政法委员会	区委政法委
宁波市奉化区信访局	区信访局
中国共产党宁波市奉化区委老干部局	区委老干部局
宁波市奉化区档案馆	区档案馆
中国共产党宁波市奉化区委党校	区委党校
宁波市生态环境局奉化分局	区生态环境分局
宁波市自然资源和规划局奉化分局	区自然资源和规划分局
宁波市奉化区农业农村局	区农业农村局
宁波市奉化区投资促进局	区投促局
宁波市奉化区供销合作社联合社	区供销社
宁波市奉化区水利局	区水利局
国网浙江宁波市奉化区供电有限公司	区供电公司

续表40

全 称	简 称
宁波市奉化区住房和城乡建设局	区住建局
宁波市奉化区交通运输局	区交通局
宁波市奉化区财政局	区财政局
宁波市奉化区税务局	区税务局
中国人民银行宁波市奉化区支行	人行宁波市奉化区支行
宁波市奉化区发展和改革局	区发改局
宁波市奉化区审计局	区审计局
宁波市奉化区统计局	区统计局
宁波市奉化区市场监督管理局	区市场监管局
宁波市奉化区综合行政执法局	区综合执法局
宁波市奉化区应急管理局	区应急管理局
宁波市奉化区公安分局	区公安分局
宁波市奉化区人民检察院	区检察院
宁波市奉化区人民法院	区法院
宁波市奉化区司法局	区司法局
奉化人力资源和社会保障局	区人力社保局
宁波市奉化区民政局	区民政局
宁波市奉化区医疗保障局	区医保局
宁波市奉化区退役军人事务局	区退役军人事务局
宁波市奉化区科学技术局	区科技局
宁波市奉化区教育局	区教育局
宁波市奉化区文化和广电旅游体育局	区文广旅体局
宁波市奉化区融媒体中心	区融媒体中心
宁波市奉化区卫生健康局	区卫生健康局
中华人民共和国奉化海关	奉化海关
宁波市奉化区国有资产管理中心	区国资管理中心
宁波市奉化区政务服务办公室（宁波市奉化区公共资源交易管理办公室）	区政务办（区公共资源交管办）
宁波市奉化区政府侨务办公室	区侨办（区侨联）
中国共产党宁波市奉化区委台湾工作办公室	区台办
宁波市奉化区人民防空办公室	区人防办

名词解释

1.“两个确立”：确立习近平同志党中央的核心、全党的核心地位，确立习近平新时代中国特色社会主义思想的指导地位。

2.“两个维护”：坚决维护习近平总书记党中央的核心、全党的核心地位，坚决维护党中央权威和集中统一领导。

3.“五大行动”：全域空间系统重塑行动、服务业优先发展行动、历史难题拔钉清零行动、全民共富优享行动、干部队伍正风提能行动。

4.“七张问题清单”：重大巡视问题、重大督查问题、重大审计问题、重大生态环境督察问题、重大信访、重大舆情、重大安全等7方面的内容。

5.“六学六进六争先”：①学深悟透过去5年的重大成就和新时代10年伟大变革的里程碑意义，进一步增强对习近平总书记的忠诚之心、爱戴之情、捍卫之志，在坚定拥护“两个确立”、坚决做到“两个维护”中奋力争先；②学深悟透习近平新时代中国特色社会主义思想实现的发展新跨越，进一步坚持好、运用好贯穿其中的立场观点方法，在省域践行党的创新理论上奋力争先；③学深悟透引领新时代新征程的中心任务和宏伟目标，进一步把握中国式现代化的中国特色、本质要求和重大原则，在高质量发展推进共同富裕和现代化先行上奋力争先；④学深悟透全面建设社会主义现代化国家的系统部署，进一步把握团结奋斗的时代要求，在践行“八八战略”、打造“重要窗口”中奋力争先；⑤学深悟透坚持党的全面领导和全面从严治党的新形势新要求，进一步强化以党的自我革命引领社会革命的清醒与坚定，在打造新时代党建高地和清廉建设高地上奋力争先；⑥学深悟透“五个必由之路”规律性认识和抓关键、补短板、防风险的战略考量，进一步弘扬伟大建党精神和红船精神、浙江精神，在以浙江之答回应中国之问、世界之问、人民之问、时代之问上奋力争先。

6.“1244”：构建“一条链”重大项目全过程管理，形成“双回路”工作推进体系，成立“四大办”统筹协调服务，建立“四级”协调会商运行机制。

7.“六大员”：“街巷跑长”“镇街帮办”“村社指导”“项目经理”“驻企专员”“科技特派员”。

8.“三稳三提”：稳预期提信心、稳经营提质效、稳投入提后劲。

9.“四好农村路”：把农村公路建好、管好、护好、运营好。

10.“六严防、六确保、六个零发生”：严防发生“群死群伤”事件；严防发生“火烧连营”事件；严防发生“洪水漫堤”事件；严防发生“地质灾害”事件；严防发生“交通安全”事件；严防发生“涉旅涉游安全”事件。确保涉旅涉游安全；确保交通安全；确保消防安全；确保涉旅涉游食品安全；确保涉旅涉游卫生安全；确保涉旅涉游特种设备安全。涉旅涉游安全事故“零死亡”；涉旅涉游安全事故“零重伤”；涉旅涉游安全事故“零失踪”；涉旅涉游安全事故“零翻车”；涉旅涉游安全事故“零火灾”；涉旅涉游安全事故“零停电”。

11.“五问五破争一流、六比六严攀新高”：问争先劲头足不足，破除甘愿躺平“混日子”思想；问担当精神够不够，破除推诿扯皮“怕担责”心态；问为民情怀深不深，破除脱离群众“不走心”现象；问底线思维牢不牢，破除心存侥幸“碰运气”心理；问法纪意识严不严，破除不知敬畏“没规矩”行为。比格局严素养、比实干严履责、比业务严练兵、比干劲严担当、比实绩严机制、比风气严纪律。

12.“四种形态”：第一种：经常开展批评和自我批评、约谈函询，让“红红脸、出出汗”成为常态；第二种：党纪轻处分、组织调整成为违纪处理的大多数；第三种：党纪重处分、重大职务调整的成为少数；第四种：严重违纪涉嫌违法立案审查的成为极少数。

13.“五位一体”：经济建设、政治建设、文化建设、社会建设和生态文明建设五位一体。

14.“四个全面”：全面建设社会主义现代化国家、全面深化改革、全面依法治国、全面从严治党。

15.“五大变革、五大跃迁”：加快思想观念变革，推动发展思维大跃迁；加快发展动能变革，推动综合实力大跃迁；加快空间格局变革，推动城乡形象大跃迁；加快制度体系变革，推动治理效能大跃迁；加快干部能力变革，推动工作质效大跃迁。

16.“六个之区”：都市经济蓬勃发展的活力之区；青创要素高度集聚的年轻之区；城市气质动感时尚的品质之区；山海风光交相辉映的魅力之区；文化底蕴充分彰显的文明之区；群众生活共富优享的幸福之区。

17.“两路两侧”：公路、铁路两侧。

18.“三化一平”：洁化、美化、绿化和平整度。

19.“奉化十美”：“旗帜高扬”之美、“知书达礼”之美、“共同富裕”之美、“人文底蕴”之美、“魅力山海”之美、“时尚气质”之美、“平安和谐”之美、“行而有序”之美、“邻里和睦”之美、“幸福温暖”之美。

20.“奉邑十礼”：杂物收进屋里、垃圾分放桶里、公筷用在餐里、剩水不留瓶里、红灯等在线里、车子停进框里、犬类牵在手里、秩序排在队里、烟蒂放进袋里、文明记在心里。

21.“共富八法”：党员做示范，群众跟着干；路子是闯出来的，发展是拼出来的；基本福利靠集体，发家致富靠奋斗；苦干加实干，家园变花园；生态让滕头更美好，乡村让城市更向往；“一老一小”有保障，村庄和谐更牢靠；要振兴就要有人才，小乡村也有大舞台；一村富不是富，村村富才算富。

22.“一三五”中心工作：区委二届三次全体（扩大）会议提出的学习宣传贯彻党的二十大精神“一条主线”，片区大协同、项目大统筹、改革大集成等“三件大事”，稳企助企专项服务行动、都市经济专项提能行动、交通路网专项提升行动、风险隐患专项整治行动、干部效能专项比晒行动等“五个专项行动”。

23.“五大课堂”：2008年，以拓展干部战略视野、提升综合素养为导向，创设“星期六课堂”；2014年，突出基层需求导向，以“干什么学什么、缺什么、补什么”为主线，创设“乡邑学堂”；2016年，以提升干部宏观思考、科学决策能力为重点，创设“局长汇智讲坛”；2017年，聚焦领导干部政治意识、思维能力和驾驭全局能力提升，创设“领导干部大讲堂”。2022年起为年轻干部“搭台赋能”，新设“奉菁学堂”，优化形成以“五大课堂”为引领的培训体系。

24.“1234”基层矛盾调解模式：“一核统领、两庭共治、三级防线、四个闭环”的基层矛盾调解新模式，其中“一核统领”即党建统领，“两庭”即道德庭、共享法庭，“三级防线”即村社—镇街—区联动调解防线，“四个闭环”即四级事件分类处置闭环机制。

25.RCEP：即《区域全面经济伙伴关系协定》，由东盟十国发起，通过削减关税及非关税壁垒，建立统一市场的自由贸易协定。

26.农业“双强”：即科技强农、机械强农。

27.万亩方：即布局集中连片、农田设施完善、生态美丽良好、适合规模种植和现代农业生产的规模超过万亩的优质耕地和永久基本农田。

28.“30+21”条措施：即《奉化区应对疫情影响稳链纾困助企若干措施》中的30条政策措施，《奉化区贯彻落实扎实稳住经济一揽子政策措施实施方案》中的21条政策措施。

29.“大综合一体化”行政执法改革：即坚持大综合方向为统领，以整体政府理念统筹行政执法，更大范围整合执法职责，优化配置执法资源，健全执法协同机制，形成部门间、区域间、层级间一体联动的行政执法格局。

30.重大项目“四大办”：即大项目统筹办、大财政金融办、大政务督查办、大建设调度办。

31.三区三线：“三区”即生态空间、生产空间和生活空间，“三线”即生态保护红线、永久基本农田和城镇开发边界三条控制线。

32.甬绍（奉新嵊）特别合作区：即《宁波市绍兴市共融长三角共建都市区合作框架协议》中涉及奉化区、新昌县、嵊州市的合作区域。

33.“精特亮”工程：即宁波市委、市政府启动的“精品线路”“特色街区”“亮点工程”创建工程。

34.无废城市：即以新发展理念为引领，通过推动形成绿色发展方式和生活方式，持续推进固体废物源头减量和资源化利用，最大限度减少填埋量，将固体废物环境影响降至最低的城市发展模式。

35.共富工坊：即由党组织结对共建，以促进农民和农村剩余劳动力就近就地灵活稳定就业，利用农村闲置土地、房屋、产业资源发展车间式、居家式、品牌式、产业式、电商式、农旅式工坊，推动农民增收、企业增效、集体增富的一种模式。

36.零工市场：即为临时性、阶段性灵活就业群体搭建的，集职业介绍、政策咨询等服务功能为一体的供需对接平台。

37.“扩中”“提低”：即扩大中等收入群体规模，提高低收入群体收入。

38.“双减”工作：即减轻义务教育阶段学生作业负担和校外培训负担工作。

39.“五个一工程”奖：即一部好的戏剧作品，一部好的电视剧（片）作品，一部好的电影作品，一部好的图书（限社会科学方面），一部好的理论文章(限社会科学方面)。

40.三重压力：即2021年中央经济工作会议指出的我国经济发展面临需求收缩、供给冲击、预期转弱三重压力。

41.“4+3+4”现代服务产业体系：“4”即科技服务业、金融服务业、数字信息产业、现代物流业等四大支撑性服务业，“3”即休闲旅游业、健康养老服务业、商贸服务业等三大特色性服务业，“4”即高端商务服务、电子商务、楼宇经济、文化创意等四大服务业新经济新业态。

42.八八战略：2003年，习近平总书记在时任浙江省委书记时，在中共浙江省委举行第十一届四次全体（扩大）会议上提出的面向未来发展的八项举措，即进一步发挥八个方面的优势、推进八个方面的举措。

43.地企双评：即“地块评价”和“企业评价”相结合评价。

44.“低散乱污高危”企业：即亩均增加值和税收低、不符合布局规划、违法违规建设、高污染、高能耗、存在安全生产隐患的企业。

45.竹林碳汇交易：即以植树造林等措施吸收碳排放，并将碳排放指标通过市场机制进行配置，进而实现竹林生态价值补偿的有效途径。

46.内外销产品“同线同标同质”：即内贸、外贸产品的生产线相同、标准相同、质量相同。

47.QFLP：即合格境外有限合伙人，指境外机构投资者在通过资格审批和其外汇资金的监管程序后，将境外资本兑换为人民币资金，投资于国内私募股权投资以及风险投资市场。

48.QDLP：即合格境内有限合伙人，指通过资格审批并获取额度后的试点基金管理企业，可向境内合格投资者募集资金，设立试点基金投资于境外一级、二级市场。

49.“2+7+N”集聚区：“2”即2个重点特色产业园，“7”即7个优势产业园，“N”即一批小微产业园（特色产业区块）。

50.三美四季六趣：“三美”即山美、海美、城美，“四季”即春季、夏季、秋季、冬季，“六趣”即趣蓝湾、趣乡野、趣滑雪、趣美食、趣民宿、趣古镇。

51.AR：即增强现实技术，指运用多种技术手段，将计算机生成的虚拟信息模拟仿真后，应用到真实世界中，从而实现对真实世界的“增强”。

52.两新一重：即新型基础设施建设、新型城镇化建设，交通、水利等重大工程建设。

53.招投联动：即项目招商和项目投资互为融合的新模式。

54.一体两翼四廊：“一体”即以奉化中心城区（锦屏、岳林、江口、方桥）为核心，联动西坞、尚田、萧王庙等城区组团，构成奉化都市发展板块，“两翼”即溪口—大堰名山板块、滨海板块，“四廊”即都市创新智造主廊、名山文化副廊、滨海特色副廊、山海联动副廊。

55.共富舱：即以集装箱+智能软硬件形式，可实现蔬菜、食用菌等农产品全年设施化生产的可移动式智能种植工厂。

56.“十大奉优”行动：即奉优教育、奉优健康、奉优保障、奉优人文、奉优出行、奉优品质、奉优居所、奉优食安、奉优育儿、奉优治理等十个民生同城化行动。

57.企业流动性风险：即企业无法及时获得或者无法以合理成本获得充足资金，以偿付到期债务或其他支付义务、满足资产增长或其他业务发展需要的风险。

58.“两个先行”：浙江在高质量发展中奋力推进中国特色社会主义共同富裕先行和省域现代化先行。

59.“五问五破、五比五先”：问争先劲头足不足，破除甘愿躺平“混日子”思想；问担当精神够不够，破除推诿扯皮“怕担责”心态；问为民情怀深不深，破除脱离群众“不走心”现象；问底线思维牢不牢，破除心存侥幸“碰运气”心理；问法纪意识严不严，破除不知敬畏“没规矩”行为。比格局提境界，立先行之志；比实干促担当，扛先行之责；比业务强本领，增先行之能；比干劲看作为，闯先行之路；比实绩展风采，成先行之势。

60.“五不直接分管”：不直接分管人事工作；不直接分管财务工作；不直接分管物资采购、资产处置工作；不直接分管工程建设工作；不直接分管行政审批工作。

61.“四不”自律承诺：不拖欠物业费、不违章搭建、不产生邻里纠纷、不搓麻将。

62.“一体系三机制”：选人用人高质量发展指标体系，干部成长选育管用全链条机制、全面立体透视察人识人机制、精密智控干部大监督机制。

63.“双新双实提升年”：新班子新梯队的实战实训。

64.“八大改革”：社区“五定”管理体制改革、城乡社区工作者队伍建设综合改革、“上统下分、强街优社”改革、强村富民乡村集成改革、“强社惠民”集成改革、社会组织发展体系改革、社区应急体系改革、城镇社区公共服务集成落地改革。

65.“十二大行动”：党建统领网格智治攻坚行动、无物业管理小区清零行动、“一老一小”优质服务提升行动、融合型大社区大单元破难行动、全域党建联建聚力共治行动、除险安民行动、“五社联动”提质增效行动、电梯质量安全提升和老旧小区加装电梯惠民行动、社区药事服务便民行动、社区助残服务“五个有我”暖心行动、城乡社区精神家园塑造行动、数字赋能现代社区建设行动。

66.“双强六好”：非公有制企业和社会组织发展强、党建强；生产经营好、企业文化好、劳动关系好、党组织班子好、党员队伍好、社会反映好。

67.“4+X”数字组工体系：浙里干部之家、浙里好干部、浙里红色根脉强基工程、浙里人才管家“四个浙里”重大应用和“镇街一件事、帮办一键通”等自建数字应用平台。

68.“四不两直”：即不发通知、不打招呼、不听汇报、不用陪同接待，直奔基层、直插现场。

69.“十大工程”：创新引领、改革赋能、制造业强基、服务业双倍增、开放合作、品质城乡、共同富裕、乡村振兴、家园增美、民生优享十大工程。

70.“四型统战”：引领型、

力量型、变革型、开放型"四型"统战。

71."两刊":《两岸关系》《台湾工作通讯》。

72."一校两院":党校、行政学院、社会主义学院。

73."四大课堂":领导干部大讲堂、局长汇智讲坛、星期六课堂、乡邑学堂。

74."三强六好":凝聚力强、引领力强、组织力强 组织设置好、班子建设好、党员队伍好、学习活动好、作用发挥好、制度坚持好。

75."三服务三助力":服务企业、服务群众、服务基层,助力民营企业发展、助力乡村振兴、助力社会治理。

76."四就近":就近学习,就近活动,就近得到关心照顾,就近发挥作用。

77."四比四新":比善学善思,推进干部素能有新提升、比对标对表,推进主责主业有新亮点、比责任担当,推进服务管理有新优化、比勤政廉政,推进从严治党有新加强。

78."四个校园":红色校园、满意校园、智慧校园、示范校园。

79.养老服务"两条例":《浙江省社会养老服务促进条例》和《宁波市居家养老服务条例》

80.代表履职"五个日":闭会期间,各代表中心组一季一次"议政日",组织代表听取工作汇报,开展工作评议,讨论、监督重大事项;一季一次"蹲点日",组织代表深入基层开展调查研究,提出意见建议;一月一次"走访日",组织代表走访联系村、社区和结对困难群众,帮助解决实际问题;一月一次"接待日"活动,组织代表进代表联络站开展接待选民活动,听取意见建议;一年一次"述职日",组织代表围绕联系选民情况、建议办理情况、个人持证视察情况、履职承诺完成情况等,向选民进行面对面述职,每位代表任期内至少向选民述职一次。

81."六访六促":"访美好生活期盼,促共富优享的幸福之区建设""访企业生产运行,促经济蓬勃发展的活力之区建设""访城乡区域发展,促现代时尚的品质之区建设""访生态环境治理,促山海风光的魅力之区建设""访文明典范城市工作推进,促文化底蕴充分彰显的文明之区建设""访共富法治需求,促共富法治建设"等六个方面。

82."四个机关":在2021年10月13日的中央人大工作会议上,习近平总书记提出,各级人大及其常委会要成为自觉坚持中国共产党领导的政治机关、保证人民当家作主的国家权力机关、全面担负宪法法律赋予的各项职责的工作机关、始终同人民群众保持密切联系的代表机关。

83."三为"专题实践:"我为群众办实事、我为企业解难题、我为基层减负担"专题实践。

84."三服务":服务企业、服务群众、服务基层

85."三不":不敢腐、不能腐、不想腐

86."三交底":责任、问题和风险交底。

87."三资":农村集体资金、农村集体资产和农村集体资源

88."一案五必须":每查结一起典型案件都必须进行案件通报、查摆剖析、警示教育、整改建制、回访督促,引导广大党员干部知敬畏、存戒惧、守底线,督促案发单位举一反三、完善制度,化解和防范廉政风险隐患,一体推进不敢腐、不能腐、不想腐 。

89."四新":多党合作要有"新气象",思想共识要有"新提高",履职尽责要有"新作为",参政党要有"新面貌"。

90."三好":各民主党派和无党派人士要做中国共产党的"好参谋、好帮手、好同事"。

91."五强"建设目标:政治引领强、组织功能强、服务阵地强、制度机制强、作用发挥强。

92."123510"工作体系:"1"是抓牢"职工思想政治引领"一个中心,"2"是落实产业工人队伍建设和群团两大改革,"3"是擦亮"360"劳动争议多元化解模式、新业态工会组建"三三三"工作法和"全国劳模村"劳模集群引领乡村振兴三大品牌,"5"是打造红色、实干、数智、为民、活力五型工会,"10"是办好工资集体协商、职工文化艺养

提升、困难职工结对帮扶、工会干部志愿服务、5.1服务卡普惠特惠、职工疗休养、职工医疗互助保障、流动体检车进基层、工会四季送歌、女职工关爱十件民生实事。

93.“三三三”工作法：通过三全兜底、三心服务、三力奉献，做好固本强基、解忧纾困、回馈社会三项举措，最大限度地把新业态劳动者吸引过来、组织起来、稳固下来，确保他们以最佳状态扎根城市、融入社会、服务民生。

94.三全兜底，绘就固本强基的同心圆。创新推出“1+N+X”模式，通过全面排摸建新会、全员引导纳新人、全情投入育新家，做实“建会、纳人、育家”三篇文章，构建形成1个工会联合会主导、N个龙头企业引领、X家分布在各镇街工会呼应的新业态工会建设整体网格。

95.三心服务，打好解忧纾困的组合拳。根据新业态行业特点和实际需求，围绕“服务促入会”核心理念，发挥工会桥梁纽带的组织优势，通过热心送慰问、悉心解难题、耐心维权益，开展精准化的普惠服务、纾困服务、维权服务，让广大新业态劳动者生活无忧、奔波无碍、解难无愁。

96.三力奉献，勇挑回馈社会的重担子。借助新业态劳动者熟悉城市、广泛流动、机动性强的优势，发动参与人员运送、物资运输、爱心奉献等基层治理，通过助力教育、助力防疫、助力帮扶，提升新业态群体的社会认同感、职业幸福感。

97.“三专三挂五兼”：三位专职书记、三位挂职副书记、五位兼职副书记。

98.“三长带三会”：“三长”：农技站长、学校校长、卫生院院长；“三会”：农业农村技术联合会、教育科技志愿联合会、健康服务联合会。

99.“两个健康”：非公有制经济健康发展和非公有制经济人士健康成长。

100.“四座桥”：一是架好“同心桥”，凝聚共识提振信心。二是架好“政策桥”，助力惠企政策直达。三是架好“亲清桥”，构建亲清政商关系。四是架好“服务桥”，畅通融资外贸渠道。

101.“四好”：班子建设好、团结教育好、服务发展好和自律规范好。

102.助残“5+1”：替换为“五个有我”：“助残有我”“就业有我”“照护有我”“康复有我”“无碍有我”。

103.“三献三救”：应急救援、人道救助、应急救护；献血液、献造血干细胞、献人体器官组织。

104.“1+3+N”校园安全协同智治体系：护校安园协同智治1个平台；“护学”“护行”“护成长”3大功能；4个100%、心灵关爱等9个场景，形成预警发现、快速联动、高效处置的全闭环管理，实现师生安全、家长安心、社会安定“三安”工作目标。

105.“1+2+4+N”工作架构：1个党委委员，2名中层正职，4名民警，N个支撑力量。

106.“一包十”活动：一个干部职工包干10名群众，进行平安建设宣传。

107.“两升两降”：电信网络诈骗发案数、案损数同比下降，破案数、打击数同比上升。

108.“十个一”：用于反诈宣传的一个固定阵地、一个广播喇叭、一份防范告知书、一块宣传展板、一段视频彩铃、一条群发短信、一幅路灯广告、一支宣传队伍、一张警示贴纸、一块电子屏幕。

109.“两卡”：用于实施电信网络诈骗犯罪的手机卡、银行卡。

110.“UED”：跨境网络赌博犯罪平台名称。

111.“四实”：实名(住宿人与登记人要相符)、实数(登记人数与实际入住人数要相符)、实情(如实登记住宿人证件信息)、实时(登记后要立即上传住宿信息)。

112.“隔封亮建透”：“隔”即利用护栏将道路隔开，保证机动车与非机动车各行其道；“封”即封闭道路沿线不必要的开口；“亮”即保障路口照明亮化到位；“建”即对重要点段道路进行精细改建，使其更符合通行需求；“透”即全线清除遮挡绿植”。

113.“放管服”：简政放权、放管结合、优化服务的简称。

114.“三能”：平常时候能看得出来、关键时刻能冲得出来、危急时刻能豁得出来。

115.“四有”：有灵魂、有本事、有血性、有品德。

116.“四类案件”：一是重大、疑难、复杂、敏感的案件；二是涉及群体性纠纷或引发广泛关注，可能影响社会稳定的案件；三是可能与本院或上级法院的类案裁判发生冲突的案件；四是有关单位或个人反映法官有违法审判行为的案件。

117.“八大抓手”：加快推进“大综合一体化”行政执法改革、加快打造一流法治化营商环境、率先构建基层社会治理法治化体系、加快构建依法治网工作体系、构建规范高效司法监督体系、数字法治系统建设、法治保障全过程民主、共同富裕制度体系建设。

118.“三师助企”：律师、会计师、税务师助企纾困。

119.“125”工作体系：一个目标（紧扣法治建设争先进位目标）；两大行动（深入实施“法助共富、法护平安”专项行动和区级“五大行动”）；五个跃升(聚力执法为民，依法行政水平实现新跃升；聚力特色普法，普法依法治理实现新跃升；聚力法惠民生，法律服务质效实现新跃升；聚力平安护航，基层治理能级实现新跃升；聚力严管厚爱，作风能力锤炼实现新跃升)。

120.“八个一”：成立一个工作专班、组织牵头一次行政执法质效评估、举行一次法制培训、组织一次执法证考试、开展一系列行政执法监督活动、下沉一线开展行政执法工作、举行一次公开评议、选树一批典型案例。

121.“三项制度”：推行行政执法公示制度、执法全过程记录制度、重大执法决定法制审核制度。

122.“双随机、一公开”：在监管过程中随机抽取检查对象，随机选派执法检查人员，抽查情况及查处结果及时向社会公开。

123.“五新”：新品种、新技术、新装备、新渠道、新主体。

124.“一核心三平台多节点”：指以投促局为核心，依托招商信息、资源、政策三大平台，整个产业平台、各镇街道、区属国企、驻外站等单位力量。

125.“三化三型”:“标准化、规范化、数字化，实干型、廉洁型、创新型”专卖所、市场部、稽查中队。

126.“1+4”旅游规划：奉化旅游总体规划及奉化旅游国土空间规划研究、奉化旅游设施规划、奉化旅游营销规划、奉化乡村旅游规划。

127.“AIS”系统：船舶自动识别系统。

128.“三纵六横”规则：浙江沿海公共航路的三条主线和六条分支线。

129.“一符四无”：保管总帐（会计帐）、统计帐、分仓保管帐与仓房粮食数量相符；无虫害、无鼠雀、无霉变、无事故。

130.“五证合一”：指的是将营业执照、组织机构代码证、税务登记证、社会保险登记证和统计登记证等五证合并,最大限度地简化办事程序,降低创业门槛的措施。

131.I / M制度:指依法对在用汽车排放进行定期检验、监督抽测和维护修理，使汽车排放符合相关标准要求的管理制度。

132.“三场所三企业”：三场所是指有限空间作业场所，涉及可燃爆粉尘作业场所，喷涂作业场所；三企业是指金属冶炼企业、涉氨制冷企业和船舶修造企业。

133.两定机构：指的是定点医疗机构和定点药店。

134.“三医联动”：医疗、医保、医药改革联动。

135.“六医统筹”：医保、医疗、医院、医药、医生和中医的统筹管理。

136.“五老”：老党员、老专家、老教师、老战士、老模范。

137.“五好”关工委：领导班子建设好、“五老”队伍作用好、场地建设功能好、活动经常效果好、积极探索创新好。

138.“五社联动”：社区、社工、社区社会组织、社区志愿者和社会慈善资源联动。

139.“五个认同”：习近平总书记在中央第六次西藏工作

座谈会上提出了“五个认同”的论述，主要包括对伟大祖国的认同、对中华民族的认同、对中华文化的认同、对中国共产党的认同、对中国特色社会主义的认同。

140.“三级五有”：区、镇（街道）、村（社区）；有机构、有编制、有人员、有经费、有保障。

141.“三属”：烈士遗属、因公牺牲军人遗属、病故军人遗属。

142.“三优”：优质产品、优先待遇、优惠价格。

143.“三改四陪五站”：生活帮扶即助居“三改”（水电改造、无障碍改造、危房改造）；助医“四陪”（入户陪伴、就医陪诊、住院陪护、康复陪训）；助收“五站”（红星超市、红星课堂、红星驿站、红星工坊、红星基地）。

144.“四边三化”：是指浙江省委、省人民政府提出的，在公路边、铁路边、河边、山边等区域（简称“四边区域”）开展洁化、绿化、美化行动(简称“四边三化”行动)。

145.“方桥八礼”：手上有礼（点烟扔烟管住手）、路上有礼（骑车戴盔保安全）、桌上有礼（公筷用餐要光盘）、门前有礼（屋外杂物不乱堆）、墙上有礼（广告张贴都进框）、桶边有礼（垃圾分类勿嫌烦）、码上有礼（扫码进场记心间）、线内有礼（大车小车停进线）

146.“一打三整治”：依法打击涉渔“三无”船舶（指用于渔业生产经营活动，无船名号、无船籍港、无船舶证书的船舶）和违反伏休规定等违法生产经营行为，全面开展渔船“船证不符”（指船舶实际主尺度、主机功率等与相应证书记载内容不一致）整治、禁用渔具整治和污染海洋环境行为整治。

索 引

说 明

一、本索引采用主题分析法编制。

二、索引按主题词首字拼音字母顺序和音序排列，首字相同按第二字音序排列，以此类推。

三、标引词后的阿拉伯数字表示内容所在的页码。

四、正文索引仅限于具体条目、类目、分目。

五、《特载》《大事记》《附录》的内容不做索引。

阿拉伯数字

A

B

C

D

F

G

H

J

K

L

M

N

P

Q

R

S

T

W

X

Y

Z